Thos M Arundel
Princess ...

LE
MARÉCHAL OUDINOT
DUC DE REGGIO

L'auteur et les éditeurs déclarent réserver leurs droits de reproduction et de traduction en France et dans tous les pays étrangers, y compris la Suède et la Norvège.

Ce volume a été déposé au ministère de l'intérieur (section de la librairie) en avril 1894.

LE MARÉCHAL OUDINOT

DUC DE REGGIO

RÉCITS DE GUERRE ET DE FOYER

LE
MARÉCHAL OUDINOT
DUC DE REGGIO

D'APRÈS LES

SOUVENIRS INÉDITS DE LA MARÉCHALE

PAR GASTON STIEGLER

PRÉFACE DE M. LE Mᵈˢ COSTA DE BEAUREGARD

Portraits en héliogravure

TROISIÈME ÉDITION

PARIS
LIBRAIRIE PLON
E. PLON, NOURRIT ET Cⁱᵉ, IMPRIMEURS-ÉDITEURS
RUE GARANCIÈRE, 10

1894

C'est une misérable vieillesse que celle de notre siècle. Elle s'achève dans l'impuissance. Le passé est détruit; l'avenir n'espère que dans la négation. Quant au présent, parmi tant de cendres éteintes, « il meurt de froid », selon ce mot si étrangement caractéristique de Tocqueville.

Aussi, quel bien-être, lorsque arrive jusqu'à nous, à la façon d'un chaud rayon de soleil, quelque grand souvenir du passé! Quel soubresaut de cœur, lorsque éclate dans notre triste silence quelque fanfare héroïque! Chacun alors relève la tête pour voir passer, comme dans l'admirable toile que Detaille a appelée *le Rêve,* les gloires de la vieille France.

Bien d'autres diront ce que je dis, éprouveront ce que j'éprouve en finissant ce livre, où j'ai vu revivre une des plus nobles figures de notre histoire militaire.

S'il ne faut pas, en effet, mesurer le soldat seulement à la chance de sa destinée, mais bien encore à sa passion du sacrifice, Oudinot fut doublement grand; car, c'est du sang de ses trente-deux blessures qu'il a teint son bâton de maréchal. Sa vie offre l'exemple, à côté des plus hautes vertus militaires, de la plus admirable unité. Jamais elle ne se dédoubla. Héroïque sur le champ de bataille, loyal ailleurs, on vit Oudinot résister toujours à ces ambitions qui brûlent l'honneur. Aussi son biographe a eu raison d'écrire que « si l'on avait demandé à ces vétérans fameux de nommer celui d'entre eux qui était le plus délicat, le plus généreux, le plus chevaleresque, il n'y aurait eu qu'une voix pour dire : Celui-là, c'est le maréchal Oudinot ».

A ce témoignage l'Empereur a lui-même ajouté cet autre témoignage, que « dans cent combats, Oudinot avait montré autant d'intrépidité que de savoir (1) ».

Comment après cela oser mettre mon nom sur les marges de ce livre ? On a toujours tort de parler une langue qui n'est pas la sienne, et je me serais refusé à l'honneur d'écrire ces quelques lignes, si l'histoire qu'elles précèdent n'avait retracé que les hauts faits du maréchal. Mais, derrière lui, dans son ombre, se dessine une idéale figure de femme. A lui les récits de guerre, à elle les récits de foyer. Au roman de cette double vie, lui a fourni l'honneur, elle, l'amour.

Ces pages échapperont donc à l'indifférence du lecteur qui si souvent feuillette sans lire. Pourra-

---

(1) **Dixième bulletin de la Grande Armée.**

t-il ne pas s'intéresser à l'enthousiasme d'une enfant de seize ans qui rêve de gloire et la personnifie dans le soldat dont son imagination s'est éprise ?

Par atavisme, sans doute, car elle était de vieille race militaire, Mlle de Coucy s'enfiévrait aux belles histoires de guerre que lui contait un ami de sa famille qui avait servi sous les ordres d'Oudinot. Bientôt son cœur s'était mis à l'unisson de tant d'autres qui, elle-même le raconte dans ses *Souvenirs*, « bondissaient de gloire et de douleur selon les phases de la vie du maréchal, vie semée de triomphes et de blessures et entourée de tant d'éclat et de dangers ».

Et elle se l'imaginait à la taille de son épopée « démesurément grand, ayant une voix de tonnerre, ne parlant qu'avec des gestes et le ton du commandement. Je le voyais armé, dit-elle, jusqu'aux dents et traînant toujours un grand sabre. »

Ce que n'ajoute pas Mlle de Coucy, c'est qu'elle eût peut-être préféré son héros moins terrible. Mais bientôt l'aveu lui en échappe. A l'émotion que reflète son récit, écrit vingt ans après leur première rencontre, on devine tout ce que cette rencontre eut d'inattendu charmant pour la jeune fille.

C'était à Bar-le-Duc, après la paix de Tilsitt. Une blessure à guérir avait ramené Oudinot dans sa ville natale, où sa première femme recevait tous les soirs bonne et nombreuse compagnie. Mlle de Coucy avait obtenu de s'y faire présenter. « Me voilà, dit-elle, suivant ma sœur, qui devait me nommer, avec une émotion qui croissait à mesure que nous approchions de l'hôtel. Le temps était superbe et chaud : après le dîner, on s'était dispersé dans le jardin naissant et déjà délicieux par son luxe de fleurs...

« Nous cherchâmes la maîtresse de maison, qui, bientôt avertie, vint à nous avec empressement... Son aimable accueil me rassura un peu... Mon mari, dit-elle à ma sœur, est allé voir mon père à la ville haute, je crains que la course ne soit un peu forte pour sa jambe qui a été brisée... A peine avait-elle achevé ces paroles, qu'elle reprit en disant : « Ah ! le voici !... » Nous vîmes en effet un homme qui s'avançait lentement, appuyé sur le bras d'un officier...

« Dès le premier coup d'œil, il déconcerta toutes les idées que je m'étais faites sur lui. Sa taille souple et mince offrait cette bonne grâce particulière à qui porte habituellement l'uniforme. Sur son teint très pâle, se dessinaient de fines moustaches brunes de la couleur de ses favoris et de ses cheveux ; son front découvert et orné de beaux sourcils bien marqués était véritablement admirable : son sourire un peu fier, fugitif et rare, était néanmoins parfaitement gracieux. Son regard perçant se fixait peu, et il y avait dans l'ensemble de cette physionomie quelque chose de profond et de rêveur qui préoccupait. »

Comme dernier trait, la maréchale ajoute que « ce ne fut pas son premier coup d'œil qui lui fit découvrir tous ces détails ».

Plus heureux qu'elle, le lecteur sera sans doute moins long à découvrir dans son récit ce bel élan de l'esprit et du cœur qui fait la femme supérieure. Chaque ligne y révèle en effet une faculté d'observation étrangement pénétrante et tournée vers le vrai, tout en restant capable du plus sincère enthousiasme.

Ce fut à cet ensemble si rare de qualités contraires que le maréchal dut ses dernières années de bonheur; car, lorsque après un court veuvage il demandait Mlle de Coucy en mariage, celle-ci, sans hésiter, acceptait l'honneur et les périls d'une telle alliance. D'avance elle savait que l'on n'associe pas impunément sa vie à celle d'un héros. Mais un tel avenir était pour séduire son courage et son cœur.

« Elle sait, avait dit le maréchal, que j'ai six enfants, quarante-quatre ans et cinq cent mille livres de rente. Quant à ma position sociale, elle est connue, et je serai heureux de la lui faire partager. »

Hélas! cette situation si brillante touchait à son déclin. Comme voyage de noce, la jeune femme fit avec son mari la campagne de Russie. Parmi les horreurs de la déroute on la verra digne de lui. A toutes les grandes époques de l'histoire il y a eu des femmes, comme la maréchale, pour féminiser le courage. Celles-là ont été les plus aimées, les plus honorées, les plus admirées. Un bonheur paisible, en effet, ne grave rien, n'enfonce rien. Il ne fait qu'effleurer l'âme de l'individu, comme celle des peuples. Il n'est pour s'enraciner que ce que la souffrance a planté.

Je ne sais qui dans l'épreuve fut le plus grand, du maréchal ou de sa femme. Je ne sais qui, d'elle ou de lui, montra plus de dignité aux heures troublées qui suivirent le retour de l'île d'Elbe. Mais je sais qu'on vit le vieux soldat, appuyé sur sa noble compagne, se montrer supérieur à son propre cœur et à ce que Taine appelle « les grandes pressions environnantes ».

Dégagé de ses vieux serments, victime d'une fidélité nouvelle, Oudinot répondait au ministre de la guerre Davoust, qui lui enjoignait de rallier le drapeau tricolore :

.....« Ne voulant et ne pouvant jouer un rôle double, je quitte Metz pour me rendre à Bar-sur-Ornain, mon domicile... Je ne te recommande qu'une chose, mon cher ministre, c'est de ne pas t'informer qui fournit à ma subsistance. Je vendrai le peu que j'ai, pour payer la portion de mes dettes la plus délicate. Surtout empêche qu'on espionne mon régime et réponds qu'Oudinot dans sa misère est incapable d'un trait de perfidie. »

Et aussi ferme dans son attitude que dans sa noble pensée, le maréchal partit pour sa terre de Jeand'heurs. Mais que de ressouvenirs et de douleurs dans cette vie brisée!... « Oh! je me demande, écrivait-il à Davoust, ce que l'Empereur aurait à me reprocher; car, outre ma conduite entière pendant son règne, ma fidélité constante ne lui a rien laissé à désirer. Depuis, je suis fidèle à mon nouveau maître. Il n'a donc pas lieu de me faire entrevoir une grâce dont je ne voudrais pas, si j'avais été un instant coupable; car, l'existence me serait à charge, si elle était entachée d'une faute déshonorante; d'un autre côté, je ne ferai jamais une bassesse pour recouvrer une estime que l'on me doit... »

Un assaut plus terrible encore devait échouer contre cet inébranlable sentiment du devoir.

L'Empereur avait mandé le maréchal. Imaginez par ce dialogue ce que fut la rencontre.

« Eh bien, qu'est-ce donc que les Bourbons ont fait de plus pour vous que moi, monsieur le duc de Reggio, pour que vous ayez si bien voulu les défendre de mon approche? » demanda l'Empereur. Et le duc de répondre : « Je ne servirai personne, Sire, puisque je ne vous servirai pas »......

. . . .

Trois mois plus tard, le maréchal reprenait

aux Tuileries sa place si noblement gardée, et sa femme y revenait avec lui, doublement fière de la gloire et de la fidélité de son mari. Elle rayonnait de charme et de grâce, si j'en crois son portrait que je trouve dans les *Mémoires* inédits de Mme la comtesse de la Ferronnays.

... « Les yeux de la maréchale, dit-elle, étaient de velours noir, son teint était éblouissant, son sourire charmant, son ensemble infiniment gracieux, avec un rare mélange de douceur et de fermeté. Je crois impossible de rencontrer une femme d'un plus grand mérite. »

La maréchale eut en effet celui, dans ce milieu si difficile de la Restauration, d'être à sa place et d'y laisser chacun. Que de jugements excessifs pourtant, que de secousses contradictoires, que d'espérances précipitées, que d'impressions trop avouées, que de propos lancés dans d'excusables colères, parmi ce monde si nouveau pour la jeune femme ! Elle s'y montra séduisante pour tous, sincère toujours, sachant louer, blâmer, excuser sans trahir. Un tel rôle n'était pas facile et impliquait, à chaque instant, bien des délicatesses. « Non vraiment, ajoute Mme de la Ferronnays, comme une dernière touche à ce portrait de la maréchale, non, je ne saurais dire trop de bien sur ce que chacun pensait et sur ce que je pense de la duchesse de Reggio. Elle a fait taire l'envie... »

Tracées à l'heure où la maréchale était nommée dame d'honneur de Mme la duchesse de Berry, ces lignes sont un éloge auquel rien ne saurait s'ajouter... Mais il fait bon sourire quand on est heureux. La noble femme ne perdit rien d'elle-même lorsque, quelques années plus tard, tout s'écroula de nouveau. Son charme continua d'illuminer l'obscurité où son mari et elle reléguèrent pour la seconde fois leur fidélité.

La secousse n'avait point abattu l'entrain de son âme et ne l'avait point aigrie.

C'est dans sa paisible retraite de Bar que la maréchale entreprit d'écrire pour ses enfants ces *Souvenirs,* qui aujourd'hui échappent au cercle intime auquel ils étaient destinés. On y trouvera des pages qui sont de vrais tableaux de genre, d'autres sont des tableaux d'histoire. Il y a là des portraits qui valent des pastels authentiques du temps. Çà et là, la plume de la maréchale a semé d'admirables paysages ; parfois elle mord comme le burin d'une eau-forte vigoureuse. Les traits fins qui émaillent ce livre enchanteront les délicats, les anecdotes y charmeront les curieux. Ceux qui aiment leur pays vibreront à de glorieux récits. Enfin toutes les femmes qui se sont appuyées sur un bras ferme, comme celui du maréchal, y retrouveront quelque chose de leur orgueil et de leur bonheur.

Le maréchal Oudinot est mort à quatre-vingts

ans, jeune encore : car, l'âme n'a pas d'âge. Sa femme s'est éteinte voilà quelques années à peine, gardant sous ses cheveux blancs la vivacité d'impression, la chaleur d'enthousiasme, et l'infinie bonté dont témoignent les pages que l'on va lire.

...Je me souviens d'être entré dans le cabinet où dorment les reliques de ces deux nobles existences. Je me suis respectueusement incliné devant l'image du soldat qu'encadrent des drapeaux pris à l'ennemi. Mais je me souviens surtout du rayonnant portrait qui illumine ces trophées, celui de la femme qui fut le bon génie de cette vie toute d'honneur et de sacrifice.

Costa.

LE
MARÉCHAL OUDINOT
DUC DE REGGIO

CHAPITRE PREMIER

Famille d'Oudinot. — Sa naissance. — Son caractère fougueux. — Sa vocation militaire. — Ses débuts. — Il réprime une émeute. — Son ascendant sur ses concitoyens. — Il est nommé commandant du 3ᵉ bataillon des volontaires de la Meuse. — La guerre à la frontière du Rhin. — Ses premiers succès. — Colonel à vingt-six ans. — L'attachement de ses hommes pour lui. — Il empêche l'émigration des officiers nobles. — Succès à Haguenau et grave blessure. — Général après l'affaire de Kaiserslautern. — Il a la jambe cassée à la prise de Trèves. — Il reçoit cinq blessures à la seule affaire de Neckerau. — Il charge le bras en écharpe à Ettenheim. — Campagne de Suisse. — Il est nommé général de division. — Arrivée à l'armée de son fils Victor, âgé de huit ans. — Part d'Oudinot à la victoire de Zurich. — Il sauve avec autant d'adresse que de générosité les émigrés de Constance. — Son éloge par Masséna. — Sa fermeté au siège de Gênes. — Il s'empare d'un canon à Monzembano. — Enthousiasme des habitants de Bar-le-Duc pour leur glorieux concitoyen. — Le camp de Boulogne. — Le dévoué serviteur Pils. — Son fils le peintre Isidore Pils.

Parmi les vaillants que la Révolution fit surgir soudain de l'obscurité et qui éblouirent si longtemps le monde des éclairs de leur épée, il en est un qui, de l'aveu de tous, apparaît environné de l'auréole très pure réservée à ceux qui, non seulement prodiguent leur sang pour le triomphe et la gloire de leur patrie, mais encore savent associer à la bravoure et au dévouement une âme élevée, des sentiments toujours désintéressés et un caractère irréprochablement loyal. Si, après vingt ans de guerre, on avait demandé à ces vétérans fameux de nommer le plus intrépide d'entre eux, leur embarras à répondre eût été sincère, car alors l'intrépidité était chose commune; si l'on avait voulu connaître le plus habile, chacun aurait sans doute ambitionné la seconde place après le guerrier sans rival, tant la bonne opinion que les hommes ont d'eux-mêmes se révèle aisément; mais à cette question : quel est le plus généreux, le plus délicat, le plus chevaleresque? il n'y aurait eu qu'une voix pour dire bien haut : celui-là, c'est le maréchal Oudinot, duc de Reggio!

Nicolas-Charles Oudinot appartenait à ce pays meusien, frontière de la Champagne et de la Lorraine, que le voisinage de l'étranger et la menace incessante d'une invasion entretiennent perpétuellement dans un patriotisme fiévreux. Il était fils d'un très honorable négociant qui exerçait la profession de brasseur, et avait pour oncle maternel M. Adam, maire de Bar-le-Duc, sa ville natale. La maison où il naquit, le 25 avril 1767, est une demeure d'aspect sévère, située dans la ville basse, où sont les quartiers commerçants. Elle se baigne dans le canal dont les eaux alimentent les usines riveraines; du côté opposé, la façade s'ouvre au pied d'un coteau escarpé, où grimpent les habitations qui vont se développer, sur la crête, parmi les rues aristocratiques de la ville haute. Devant la porte aboutit une voie raide et difficile, où il a fallu tailler de larges marches et que l'on appelle, d'un nom significatif, le Chemin des quatre-vingts escaliers.

L'enfance du jeune Charles fut turbulente et indisciplinée. Quoique bon, affectueux, sensible comme on disait alors, il montrait déjà des marques de ce caractère bouillant et fait pour commander qu'il conserva toute sa vie. Sa volonté de fer, qui lui donnait une endurance et une ténacité si précieuses, s'accommoda toujours mal de la résistance et de la contradiction.

Plus tard il aimait lui-même à conter, dans ses causeries familières, une anecdote comique où avait éclaté l'impétuosité de sa nature; la voici telle que les siens l'ont recueillie de sa bouche; elle remonte au printemps de 1794. Hébert, le substitut du procureur général de la Commune dont il est ici question, était monté sur l'échafaud le 24 mars de cette année. Ses idées ne plaisaient point à Oudinot qui, tout en servant la République, avait des opinions modérées.

« C'était après ma blessure de Haguenau », disait le maréchal, « je revenais de l'armée, ayant la tête ouverte et recollée seulement par des bandages, qui me rendaient presque aveugle. J'étais alors colonel de la 4ᵉ demi-brigade et j'avais obtenu un congé de convalescence, que je passais chez mon père. Un jour s'assit à notre table un commensal qu'on recevait à titre de parent. Il arrivait de Paris où il était, je crois, quelque chose dans les affaires. Aussi le voilà qui discourt éperdument sur la politique ; pour moi, sans mot dire, je mangeais comme on mange quand on est fracassé. Mon Parisien continuait, exaltant le Comité révolutionnaire et débitant mille horreurs, à ce point qu'il en vint à se vanter de conserver, comme une relique, un morceau de la pantoufle d'Hébert. J'étais toujours silencieux, rongeant mon frein d'indignation et sentant, à la longue, la patience m'échapper. Enfin, on apporta sur la table un plat large, creux, tout plein de haricots dorés et fumants. Ce fut comme un signal : j'allonge la main jusqu'à ce plat, je le soulève vivement et vlan ! vlan ! je lance la potée de haricots à la tête de l'ami d'Hébert. Je laisse à penser ce que devint mon père, lui, si hospitalier ! Quant au Parisien, il se leva et s'en fut se débarbouiller. »

La maturité ne devait pas éteindre cette ardeur. Onze ans plus tard (en juillet 1805), au camp de Boulogne, l'Empereur passait en revue les grenadiers, qu'Oudinot commandait en chef. Les manœuvres terminées, le général voulut défiler, à la tête de ses troupes, devant Napoléon. Mais le cheval qu'il montait regimba sous l'éperon et refusa d'avancer. Après une courte lutte, Oudinot exaspéré lui transperça le cou de son épée si violemment que la bête rétive s'abattit, comme une masse, sur le sol. Le soir, on dînait à la table impériale :

« Est-ce de cette manière que vous arrangez vos chevaux ? » demanda Napoléon.

— Sire, quand on ne sait pas obéir, voilà ma méthode. »

Une nature aussi fougueuse ne pouvait pas supporter l'existence sédentaire que la mère du jeune homme aurait voulu lui voir mener auprès d'elle, vœu d'autant plus explicable que Charles était le dernier survivant de plusieurs enfants. On l'avait destiné au commerce. Mais à peine eut-il atteint sa dix-septième année que son irrésistible vocation s'éveillait et, dès 1784, il s'engageait dans le régiment de Médoc-infanterie en garnison à Perpignan. Il se plaisait à raconter qu'il avait monté là sa première garde à la porte du maréchal de Mailly. Mais après cette séparation, bien dure à ceux qui l'aimaient, une affectueuse déférence pour les sollicitations maternelles le ramena au logis.

C'est pendant son voyage de retour que lui arriva l'aventure suivante. Il la contait par la suite avec beaucoup de bonhomie, et la duchesse de Reggio, veuve du maréchal, l'a conservée dans des souvenirs inédits, écrits pour ses enfants et auxquels le présent ouvrage fera des emprunts considérables :

Il était parti à seize ans, comme vous savez, soldat au régiment de Médoc, alors en garnison à Perpignan, où il se trouvait encore lorsque son père, en rachetant son congé, l'obligea de revenir à Bar. Il venait de débarquer du coche d'eau, sur le quai de Mâcon, lorsqu'une mère et une sœur, qui attendaient un voyageur, se jetèrent à son cou et l'accablèrent de démonstrations. Il se laissa, dit-il, bien embrasser; et, après les avoir remerciées d'un si bon accueil, il les engagea à revenir le lendemain attendre celui auquel il ressemblait tant; mais il ne les quitta pas sans avoir pris leur nom, qu'elles lui donnèrent de grand cœur. Il marcha vers Bar, tout plein du souvenir de cette aventure, qui rendit plus piquant l'accueil étrange qui l'attendait dans la maison paternelle, où personne ne voulut le reconnaître, tant il s'était fortifié pendant les deux ans de son absence, et tant le soleil du Midi avait bruni son teint.

« Non, ce n'est point là notre *Dou-dou* », s'obstinait, à dire sa grand'mère, qui fut la dernière à reconnaître, dans ce beau jeune homme, l'enfant qu'on avait vu partir avec tant de regrets.

« Dix ans plus tard, continua le maréchal, repassant par Mâcon comme général de division, chef d'état-major de l'armée d'Italie, je fis arrêter ma voiture chez cette mère et cette sœur adoptives dont je n'avais pas oublié le nom. Ce fut à leur tour de ne pas me reconnaître, mais je finis par prouver mon identité. »

A vingt ans Oudinot avait donc momentanément déposé l'uniforme; ses parents, caressant toujours leur rêve bourgeois, l'envoyèrent à Nancy dans l'espoir qu'il s'y formerait au négoce. Mais, incapable de se plier à des travaux antipathiques, il revint à Bar, où les premiers événements de la Révolution ne tardèrent pas à lui fournir l'occasion de se révéler. Une compagnie soldée, constituée dans cette ville en 1789, plaça à sa tête l'ancien soldat du régiment de Médoc avec le grade de capitaine (14 juillet), et le nouvel officier prouva, peu de jours après, par sa décision et son énergie, combien il était digne d'un tel choix.

De longues privations, causées par deux mauvaises récoltes consécutives, avaient cruellement maltraité la population de Bar : le chômage fermait les ateliers ; les approvisionnements faisaient défaut ; les vivres étaient hors de prix. Un riche marchand de grains, nommé Pélissier, qui passait pour un accapareur, était rendu responsable de tout le mal et devait être bientôt l'objet de la vengeance populaire. Comme il traversait un jour la place de la ville haute, au milieu d'une foule surchauffée et grondante, il fut soudain menacé, assailli, entraîné par mille bras. Les clameurs parviennent à Oudinot, qui était tranquillement alors à la maison paternelle, dans la ville basse, bien loin de là, ignorant la bagarre. Aussitôt le voilà en selle ; il enlève son cheval et, au risque de se rompre les os, il lui fait escalader précipitamment ce chemin des quatre-vingts escaliers qui aboutit devant sa demeure et qui mène sur le plateau, là où il y a, en ce moment, un péril à affronter et un être humain à secourir. Bien qu'ayant pris la route la plus courte, il arrive trop tard pour empêcher le meurtre de Pélissier, mais il impose silence aux meneurs par la fermeté de son attitude et de son langage ; il apaise peu à peu les esprits et du moins son intervention, en arrêtant l'émeute, prévient sans doute de plus grands malheurs (27 juillet).

Deux mois après, avec cette belle confiance

qu'il avait dans la vie, le capitaine se mariait, bien qu'il eût à peine vingt-deux ans, bien qu'il ne fût pas riche et qu'il fût loin de prévoir encore son éclatant avenir. Mlle Charlotte Derlin, qui n'était pas fortunée non plus et qui montra un désintéressement égal au sien, lui donna vingt ans de bonheur et fut mère de nombreux enfants : on verra plus tard comment les fils s'illustrèrent dans la carrière de leur père.

Chaque année apportait à Oudinot une nouvelle marque de l'estime croissante que ses concitoyens professaient pour lui. Le 6 novembre 1790, il fut nommé chef de légion, commandant la garde nationale du département. Plus tard, lorsque, dans la généreuse exaltation du pays, les patriotes surgirent de tous côtés pour répondre aux menaces des étrangers contre la France, ce fut vers lui encore que se tournèrent les regards. Désigné, à la majorité des suffrages, comme chef du 3ᵉ bataillon des volontaires de la Meuse (6 septembre 1791), il sut bientôt gagner l'affection de ses hommes par son respect pour la justice et par son autorité bienveillante ; en vivant au milieu d'eux, en les éclairant par son exemple, il parvint à discipliner leur courage, à les animer de l'esprit militaire dont lui-même était tout imprégné et à les préparer dignement aux luttes gigantesques qui allaient suivre.

1792 ! L'heure sonnait où l'on allait recueillir les fruits de ces soins et de cette prévoyance. Le vieux monde accourait pour étouffer le monde naissant; Prussiens et Autrichiens, avant-garde et délégués du reste de l'Europe, se ruaient sur la France ; tous les patriotes étaient debout. Le 3ᵉ bataillon de la Meuse fut envoyé sur l'un des points les plus menacés, à la frontière du Nord-Est. Alors commença pour Oudinot cette vie enivrante et terrible qu'il adorait, vie d'abnégation, d'angoisses cruelles et de joies savoureuses, où sa nature versait le trop-plein de son activité débordante : trois ans de suite, l'hiver, l'été, entre la Moselle et le Rhin, dans les plaines de l'Alsace ou dans la rude région des Vosges, il guerroie là où la lutte est le plus acharnée, ballotté de péril en péril, disputant le terrain pied à pied, avançant ou se dérobant à travers d'abrupts sentiers de montagnes, tour à tour vainqueur et vaincu, empoignant le Palatinat et le Luxembourg, pour les lâcher trop tôt, hélas! mais ne les lâchant que pour les reprendre et les reprendre encore tout à l'heure, toujours soutenant ses soldats et les entraînant sans relâche, dédaigneux des partis qui divisent les hommes politiques, oubliant tout pour ne voir que la grande image de la patrie et ne retournant embrasser sa jeune femme et son premier-né au berceau qu'à de rares intervalles, lorsque des blessures trop graves arrachent l'épée de sa main défaillante. Tel il se montra dès l'abord dans cet apprentissage de la guerre et tel il devait rester dans le cours de sa carrière si accidentée.

Il est difficile de suivre nos héros pas à pas au début de ces campagnes ; pourtant on peut citer leurs combats les plus importants, d'après l'historique du troisième bataillon de la Meuse, puisé aux archives du ministère de la guerre.

Le 25 décembre 1792, le troisième bataillon soutient le feu à Vaverenne, près de Trèves. Le 9 juin 1793, il entre victorieux dans Arlon. Le 20 septembre, il couvre la ville de Bitche, poursuit l'ennemi et l'inquiète dans sa retraite. C'est ce jour-là que commença pour Oudinot cette longue série de blessures qui allaient poinçonner sur son indestructible corps un réseau de cicatrices : il reçut un coup de sabre à la tête. Un mois plus tard, il se vengeait par un succès à Saverne et campait le lendemain en avant de cette ville, au pied des monts, à Saint-Jean des Choux.

Une si valeureuse conduite ne pouvait manquer d'attirer l'attention sur le jeune commandant. Quinze jours après il était nommé colonel et placé à la tête de la 4ᵉ demi-brigade, qu'on venait de constituer avec un des plus brillants éléments de l'ancienne armée, le régiment de Picardie. Ses compagnons d'armes du 3ᵉ bataillon de la Meuse le virent partir avec un vif chagrin, dont il reste de précieux témoignages : ce sont douze adresses, toutes spontanées, rédigées par les soldats dans le style naïf et ampoulé de cette époque, où, par un renversement des rôles bien caractéristique de la démocratie, c'étaient les subordonnés qui donnaient des certificats à leur chef; en voici un très touchant par son indéniable accent de sincérité :

Armée du Rhin, 3ᵉ bataillon, 4ᵉ demi-brigade.

Si joindre au courage d'un soldat les talents d'un chef, à l'amour de la patrie et de son devoir une haine invétérée aux rois et à la tyrannie, à une profession constante des principes les plus purs la pratique des vertus républicaines, est un titre à la reconnaissance de tous les bons républicains, les grenadiers du 3ᵉ bataillon de la 4ᵉ demi-brigade d'infanterie attestent que personne n'a plus de droit de prétendre aux regrets de ses frères d'armes et à l'estime de ses concitoyens que le citoyen Oudinot, leur chef; que, pendant vingt-sept mois qu'il a été à leur tête, il a justifié leur choix et l'attente de la patrie et que, en régnant sur les cœurs, l'autorité qui lui était confiée par la loi s'accroissait de jour en jour en ses mains par l'ascendant que lui donnaient une intrépidité éprouvée, une valeur calme au milieu du danger et toutes les vertus qui rendent un chef cher à ses soldats et précieux à la République.

Au bivouac, sur les hauteurs de Saint-Jean des Choux, le 5 novembre, l'an II de la République une et indivisible.

Mais tout autre était l'esprit qui animait les nouveaux officiers subordonnés à Oudinot, ceux du régiment de Picardie, nobles d'origine et fortement attachés à leurs souvenirs d'autrefois. Ils souffraient d'avoir pour colonel un homme de naissance modeste, un chef dont ils n'avaient pu encore apprécier les mérites; un sourd mécontentement grondait parmi eux et beaucoup menaçaient d'émigrer, comme avaient déjà fait tant d'autres de leurs amis. Averti de ces dispositions hostiles à sa personne, Oudinot rassemble autour de lui tous les officiers et leur adresse cette mâle et brève allocution :

« Messieurs, est-ce parce que je ne porte pas un vieux nom que vous voulez m'abandonner et retourner vers vos anciens chefs titrés ? Ou bien est-ce que vous me trouvez trop jeune pour vous diriger ? Attendez la prochaine affaire et vous me jugerez. Si vous estimez alors que je me comporte mal au feu, je m'engage à remettre le commandement au plus digne. »

Est-il besoin de dire que, après le combat, nul ne songea à répudier un colonel aussi vaillant et déjà aussi expérimenté, bien qu'il n'eût encore que vingt-six ans ? Au contraire, les plus méfiants devinrent les plus dévoués et les plus déterminés à suivre sa fortune.

Un jour, dans sa vieillesse, comme il racontait cette anecdote, quelqu'un remarqua combien il devait aimer ces braves, qu'il avait su si rapidement arracher à leurs préjugés et qui lui avaient pleinement donné leur cœur. « Ah ! si je les aimais, s'écria-t-il avec feu... Je le crois bien que je les aimais ! Je les ai tous fait tuer ! » Pour lui, la fin la plus enviable du vrai soldat n'était-elle pas une mort glorieuse sur le champ de bataille ?

Le 27 novembre, dans un mouvement offensif que faisait l'armée du Rhin pour reprendre les lignes de Wissembourg, une chaude affaire s'engagea en Alsace, dans les bois qui environnent Haguenau. Oudinot, qui remplissait par intérim les fonctions de général, reçut une balle dans la tête. La blessure fut si grave que la cicatrisation ne s'était pas encore produite trois mois après et que le colonel dut prendre un congé de convalescence, pour aller se reposer à Bar-le-Duc auprès des siens (24 février 1794).

Il reparut un peu plus tard, et ce fut pour sauver une division de l'armée des Vosges qui, sous les ordres du général Ambert, campait à Kaiserslautern et reliait nos lignes de la Moselle à celles du Rhin. On avait dû dégarnir Kaiserslautern pour renforcer l'armée de Sambre-et-Meuse, et le feld-maréchal Mœllendorf, profitant d'un tel affaiblissement, attaqua ce point avec des forces supérieures. Il fallut céder. Mais Oudinot, qui occupait le centre de la position à Morlautern, soutint la retraite avec une si grande énergie et dirigea l'arrière-garde avec tant de sûreté à travers bois, gorges et défilés, que nos soldats purent rétrograder en bon ordre jusqu'à Pirmasens et s'y établir solidement (2 juin). C'est là que les représentants du peuple le nommèrent, quelques jours après, général de brigade en récompense de ce service signalé. Il avait vingt-sept ans.

Cependant nos armées étaient victorieuses en Hollande et dans le Luxembourg, et l'honorable échec de Kaiserslautern ne pouvait nous réduire à la défensive. Le corps dont faisait partie Oudinot fut dirigé sur Trèves. Mais à peine arrivé devant cette place, le jeune général tomba de cheval en exécutant une charge, victorieuse d'ailleurs, contre l'ennemi (11 août). La chute fut si malheureuse qu'il eut la jambe cassée ; la fracture était particulièrement grave ; les chirurgiens croyaient ne jamais pouvoir le bien guérir et il se voyait avec désespoir éloigné, peut-être pour toujours, du service actif. Dès qu'il put se tenir debout, on le nomma gouverneur de la ville qu'il avait contribué à conquérir. Mais son état de faiblesse ne lui permit pas de remplir même cet office sédentaire. En janvier 1795, il dut, comme l'année précédente, demander à retourner dans ses foyers. Voici le beau certificat qui lui fut délivré en cette circonstance par un chef qui se connaissait en hommes, le général Moreau :

Brave militaire, ayant beaucoup de fermeté, d'un patriotisme pur et bien éprouvé, remplissant les devoirs de son grade avec zèle et intelligence et d'une manière distinguée.

Le général commandant l'armée de la Moselle,

MOREAU.

25 nivôse an III (janvier 1795).

Lorsque Oudinot revint, après six mois d'une pesante inaction, il eut la joie de trouver nos troupes partout victorieuses et maîtresses de la rive gauche du Rhin. Il prit son poste auprès de Pichegru, qui s'apprêtait à franchir le fleuve. L'opération eut lieu, en effet, le 20 septembre, devant Manheim, qui se rendit. Mais le défaut d'ensemble dans les mouvements des différentes armées empêcha nos progrès de ce côté. L'ennemi nous attaqua avec avantage dans la nuit du 18 octobre, à Neckerau, où le général Oudinot reçut cinq coups de sabre et demeura sur la place; les Autrichiens relevèrent avec respect ce corps ensanglanté.

Après une captivité de trois mois, qu'il subit à Ulm, Oudinot fut échangé contre le général major Zainiau, qui avait été fait prisonnier à Heidelberg. Le traitement de ses blessures le contraignit à prendre plusieurs mois de repos, et, quand il retourna au service, il était si faible qu'on ne voulut lui donner que le commandement de la place de Phalsbourg (2 juin 1796). Mais ses talents n'étaient pas faits pour rester enfouis dans ce poste obscur. Jamais assouvie ni découragée, son ardeur avait soif de combats, de périls et de gloire. L'occasion était favorable. Nos armées venaient d'envahir l'Allemagne. Il sollicita la grâce de courir sur les champs de bataille et, dans la première quinzaine de juillet, il obtint de rejoindre Moreau, qui avait franchi le Rhin et remontait la vallée du Necker. L'armée était parvenue en Bavière. Oudinot, après avoir occupé Nordlingen, Donauwert et Neubourg, avait été chargé d'investir Ingolstadt, sur le Danube. Attaqué pendant le blocus par le général Latour, forcé de remplacer son chef Delmas qui avait été blessé au début de l'action, il soutint le choc à Neubourg, pendant plus de six heures, avec une résolution inébranlable : une balle dans la cuisse, trois coups de sabre sur le cou et un quatrième sur le bras purent à peine l'arracher de l'action (14 septembre).

Un mois de soins, et encore tout meurtri il retournait contribuer à cette glorieuse retraite de Moreau, qu'on a célébrée à l'égal d'une victoire. A Ettenheim, on le vit avec admiration charger les ennemis le bras en écharpe et les forcer à reculer. Puis après avoir repassé, à Brissach, cette décevante ligne du Rhin que nous franchissions toujours sans jamais rester maîtres des deux rives, il traversa l'Alsace avec une rapidité foudroyante, couvrit Landau, reprit les défenses de la Queich et de la Spirebach, reconquit le Palatinat où il s'était déjà tant illustré les années précédentes, et poussa jusqu'à Oggersheim, en face de Manheim. Là il battit complètement les Autrichiens dans la journée du 7 novembre, ce qui lui permit d'hiverner au cœur du pays, à Grunstadt, et de s'y maintenir pendant l'année 1797.

Certes voilà une merveilleuse carrière militaire. On n'imagine rien de plus beau que ce chef toujours au premier rang, se jouant au milieu de la mêlée, jamais intimidé, volant au plus fort du péril, s'aventurant dans des corps à corps à l'arme blanche sous la pointe des sabres et payant ses grades avec le sang de ses plaies. Et pourtant ces mêmes blessures, qui le mettaient en si haute place devant tous, ne nuisaient-elles pas d'autre part à ses progrès ? Elles l'éloignaient du commandement pour de trop longues périodes ; il ne faisait, si l'on peut dire, que paraître et disparaître sur les champs de bataille et l'armée était trop souvent privée de ses services. Moins malheureux au feu, et amené à diriger ses hommes avec continuité, il serait peut-être parvenu avec plus de promptitude, sinon avec plus d'éclat, aux fonctions suprêmes qu'il ne devait connaître que bien tard et dans des temps néfastes.

Enfin la campagne d'Italie et le traité de Campo-Formio vinrent terminer ou du moins suspendre la guerre : mais une convention secrète du congrès de Rastadt nous ayant assuré Mayence et la tête du pont de Manheim à condition que nous nous en emparions de vive force, Oudinot fut chargé d'opérer ce coup de main sur un terrain qui lui était si familier et s'acquitta heureusement de sa sa mission (25 janvier 1798).

Il semblait que tant de succès depuis six ans dussent nous avoir mérité la paix, à l'abri de cette ceinture du Rhin devenue inviolable, mais la jalousie anglaise refusait de reconnaître nos agrandissements, et le Directoire, pour combattre une influence éternellement hostile, préparait une invasion de la Grande-Bretagne. Oudinot fut envoyé à l'armée qui s'organisait en Normandie et arriva en mars à Coutances. Son séjour y fut éphémère comme le rêve, aussitôt effacé qu'entrevu, de cette fameuse descente. Il retourna bientôt à Mayence et se tint en observation devant nos douteux voisins.

La trêve n'avait pas été de longue durée et

cette fois nous voyions arriver contre nous, du fond de l'Europe, des ennemis jusqu'alors inconnus. A la fin de cette année 1798, Oudinot reçut l'ordre d'aller, sous le commandement de Masséna, en Suisse, là où, dès le printemps suivant, devait se jouer la plus grosse partie de cette gigantesque campagne. L'armée d'Helvétie, audacieusement avancée jusqu'au bord oriental du lac de Constance, essayait de donner la main à Jourdan qui opérait sur le Danube. Pour réussir cette jonction, il lui fallait s'ouvrir un passage en plein Vorarlberg, par Feldkirch, sorte de précipice étroit et marécageux, presque impraticable, encaissé au sein des plus âpres montagnes sur le bord du ruisseau de l'Ill. C'est au dévouement, jamais rebuté, d'Oudinot que fut confié l'honneur de cette tâche ingrate.

Le 6 mars 1799, il attaque, il fait six cents prisonniers, il est sur le point de passer. Le 15, il recommence un assaut infructueux. Le 23, il parvient à franchir l'Ill à gué, il avance sur ce sol affreux malgré balles, mitraille et boulets, malgré les pierres que les paysans roulent, comme des avalanches, du haut des pics; mais il perd trois mille hommes sans que son opiniâtreté puisse mordre sur ces rocs inébranlables.

Masséna comprit tout le parti qu'il tirerait d'un homme aussi extraordinairement énergique : il le fit nommer général de division et le choisit un peu plus tard pour chef d'état-major.

Mais il ne fallait pas songer à conserver l'offensive, pour le moment du moins. L'armée vint se retrancher dans une forte position derrière la rivière de Limmat, qui sort du lac de Zurich, et fit voir qu'elle ne se laisserait pas déloger aisément de cette ligne. C'est ce que prouvèrent les affaires du 24 mai et du 4 juin où le général Oudinot prit une part glorieuse : à la dernière il fut même touché par une balle en pleine poitrine.

Ce fut à cette époque que l'armée d'Helvétie s'enrichit d'une recrue bien inattendue : Oudinot avait un fils, un tout jeune enfant, objet de ses constantes préoccupations. Pour l'aguerrir et le former au service de la patrie, il crut ne pouvoir mieux faire que de lui montrer son propre exemple et celui de nos soldats, en le mêlant aux labeurs des camps et aux péripéties des champs de bataille. Le jeune Victor, qui devait être un jour, lui aussi, le général Oudinot, prendre la ville de Rome et y rétablir le pouvoir pontifical, fut donc inscrit sur le contrôle des guides, en juin 1799, bien qu'il n'eût pas encore huit ans révolus. Monté sur un petit cheval, il accomplissait gravement son service avec une gentille et comique rigidité et, tout en s'interrompant parfois de cette sévère école pour jouer aux billes avec les balles des mousquets, il endurcissait son corps et trempait son âme dans ces luttes grandioses, aux échos du canon répercutés par les Alpes.

Le 14 août, Oudinot arrêta à Schwitz les Autrichiens et les paysans soulevés, qui menaçaient de nous tourner par derrière pendant que nous faisions tête aux Russes, et, en chargeant avec un régiment de dragons, il reçut une balle à l'omoplate.

Cependant le sort de l'armée devenait chaque jour de plus en plus critique. Inférieure en nombre, menacée au nord par les Russes de Korsakoff, à l'est par les Autrichiens de Hotze, au sud par les Russes de Souwaroff, il fallait qu'elle rompît cette enceinte de fer incessamment resserrée autour d'elle. Masséna attaqua d'abord Korsakoff qui était sur la droite de la Limmat et occupait Zurich; il confia à Oudinot, qui commandait un corps de quinze mille hommes, l'importante mission de franchir la rivière, de la remonter sur sa rive droite et d'envelopper la ville. En effet, Oudinot prit si bien ses mesures, il fut si secret et si prompt dans ses mouvements qu'il enleva le camp de Houg, devança les Russes sur la route de Winterthur, qui fut ardemment disputée, et parvint à leur couper la retraite. Puis le lendemain il retourna sur ses pas, et, après un combat acharné, malgré une balle qu'il reçut dans la poitrine, il entra de vive force dans Zurich, où il rejoignit son général en chef : Korsakoff était écrasé (26 septembre).

Quinze jours plus tard Oudinot se rendait maître de Constance, que défendaient non seulement les Autrichiens, mais aussi des Français, les émigrés, derniers débris de l'armée de Condé. Cet événement fut pour lui l'occasion de montrer la magnanimité de son cœur et cet esprit de modération et de mansuétude qui tempérait, avec tant de bonheur, les emportements de son caractère.

Les émigrés, faits prisonniers au nombre de deux cents environ, s'attendaient à être fusillés comme traîtres à la patrie, ainsi que d'autres l'avaient été avant eux, surtout dans les premiers temps de la Révolution. Ils espéraient si peu de quartier que l'un d'eux, s'adressant à l'aide de camp Urbain, lui dit :

« Avant d'être mis à mort, je voudrais adresser une prière au prince de Condé. »

Urbain, qui connaissait son chef, se mit en fureur :

« Et pour qui prenez-vous mon général, monsieur? répondit-il. Croyez-vous donc qu'il soit dans ses usages de faire massacrer les prisonniers? »

Certes un patriote comme Oudinot ne pouvait aimer des Français armés contre la France, et il avait bien prouvé ses sentiments, quelques années plus tôt, en retenant les officiers de Picardie. Il crut pourtant que ce n'était pas assez, en cette circonstance, d'épargner les coupables; il eut encore la générosité de vouloir les soustraire au jugement qui leur était réservé, s'ils rentraient dans leur pays. Mais comment faire? On ne pouvait les relâcher ostensiblement. Fermer les yeux lui sembla le meilleur parti : il fit conduire les prisonniers à Masséna sous une escorte moitié plus faible qu'il ne fallait. Presque tous profitèrent de cette tolérance inavouée, s'éparpillèrent en route et trouvèrent moyen de disparaître. Le général en chef usa du même artifice pour expédier à Besançon ceux qu'il reçut et, lorsque les soldats touchèrent au but, ils étaient seuls.

Cette campagne d'Helvétie, qui sauva la France d'une invasion, est la plus mémorable de celles auxquelles Oudinot ait pris part jusqu'au point où est parvenu ce récit. Divisionnaire pour la première fois, il put y déployer pleinement, non seulement son courage légendaire, mais encore sa pénétration, la variété de ses ressources et toutes ses qualités d'homme de guerre.

Aussi Masséna disait-il dans son rapport au Directoire :

> Je dois les plus grands éloges au général Oudinot, mon chef d'état-major, dont la bouillante ardeur sait se plier aux travaux de cabinet, mais que je retrouve toujours au champ de bataille avec avantage ; il m'a suivi dans tous mes mouvements et m'a parfaitement secondé.

Il écrivit aussi à Oudinot la lettre suivante :

> Au quartier général à Zurich, ce 9 brumaire an VIII (31 octobre 1799).
>
> Le Directoire exécutif a présenté à l'armée du Danube, par sa lettre du 22 vendémiaire dernier, le tribut de la reconnaissance publique et de sa satisfaction particulière pour ses glorieux travaux depuis le 3 jusqu'au 18 du du même mois ; l'attention du Directoire a voulu s'étendre aussi à ceux qui y ont le plus vaillamment contribué.
>
> Avec quel empressement je saisis cette occasion, mon cher général, pour parler de nouveau de l'activité, de la bravoure et de l'intelligence avec lesquelles vous m'avez

secondé; ce n'est pas sur un point seulement, vous étiez partout. Confondez dans un même sentiment les témoignages de la reconnaissance publique, de la satisfaction de notre gouvernement, de mon estime et de mon attachement. Je ne doute pas que vous ne trouviez là le prix le plus flatteur de vos services essentiels.

Salut et amitié,

MASSÉNA.

Après un congé de cinq mois nécessaire à la guérison de ses nombreuses blessures, Oudinot rejoignit l'armée de Ligurie sous les ordres de Masséna, qui voulait encore s'assurer ses « services essentiels » comme chef d'état-major. Cette fois la tâche à remplir était bien pénible et sans espérance de victoire. Il s'agissait de s'emprisonner dans Gênes pour immobiliser tout autour une partie des forces autrichiennes, ce qui permettrait au jeune maître de la France, Bonaparte, devenu premier Consul, de frapper le coup de foudre de Marengo. C'était une besogne toute d'abnégation.

La petite division française fut cernée dans la place le 6 avril 1800, entre les troupes autrichiennes, qui couronnaient les montagnes, et l'escadre anglaise, qui bloquait le port. Il ne peut être ici question de raconter en détail ce siège fameux avec les sorties, les combats incessants, les souffrances des habitants, les émeutes de femmes, l'endurance des soldats, la disette, la nécessité de manger d'immangeables choses, herbes, bêtes immondes et, sous le nom illusoire de pain, un vague produit composé d'amidon, de graine de lin et de cacao.

Oudinot se signalait parmi les plus constants. Il se hasarda même à sortir, dans les conditions les plus aventurées, pour chercher des nouvelles du général Suchet, qui opérait sur le Var, et pour lui porter des ordres. Le 16 mai, une barque, commandée par le corsaire Bavastro, l'emporta audacieusement à travers la flotte anglaise, au risque d'être cent fois prise ou coulée. Il descendit malgré tout, sur la côte, à Finale, il accomplit sa mission et revint à Gênes reprendre, auprès de ses compagnons, son poste de misère et de faim.

Un épisode, raconté par Oudinot lui-même, éclairera sur l'horrible situation de la ville mieux que ne feraient de longues descriptions :

Nous fîmes, dit-il, trois mille prisonniers dans le même temps que la disette commençait à se faire sentir d'une manière effroyable. Je pris les ordres du général en chef et j'écrivis au général Ott, qui commandait l'armée ennemie, pour lui peindre dans quel état, par suite de notre propre situation, allaient se trouver ses hommes. L'Autrichien répondit que, la ville étant à la veille d'être prise, les prisonniers n'auraient pas le temps de mourir de faim.

La famine nous serrait de plus en plus près. J'écrivis de nouveau et, pendant six semaines, le même message reçut la même réponse. Au bout de ce temps il ne restait pas un prisonnier en vie : ces malheureux, enfermés dans un bâtiment à l'ancre, avaient commencé par manger leurs cordages et leurs chemises, et avaient fini par se manger entre eux.

Nous autres, nous avions été réduits à une telle détresse que nos soldats s'étaient trouvés heureux de manger la paille des hôpitaux ; encore cette dernière ressource manqua-t-elle et nous ne nous soutenions plus que par la force des vins généreux, que nous avions trouvés en abondance dans les caves génoises. On voyait les sentinelles, qui ne pouvaient plus se tenir debout, garder les postes assises dans des fauteuils dorés et buvant du vin de Médoc par excès de misère.

En 1815, lorsque je vis l'empereur d'Autriche, j'appris, de sa bouche, qu'on avait tourné contre moi le désastre de ces trois mille hommes. Je l'instruisis alors de la vérité et je lui offris de contrôler les faits sur mes registres de correspondance. L'Empereur refusa de les voir et me crut sur parole.

A la longue, sous peine de subir le même sort, Masséna dut se résoudre à évacuer la ville (4 juin). Affamés, réduits de moitié, mais toujours menaçants, les soldats, ou plutôt les fantômes, sortirent avec fierté et demeurèrent libres de leurs mouvements. Ils usèrent aussitôt de cette faculté pour rejoindre l'armée de Suchet.

Dix jours après, la victoire de Marengo ayant amené un armistice, Oudinot vint à Bar-le-Duc refaire sa santé délabrée par tant d'épreuves. Puis il retourna à son poste en Italie sous les ordres de Brune, en novembre, à l'ouverture des hostilités.

L'armée s'avançait vers l'est à travers la Lombardie, chassant devant elle les Autrichiens, qui se retranchèrent sur la rive gauche du Mincio, pour nous disputer le passage de cette rivière.

L'attaque eut lieu sur deux points, à Pozzolo d'abord, puis le lendemain à Monzembano (26 décembre). C'est là que Oudinot, voyant une batterie ennemie qui écrasait nos troupes du haut d'une éminence et paralysait l'opération, réunit quelques chasseurs du 14º régiment, s'élance avec eux sur le pont, le traverse, vole aux Autrichiens, les culbute, les force à fuir, s'empare lui-même d'un canon et, par ce bel exploit, permet à la division Boudet d'arriver, ce qui assure le succès d'une manœuvre jusquè-là incertaine.

Le 30 décembre, Brune écrivait au premier Consul :

> Le général Oudinot a sabré les canonniers ennemis sur leurs pièces. Ne jugerez-vous pas convenable de lui décerner quelque récompense d'honneur ?

En effet Oudinot, envoyé à Paris pour y porter le texte de l'armistice signé entre les belligérants le 16 janvier 1801, reçut l'accueil le plus flatteur de Bonaparte, qui lui décerna un sabre d'honneur et lui fit présent du canon de Monzembano si hardiment enlevé.

Pendant les années qui suivirent, la France, rassasiée de batailles et de gloire militaire, espérait jouir d'une paix définitive. Oudinot, nommé inspecteur de l'infanterie, puis inspecteur de la cavalerie, put venir, par intervalles, se reposer dans ses foyers, sans y être contraint par le soin de ses blessures. La ville de Bar, justement enorgueillie d'un si brave enfant, ne savait qu'imaginer pour le fêter. Toutefois, retenu par les devoirs de sa charge, il ne put avoir le plaisir d'assister à l'inauguration de son buste, qui fut porté triomphalement, le 1er. octobre 1802, dans la salle des séances du conseil municipal aux accents entraînants des marches militaires, sous le frissonnement des drapeaux tricolores. Le citoyen Robert Adam, maire, n'en fut que plus libre pour prononcer, sans crainte d'offusquer la modestie de son héros, un éloge facile, tant la matière était vaste et féconde.

Le légitime désir de jouir d'une cérémonie si flatteuse n'avait pas enlevé le général à son poste; un deuil cruel le ramena près des siens : sa mère se mourait. Elle avait pu s'applaudir de la désobéissance de son fils et se consoler de ses transes perpétuelles par l'éclat d'une si brillante destinée. Elle eut la douceur de s'éteindre en serrant cette main affectueuse et vaillante, qui allait lui fermer les yeux et qui savait tenir si fermement l'épée de la France.

La même année, entrant pour la première fois dans la politique, il fut nommé, par ses concitoyens, président du collège électoral de la Meuse.

La formation du camp de Bruges lui fit donner le commandement d'un corps, sous les ordres de son vieil ami le général Davout. Il collabora alors, pour la seconde fois, aux préparatifs de cette chimérique descente en Angleterre, dont l'idée entraînait Napoléon comme elle avait séduit auparavant Hoche et le Directoire. Ce furent deux années de labeur, occupées à ce minutieux travail d'organisation, où sa souple intelligence s'entendait aussi bien qu'au maniement des hommes sous le feu.

C'est ici que l'on voit apparaître à côté d'Oudinot un personnage de condition bien modeste, puisqu'il est un simple valet de chambre, mais qui pourtant mérite une mention à cause de son extrême dévouement à son maître, à cause de l'exactitude fidèle avec laquelle il l'a suivi pas à pas dans ses campagnes, à cause enfin des mémoires qu'il a laissés, mémoires fort peu littéraires, mais sincères et d'une naïveté qui n'est pas sans saveur. Ce brave homme, nommé Pils, était Alsacien; encore enfant de troupe, il avait rencontré Oudinot dans les hasards de la vie des camps. Celui-ci, toujours plein de bonté, s'était intéressé à lui et, reconnaissant bientôt en ce jeune garçon un cœur d'élite, l'avait attaché à sa personne. Pils suivait le général partout, même au feu du canon, et, comme sa place n'était guère là, il se dissimulait le plus possible, de peur d'être grondé, se glissant parmi les officiers d'état-major. Ces jeunes gens, le voyant partager leur culte pour celui qu'ils appelaient familièrement entre eux le *Patron,* sympathisaient avec lui et l'aidaient volontiers à cacher sa présence peu réglementaire.

Un jour Pils, qui s'était aventuré suivant sa coutume, malgré la défense du maître, eut un cheval tué sous lui. Oudinot crut avoir trouvé dans cette circonstance l'argument péremptoire qui empêcherait enfin son serviteur de s'exposer.

« Tu vois bien que tu fais tuer mes chevaux », lui dit-il avec une rudesse apparente ; « je t'interdis absolument de revenir. »

A la bataille suivante, l'incorrigible Pils était derrière son maître.

« Eh bien, que t'avais-je défendu ?

— Oh ! mon général, je ne mérite aucun reproche : le cheval est à moi ; je l'ai acheté de mes deniers. »

Pils avait gagné sa cause : on n'essaya plus de l'écarter. C'est qu'il avait une mission à remplir ; il savait que le Patron était presque régulièrement blessé à toutes les affaires ; aussi portait-il sur lui une trousse de chirurgien pour effectuer tout de suite les premiers pansements. D'autre part, comme il avait beaucoup de goût pour le dessin sans l'avoir jamais appris, il aimait à s'installer en un coin du champ de bataille, à sortir de sa poche un calepin et un crayon, et là, dans le plus grand calme, il représentait le théâtre de l'action et l'action elle-même avec une gaucherie ingénue, mais aussi avec une précision saisissante. On est frappé, à la vue de ses ébauches, de la netteté avec laquelle sont posées les masses du paysage et du relief dont se détachent des silhouettes très ressemblantes, tant il y avait chez cet ignorant de sérieuses facultés d'observation. Toutefois la paix faite, Pils essaya de commencer son éducation artistique ; ses protections lui facilitèrent l'accès de l'atelier d'Horace Vernet; mais il ne put jamais apprendre les premiers éléments de l'art, et le dessin correct lui fut toujours étranger.

Du moins il transmit des qualités naturelles plus facilement cultivables à son fils, Isidore Pils, dont la toile populaire *Rouget de Lisle déclamant pour la première fois la Marseillaise* a été si souvent reproduite. Isidore avait tapissé son atelier des barbouillages de son père et, soit par comparaison de leur spontanéité prime-sautière avec sa science un peu froide, soit par un pieux respect, il aimait à dire :

« Mon père était plus peintre que moi. »

Quoi qu'il en soit, à l'époque où est parvenu ce récit, l'honnête Pils pouvait, pour longtemps encore, fourbir sa trousse et tailler ses crayons. Car si de courtes années de trêve avaient suivi les traités de Lunéville et d'Amiens, une nouvelle période de guerre allait s'ouvrir, non moins âpre, non moins rude, non moins implacable que la précédente; celle-ci avait été illuminée par l'idée auguste de la Patrie et par celle de l'affranchissement des peuples : à l'autre présida la figure personnelle de l'Empereur avec le noble mirage de la gloire.

Dans cette deuxième phase Oudinot continua à faire son devoir de soldat, loyalement, sans morgue aux jours de triomphe, sans abattement et sans récriminations stériles dans la défaite. Ni les honneurs ni les biens dont il fut comblé ne l'inclinèrent à souhaiter le repos, car jamais il ne servit dans son propre intérêt. Et au moment des désastres, lorsque tous seront découragés, on verra son âme indomptable concevoir et proposer des luttes démesurées, par delà le possible.

CHAPITRE II

Première campagne d'Autriche. — Oudinot commandant en chef des grenadiers. — Oudinot à Wertingen. — Son succès à Amstetten. — Sa participation à la prise du pont du Thabor. — Son héroïsme à la sanglante victoire d'Hollabrünn. — Aussi habile comme administrateur que comme soldat, il se fait chérir des Neuchâtelois. — Leurs témoignages de reconnaissance. — Il est nommé bourgeois de Neuchâtel. — Campagnes de Prusse et de Pologne. — Victoire d'Ostrolenka. — Oudinot devant Dantzig. — Nouvelle victoire sur les Russes. — Sa ténacité et ses services à Friedland. — Il fait une chute de cheval à Dantzig. — Il rencontre Mlle de Coucy. — La famille de Coucy. — Ses aventures pendant la Révolution. — Robespierre le jeune. — La chanoinesse de Coucy. — La vie à Vitry-le-François à la fin du dix-huitième siècle. — M. Leclerc, préfet de la Meuse. — Le bain de la princesse Borghèse. — Voyage à Bar-le-Duc. — Mlle de Coucy sans cesse attirée par le nom d'Oudinot. — La comtesse Oudinot. — Achat de la propriété de Jeand'heurs.

Le temps passait au camp de Boulogne, la mauvaise saison approchait et le débarquement en Angleterre devenait de plus en plus hasardeux. Soudain Napoléon y renonça, changea de plan et précipita sur l'Europe centrale la formidable machine qu'il avait si laborieusement échafaudée depuis deux ans. Oudinot, brusquement averti, partit pour l'Allemagne (16 août 1805), fier de commander la troupe la plus belle, la plus aguerrie, la plus renommée qu'il y eût dans l'armée. Il avait été mis à la tête des grenadiers que Junot avait formés à Arras l'année précédente. C'étaient dix mille vieux soldats triés avec soin, éprouvés par de nombreuses campagnes, d'une stature élevée, rompus à la discipline, irréprochables dans la manœuvre et synthétisant en eux-mêmes l'esprit militaire dans ce qu'il avait de plus élevé. On les reconnaissait de loin à leur belle prestance autant qu'à leur nouvel uniforme ; ils avaient remplacé l'ancien chapeau à larges ailes par le sobre schako, et leurs cheveux courts succédaient à la longue chevelure poudrée. Ils furent à Strasbourg en septembre avec leur chef.

L'armée s'avança en Allemagne avec tant de rapidité, de mystère et d'imprévu qu'elle était déjà en pleine Bavière avant que les Autrichiens eussent soupçonné quelle direction elle avait prise. Dès le 7 octobre, les premiers corps, et Oudinot avec eux, étaient déjà sur la rive droite du Danube et remontaient le fleuve pour couper la retraite à Mack et l'enfermer dans Ulm. Le 8, ils rencontrèrent les postes avancés des Autrichiens à Wertingen ; le choc fut ardent ; l'ennemi, chassé par nos dragons, se retira en ordre et se concentra sur un plateau en une masse épaisse que la cavalerie ne parvenait pas à entamer. Enfin, Murat aborda le carré de front, pendant que les grenadiers chargeaient impétueusement de côté. Tout céda : deux mille prisonniers, deux drapeaux, onze canons furent le fruit de cette journée. La campagne s'ouvrait par un succès auquel Oudinot avait une part signalée. Ses grenadiers enthousiasmés ne l'appelaient plus que « leur père ».

Dix jours après, Mack était réduit à capituler dans Ulm, d'où l'archiduc Ferdinand s'échappait péniblement avec vingt mille hommes. Murat et Oudinot, lancés à sa poursuite, le harcelèrent sans relâche jusqu'à Nordlingen et Nuremberg et lui firent douze mille prisonniers.

Les Russes, qui n'avaient pu arriver à temps pour soutenir Mack, se retirèrent en hâte dans la direction de Vienne, talonnés par Murat, Lannes et Oudinot, qui joignirent leur arrière-garde sur la rive droite du Danube à Amstetten, à la lisière de la haute et de la basse Autriche (4 novembre). Ainsi Oudinot se retrouvait en face des Russes pour la première fois depuis la bataille de Zurich, où il les avait écrasés six ans auparavant. Ils étaient à cheval sur la route de Vienne, leurs ailes débordant de chaque côté dans une clairière.

Voici le détail des opérations, d'après un manuscrit d'Oudinot :

La division des grenadiers, sans artillerie, précédée de sa cavalerie légère et de deux cents carabiniers, se porta sur Furnbach, où se trouvait un corps de trois bataillons russes et autrichiens, qui furent attaqués sur-le-champ par deux cents carabiniers seulement en attendant l'arrivée de la colonne. Le courage français suppléa au nombre. Malgré sa résistance opiniâtre, l'ennemi fut repoussé de ce poste important et se retira sur Strenberg. Là, le terrain fut disputé pied à pied et enlevé après trois mêlées avec les hussards russes forcés de céder encore à la valeur des grenadiers. Ce corps se retira sur l'armée principale russe, forte d'une vingtaine de bataillons en position sous Bukaufen. Cette réunion ayant décidé l'ennemi à prendre l'offensive, il commença à manœuvrer sur nos flancs. Le général Dupas arriva alors avec sa brigade, et l'engagement s'étendit à tous les soldats. L'artillerie ennemie, qui jusqu'alors n'avait pas paru, se fit entendre, et Dupas fut chargé par plusieurs masses de Russes. Elles furent reçues avec calme par sa brigade, qui en soutint le choc et fit une fusillade des plus nourries. La nuit approchant, Oudinot sentit la nécessité d'une nouvelle attaque et se détermina à faire marcher la brigade du général Ruffin, qui, de concert avec celle de Dupas, charge l'ennemi, le culbute et le force à nous laisser le champ de bataille. Dans cette affaire, la position a été prise et reprise trois fois à la baïonnette. L'ennemi a reçu nos différentes attaques avec beaucoup de résolution; les siennes ont été fournies avec bravoure, mais le courage des grenadiers a prévalu.

Le combat d'Amstetten avait une grande importance, non pas par le nombre des hommes qui y furent engagés de part et d'autre, mais parce qu'il laissait libre la route de Vienne, l'ennemi ayant abandonné la rive droite du Danube. Les Austro-Russes, retranchés derrière la puissante protection de ce grand fleuve, se croyaient en sûreté et n'avaient plus, pour nous séparer d'eux complètement, qu'à détruire le dernier pont subsistant aux portes de la capitale. Ce pont, le

Thabor-Brouken, construit en bois, était jeté sur le bras principal, au delà de plusieurs petites îles. On l'avait garni de fascines et de barils de poudre afin de l'incendier aisément au moindre signe. De plus, il était défendu par quelques milliers d'hommes et du canon sur la rive gauche.

Murat, Lannes et Oudinot, toujours à l'avant-garde, étaient entrés les premiers dans Vienne. Ils comprirent bien vite que la force ni le courage ne suffiraient pour prendre intact ce précieux moyen de passage.

Néanmoins le 13 novembre vers 11 heures du matin, la colonne des grenadiers, précédée de Murat et de Lannes, s'engagea sans bruit dans le dédale des îles et parvint aisément jusqu'au pont du Thabor, qui étendait devant eux ses deux cent trente toises. Lannes le traverse avec quelques officiers, va sur l'autre bord, demande à entretenir le comte d'Auersberg, commandant des troupes autrichiennes, et essaye de lui persuader que nous ne sommes plus en guerre avec les Autrichiens, mais avec les Russes seulement, assertion que l'armistice réclamé par Giulay rendait assez vraisemblable. Puis, pendant que l'attention de l'ennemi est détournée par ces pourparlers, Oudinot et ses grenadiers s'avancent rapidement sur le pont, jetant au fur et à mesure dans l'eau tous les combustibles entassés sous les arches. Le passage était déjà aux trois quarts effectué, lorsque le commandement de « feu! » retentit du côté des Autrichiens. Un peu plus, leurs pièces tiraient et les grenadiers allaient s'engloutir sous l'effondrement du pont. Lannes se précipite sur les canonniers, leur parle, les persuade, les arrête. Oudinot et ses hommes achèvent leur course au pas de charge, sautent sur la rive gauche et arrachent les mèches aux mains de ceux qui allaient mettre le feu aux poudres.

Le pont du Thabor était sauvé et les Français étaient les premiers surpris de s'en trouver maîtres sans coup férir par cet artifice aussi soudain que périlleux, où brilla une fois de plus l'imperturbable sang-froid des grenadiers et de leur chef.

Ce rempart tombé, l'armée marcha vers le nord et atteignit les Russes du prince Bagration à Hollabrünn. Bien qu'on fût en hiver, la bataille commença vers la fin du jour, à trois heures de l'après-midi. Choc extraordinaire par l'acharnement des deux partis, par la prolongation de la lutte dans les ténèbres les plus épaisses et par la confusion qui en résulta.

Un régiment de grenadiers, posté en avant du village de Schœngraben, à trois cents pas des Russes, se précipite sur eux après une vive canonnade; les Russes, très calmes, attendent de pied ferme, et l'on croise la baïonnette autour du village qui flambe bientôt, incendié par les obus. Un deuxième régiment accourt soutenir le premier et culbute enfin l'ennemi, qui semble vouloir prononcer un mouvement tournant vers sa droite. Pour contenir ce mouvement et tâcher d'intercepter par derrière la route de Znaïm, deux brigades s'avancent à tâtons, car la nuit est venue; elles se perdent dans un terrain coupé de ravins, de ruisseaux et de marécages et sont forcées d'obliquer. Les dragons de Sébastiani, qui forment la tête, donnent dans une masse d'infanterie; amis ou ennemis? on ne sait; il faut la lueur des coups de feu pour reconnaître les Russes. Les Français chargent, font leur trouée et continuent leur route, mais sans s'apercevoir qu'ils ont laissé derrière eux une troupe ennemie, qui révèle sa présence à coups de mitraille. Une nouvelle charge la détruit et lui enlève ses canons, pendant que les grenadiers, avançant toujours, mais sans rencontrer d'adversaires, se risquent dans un village aux rues noires, vides et silencieuses. Ce silence, qui les étonne, leur fait flairer une embuscade; ils se retirent, puis reviennent, pendant que les Russes, blottis dans les maisons, surgissent tout à coup en hurlant comme des fauves et frappent avec furie. Impossible de tirer dans la mêlée. On se heurte à des formes vagues, à peine reconnaissables à la voix par la différence des langages; on se rue les uns sur les autres à l'arme blanche; on s'égorge sans se voir et le carnage ne s'arrête qu'à onze heures du soir. Le terrain restait aux grenadiers, et, le lendemain au jour, on compta six mille neuf cents Russes tués, blessés ou prisonniers. Oudinot, qui avait reçu une balle dans la cuisse pendant l'action, n'en continua pas moins à donner ses ordres jusqu'au bout (16 novembre).

Il dut retourner à Vienne, sur l'ordre de Napoléon, pour soigner sa blessure; mais deux semaines plus tard, connaissant l'imminence d'une grande bataille décisive, il accourut en Moravie pour reprendre son poste. C'était deux jours avant Austerlitz.

« Votre courage surpasse vos forces, lui dit l'Empereur; je donnerai vos grenadiers à Duroc et vous resterez près de moi. »

Malgré ces instructions, Oudinot ne put se détacher de sa chère troupe d'élite. Mais elle ne fut employée à Austerlitz que comme réserve destinée à soutenir le maréchal Soult en cas de besoin; le succès rendit cette précaution inutile.

Une si complète victoire entraînait nécessairement la conclusion de la paix : un traité fut signé à Schœnbrun le 15 décembre et l'armée française, qui avait franchi sans s'arrêter, sinon pour combattre, l'immense zone comprise entre la mer du Nord et les confins de la Hongrie, put enfin respirer et regagner la patrie. Ce fut un retour triomphal et pénible cependant, en plein hiver, à travers des contrées glacées et des montagnes couvertes de neige. Oudinot, encore convalescent, supporta le trajet avec autant de bonne humeur que d'énergie et arriva à Strasbourg incertain de ce qui allait lui être commandé. Le doute ne fut pas de longue durée. Quatorze jours de répit, pas davantage, et le souverain lui confiait une mission bien nouvelle, moitié militaire, moitié civile, toute de tact et de prudence, exigeant un grand esprit de justice et de conciliation.

Par une clause du traité de Schœnbrunn, la Prusse cédait la principauté de Neuchâtel à l'Empereur, qui en faisait don à son chef d'état-major Alexandre Berthier. Au nom de ce dernier, Oudinot était chargé d'occuper le pays. Il partit à la fin de l'hiver avec ses grenadiers et traversa le Jura par des routes si mauvaises qu'il fallait les déblayer tout exprès pour l'artillerie et que parfois, pour tirer sa voiture, on attelait vainement jusqu'à douze chevaux. A la dernière étape son équipage se brisa; il fallut se mettre en selle, et le cortège ne parvint à la Chaux de Fonds qu'à deux heures du matin.

Le lendemain, 18 mars 1806, Oudinot faisait son entrée dans la ville de Neuchâtel.

La population du pays, attachée à ses anciens princes par une longue habitude, était hostile aux nouveaux venus; les autorités observaient une attitude froide et convenable, mais les bourgeois, effrayés de cet appareil militaire, redoutant les exactions trop habituelles aux soldats, jaloux enfin de garder leurs usages, leurs lois et leurs libertés, s'enfermaient chez eux avec méfiance.

Le général eut assez de finesse d'esprit pour pénétrer cette situation délicate et assez de noblesse de cœur, en même temps que d'habileté, pour respecter des sentiments si naturels. Il rassura les citoyens sur leurs droits, il les garantit contre toute réquisition ou imposition arbitraire; il leur laissa l'administration de la police et de la justice; enfin il sut si bien ménager leurs légitimes susceptibilités que leur esprit fut, en fort peu de temps, retourné en faveur des Français. Une heureuse mesure de tolérance acheva de rendre leurs dispositions entièrement sympathiques. Napoléon, dans son duel éternel avec l'irréconciliable Angleterre, interdisait formellement l'acquisition de marchandises anglaises : partout elles devaient être confisquées et impitoyablement brûlées, d'où une ruine pour le commerce des Neuchâtelois, qui trafiquaient beaucoup avec la Grande-Bretagne. Oudinot écouta leurs réclamations avec bienveillance, les examina, les transmit à la cour des Tuileries par l'intermédiaire de son aide de camp Hutin; il eut assez de crédit pour fléchir la volonté du maître et obtenir, à la rigueur des ordres impériaux, un adoucissement qui sauva bien des fortunes.

Cette politique, humaine autant qu'adroite, acheva de ramener aux Français tous les cœurs qui leur avaient été d'abord le plus opposés, et l'occupation si redoutée fut accueillie par tous comme un bienfait. Voulant alors témoigner leur reconnaissance à Oudinot et comprenant que toute récompense matérielle blesserait une âme aussi haute, les habitants eurent recours à un procédé bien touchant dans sa naïveté antique, et qui consistait à faire de cet administrateur étranger plus qu'un ami, un frère, un membre de leur grande famille nationale, et à lui donner le titre honorifique de bourgeois de Neuchâtel. Par considération pour lui, ils transgressaient un très sévère article de leur constitution toute protestante, lequel refusait formellement le droit de bourgeoisie à un catholique romain comme l'était Oudinot.

Voici le texte du décret rendu en cette circonstance par le conseil général de Neuchâtel :

« Soit notoire et manifeste que le Conseil général,
« dans son assemblée du quinzième de ce mois, agissant
« au nom de la bourgeoisie de Neuchâtel, a exprimé que
« Son Excellence le général Oudinot, serait priée de per-
« mettre qu'elle fût associée et comptée au nombre de
« ses membres et qu'elle daignât agréer en même temps
« un souvenir durable de tous les sentiments que nous
« éprouvons à son égard; vu son gracieux acquiescement
« à ce désir, et considérant que Son Excellence, nommée,
« en mars dernier, commissaire pour prendre possession
« de cette souveraineté au nom de Sa Majesté Impériale
« et Royale, elle n'a usé des pouvoirs étendus qui lui
« étaient délégués que pour conserver toutes les formes
« auxquelles ce pays devait depuis longtemps son bon-
« heur; que tous les actes de son autorité ont été mar-
« qués, dès lors, au coin de la bonté et de la bienveil-
« lance, ce qui lui a tellement concilié la confiance, l'atta-
« chement et la reconnaissance des habitants, qu'ils
« envisagent le choix que Sa Majesté a fait comme un
« bienfait.

« Nous, les quatre ministraux agissant au nom du
« Conseil général, ville et bourgeoisie de Neuchâtel,
« voulant satisfaire au vœu si bien exprimé et tempérer
« autant que possible la douleur que nous ressentons
« tous à l'idée de son prochain départ, nous avons reçu
« et associé, comme nous recevons et associons le géné-

« ral Oudinot, lui et ses perpétuels descendants, nés et
« à naître, pour être et devoir être bourgeois internes et
« communiers de cette ville de Neuchâtel et particper
« à tous les biens, avantages, droits, franchises, libertés
« et privilèges appartenant à ladite ville et bourgeoisie,
« le tout conformément à notre bonne et heureuse con-
« stitution.

« Souhaitant de plus que le général bien-aimé emporte
« un souvenir durable des sentiments qui nous animent,
« nous l'avons prié, comme nous le prions, d'agréer et
« porter une épée ayant sur la lame : *La ville de Neu-*
« *chatel au général Oudinot, 1806*. Il voudra bien, lors-
« qu'il sera appelé à la tirer pour le service de Sa Majesté,
« penser à ses concitoyens neuchâtelois, qui le suivront
« partout en idée, et, l'accompagnant de leurs vœux,
« prendront part à tous ses triomphes.

« Si promettons, nous, les quatre ministraux, au nom
« que dessus, pour nous et nos successeurs, de conser-
« ver, maintenir et entretenir Son Excellence et ses
« légitimes descendants auprès du bénéfice de la pré-
« sente réception de bourgeois interne sans lui être
« fait ni donné à cet égard aucun trouble. »

Ils tinrent parole, les habitants de cet excellent coin de terre; ils avaient promis, par l'organe des autorités qui les représentaient, qu'ils l'accompagneraient partout en idée et le suivraient de leurs vœux (phrase du titre donnant la bourgeoisie de Neuchâtel au général Oudinot).

Bien des lettres viendraient à l'appui de cette vérité, mais je ne connais rien de plus concluant que l'accueil fait en 1833 au fils aîné du général, quand il fit son voyage en Suisse. Il retrouva dans le cœur de ceux qui restaient de l'année *1806*, comme de ceux qui étaient nés depuis cette époque, le souvenir le plus chaudement conservé du caractère et des actes de son illustre père (1).

A côté des témoignages de gratitude présentés sous forme officielle comme les précédents, il y en eut d'autres émanés de l'initiative individuelle et prouvant que la réputation de bonté et de vertu du général avait pénétré toutes les classes de la société. Voici un exemple bien curieux de ces manifestations. Comme il allait quitter la principauté (18 juillet), un moine l'aborda, lui tendit un objet informe, de nature incertaine et d'aspect peu séduisant, et lui dit au nom de sa communauté :

« Nous n'avons pas de richesses à vous offrir et d'ailleurs vous ne les accepteriez pas ; mais nous vous offrons ce que nous possédons de plus précieux, un fragment de la sainte colonne. »

Cette relique a été conservée depuis dans la famille avec le plus religieux respect.

Le soldat administrateur, aussi heureux dans la paix que dans la guerre, s'éloigna donc chargé des bénédictions du peuple. Mais il ne revenait en France que pour repartir. Napoléon reforma les grenadiers qui avaient été dispersés, leur rendit le chef avec qui ils s'étaient tant illustrés et joignit ce corps d'élite à sa propre garde. Ils firent la campagne de Prusse et assistèrent en

---

(1) *Souvenirs de la duchesse de Reggio.*

réserve à la bataille d'Iéna, mais sans prendre part à l'action.

La fin de l'année fut employée à la plus audacieuse marche en avant qui eût été tentée jusque-là. Ce n'étaient plus les Prussiens seulement que nous avions à combattre, mais aussi les Russes qui s'étaient alliés avec eux. Au début de 1807 nous occupions la Pologne et Oudinot était placé en flèche, au delà de Varsovie, à Ostrolenka, sur le bord de la Narew, au milieu d'un pays inhospitalier, hérissé de forêts et noyé de marécages. Napoléon lui confia ce poste périlleux, destiné à couvrir son aile droite pendant que lui-même remontait vers le nord pour atteindre la Prusse orientale et essayer de jeter l'ennemi dans la Baltique, résultat que la sanglante bataille d'Eylau fut loin de lui donner.

Presque en même temps Oudinot fut averti d'une prochaine attaque des Russes, qui menaçaient Varsovie par les deux rives de la Narew. Sa vigilance toujours inquiète le sauva d'une surprise; car en faisant son inspection, il trouva ses sentinelles engourdies par le froid et sommeillant sous les fusils des Russes. L'action commença le lendemain (15 février) au petit jour par une très vive canonnade, puis par un engagement entre l'infanterie ennemie, qui voulait entrer dans Ostrolenka, et une brigade de grenadiers commandés par le général Ruffin, qui était retranché derrière le cimetière, autour de l'église, et faisait feu à mitraille. La brigade Campana, qui était sur l'autre rive de la Narew, passait le pont pour venir au secours lorsque son chef fut coupé en deux par un boulet. Malgré cette perte les deux brigades purent se concentrer et chasser les Russes, qui déjà pénétraient dans les rues d'Ostrolenka. Oudinot et Suchet arrivèrent de leur personne : le premier, à la tête de la cavalerie, exécuta une charge très brillante qui acheva la victoire : deux mille cinq cents Russes restaient sur le champ de bataille; nous avions pris deux drapeaux et sept canons.

Cette campagne de Pologne, si longue, si ardue, était par l'éloignement de la base d'opération, par la nature du terrain, par la résistance de l'ennemi, par les difficultés de toutes sortes, comme le prélude de la fatale guerre de Russie. Le lendemain de la victoire d'Ostrolenka, le général en chef des grenadiers fut entouré lui-même par un hourra de Cosaques, impudents pillards qui osaient le narguer aux portes de son camp ; il eut alors la vision de ces cavaliers fugaces, toujours battus, jamais domptés, vraies nuées rassemblées ou dispersées par un coup de vent, et qui devaient le harceler cinq ans plus tard dans de si cruelles circonstances. Il fonça dessus avec son état-major et les dissipa en un clin d'œil.

Cependant l'Empereur, inquiet de n'avoir pas encore terminé la guerre, sentait la nécessité d'avoir une ligne moins étendue et de mieux assurer ses derrières, tout en conservant Varsovie. Il concentra son armée sur la basse Vistule, rappela Oudinot dans la Prusse orientale, à Ostorode, et chargea le maréchal Lefebvre de mettre le siège devant Dantzig. La place était forte et bien défendue ; les travaux d'approche se faisaient lentement; les Français étaient peu nombreux. Après de laborieux combats qui n'amenaient pas de résultats assez prompts, Lefebvre demanda du renfort, et Oudinot fut envoyé à son secours avec les grenadiers. Ce dernier arriva le 3 mai et établit son quartier général à Langfurt.

Le 14 les Russes tentèrent une sortie; ce ne fut qu'une alerte. Mais Oudinot, toujours dédaigneux du danger, se fit encore soldat : il se porta en avant avec ses officiers et, ayant abordé un petit bois, il vit surgir tout à coup un sous-officier russe caché derrière un arbre et qui perça d'un coup de baïonnette la poitrine du chef d'escadron Magnac : le général courut à lui et le tua de sa propre main.

Le surlendemain il eut la fortune singulière de faire capturer un navire par ses fantassins. La corvette *la Dauntless,* de l'escadre anglaise qui croisait dans la Baltique, voulut ravitailler Dantzig : favorisée à l'aurore par un brouillard intense qui la dérobait aux yeux, elle s'engagea imprudemment dans le canal qui relie la place à la mer. Or le soleil dissipa bientôt la brume, la présence du bâtiment fut révélée à tous et, la brise étant tombée, il s'arrêta, déployant ses voiles inutiles, incapable de bouger, proie facile pour les soldats, comme une baleine échouée sur le sable en est une pour les pêcheurs. Après un commencement de fusillade, la *Dauntless* demanda à se rendre.

Cependant les Russes avaient reçu par mer les secours qu'ils attendaient depuis si longtemps; le moment était venu pour eux de tenter un suprême effort. Une nuit, à trois heures, ils sortirent du fort de Weichslemunde, au nombre de huit mille, en quatre colonnes, pour essayer de détruire nos ouvrages et de percer nos lignes. Ils les assaillirent avec une vigueur extrême; mitraillés, chassés, poursuivis à la baïonnette, ils revenaient opiniâtrément sur les redoutes pour en être chassés de nouveau. Leur obstination était telle et tel le besoin de briser le cercle dont ils étaient étreints, qu'ils se reformèrent une dernière fois en masse et s'élancèrent encore contre nous. Lannes et Oudinot comprennent que cette affaire va décider si la ville de Dantzig sera prise ou délivrée; ils accourent sur le lieu même du combat; l'irrésistible Oudinot charge à la tête d'un bataillon de grenadiers et pénètre comme un coin dans les carrés ennemis. On se mêle; il pousse en avant; son cheval est tué sous lui par un boulet; ses soldats le voient tomber et s'alarment; mais il se relève et tous crient : « Vive le général! » et lui, jamais déconcerté, les entraîne en combattant à pied; il gagne du terrain peu à peu. Les Russes étonnés fléchissent et enfin s'en retournent reconduits à la baïonnette jusqu'aux murailles du fort de Weichslemunde, où ils s'enferment pour capituler quelques jours après. Le 26 mai l'armée française était maîtresse de Dantzig.

Oudinot s'arrêta deux semaines à Marienbourg, puis il reçut l'ordre de marcher rapidement vers l'est, afin d'atteindre les Russes, qui, après une vive attaque et une résistance imprévue, se retiraient en bon ordre pour préserver Kœnigsberg. L'avant-garde, composée de dix mille hommes, était sous ses ordres et sous ceux du maréchal Lannes. Le 13 juin au soir, en arrivant à Donnau, on s'aperçut que l'on prenait contact avec toute l'armée ennemie, laquelle montrait, en avant, de grands feux sur trois lieues de profondeur dans la direction du village de Friedland, au bord de la rivière d'Alle. Oudinot prit toutes ses dispositions pour placer avantageusement ses hommes, ne rentra à son quartier général qu'à onze du soir, commanda son cheval pour deux heures du matin et se coucha tout habillé sur son lit.

A deux heures il était en selle par un beau ciel déjà clair, comme il arrive dans ce pays de latitude élevée, et il reconnaissait la forte situation de l'ennemi. Combattre victorieusement avec une poignée d'hommes contre toute l'armée russe, on n'y pouvait pas songer ; mais on pouvait occuper le village de Posthenen, le petit bois de Sortlack et les hauteurs qui dominent l'Alle, de manière à barrer la route de Kœnigsberg ; on forcerait ainsi les Russes à attendre l'arrivée de l'armée française et à subir alors une bataille, en ayant une rivière à dos, c'est-à-dire dans une position très désavantageuse. C'est ce que comprirent fort bien Lannes et Oudinot, et c'est à quoi ils réussirent avec beaucoup de bonheur. Le feu commença à trois heures du matin et fut soutenu avec vigueur jusqu'à sept heures.

L'avant-garde s'épuisait dans cette lutte inégale lorsque, enfin, à ce moment, déboucha le maréchal Mortier avec les divisions Nansouty, Dupas et Verdier, qui portèrent les forces françaises présentes à vingt-six mille hommes; c'était bien peu pour lutter contre soixante-quinze mille! Mais le terrain était favorable et il était défendu par des héros. Voici le passage que Thiers a consacré, dans le récit de cette bataille, à ce qui concerne plus spécialement les prouesses d'Oudinot :

Le général Oudinot, qui commandait les grenadiers, profitant de tous les accidents de terrain, tantôt de bouquets de bois semés çà et là, tantôt de quelques flaques d'eau que les pluies des jours précédents avaient produites, tantôt de la hauteur même des blés, disputait le terrain avec autant d'habileté que d'énergie. Tour à tour il cachait ou montrait ses soldats, les dispersait en tirailleurs ou les opposait en masses hérissées de baïonnettes à tous les efforts des Russes. Ces braves grenadiers, malgré l'infériorité du nombre, s'obstinaient cependant, soutenus par leur général, quand heureusement pour eux arriva la division Verdier (1).

(1) Thiers, t. VII, page 598.

C'est grâce à ces miracles que l'on put tenir sans plier jusqu'à midi. Alors Napoléon parut avec le gros de son armée. Ses officiers coururent à lui. Oudinot, avec son habit criblé de balles et son cheval ruisselant de sang, voulait achever ce qu'il avait si brillamment commencé :

« Hâtez-vous, Sire », disait-il, « mes grenadiers n'en peuvent plus : mais donnez-moi un renfort et je jetterai tous les Russes à l'eau. »

On était en force. Napoléon voulut que les troupes eussent un moment de répit dont elles avaient grand besoin après une marche forcée de neuf heures de combat, puis à quatre heures de l'après-midi la bataille recommença. A six heures, le village de Friedland, tout en feu, était emporté ; les ponts sur l'Alle étaient détruits et les Russes se noyaient en essayant de franchir la rivière aux endroits guéables ou comblés par les amoncellements de voitures, de caissons, d'hommes et de chevaux. Le dernier coup de fusil ne fut tiré qu'à minuit.

Oudinot ne put prendre une part directe à cette deuxième partie de la bataille, malgré la volonté qu'il en avait. L'Empereur exigea que ses grenadiers, à demi détruits, demeurassent en seconde ligne : ils avaient assez fait pour un jour, puisque leur invincible ténacité et leur courage avaient retenu les Russes et rendu possible la grande action décisive. D'ailleurs même en seconde ligne, ils étaient fort exposés et souffraient des coups de l'artillerie. Le cheval d'Oudinot eut la jambe brisée, et son aide de camp Hutin, à côté de lui, eut le visage frôlé de si près par un boulet qu'il en perdit la respiration, fut étouffé et tomba raide mort.

Le général coucha sur la place où il avait combattu. Le lendemain, lorsqu'il se mit en marche, le champ de bataille présentait une confusion inextricable de canons, de caissons rompus, de cadavres d'abord éparpillés, puis plus pressés et enfin accumulés en tas sanglants, monstrueux et difformes, à mesure qu'on approchait de Friedland ; le village fumait encore ; on dut le contourner, tant ses rues étaient impraticables.

Le 7 juillet, la paix fut signée à Tilsit, et Oudinot vint prendre ses cantonnements à Dantzig. Partagé entre les soins de son armée et la société de ses camarades, il y menait une existence tranquille et souvent joyeuse, donnant et acceptant des soirées fort gaies. Avec les maréchaux Soult, Mortier et d'autres, comme le grave Davout, rassasiés de luttes toujours plus grandioses et plus horribles, ils oubliaient les spectacles de mort qu'ils venaient de voir et délassaient leur esprit dans des folies de jeunesse et des divertissements de sous-lieutenants ; le soir, dans les salons magnifiques où ils se recevaient, ils s'amusaient à éteindre les bougies avec des balles de pistolet. Heureusement les dégâts étaient payés avec une générosité magnifique.

Mais la fatalité, qui s'acharnait à déchirer le corps d'Oudinot, l'empêcha de se reposer longtemps. Le 12 décembre, en revenant d'inspecter le fort de Wasser, il voulut sauter un ravin qui barrait la route ; mais le cheval qu'il montait manqua des deux pieds de devant et tomba sur le côté, écrasant son cavalier et lui cassant la jambe droite. Le général, ramené aussitôt sur un brancard, dit au chirurgien en songeant à l'accident semblable qui avait failli arrêter sa carrière à Trèves douze ans auparavant :

« Faites vite : ce n'est pas la première fois que ça m'arrive. »

Il supporta avec courage de longues souffrances adoucies par les témoignages de sympathie de ses bons grenadiers qui venaient chaque jour, émus et anxieux, visiter *leur père* avec une sollicitude attendrie.

Imparfaitement rétabli, il put partir dans les premiers jours de mars 1808. A cette occasion les officiers lui offrirent un déjeuner avec accompagnement de musique et portèrent de chaleureux toasts à sa santé. Une aimable et originale surprise l'attendait au dessert : on apporta un pâté et, lorsque le général Rapp souleva le couvercle, une envolée d'oiseaux gazouillants s'échappa, le cou et les pattes enguirlandés de rubans tricolores avec cette inscription : « A la gloire du général Oudinot ! »

Un voyage rude encore pour un éclopé, qui se soutenait avec des béquilles, l'amena à Bar-le-Duc auprès des siens. C'est là qu'il fit, à ce printemps, la connaissance d'une jeune fille de seize ans, Mlle Eugénie de Coucy, destinée à jouer un rôle considérable dans sa vie, puisque, quatre ans après, Oudinot étant devenu veuf, elle devait consoler son foyer désert. Puis bien plus tard, veuve à son tour, elle occupa sa vieillesse à rassembler, pour ses enfants, de curieux souvenirs où le présent ouvrage a déjà puisé. L'extrait suivant, en indiquant la physionomie d'un coin de province à l'époque de la Révolution et de l'Empire, fera connaître Mlle de Coucy et sa famille, et retracera sa première entrevue avec Oudinot.

Mes enfants, vous me pressez d'écrire ma vie ; maintes fois je vous en ai conté les détails, et, ce que je ne vous ai pas révélé, c'est le secret des autres.

Pour reprendre les choses dans leur origine, je vous rappellerai que mon père était capitaine au régiment d'Artois et chevalier de Saint-Louis. Cette honorable situation était satisfaisante pour l'époque de 1780 ; il était l'aîné de dix enfants ; deux de ses frères servaient dans le même régiment que lui ; un troisième était grand vicaire de l'évêque d'Agde ; et quant à ses sœurs, l'une était chanoinesse, la seconde religieuse, et quatre autres vivaient ensemble sous le toit paternel (aucune ne s'est mariée).

Mon grand-père de Coucy et sa femme, Mlle de Conygam, d'origine écossaise, vivaient encore à l'époque de laquelle je fais partir ce récit. Ils avaient été aidés et soutenus, dans les soins et les dépenses résultant d'un si grand nombre d'enfants, par Mlles de Coucy, sœurs aînées de mon grand-père, fixées à Hancourt, à deux lieues de la maison mère située à Lentilles.

Cette famille patriarcale vivait dans une parfaite

union; la majeure partie de l'année se passait, pour Lentilles et Hancourt, dans les soins agricoles et la retraite; mais quand arrivait l'époque des semestres, quand les trois jeunes officiers, quand l'abbé, qui était peut-être le plus bouillant des quatre frères, rentraient au logis, tout s'y animait, tout y prenait un air de fête, et les sages économies du ménage étaient étalées de grand cœur dans ces heureux moments. Alors, les voisins de campagne, tous à peu près dans les mêmes conditions d'existence, se rassemblaient et formaient des réunions gaies et nombreuses, car, dans ces temps, les familles étaient immenses; c'étaient des dix et douze enfants que l'on voyait à la même table; tous arrivaient à des situations plus ou moins heureuses, mais enfin, ils vivaient, et ni eux ni leurs parents n'avaient cette méfiance de la Providence, cette terreur de l'avenir, qui empoisonnent si souvent aujourd'hui les plaisirs de famille.

Dans la noblesse pauvre de province, les filles trouvaient tout naturel de garder le célibat, afin de ne rien retrancher, pour leur dot, de la fortune que l'on réservait de préférence pour l'aîné des garçons.

Dans ma famille les sacrifices de ce genre furent volontaires; rien ne fut imposé dans ce sens, mais, par un accord tacite et dans un sentiment qui semblait inné, tout se passa ainsi chez nous.

Mon père était le plus beau des quatre frères; son caractère de loyauté, empreint dans son admirable regard, le faisait juger tout de suite. Son éducation avait été arrêtée à treize ans, âge où il entra au service sous le patronage des trois Conygam, ses oncles, officiers au régiment d'Artois. Naturellement ses études souffrirent de cette interruption, mais, de lui-même, il travailla encore et, sans avoir pu atteindre le point où l'éducation classique l'eût amené, il arriva néanmoins à une facilité, dans son style et dans sa parole, qui, alors, était un avantage rare. Un organe superbe donnait du charme à ses discours; hélas! aucun n'a pu se graver dans ma mémoire de cinq ans. Je ne me souviens que de quelques mots épars; mais ce qui m'est resté présent, c'est la profondeur de son regard, c'est la douceur de son sourire, c'est la noblesse de sa haute stature.

A trente ans, il vint prendre les eaux de Luxeuil; il remarqua Mlle de Merçuay, âgée de dix-huit ans. Jolie, blanche, gracieuse et douce comme un ange, elle était là, avec son père, en deuil de Mme de Merçuay. La petite terre dont ils portaient le nom était située à trois lieues de Luxeuil, et le bruit courut bien vite que le bel officier avait offert sa main à la délicieuse orpheline. En effet tout s'arrangea promptement, et ma mère, accompagnée de son père, fut bientôt présentée par son mari à la famille de Coucy, qui habitait la Champagne; elle fit la gloire et le bonheur des vieux parents et la joie des nobles sœurs, avec lesquelles, dès ce moment, elle lia une intimité que la mort seule a terminée.

On fut en fête dans tout le voisinage de Lentilles, à l'occasion de cette union. Mon imagination, si terne aujourd'hui, se réveille au souvenir de ces anciens récits; je fus bercée par eux et, mêlés aux contes des fées de ma bonne, ils se confondent pour moi dans une couleur d'or. Les merveilles du château de Brienne, par exemple, si vives dans mon esprit, n'ont été égalées par aucune des scènes brillantes qui, depuis lors, ont passé sous mes yeux.

Toutes ces joies se succédaient pour mes parents, bien longtemps avant ma naissance; c'était en Franche-

Comté, dans la terre même de Merçuay, que mon père avait fixé sa résidence, avec sa femme et son beau-père. On recevait les visites des frères et des sœurs, visites que l'on allait rendre chaque année en Champagne. La paix était profonde, ce qui décida mon père à prendre sa retraite trois ans après son mariage.

La naissance de ma sœur avait été suivie, quelques années après, de celle de mon frère aîné Maximilien, délicieux enfant, que la mort enleva dès l'âge de sept ans à ses parents : c'était leur premier chagrin, et il fut affreux. Ensuite mes grands-parents de Champagne moururent, et bientôt les grondements du tonnerre de la Révolution se firent entendre. Mon père prévit l'orage; mais il se décida aussitôt à l'affronter sur le terrain, il n'émigra point. Je naquis sur les entrefaites. On se flattait de voir arriver un garçon, je fus mal reçue, mais soit que l'on voulût plus tard m'indemniser de ce premier mouvement, soit pour tout autre motif, on m'idolâtra.

Cependant, les événements suivant la marche sinistre que mon père avait de suite prévue, vinrent l'atteindre dans sa retraite. Dénoncé comme suspect par ceux des habitants de son village qu'il avait le plus comblés et placé avec ma mère et ma sœur, âgée de quatorze ans, entre quatre fusiliers, il traversa ainsi à pied tout Merçuay et fut conduit à Faverney, bourgade voisine, où il fut enfermé avec sa femme et sa fille, dans un ancien couvent qui servait de prison. Mais bientôt on trouva que son entourage était trop doux pour lui et on l'envoya seul à Gray, tandis que ma mère et ma sœur furent transférées à Vesoul.

Leur longue et dure captivité ressemble dans ses détails à toutes celles de ces temps de vertige; bien des soirées de mon enfance et de ma jeunesse ont été employées à écouter, l'œil humide et la bouche béante, ces tristes récits qui prenaient, de l'âme de ma mère, un intérêt palpitant. Plus tard, mes enfants, vous avez entendu ma sœur vous en répéter quelques épisodes avec ce charme de naturel qui la distingue; je ne reviendrai donc pas là-dessus, si ce n'est pour consigner ici un fait étrange qui m'est personnel, et qui caractérise l'époque.

J'avais deux ans et demi, et l'on m'avait aussi incarcérée; on avait lancé sur ma petite personne un mandat d'arrêt, j'étais donc enfermée avec ma mère, qui se désespérait de me voir ainsi privée de l'air qui est la vie des enfants.

Tout à coup, on apprend que Robespierre le jeune arrive dans la contrée, comme représentant du peuple. A grand'peine l'on obtient des gardiens ma sortie de prison pour une matinée; ma bonne, la courageuse Rosalie, qui par dévouement s'était *popularisée,* était parvenue à rester libre, et veillait au dehors à tous nos intérêts, ma bonne donc vint me prendre des bras de ces hommes affreux qui se paraient du nom de sans-culottes. Je me souviens qu'ils étaient coiffés de bonnets en peau de renard; celui qui me remit à ma bonne avait laissé au sien l'énorme queue de l'animal; elle lui tombait sur le dos et suivait tous ses mouvements; cela me causait une affreuse terreur. Je pleurais, mais Rosalie, qui avait ses plans faits, me prêchait; elle me sermonna, chemin faisant, pour m'amener à la mission que j'avais à remplir, et, m'ayant enfin remis un papier à la main, elle me porta à Robespierre.

Je le vois encore; c'était un matin, il n'était point levé et donnait audience, de son lit, à une multitude d'individus. Ma petite mine effarée le frappa. « Quelle est cette enfant? » dit-il. — Ma bonne s'avance : « Citoyen représentant, c'est la fille du citoyen Coucy ; ses parents... — Ah! je vois, des nobles! posez là l'enfant » (il montra son lit). Je m'accrochai alors à Rosalie en poussant des cris affreux, pendant que le représentant parcourait ma pétition. Il se fit ensuite apporter des bonbons et m'embrassa : « Ta barbe me pique », m'écriai-je, en me débattant. Ce propos l'égaya beaucoup, puis il dit : « Elle a deux ans et demi ; et on a lancé contre elle un mandat d'arrêt? Quelle absurdité! C'est vouloir tourner le gouvernement en dérision! Qu'on lui donne, dit-il en se tournant vers son secrétaire, sa mise en liberté. — Mais, reprit Rosalie, et ses parents? — Ah! ceci passe mes pouvoirs. » Néanmoins, ce fut avec douceur qu'il refusa. Ma bonne, voyant qu'elle n'avait plus rien à gagner, me rapporta à ma mère, qui n'avait pas espéré grand résultat de cette démarche pour elle ni pour mon père, mais qui éprouva du moins quelque soulagement en me voyant quitter les murs noirs et humides de la prison, où, déjà, sa santé et celle de sa fille aînée s'altéraient visiblement. Rosalie me ramena à Merçuay ; j'y retrouvai mon grand-père qui, trop âgé pour avoir pu être transporté hors de chez lui, était gardé à vue par vingt volontaires nourris et hébergés à ses frais.

Cependant le temps filait et les têtes continuaient à tomber. Mon père et ma mère se consumaient, moins encore de l'emprisonnement commun à toute leur classe, que d'une séparation qui doublait leurs maux, lorsque enfin le plus jeune de mes oncles arriva à leur aide.

La Champagne, où il venait de se marier, était calme comparativement à d'autres parties de la France. Il avait hâté son union déjà entravée par divers événements, pour arriver en Franche-Comté. Sa femme, l'une des deux filles du comte d'Allegrin, était timide par caractère; mais elle trouvait dans son cœur la force qui, parfois, manquait à son organisation. C'est cette tante Clotilde dont je chéris et vénère la mémoire avec une sorte de culte. Elle voulut suivre son mari dans ce voyage qui, en 1794, avec son nom, son âge et le but auquel on visait, n'était pas sans mauvaises chances, et baissa, au départ, ses yeux qu'elle ne releva qu'en nous voyant; elle accompagna mon oncle, qui obtint d'elle tous les actes de courage désirables, sauf celui de supprimer l'épithète de monsieur; tout ce qu'elle put prendre sur elle fut d'y ajouter la dénomination en vogue, elle ne manqua donc jamais de répondre oui, ou non monsieur le citoyen.

Rosalie avait été prévenue de la prochaine arrivée de mon oncle; elle avait dressé là-dessus d'excellentes batteries en le préconisant comme un homme ami de la fraternité, de la liberté, et certes, pour le quart d'heure, il désirait ardemment celle de son frère; aussi, pour l'obtenir, n'épargna-t-il ni soins ni peines.

Arrivés à Vesoul à la nuit tombante, mon oncle et ma tante cherchèrent longtemps le pauvre logement partagé par Rosalie avec une couturière de ses amies qui la recueillait.

A chacun des voyages qu'elle faisait à Merçuay et Vesoul, Rosalie m'apportait toujours avec elle, car elle ne pouvait m'abandonner à mon grand-père dans sa maison devenue corps de garde. Elle n'avait souvent que ses jambes comme moyen de transport pour faire ses quatre lieues, les chevaux de mon père et ceux du village ayant été pris pour des réquisitions forcées. Parfois un char à bœufs aurait pu lui être de ressource; mais elle était toujours pressée, et elle allait plus vite à pied, quoiqu'elle me portât sur son dos. Il y avait une rivière à passer, et plus d'une fois, lorsque le batelier la faisait attendre, elle traversa le gué à pied. Il ne lui vint jamais à la pensée que sa conduite était plus que le devoir accompli. Sa vie nous fut consacrée. Elle est morte comme elle avait vécu.

On s'entendit, les démarches furent bien coordonnées, et mon oncle parvint à convaincre les personnages influents du lieu, que mon père et ma mère étaient populaires bien avant que cette qualification fût imposée par l'époque. Finalement on obtint, avant le 9 thermidor, l'élargissement de mon père, de ma mère et de ma sœur, qui rentrèrent chez eux.

Il était temps pour mon père : son agonie morale était devenue intolérable; la vivacité de ses affections l'usait; la contrainte le tuait. Jamais il ne s'est complètement remis de cette épreuve; d'ailleurs, tout n'était pas fini alors et de tristes années succédèrent à la Terreur proprement dite.

Néanmoins la réunion du moment fut douce et l'on sut en jouir, malgré la dureté de l'époque; mais, bientôt, mon oncle et ma tante furent rappelés en Champagne.

Mes parents alors, secouant l'aile comme l'oiseau mouillé après l'orage, recommencèrent leur vie d'intérieur et s'occupèrent de leurs intérêts si rudement froissés par les événements.

Peu après la rentrée de mes parents à Merçuay, le bon ex-seigneur de ce lieu, mon grand-père mourut. Il était bien âgé; mais jusqu'à la Révolution, il s'était merveilleusement conservé. Ayant servi dans les hussards, il avait gardé dans sa vieillesse les habitudes appropriées, dit-on, à cette arme. Il aimait le bruit, le mouvement, la gaieté, chantait à table et composait de joyeux couplets que j'ai retrouvés plus tard dans la mémoire de mes parents de Champagne.

J'ai encore un souvenir assez lucide de sa belle figure et de son habillement toujours vert.

La naissance de mon frère Gustave vint apporter une immense consolation à mes parents; mais cet événement ne précéda que de dix mois la mort de mon digne et noble père! Il partit un matin de Merçuay pour Vesoul. Je le vois encore, vêtu d'un habit de drap foncé, paré d'un gilet de satin bleu clair, brodé d'étoiles blanches. Il allait aux élections pour se joindre aux hommes de son opinion et chercher à faire nommer Pichegru dans la Haute-Saône.

En partant, mon père me prit dans ses bras avec une tendresse expansive, dont le souvenir est toujours resté empreint en moi... je ne le revis plus!

Quatre jours après son départ, on vint chercher ma mère, puis Rosalie, et enfin ma sœur : c'était pour le soigner dans une fièvre inflammatoire qui l'emporta en huit jours, à l'âge de cinquante-trois ans.

A la fin de la semaine, revint ma mère, vêtue en veuve, pâle et silencieuse, tenant dans ses bras son nourrisson, dont la santé se ressentit longtemps du lait amer qu'il avait sucé en ce moment, car, pour conserver la vie de sa mère, on défendit de le sevrer. Suivait ma sœur : celle-ci jetait de grands cris; alors j'appris tout, et ce fut affreux.

Mon père! oh! combien de temps je rêvai de lui! Combien de circonstances revinrent en ma mémoire pour s'y graver en traits ineffaçables!

Une vie sombre et monotone suivit la catastrophe qui nous privait de notre âme; la famille de Coucy, consternée, appelait à grands cris, en Champagne, la veuve et les orphelins; ma mère se sentait bien attirée vers ce centre d'affections; elle ne tenait plus à cette terre et à ce toit natals; mais elle était accablée d'affaires et surchargée de soucis.

Bientôt on lui députa ma tante la chanoinesse, femme excellente, ayant un jugement parfait, un cœur aimant et loyal et un caractère positif.

Cette arrivée fut la première joie qui entra dans la maison, à la fin de cette triste année qui y avait amené le désespoir!

Ma tante arrivée, j'eus à répondre aux avances de Sophie, femme de chambre chérie d'elle, et qu'elle avait élevée, tandis que les deux belles-sœurs étaient allées épancher ensemble leurs sentiments douloureux. Sophie me conduisit dans la chambre de damas vert, dont l'ouverture était toujours un événement dans la maison. Là, elle me fit assister au déballage des robes de sa maîtresse. Je ne crois pas que l'aspect des toilettes de cour ait jamais fait depuis, sur mon esprit féminin, l'impression que me causa cet étalage.

D'ailleurs, depuis ma naissance, la prison et le deuil, voilà quel avait été mon lot.

On loua les terres et le château; on vendit une partie des meubles; on emballa le reste, et le départ général fut fixé au printemps suivant (1799).

Ma mère ne devait jamais revoir Merçuay; sans en avoir pris la résolution elle en avait le pressentiment, aussi son émotion était-elle profonde et douloureuse.

On se mit en marche. Oh! comme je vois encore ce village, son église, sa petite place, le ruisseau qui le partage...

Nous avions quarante lieues à faire de Merçuay à

Lentilles. L'imagination et l'œil des enfants donnent à tout des proportions gigantesques ; aussi la Pérouse, Bougainville et tous ceux qui, depuis lors, ont fait le tour du monde n'ont-ils jamais pu concevoir de leurs entreprises une plus grande idée que celle dont j'étais étourdie en commençant le grand trajet. On avait décidé qu'on le diviserait en quatre jours.

Je brûlais d'arriver à Lentilles, quand tout à coup ma tante s'écria : « Voici Lentilles ! »

Mais, avant d'y pénétrer, je veux vous faire connaître ceux qui nous y attendaient.

Ma tante de Coucy était laide, mais sa taille élevée et bien prise, son habitude de tout conduire autour d'elle depuis l'âge de quinze ans, lui donnaient un grand air. Elle avait un cœur généreux et dévoué, une humeur enjouée et une grande tendance à s'amuser. Ayant volontairement passé sa jeunesse à soigner sa mère et la série des frères et des sœurs qui vinrent après elle (il y en eut douze, car deux dont je n'ai point parlé moururent au berceau), il était résulté de cette vie de privations que, dans son âge mûr, ma tante, dégagée des devoirs qu'elle avait si complètement remplis, avait été prise du désir de se distraire ; mais la modestie de sa fortune et ensuite la Révolution lui firent constamment obstacle. Qu'en advint-il ? C'est qu'elle se contenta des joies du prochain, dont elle fit les siennes.

Mon oncle l'abbé était né bouillant, emporté et brave jusqu'à la témérité ; il était prêtre uniquement parce qu'il était le cadet de la famille.

Du reste, tout en reconnaissant les difficultés de sa tâche, mon oncle l'avait noblement remplie, d'abord par honneur, plus tard par une religion éclairée et sincère.

Mlles de Louvrigny et de Velly étaient faibles et délicates, un peu contrefaites. Vous vous étonnerez moins de cette fâcheuse organisation des deux sœurs, quand vous aurez reçu quelques détails sur l'éducation physique des enfants nouveaux-nés de cette époque : on les serrait par des bandelettes comme des momies.

Mon oncle l'abbé était mon parrain et Louvrigny ma marraine ; ce titre, que l'on accepte aujourd'hui peut-être trop légèrement pour en pouvoir remplir toutes les obligations, était pris au temps passé dans sa véritable acception ; on le tenait pour ce qu'il est en effet, c'est-à-dire un engagement religieux. Le frère et la sœur m'avaient donc voué à l'avance un intérêt spécial, sans que cela fît tort à celui qu'ils portaient aux autres enfants de leur frère bien-aimé.

Louvrigny et Velly, que l'on nommait dans la famille les deux inséparables, tant parce qu'elles s'aimaient sympathiquement que par la conformité de leurs tailles, semblaient avoir uni plus intimement entre elles leurs destinées. S'occuper de leur département dans l'intérieur de la maison, aimer leur famille, travailler pour elle, tel était l'emploi de leur vie. Comme les plus jeunes, on les laissait habituellement au logis, où leur santé délicate les eût d'ailleurs souvent retenues. Louvrigny pétillait de cet esprit naturel et de ce piquant à-propos qui faisaient le charme du coin du feu par le mouvement qu'elle savait y donner, en plaisant toujours et ne blessant jamais. Velly, douce et calme, était le *refugium peccatorum* de chacun ; son caractère angélique portait la paix partout. Elle avait une tête délicieuse ; quand je la connus, il ne lui restait plus que ses beaux yeux longs, d'un gris velouté, dont la douce expression me suit encore.

Je reviens à notre entrée à Lentilles. Les premières maisons de ce long village, coupé par des bosquets et des enclos, se montrèrent à mes yeux. Enfin, on entra sous une porte voûtée et je vis, à l'extrémité d'une cour verte qui me parut immense, le vieux manoir paternel devant lequel se groupait la famille.

Qu'elle fut touchante, cette entrevue !

Ma mère fut naturellement l'objet des premiers soins, mais ils se reportèrent bientôt sur nous ; chacun voulait retrouver sur nos jeunes visages quelques traits de celui qu'on ne devait plus revoir.

J'eus le bonheur de plaire à tous les bons et anciens domestiques, et, tandis que les causeries intimes retenaient mes parents enfermés, on me produisit dans le village, composé d'excellents habitants, qui regardaient la maison de mes tantes comme leur seconde providence. Quel accueil ils me firent ! Eux aussi cherchaient en moi la ressemblance de mon père dont le nom était dans toutes les bouches. Je pris le village en adoration, et cette impression a résisté aux événements et aux années.

Notre vieille maison de famille occupait un des côtés de la grande cour carrée, formée, des trois autres, par les bâtiments ruraux : deux intervalles à claire-voie laissaient pourtant apercevoir de beaux vergers. Il y avait d'ailleurs tant d'espace dans cette cour tapissée d'une herbe fine, elle était si verte, si animée par le mouvement d'un nombre prodigieux des plus belles volailles du monde, que son aspect n'était pas triste.

Comme dans presque toutes les constructions de cette époque et de ce pays, il régnait devant la maison une galerie extérieure et couverte, où l'on se tenait souvent.

Il fallait descendre une marche pour entrer dans le rez-de-chaussée, qui était carrelé, ce qui peut vous donner une idée de l'humidité du local. J'ai froid en y songeant maintenant, mais tout me semblait bon, alors, jusqu'à la branche de rosier, qui, un jour, perçant audacieusement la muraille de ma chambre, vint y pousser verte et belle.

N'allez pas croire que ceci suggéra la pensée d'une réparation ; non, tout était immuable ; ce qui avait passé l'année précédente pouvait durer, disait-on, l'année qui suivait ; on n'accordait rien au luxe des localités ; on plaçait ailleurs ses jouissances. Cependant, on se donnait généralement celle d'une table bien et abondamment servie : on la partageait avec ses parents, ses amis, ses voisins, desquels on acceptait volontiers la réciprocité.

Mon oncle l'abbé aimait le confort ; il avait tenu bonne maison avec ses douze mille francs du grand vicariat ; aussi, mes tantes craignaient-elles un peu la délicatesse de son palais ; et, quand elles se défiaient d'un plat, elles évitaient ses regards ; surtout ma tante de Coucy, qui, chargée plus spécialement de surveiller la cuisine, en était responsable. Alors, son frère la regardait obstinément, sans mot dire. Vainement elle détournait la tête, parlait à droite, à gauche, et semblait occupée de toute autre chose, cet œil immobile la fascinait ; il fallait, bon gré, mal gré, qu'elle vînt à le rencontrer ; alors, de désespoir, elle faisait la brave, et lui demandait fièrement pourquoi il la fixait ainsi. Quelquefois, cela tournait en plaisanterie, souvent on se fâchait un peu, mais ces légers nuages passaient vite.

Pour en revenir à ma tante la chanoinesse, je dirai que, après la dissolution de son chapitre, elle fixa sa résidence à Vitry-le-François. C'était aussi dans cette ville que ma mère, en venant s'établir en Champagne, avait pris la résolution de résider.

Pour compléter le tableau de famille, je parlerai des habitants d'Hancourt ; mon oncle et ma tante Clotilde sont déjà connus, trois enfants étaient venus ajouter à leur bonheur. Dès notre arrivée, mon oncle nous avait amené l'aîné de ses enfants, le délicieux Enguerrand.

L'abondance régnait dans cette charmante petite ferme anglaise, brillante de soins et de propreté. On respirait, en y entrant, un bien-être moral et physique. Petite maison bien-aimée, où donc trouver des couleurs pour te peindre telle que tu apparais encore à mes souvenirs ?

Après quelques semaines passées dans cet autre centre d'attachement, nous arrivâmes enfin à Vitry pour notre installation.

Cette ville, entre toutes, était restée impassible durant la Terreur ; elle renfermait peu de noblesse, la bourgeoisie ancienne y tenait le haut du pavé. Généralement, il y avait de l'aisance et même de l'opulence chez quelques familles, mais tout, au dehors, était au même niveau. Il n'existait ni luxe, ni fracas, ni opinions politiques tranchées ; il n'y avait presque pas eu d'émigration ; tout avait donc contribué à excepter ce petit coin de terre des agitations générales.

Après avoir passé chez ma tante le temps de faire arranger notre demeure, nous allâmes enfin nous installer dans une maison petite, commode et bien avoisinée.

De ce moment commença pour ma mère une série de jours plus tranquilles dont elle avait grand besoin, car, aux douleurs cuisantes du veuvage s'était jointe cette masse de soins cruels qui accablent d'ordinaire les mères d'enfants mineurs. Ma mère, dès lors, put s'occuper de notre éducation ; celle de ma sœur, violemment interrompue par la Révolution, avait nécessairement souffert de cette commotion, mais son heureuse nature pouvait suppléer à tout.

Ma mère n'avait donc point à stimuler, mais simplement à diriger les heureuses dispositions de sa fille aînée ; quant à moi, enfant tapageuse, irritable, sensible au dernier point, étourdie comme personne, j'étais fort difficile à conduire ; mais ma mère me prit tantôt par le sentiment, tantôt par la conscience. J'avais horreur du mensonge, cette disposition bien dirigée atténua ces défauts.

Ce fut mon ange de mère qui m'enseigna tous les principes de la religion ; sa douce voix, si persuasive, les grava dans mon âme en traits ineffaçables.

Nos jours se passaient dans la retraite, les soins de l'intérieur, les leçons, la lecture, le travail, et, le soir, on allait se promener, car il nous fallait de l'air.

Cependant la société de ma tante entoura bientôt ma pauvre mère des plus tendres soins. Son nom, ses malheurs, et surtout sa vue lui avaient attiré toutes les sympathies, mais la manifestation en resta renfermée dans un petit nombre d'élus ; peu à peu, ma mère prit le courage de répondre aux avances qui lui furent faites, et se forma ainsi une clientèle d'amis dévoués.

Vitry était peut-être le lieu du monde où l'on s'occupait le moins de politique. Ma mère, ma sœur et ma tante, qui avaient leurs opinions bien arrêtées, se contentaient de s'entendre avec quelques intimes, soit pour déplorer les jours néfastes, soit pour célébrer à huis clos les anciennes solennités de la royauté ; mais tout se passait sans bravades et sans bruit dans ce petit cercle d'amis, qui n'en étaient pas moins bien venus quand ils se répandaient dans les autres salons.

Ainsi se passèrent doucement les premières années de notre installation en Champagne.

Le général Bonaparte était revenu d'Égypte pour reprendre le commandement de l'armée d'Italie.

La tranquillité intérieure de la France se rétablissait

peu à peu ; partout les églises venaient d'être rendues au culte ; les prêtres non assermentés se montraient, la religion s'exerçait librement ; les émigrés rentraient, et tout montrait qu'une forte main avait pris les rênes de la chose publique. Ce mieux général était apprécié, surtout de ceux qui avaient été le plus violemment éprouvés par la Terreur. Cependant, les malheurs étaient encore trop récents, les plaies trop nouvelles, pour que l'on vécût sans haine du passé et sans méfiance de l'avenir.

Je ne vous ai point encore nommé ici une personne que vous connaissez, laquelle a joué, sans le savoir, un rôle dans ma destinée ; je veux parler de M. Eugène de Villers. Son père fut tué aux Tuileries le 10 août ; sa mère, tante de ma tante Clotilde, fut mise alors sous les verrous à Bar-le-Duc, lieu de la résidence de cette famille. Le pauvre jeune homme, à la veille d'être orphelin et sans aucune assurance de fortune, fut recueilli à Hancourt et traité là comme un fils. Son bon nature et ses malheurs intéressèrent chacun de mes parents qui le recevaient avec affection ; enfin sa mère échappa à l'échafaud et, quand l'ordre fut rétabli, elle désira que son fils prît du service dans l'armée, qui, par sa gloire toujours croissante, commençait à avoir de l'attraction pour ceux mêmes qui avaient eu beaucoup à blâmer et à souffrir. Mme de Villers présenta son fils au patron naturel de sa ville natale, au général Oudinot, protecteur zélé de chacun de ses compatriotes et particulièrement des militaires, que cette contrée fournit en grand nombre. Il fut bien accueilli et, après une campagne où il se montra dignement, le jeune homme revint avec l'épaulette. Dès lors, il fut tout à son métier et resta enthousiasmé de l'homme qui lui en avait facilité et élargi l'entrée.

Je vous en ai dit assez jusqu'ici pour que vous ayez pris, ce me semble, une idée arrêtée de l'opinion politique qu'avait alors ma famile.

Bonaparte avait trompé les espérances que quelques royalistes (nonobstant le 13 vendémiaire) avaient établies sur lui ; une fraction de ce parti s'était obstinée à le considérer comme le restaurateur de la famille royale des Bourbons ; et peut-être ce fut là un des motifs qui décidèrent l'attentat dont M. le duc d'Enghien fut victime, parce que cet acte ne pouvait plus laisser de doute sur les sentiments du premier Consul, relativement aux Bourbons ; dès lors, oubliant les effets salutaires du pouvoir qu'il avait pris en main, s'attachant moins à ce qu'il faisait de bien qu'à ce qu'il aurait pu faire de mieux, la fraction dont je parle lui resta opposée. C'était le petit nombre, parce que, ainsi que je l'ai dit plus haut, les couleurs d'opinions se fondaient de plus en plus parmi la généralité ; mais ma famille restait dans l'exception et gardait invariablement ses regrets et ses souvenirs.

Nous venions de perdre ma tante de Louvrigny ; ce nouveau deuil avait réveillé des douleurs mal assoupies, et, tout à nos intérêts d'intérieur, nous étions moins que que jamais à ceux du public, lorsque M. de Villers revint de ses premières campagnes. Le nom d'Oudinot, surtout, était prononcé par lui avec transport ; il présentait celui qui le portait comme un modèle de bravoure pendant le combat, et de générosité après la victoire ; il se faisait écouter avec intérêt par mes parents, qui avaient entendu parler de la magnanimité de ce chef, admiré de tous. Il était notamment établi que, ayant combattu corps à corps les émigrés à Constance et autres lieux, il avait été non seulement humain, mais délicat et généreux envers eux après la victoire. On savait que, dans sa ville natale, mettant de côté tout esprit de parti, il obligeait tant qu'il pouvait et tendait sa main puissante à quiconque s'adressait à lui, sans demander à quelle opinion on avait appartenu. Par ses récits journaliers où figurait toujours au premier plan le même nom, M. de Villers accoutumait mes parents à s'attacher exceptionnellement à l'un des hommes les plus marquants de cette époque, à laquelle du reste ils voulaient demeurer indifférents.

Quant à moi, mes enfants, petite fille alors de huit à dix ans, je me sentais battre le cœur au récit des combats de ces temps-là. Singulier contraste ! J'étais née craintive, vous le savez, et j'aimais la bataille ; j'avais eu toujours du goût pour le tapage ! Dans l'histoire comme dans les contes, ce à quoi je m'attachais le plus, c'était aux sujets militaires ; j'écoutais donc, de toute la grandeur de mes oreilles, l'excellent M. de Villers ; ainsi, vous le voyez, il n'a pas été étranger à la détermination qui a fixé mon sort dix ans plus tard. Lorsque je lui dis ceci un jour, il en fut enchanté. Mais alors aucune idée de gloire ne troublait, vous le pensez bien, la paix de mes jours.

Cependant un grand événement se préparait dans ma famille.

Cet événement concernait ma sœur, mais il changea le cours probable de ma destinée personnelle.

Un jour mon oncle arriva d'Hancourt avec un air préoccupé ; il s'enferma avec ma mère ; on fit ensuite appeler ma tante et on admit enfin ma sœur au conciliabule. Il en résulta le départ immédiat de mon oncle pour la ville de Bar-le-Duc. Or, il faut vous rappeler que dans ce temps on voyageait généralement fort peu, et que ma famille particulièrement ne roulait que dans un petit cercle régulier et très circonscrit.

Mon oncle ne fut que deux jours absent ; il avait l'air plus affairé que jamais au retour. Les conférences secrètes recommencèrent, puis mon oncle partit, évidemment pour en communiquer le sujet au reste de la famille, et ces trois dames restèrent préoccupées, au point de me faire sécher de curiosité. On me renvoyait de tous les côtés ; j'en étais blessée ; mais je ne me plaignais pas, tout en ayant deviné (sans avoir écouté aux portes) qu'il s'agissait d'un mariage pour ma sœur et tout en me disant que je méritais bien, par ma tendresse infinie, d'être initiée, dès le premier jour, à un secret que j'aurais su garder.

Le surlendemain, je vis arriver ma mère et ma sœur, accompagnées de Mme la chanoinesse de Bouvet et d'un grand monsieur qui m'était étranger. Après les premiers embrassements, on ne pensa plus à moi, et alors je pus concentrer mon attention sur le personnage qui entrait en scène.

M. de la Guérivière, car c'était lui, était d'une haute et noble stature ; sa belle figure offrait une expression de bonté et de franchise bien caractérisée, mais il avait dix-huit ans de plus que ma sœur. Cette différence d'âge se voyait bien ; elle me parut, dans mon petit jugement de cette époque, véritablement formidable.

Malgré l'air de satisfaction de chacun, il y avait quelque chose de solennel dans la première phase de cette réunion ; mais le dîner vint bientôt à l'aide.

On alla se promener ; ce fut alors que ma mère, m'attirant dans un chemin creux que je vois encore, me mit au fait de toute la situation.

Le vicomte de la Guérivière, fils cadet d'une famille du Poitou, fut reçu dans l'ordre de Malte à l'âge voulu. Il fit, sous M. d'Estaings, la guerre de l'indépendance des États-Unis. Nommé ensuite colonel des chasseurs de l'ordre de Malte, il se trouvait dans l'île pendant la Révolution française. Ce fut lui qui défendit le fort de Rohan contre le général Dessaix en 1798; avec ses petits moyens, il résistait encore, pendant que, soit faiblesse, soit trahison, le grand maître signait une lamentable capitulation à bord de l'*Orient*. Ce ne fut qu'après cette nouvelle officielle que M. de la Guérivière, dominé par la situation, capitula à son tour; mais, il sortit du fort avec les honneurs de la guerre et à la tête de sa garnison, qui n'était composée que de quatre-vingts hommes.

Il comprit de ce moment que tout était fini pour Malte, et, le cœur navré, il revint en France; il était alors âgé de trente-six ans, sans aucune fortune au présent.

Bientôt il se fit relever de ses vœux par le Pape et prit la résolution d'entrer dans les finances; ce fut chez son ami intime, M. Buffault, alors receveur général à Bar-le-Duc, qu'il vint préparer cet avenir.

Là il avait été apprécié de chacun, mais sa vie s'écoulait dans un triste isolement, et, témoignant un jour à la chanoinesse de Bouvet le désir qu'il avait de se marier, elle songea pour lui à ma sœur, l'écrivit à mon oncle; vous savez le reste.

Ce fut le 2 décembre de cette année 1804 que fut sacré l'Empereur. Quoique prévu depuis quelque temps, cet événement était d'une nature si prodigieuse, si peu d'années s'étaient écoulées depuis la plus sanglante anarchie, on était encore si près de l'époque où se célébraient, comme une victoire, non seulement la chute d'une couronne, mais celle de la tête qui l'avait portée, qu'on restait confondu devant ce phénomène d'un couronnement.

Quoi qu'il en fût, l'enthousiasme de la généralité étouffa les murmures qui, s'ils l'eussent osé, se fussent peut-être élevés exceptionnellement, et on doit reconnaître que, dans l'opposition même, la démarche du Pape, venant consacrer cette cérémonie, ramena beaucoup d'opinions à la puissance du jour, qui semblait, disait-on, évidemment protégée par la puissance d'en haut ; et finalement ceux qui ne se réjouirent pas surent, dès ce moment, se soumettre et se taire.

Tout mon hiver se passa en exercices religieux ; mes pensées en général étaient fixées sur les approches du grand jour de ma première communion. Cependant, le 9 avril 1805, j'en fus détournée momentanément par une lettre de M. de la Guérivière, par laquelle il annonçait, de Paris, son établissement à Bar-le-Duc.

Cette résidence étant à notre portée, notre joie fut grande, mais la mienne allait toujours au delà des bornes ; je parvins pourtant à rentrer vite dans le cercle d'idées qui devaient dominer pour moi toutes choses en ce moment.

J'arrivai enfin, pleine de confiance, à cette journée du 29 avril 1805. Ma mère ! ah ! comme votre visage portait, ce jour-là, l'empreinte du bonheur !

M. de la Guérivière avait annoncé son passage par Vitry ; il ne nous donna que peu d'instants et fut à Bar préparer son installation.

Dès lors, il fallut bien en venir à envisager une séparation prochaine, sur laquelle nous nous étions étourdies, tant que nous avions eu l'imagination tendue par l'incertitude de la nomination. Le mariage fut fixé au 5 juin, et ma mère décida qu'elle et moi accompagnerions le nouveau ménage et que nous passerions un mois à Bar. Un mois ! à treize ans, c'est un siècle, et je ne pensais pas en voir la fin. Dans cette position, je ne voulus plus regarder que le beau côté des circonstances.

A dater de ce mariage, notre existence changea. Malgré le renversement de sa position, qu'il avait reproché à la Révolution, rendant à l'homme qui avait su la dominer une entière justice, mon beau-frère, d'ailleurs employé aujourd'hui par le gouvernement, ne pouvait en être l'ennemi. Ce raisonnement, joint aux choses dont j'ai parlé plus haut, ramena à la modération ceux qui, parmi mes proches, étaient encore disposés aux murmures.

M. de la Guérivière, après avoir assisté au repas de noces de rigueur à Vitry, fixa notre départ pour Bar-le-Duc. Bar! chef-lieu d'un autre département! Et j'allais faire un voyage de treize lieues.

Enfin, nous entrâmes dans cette ville. Rien ne me donna le pressentiment de l'entrée que j'y ferais à mon tour, huit ans après, au lendemain de mon mariage.

Les repas de noces se succédaient sans interruption; je les trouvais longs, mais rien ne m'ennuyait. Alors, on chantait à table, chacun de sa place et sans aucun accompagnement...

L'une de nos représentations les plus solennelles fut le dîner offert par M. Leclerc, préfet de la Meuse. Sa réputation et sa physionomie d'honnête homme, ses manières distinguées avaient obtenu les suffrages de ma mère. C'était le premier fonctionnaire prépondérant avec lequel elle se fût trouvée en rapport depuis l'Empire. Elle en fut très satisfaite et nous restâmes toujours en bonnes relations, avant comme depuis mon mariage. Tout en étant comte de l'Empire, le préfet de la Meuse n'en était pas moins à Bar de troisième classe, dans une sorte de disgrâce. Propre frère de la princesse d'Eckmühl, beau-frère de la princesse Borghèse (veuve du général Leclerc), il tenait, comme vous voyez, de près à la cour ; mais il n'était point ambitieux et restait à la place qu'il occupait au gré de tous, sans rien demander de plus. Cependant il était resté en relations amicales avec la délicieuse sœur de l'Empereur. Elle était fort jeune lorsque son premier mari partit pour Saint-Domingue, la laissant aux soins de M. Leclerc, son frère, qui veilla sur elle paternellement. Elle lui en tint compte et il lui en sut gré.

Il racontait avec gaieté une preuve de souvenir qu'elle lui avait récemment donnée. Elle allait en Allemagne et, un beau matin, un courrier à sa livrée arriva à la préfecture. Il y allait être suivi, disait-il, de Son Altesse Impériale, qui venait demander à déjeuner à son petit frère, qualification qu'elle lui avait conservée ; rien de si simple jusque-là ; mais le messager avait ordre de commander, pour la descente de voiture, un bain de lait, suivi d'une douche de la même nature.

La chose n'était pas facile dans une petite ville ; cependant il fallait y arriver. Le préfet dépêcha dans les villages voisins tout le poste de sa garde départementale, organisation qui fut supprimée depuis lors. Chaque soldat revint avec son pot de lait, et l'on commençait à le faire chauffer quand arriva la jolie voyageuse : « Portez-moi comme autrefois, dit-elle, mon cher petit frère » ; et le préfet de reprendre ses anciennes fonctions et de déposer la princesse dans le plus bel appartement de l'hôtel. « Et mon bain ? dit-elle avec calinerie. — Il est prêt. — Et ma douche ? — Ah ! c'était plus difficile, il n'y a pas d'appareil. — Faites percer le plafond juste au-dessus de la baignoire, que vous allez établir ici dans ma chambre. Pardon de l'embarras, cher petit frère, mais c'est nécessaire à ma santé. » L'on fit de son mieux, et il en résulta un gracieux adieu, adressé au préfet, de nombreuses éclaboussures de lait caillé sur tout le mobilier et l'odeur prolongée dans l'appartement d'une laiterie mal tenue.

Quand l'Empereur passait à Bar, il s'arrêtait de préférence chez le général Oudinot. Le préfet attendait ordinairement qu'il le fît demander. La dernière fois, il était un peu en retard, c'était le soir ; en l'apercevant, l'Empereur lui dit : « Vous aimez à dormir, monsieur le préfet. » Il n'en fut que cela, et ce n'est que quelques années après que ce digne et modeste administrateur fut récompensé en devenant membre du Sénat, bien peu de temps avant la chute de l'Empire. Il fut constamment, durant son séjour à Bar, de la société intime de mon beau-frère.

M. de la Guérivière était naturellement en rapport avec les autorités du chef-lieu et du département. Cette contrée fournissait en plus grande quantité des militaires de tous grades. Il en résultait un changement notable dans nos habitudes et même peu à peu dans nos idées. C'était une opposition complète avec nos coutumes de Vitry, où tout semblait immuable, où d'une année à l'autre on tournait dans le même cercle, évitant soigneusement d'en sortir, et cherchant au contraire à rester, autant que possible, étranger à la guerre, à la politique, au gouvernement enfin.

Passionné pour l'Empereur et ses victoires, le département de la Meuse, ainsi que je viens de le dire, présentait avec la Marne le contraste le plus marqué. La noblesse, peu nombreuse d'ailleurs, s'était de suite ralliée et fournissait ses fils à l'armée.

Les émigrés de Bar avaient eu, de l'autre côté du

Rhin, des rapports avec le général Oudinot, qui avait été pour eux un ennemi généreux, serviable, et qui, par là, n'avait pas nui à sa cause. Aussi trouvait-il des louanges sans restriction de ce côté. Elles venaient se joindre à toutes celles de la contrée.

M. de la Guérivière, qui déjà connaissait le général, suivait, avec un intérêt vif et sincère et avec une sorte d'orgueil, cette brillante existence guerrière. Vous le voyez, tout contribuait, dès lors, à faire germer l'opinion et le sentiment qui devaient décider de mon avenir et lui tracer des limites, en dehors des probabilités prévues ; car ce nom d'Oudinot, qui déjà avait frappé mon oreille d'enfant, je le retrouvai à Bar, dans son origine et grandissant de plus en plus.

Durant ce premier séjour, nous ne vîmes personne de cette famille. Mme la comtesse Oudinot, première femme de votre père, venait de s'installer, avec ses enfants, dans la maison que j'occupe aujourd'hui, à peine finie, puisque l'on traçait encore et on commençait à planter nos beaux jardins.

Dès lors, nous remarquâmes que l'on considérait Oudinot, enfant de la ville, comme une propriété dont on se faisait gloire, et dont on ne perdait de vue, ni la personne, ni ce qui s'y rapportait. C'était le lendemain même que l'Empereur était attendu ; la ville était en rumeur : j'appris avec joie qu'il passerait sous mes fenêtres, rue du Bourg. Je m'apprêtai donc à voir de mes yeux l'homme qui jusqu'alors avait rempli dans mon imagination un rôle fantastique. Il fut précédé de plusieurs courriers. Vers midi, sa voiture s'avança lentement ; mais, ô malheur ! je ne pus apercevoir qu'un pan de son manteau, jeté négligemment sur son genou.

Le bruit qui avait devancé et entouré son passage, les

diverses impressions qu'il laissa, occupèrent vivement ma pensée. Tout fut recueilli, raconté et commenté. Le lendemain, nous fûmes dîner chez des amis de mon beau-frère; la réunion était nombreuse; le héros d'Austerlitz occupait tous les esprits. A table, près de moi, se trouvait un de ses anciens condisciples de Brienne, lequel s'était présenté la veille à sa voiture. On lui fit raconter son entrevue : « J'étais très ému, dit-il, mais très décidé à me faire reconnaître; je n'eus pas de peine; son coup d'œil d'aigle me porta tout aussitôt à sa mémoire : « Vous « êtes de Longeaux ? me dit-il. Que faites-vous? Que « voulez-vous ? — Servir Votre Majesté. — Je penserai « à vous. » Là-dessus les chevaux emportèrent la voiture et je restai saisi et plein d'espoir. »

Six mois plus tard, M. de Longeaux était bien placé dans l'administration des vivres.

La lecture, la correspondance et l'ouvrage occupaient toutes nos journées. Nous composions alors avec activité la layette du premier-né de Christine, et ce fut pour ce grand et cher neveu Edmond, si aimé et si aimable, que nous avons soigné de nos doigts tant de jolis bonnets garnis de dentelle; ne riez pas, mes filles, chaque chose a son temps, et tout cela lui allait alors à merveille.

Ce fut vers la fin de cet hiver, lequel terminait 1807 et commençait 1808, que, nous trouvant chez ma sœur, elle nous parla pour la première fois de ses relations avec Mme la comtesse Oudinot, première femme de votre père. Son éloge était en général dans toutes les bouches, et celui que ma sœur y joignit me donna grande envie de la rencontrer. Ma sœur, comme femme d'un fonctionnaire de l'État, accepta pour elle et pour moi, après avoir obtenu, en ce qui me concernait, l'autorisation de ma mère, une fête donnée à l'occasion de je ne sais quelle solennité. J'étais si charmée de cette nouveauté, que ma mère, n'y résistant pas, consentit à être de la partie. Je devine bien que vous désirez, mes filles, savoir quelle était ma toilette pour cette représentation, la plus solennelle à laquelle j'eusse encore assisté. Eh bien ! je portais une robe de mousseline dont le bas était bordé d'une guirlande de feuillage ; la coiffure y était assortie.

La fête se donnait à la salle de spectacle ; il y avait foule partout ; les loges étaient remplies ; l'une d'elles attirait particulièrement l'attention ; c'était celle de la comtesse Oudinot. On se disait tout bas que la personne placée à sa droite était une dame de l'Impératrice. C'était, en effet, la comtesse de Marescot ; trois pages de l'Empereur, portant leur lourd et brillant uniforme, achevaient d'éblouir l'assemblée. Je voyais donc enfin la femme du général Oudinot ; ses beaux yeux bleus et doux rencontrèrent les miens ; je crus y trouver une bienveillance marquée ; je fus entraînée de mon côté vers elle par une sorte de sympathie. Quelle réminiscence !

Mme Oudinot avait de trente-huit à quarante ans ; je ne puis vous donner une plus juste idée de son visage qu'en vous engageant à regarder celui de Charles, son petit-fils. Elle était petite, d'un fort embonpoint. Victor, son fils aîné, l'un des trois pages en question, peut vous être représenté par le portrait qui est dans mon cabinet à Jeand'heurs. Il était alors âgé de quinze à seize ans ; il vint me demander une contredanse, et bientôt me voilà éblouie de son talent dans cet art, dont l'on s'occupait beaucoup alors. L'on mettait non seulement infiniment de légèreté et de grâce dans ce que l'on nommait ses pas, mais l'on apportait aussi beaucoup de soin dans ses manières avec les danseuses ; telle était du moins l'habitude des gens bien élevés, et le fils aîné du général Oudinot passait avec raison pour avoir reçu une parfaite éducation et pour l'avoir mise en tout à profit. Sa piété filiale tenait du culte, disait-on, et sa mère, à qui bien jeune il avait été enlevé, jouissait évidemment de l'avoir près d'elle.

On avait adopté, à Bar, une danse étrangère qui devançait celle qu'on nomme le *grand-père*, terminant ordinairement les bals. Je ne l'ai jamais vue se reproduire ailleurs : c'était un sautillement général. Chacun se mêlait, au bruit d'un tambourin qui rappelait singulièrement la musique des ours. Un peu surpris par cette nouveauté, le page, avec lequel j'avais échangé quelques mots, se mit à rire aux éclats. J'avais bien envie d'en faire autant. « Eh bien ! me dit-il, il faut se mettre à ce mouvement »; et nous voilà suivant l'impulsion générale avec l'entraînement de deux enfants que nous étions.

Mais l'orchestre s'arrêta et M. Oudinot, me ramenant à ma place, me fit un gai et riant salut, que je lui rendis : tels furent mes premiers rapports avec la famille Oudinot; vous voyez qu'ils s'ouvrirent sous d'heureux auspices.

Notre printemps se passa comme de coutume à Vitry; mais bientôt nous revînmes à Bar, où nous entraînaient toujours nos sympathies.

Nous trouvâmes la ville en émoi par suite de la présence du général Oudinot; une nouvelle blessure venait de le mettre pour quelque temps hors de service. Il avait laissé à Dantzig ses grenadiers réunis, pour venir prendre les eaux de Plombières d'où il arrivait.

Vous avez pu le remarquer, depuis mon plus jeune âge le nom d'Oudinot avait eu le privilège de me frapper entre tous ceux qui pouvaient alors se partager l'attention.

La vie de votre père, mes enfants, appartient à l'histoire de France. De 1791 jusqu'à nos jours, on y voit naître, croître et s'élever cette grande figure guerrière qui, du milieu de la fumée de poudre dont fut couverte l'Europe pendant vingt ans, sortit toujours glorieuse de ces luttes gigantesques. L'on verra aussi que dans les rares intervalles où la diplomatie essayait de son pouvoir, Oudinot, qui reçut alors plus d'une mission de ce genre, sut souvent remplacer, par des actes de loyauté et des paroles de conciliation, le terrible argument du canon.

Gênes, Neuchatel, Amsterdam, Vienne, et plus tard Madrid, pourraient vous fournir au besoin des témoignages encore vivants de ce que j'avance ici, quand même votre orgueil filial ne se contenterait pas des titres aussi attendrissants qu'honorables que nous avons entre les mains.

Partout aussi, l'on retrouverait les preuves de ce désintéressement, de cette générosité dont le souvenir est encore empreint dans tous les lieux où votre père a commandé.

Allez donc, mes fils, allez avec confiance, si le sort vous y appelle, parcourir l'Italie, l'Autriche, la Prusse, la Suisse, la Pologne, la Russie, la Hollande et l'Espagne ; partout à votre nom, on se rappellera le brave, surnommé, de son vivant, *sans reproche et sans peur.* Mais que le juste orgueil inspiré par cette noble descendance ne reste point pour vous stérile ; sachez suivre le brillant chemin qui vous fut ouvert ; vos frères aînés ont si bien compris la position, que je ne puis douter de vos propres résolutions.

L'oubli d'Oudinot sur ses intérêts pécuniaires était

tellement établi dans l'opinion générale, que les habitants des pays conquis, où il avait adouci de tout son pouvoir les résultats de la guerre, tous remplis d'une reconnaissance exaltée, dont le général aurait repoussé des témoignages matériels, usèrent, plus d'une fois, de subterfuge pour lui faire accepter des souvenirs précieux et significatifs. Ainsi Vienne, deux fois occupée militairement par Oudinot (en 1805 et 1809), ne trouva rien de mieux à offrir au chef de *la colonne infernale* que la pipe de Jean Sobieski, conservée jusqu'alors dans son musée.

Et Neuchâtel en Suisse, sur lequel je reviendrai encore, n'a-t-il pas fourni à notre famille l'un des plus beaux parchemins dont l'on puisse se glorifier?

Et le sabre d'honneur donné en 1800 par le premier Consul! Et la pièce de canon prise sur le Mincio et décernée par le Directoire à celui qui l'avait enlevée aux Autrichiens, le sabre au poing! N'aurais-je pas dû les mentionner avant de parler de Neuchâtel, où le général ne fut envoyé que quelques années plus tard?

Mais puisque je suis en plein désordre chronologique, je vais encore parler de cette autre pipe de l'Empereur sur laquelle furent inscrites ces belles paroles, sorties de sa bouche, lorsque, dans la campagne de Friedland, le général Oudinot fit demander des renforts : « Dites à Oudinot, répondit-il, que, lorsqu'il est quelque part, il n'y a à craindre que pour lui. Je le laisse à ses propres forces. »

Continuons mes anachronismes, et parlons de l'hommage que la ville d'Amsterdam adressa à son gouverneur, en 1811. Pour signaler la magnificence et la rendre acceptable, elle ne trouve d'autre moyen que d'enchâsser de beaux diamants dans la poignée d'une épée! C'est cette arme que vous voyez briller au milieu de nos trophées.

A la suite de la paix de Tilsit, les grenadiers vinrent occuper Dantzig; et ce fut pendant le séjour que fit là avec eux leur général en chef qu'il se brisa la jambe en galopant sur l'affreux pavé de cette ville. La fracture était compliquée et sérieuse; aussitôt que le blessé fut transportable, il demanda et obtint un congé de convalescence pour venir prendre les eaux en France et y assister au mariage de sa fille aînée avec le général Pajol.

Mes enfants, vous comprenez bien qu'à l'époque où nous sommes arrivés je ne connaissais que l'ensemble des faits relatifs à votre père; mais ils avaient formé sur son compte une opinion universelle et compacte (si je peux m'exprimer ainsi), opinion qui régnait partout et notamment à Bar, dans cette ville qui bondissait alors de gloire ou de douleur, selon les phases de cette vie semée de triomphes et de blessures, et entourée de tant d'éclat et de tant de dangers.

Depuis longtemps déjà, le buste d'Oudinot avait été solennellement inauguré à l'hôtel de ville, où nous le voyons encore. Oui, ainsi que je crois vous l'avoir déjà dit, les concitoyens de votre père s'emparaient comme d'une propriété de sa vie publique; mais en plus, par un surcroît d'intérêt se rapportant à sa personne, ils recueillaient sur cette famille une infinité de détails particuliers; ils étaient répétés et commentés non seulement d'un bout à l'autre de la ville, mais aussi dans toute la Meuse.

Chacun des séjours du général, en stimulant la curiosité bienveillante qui s'attachait à lui, éveillait aussi beaucoup d'intérêts divers.

En effet, depuis l'élévation du général, la contrée qui l'avait vu naître se croyait, non sans raison, des droits à son appui. Les uns accouraient donc pour remercier des services déjà rendus, les autres pour en solliciter de nouveaux; tous étaient les bienvenus, et chacun sortait de cette maison avec la reconnaissance ou l'espoir au cœur.

Alors on se pressait autour des militaires au repos, parce qu'on savait que ces météores ne brillaient pas longtemps sur la France...

Il y avait donc du matin au soir affluence chez le général; sa présence était le sujet d'une occupation continue, et c'est dans ces dispositions que nous trouvâmes la ville de Bar à notre arrivée dans l'été de 1808.

Durant les rapides séjours qu'il avait faits précédemment depuis l'établissement de ma sœur à Bar, le général s'était présenté chez elle diverses fois. Ces relations de Christine avec la comtesse Oudinot s'étaient resserrées; l'une et l'autre, en se connaissant davantage, s'appréciaient de plus en plus. C'était le moment de redoubler les témoignages de sympathie, puisque le général, souffrant encore de sa blessure, n'en recevait pas moins bien, chaque soir, tous ceux qui se présentaient dans le salon de sa femme.

Cependant notre séjour, qui ne devait pas être long cette fois, s'avançait au milieu de distractions diverses, lorsqu'une jeune femme de nos amies, nommée Mme Oudot, convint avec ma sœur d'un jour fixe pour se faire présenter à l'hôtel du général, et toutes deux se réunirent pour demander à ma mère l'autorisation de me conduire avec elles... « C'est un monde bien nouveau et bien brillant pour cette enfant », répondit-elle (j'avais alors environ seize ans). Ma sœur insista avec succès;

j'en fus charmée, tant mon intérêt et ma curiosité étaient excités depuis longtemps sur le général, dont on ne cessait particulièrement de nous entretenir depuis notre arrivée.

C'est ici le moment de vous dire quelle était l'idée que je m'étais formée du commandant en chef des grenadiers réunis, troupe formidable, surnommée, comme vous le savez, *la colonne infernale*. Je me le représentais démesurément grand et gros, ayant une voix de tonnerre, ne parlant qu'avec les gestes et le ton du commandement; je le voyais armé jusqu'aux dents, et traînant toujours un grand sabre : en ceci, je ressemblais un peu aux enfants, qui prennent souvent le tambour-major pour le colonel du régiment, par cela seul que le premier est le plus élevé en taille, marche en avant et fait, d'un air terrible, des gestes d'autorité.

Bien imbue de cette image, me voilà suivant ma sœur avec une émotion qui croissait à mesure que nous approchions de l'hôtel. Il était entre sept et huit heures du soir; le temps était chaud et superbe, et, après le dîner, l'on s'était dispersé dans le jardin naissant et déjà délicieux par son luxe de fleurs.

Nous cherchâmes la maîtresse de la maison qui, bientôt avertie, vint à nous avec empressement. Je retrouvai son regard bienveillant de l'hiver précédent, et son aimable accueil me rassura un peu : elle était accompagnée de plusieurs dames et de jeunes personnes; et bientôt nous vîmes sortir de tous les bosquets une quantité d'hommes de différents âges parmi lesquels je remarquai beaucoup de militaires. Il faut vous dire qu'alors ceux qui portaient l'uniforme ne le quittaient guère, soit parce qu'ils regardaient leur état comme le premier du monde et ne voulaient point en déposer les marques, soit parce qu'ils trouvaient leurs congés trop courts pour changer leurs habitudes.

Nous continuâmes la promenade pendant laquelle Mme Oudinot avait chargé plusieurs des aides de camp de son mari d'aller nous chercher des bouquets ; ils nous furent offerts avec une politesse aisée, gracieuse et empressée, dont je n'avais aucune idée, parce qu'il est positif que, à cette époque, ce bon genre et ce dévouement à la société des femmes s'étaient presque exclusivement réfugiés chez les jeunes militaires.

Cependant Mme Oudinot reprenant la promenade fut suivie de chacun. « Mon mari, avait-elle dit à ma sœur, est allé voir mon père à la ville haute ; je crains que la course ne soit bien forte pour la jambe qui a été brisée. » A peine avait-elle achevé ces paroles qu'elle reprit en disant : « Ah ! le voici. » Nous étions alors tout près du pont sur le canal et en vue des grandes écuries d'où nous vîmes en effet sortir un homme qui s'avança lentement, marchant avec difficulté en s'appuyant sur le bras d'un officier. Il était vêtu d'une redingote brune, et n'avait de l'uniforme qu'un bonnet de police orné de la broderie indiquant son grade.

Dès le premier coup d'œil il déconcerta toutes les idées que je m'étais faites sur lui. Sa taille souple et mince offrait cette bonne grâce particulière à qui porte habituellement l'uniforme ; sur son teint très pâle se dessinaient de fines moustaches brunes de la couleur de ses favoris et de ses cheveux. Son front découvert et orné de beaux sourcils bien marqués était véritablement admirable ; son sourire un peu fier, fugitif et rare, était néanmoins parfaitement gracieux ; son regard perçant se fixait peu et il y avait dans tout l'ensemble de cette physionomie quelque chose de profond et de rêveur qui préoccupait.

Vous imaginez bien, mes enfants, que ce ne fut pas mon premier coup d'œil de timide jeune fille qui me fit découvrir les détails que vous venez de lire; à distance, je ne vis d'abord que l'ensemble et, quand l'on se rapprocha, je ne regardai plus rien. Le général avait pris avec ma sœur la tête de la colonne et, de nouveau interdite et intimidée, je suivis machinalement. Bientôt l'on entra au salon du rez-de-chaussée, qui était brillamment éclairé. Le général, fatigué, s'assit immédiatement sur le canapé qui se trouvait en face de la cheminée, en demandant la permission d'y étendre sa jambe à peine remise; puis il engagea sa femme à organiser au piano des contredanses qui se renouvelaient, disait-on, tous les soirs; elle s'en occupa avec sa bonté ordinaire. M. de Bourcet, que bien vous vous rappelez, je pense, faisait à lui seul l'orchestre, et ses joyeux camarades, auxquels s'étaient joints quelques jeunes gens de la ville, nous firent danser jusqu'à onze heures. La lune s'était levée au-dessus de la montagne de Farémont; la température était si chaude qu'on avait laissé ouvertes les trois portes donnant sur le jardin, dont les fleurs nous envoyaient leurs parfums. C'était une soirée splendide; je m'amusai beaucoup. La danse, que j'aimais tant, m'occupait presque exclusivement. Néanmoins, je crus m'apercevoir, dans un moment de repos, que j'étais l'objet des remarques bienveillantes du général et de sa femme; mais cette pensée fugitive ne laissa pas trace dans ma mémoire; elle ne me revint que plus tard (1).

Le 25 juillet 1808, Oudinot avait reçu le titre de comte de l'Empire avec le domaine d'Inoclavo

---

(1) *Souvenirs de la duchesse de Reggio.*

pour dotation, ce qui représentait une valeur d'un million.

C'est alors qu'il acheta, dans les environs de Bar-le-Duc, la vaste propriété de Jeand'heurs, qui avait été vendue sous la Révolution comme bien national. Cette vieille abbaye, fondée au moyen âge par l'Ordre des Prémontrés, s'élevait au milieu d'un parc immense clos de murs, avec jardin, bois, pièces d'eau, serres, orangerie, etc. Chaque année Oudinot se plut davantage à embellir ce domaine, à le peupler de ses triomphes, à l'illuminer de ses trophées, de ses sabres d'honneur et du fameux canon de Monzembano, dont la grosse voix grondait aux grands jours. Plus tard la petite rivière de la Saulx, qui traverse le parc, fut utilisée à faire marcher un établissement industriel, une papeterie, qui rendait de grands services à la commune de Lisle en Rigaud, en occupant un grand nombre de bras.

Et là, jouissant du spectacle des bienfaits dont il comblait les autres, il aimait à venir, par intervalles, revivre sa vie d'autrefois, à évoquer, dans ce milieu militaire, le nom de ses victoires, à se revoir, jeune et enthousiaste, fondant sur l'ennemi.

Mais avant ce repos, que de luttes encore, que de labeurs et d'amertume !

CHAPITRE III

Le congrès d'Erfurt. — Oudinot gouverneur d'Erfurt. — Le Bayard moderne. — Anecdotes. — Le tzar Alexandre. — Le grand-duc Constantin et le roi de Wurtemberg. — Constantin et les grenadiers. — Les inquiétudes d'Alexandre. — Le plumet de Constantin. — La deuxième campagne d'Autriche. — Les combats de Pfaffenhofen, de Ried, d'Ebersberg. — Oudinot occupe Vienne. — Son rôle à Essling. — Il remplace Lannes à la tête du 2ᵉ corps. — L'initiative d'Oudinot à Wagram. — Les éloges de Napoléon. — Oudinot est nommé maréchal et duc de Reggio. — Compliments du Tsar. — Mission d'Oudinot en Hollande. — Sa modération et son humanité. — Ses succès. — Mort de sa première femme. — Le divorce de l'Empereur. — Marie-Louise. — L'annexion de la Hollande. — Pourparlers de mariage entre le duc de Reggio et Mlle de Coucy. — Fiançailles. — Le mariage. — La cérémonie. — Les cadeaux. — Départ pour Bar-le-Duc. — Le père du maréchal.

Après Tilsit, Napoléon allait en Allemagne, à ce rendez-vous d'Erfurt où, avec son éphémère ami, le tzar Alexandre, il prétendait pouvoir régler à jamais le sort de l'Europe. Tous les roitelets et princes de la Confédération du Rhin étaient là et il n'y avait pas, dans sa pensée, de faste assez somptueux pour donner l'idée de sa puissance. Il voulait un homme au nom glorieux entre tous pour gouverner cette petite ville pendant quelques semaines dans des circonstances si imposantes : ce fut Oudinot qu'il choisit.

La première fois qu'il produisit la cour devant

le Tzar, l'Empereur dit à ce dernier, en désignant Oudinot d'une façon particulière :

« Sire, je vous présente le Bayard de l'armée française : comme le preux chevalier, il est sans peur et sans reproche.

— Il y a longtemps que je le connais », répondit avec grâce Alexandre en faisant allusion à la campagne d'Helvétie ; « cela remonte à mon vieux général Souvaroff. »

Bayard ! le nom convenait à ce soldat brave, loyal, courtois, qui saluait les blessés ennemis sur le champ de bataille en les faisant relever. Le héros de Friedland, le sauveur des émigrés de Constance, l'administrateur intègre de Neuchâtel était populaire dans l'armée. Il l'était même parmi nos ennemis. Les témoignages abondent sur la beauté de son caractère.

Quelqu'un s'étonnant un jour de voir un pauvre diable de jardinier saxon cultiver avec amour un rosier qu'il appelait rosier Oudinot, le jardinier répondit à son interlocuteur :

« Le général m'a fait aimer la guerre qui m'a ruiné. »

Pendant l'occupation du royaume de Saxe, une grande dame du pays, la comtesse de Kilmansegge-Schœnberg, dont les domaines allaient être occupés par Oudinot et son état-major, se présenta au seuil de son château, tenant son jeune fils par la main. Le vainqueur, avec son urbanité habituelle, l'aborda par ces mots :

« Madame, pendant que je suis ici, rappelez-vous que je suis chez votre fils et chez vous. »

Il ne pouvait souffrir les ravages que la guerre ne rendait pas rigoureusement indispensables. Molitor racontait qu'un jour, en pays ennemi, il côtoyait un champ de blé avec quelques officiers et Oudinot; ce dernier, outré de voir son aide de camp qui faisait marcher son cheval dans le champ, se tourna sévèrement vers lui et lui dit :

« Eh! monsieur, à quoi songez-vous d'abîmer ainsi sans nécessité le bien de ces pauvres gens? »

La duchesse de Reggio fournit de curieux détails sur les incidents d'Erfurt :

Le général avait quitté Bar, lorsque peu de jours après nous fûmes, ma sœur et moi, faire notre visite de convenance. Bientôt nous retournâmes nous-mêmes à Vitry pour nous rendre ensuite à Hancourt où nous passâmes l'automne.

A toutes les lectures qu'on était habitué de faire en famille, se joignit celle des journaux, que, par exception, j'écoutais avec intérêt. Ils étaient remplis de détails sur le fameux congrès d'Erfurt; le général Oudinot avait été nommé gouverneur de cette ville, où tous les souverains du Nord étaient réunis; mais les deux empereurs de France et de Russie attiraient principalement l'attention et laissaient naturellement un peu dans l'ombre cette masse de têtes couronnées, qui, au fait, n'étaient groupées là que par la volonté d'un seul homme.

Votre père est bien intéressant quand on le remet sur tout son passé; il a particulièrement sur cette période des souvenirs multiples.

Le but politique et les résultats de ce congrès ne sont pas dans mes domaines. Quant aux détails de la magnificence de cette réunion, ils ont été longuement décrits. Qui n'a entendu dire, par exemple, qu'au théâtre français, venu en masse de Paris, toutes les loges étaient occupées par des souverains plus ou moins puissants, mais qui étaient censés régner, tandis que les places du parterre étaient remplies par des officiers supérieurs? Spectacle inconnu jusque-là et qui restera unique dans l'histoire!

Malheureusement, peu de généraux pensèrent à prendre des notes personnelles sur ces grands événements, et votre père moins qu'aucun autre.

Je veux néanmoins consigner ici deux anecdotes d'Erfurt; nous les arrachâmes à votre père; mais comment donner une idée de son inimitable manière de raconter? A nul autre jamais il n'a appartenu de tant exprimer en si peu de mots. Tombant de ma plume, ce récit perdra tout son sel; n'importe, je ne résiste pas à faire encore ici un anachronisme en vous parlant de faits dont je n'eus connaissance que quelques années plus tard.

Le général, commandant comme gouverneur toutes les troupes massées à Erfurt et dans les environs, était naturellement chargé de fournir les gardes, les escortes, etc., à tous les rois et princes, et ceci dans la proportion de l'importance de chaque souveraineté, ce qui le mettait en rapports journaliers avec tous.

Un jour, faisant sa ronde, il fut surpris, en passant devant la porte du grand-duc Constantin de Russie, de de ne pas y trouver la sentinelle à laquelle ce prince avait droit; et comme il en faisait la remarque à l'un des officiers qui l'accompagnaient, ils entendirent de l'intérieur une voix retentissante commandant l'exercice dans le salon, dont les croisées, donnant sur la rue, étaient ouvertes. Le général n'hésita pas, descendit de cheval et se fit annoncer au grand-duc, qu'il trouva dans le négligé le plus étrange et en face de sa sentinelle, à qui il commandait l'exercice. Au moment où le général ouvrait la porte, le prince criait : *feu !* Le fusil, naturellement, envoya son projectile devant lui. « Ah ! monseigneur, que faites-vous ? dit le général tout saisi. — Je m'amuse, répondit le prince. — Oui, mais indépendamment de ce que vous exposez la sentinelle à être mise en jugement, n'avez-vous donc pas songé que les armes sont chargées, et que vous avez un vis-à-vis ? — Bah ! mon oncle de Wurtemberg, reprit le grand-duc ; cela le réveillera. »

Ce monarque fut si bien réveillé par la balle qui venait de traverser sa chambre à coucher, que, furieux et non sans motif, il faut en convenir, il envoya aussitôt savoir d'où partait le coup : et comme l'émissaire trouva encore ensemble le prince, mon mari et la sentinelle, il fut dire à son maître que, probablement, c'était le grand-duc qui, avec le gouverneur, s'amusait à lui envoyer des coups de fusil. Cela pouvait être grave, mais heureusement on ne laissa pas vieillir la rancune : on s'expliqua tant bien que mal; il fut censé que les grosses puissances avaient tout ignoré, et les choses en restèrent là.

L'autre anecdote se rapporte encore à ce frère d'Alexandre, vrai type de Cosaque, au physique d'abord, et même au moral. Au milieu de cette civilisation qui se faisait remarquer à Erfurt, il faisait constamment exception.

Un matin, il avait demandé au gouverneur de le faire assister à une revue des grenadiers de la vieille garde ;

passionné pour tout ce qui était militaire, Constantin examinait cette troupe d'élite qui, sous sa moustache, faisait la moue de voir un Russe venir l'inspecter.

Votre père, à qui rien n'échappait et qui voulait que tout se passât bien, le suivait de très près. Tout à coup, en passant derrière un rang, et, comme s'il se fût agi d'un soldat de son armée, pour démontrer je ne sais quelle remarque, il toucha un des grognards. C'est là qu'il faudrait encore voir et entendre votre père imitant le grenadier, qui s'écria d'une voix formidable :

« Qui m'a touché ?

— Moi ! dit le général Oudinot, en se plaçant rapidement entre le prince et le soldat.

— A la bonne heure », reprit ce dernier à la voix bien connue qu'il venait d'entendre et qui le calma sur-le-champ. Il reprit de suite son immobilité et il n'en fut que cela ; mais cette scène, sous ma plume, perd, je le sens, toute sa sève.

Au passage de l'armée à Vitry, le printemps suivant, succédèrent bientôt les bulletins de la campagne d'Autriche ; vous savez quelle part y prit le général Oudinot.

Napoléon avait parfois des moments d'oubli qui l'empêchaient d'apporter dans ses rapports avec les souverains toute la rectitude désirable chez un hôte :

« Un jour, racontait Oudinot, nous fîmes une promenade en plaine, les deux empereurs chevauchant côte à côte. Il se trouva un moment où le nôtre, en complète distraction, prit les devants en sifflant, sans avoir l'air de penser à ceux qu'il laissait en arrière. Je verrai toujours Alexandre se penchant avec raideur vers son voisin et lui demander : « Faut-il suivre ? — Oui, Sire. » Moi je rejoignis Napoléon et je lui rendis compte de cette petite scène. Il revint sur ses pas, s'en expliqua, et ce fut tout. »

Et ce fut tout ! Qui sait ? Un autocrate a l'âme singulièrement chatouilleuse. Qui sait dans quelle mesure cet imperceptible froissement d'Alexandre influa plus tard pour faire pencher contre nous le plateau de la balance où pesaient déjà Austerlitz et Friedland ?

Au reste, l'amitié des deux souverains n'était pas si solide qu'ils auraient voulu le faire croire, et Alexandre conservait cette méfiance instinctive d'un homme habitué aux catastrophes de son pays. C'est ce que prouve l'anecdote suivante, rapportée par Victor Oudinot, que l'on a vu guide à Zurich et qui était alors page de l'Empereur :

Un jour, raconte-t-il, les empereurs, dans une promenade à cheval, furent subitement arrêtés par un fossé ; leurs chevaux refusèrent d'avancer. Je m'élance alors au galop et, franchissant l'obstacle, je mets pied à terre ; puis je prends la bride du cheval de Napoléon et le décide à sauter le fossé. Alexandre, piquant alors des deux, s'élance lui aussi sur l'autre bord ; mais, par l'effet de la secousse, son ceinturon se brise et l'épée tombe à terre. Je la ramasse, Napoléon voit le geste et me dit : « Garde cette arme ; tu l'apporteras chez moi. » Puis regardant Alexandre : « Vous permettez, Sire ? » ajouta-t-il.

Rapide comme la pensée, une impression de surprise et de vague inquiétude envahit aussitôt les yeux du Tzar. Mais bientôt, reprenant son attitude calme et confiante, il témoigna en peu de mots son assentiment.

En descendant de cheval, Napoléon dit à Constant, son premier valet de chambre : « Conservez cette épée « d'Alexandre et remettez-en une des miennes à Oudi- « not. » Puis s'adressant à moi : « Porte cette arme à « mon frère de Russie ; tu le prieras en mon nom de con- « sentir à l'échange de nos armes. » Je me rendis en toute hâte chez le Tzar qui, en retour de ma mission, me chargea de dire à Napoléon que, avant peu d'instants, il lui exprimerait de vive voix sa très sincère gratitude. Le grand-duc Constantin, qui se trouvait alors chez Alexandre, laissa échapper ces mots : « Sachez, mon- « sieur Oudinot, que, si votre auguste maître me donnait « une de ses épées, je coucherais avec elle. » Quand je rapportai ces paroles à Napoléon, il me chargea de remettre immédiatement au grand-duc une épée, laquelle fut reçue avec des transports de joie, bien que n'étant pas entièrement conforme à celle que l'Empereur portait d'ordinaire.

A la dissolution du congrès, Oudinot reçut des marques de bienveillance de la part de tous les souverains, le roi de Wurtemberg excepté (c'était celui qui avait failli recevoir les balles du grand-duc). Alexandre donna au gouverneur une boîte enrichie de diamants et d'une grande valeur. Constantin eut connaissance de ce cadeau et voulut à son tour en faire un qui ne manquât pas d'originalité, sinon de prix.

« Ma foi, mon cher général, dit-il, moi qui suis un cadet de famille, je suis bien fâché de n'avoir rien de mieux à vous offrir que mon plumet. »

Là-dessus il détacha la vieille queue de coq de son chapeau et la présenta gracieusement à Oudinot; il voulait que celui-ci l'arborât immédiatement pour l'amour de lui. Il fut très difficile de lui faire entendre qu'un uniforme français s'accommoderait fort mal d'un tel panache.

Vaines démonstrations d'amitié que les événements allaient bientôt démentir! Après Erfurt, Napoléon avait couru en Espagne, où le mauvais état de nos affaires rendait sa présence nécessaire; mais à peine l'Autriche le sentit-elle engagé au fond de la Péninsule, dans les embarras de cette désastreuse expédition, qu'elle songea à profiter de ces difficultés pour venger la campagne de 1805. Il fallait donc que l'Empereur fût partout à la fois. Il reparut subitement à Paris en janvier 1809, et ce fut pour hâter les préparatifs d'une nouvelle campagne contre la monarchie des Habsbourg.

Oudinot, qui était cantonné près de Francfort-sur-le-Mein, à Hanau, reçut l'ordre de pénétrer dans le royaume de Bavière, dont le souverain était alors notre allié, et de marcher sur la rive droite du Danube jusqu'à Augsbourg, c'est-à-dire jusqu'au point extrême de nos lignes de ce côté.

C'est là que son ancien chef et ami, Masséna, vint le rejoindre et prendre la direction du corps d'armée. Ils y séjournèrent quelque temps avant l'ouverture des hostilités; puis l'archiduc Charles étant entré inopinément en campagne et essayant de les couper de Davout, qui était à Ratisbonne, ils marchèrent précipitamment pour opérer leur jonction avec ce maréchal. Après une courte rencontre avec les Autrichiens à Pfaffenhofen, ils arrivèrent à temps sur l'Isar pour assurer le gain de la bataille de Landshut (21 avril).

La victoire de Ratisbonne rejeta l'archiduc Charles sur la rive gauche du Danube, tandis que l'archiduc Louis était contenu sur la rive droite. L'armée française tout entière descendit alors le grand fleuve, le long de cette dernière rive, en s'efforçant d'empêcher la réunion des deux archiducs, qui auraient pu se donner la main sur un pont. Oudinot était à l'avant-garde avec Masséna, et c'est à eux qu'incombait cette tâche laborieuse. Le passage de l'Inn les fit entrer dans la Haute-Autriche. Oudinot eut, le 1er mai, une courte et heureuse rencontre avec l'ennemi à Ried. Le 4, un combat terrible s'engagea au passage de la Traun pour emporter la ville d'Ebersberg et son château juché sur une hauteur. Le combat fut particulièrement affreux. Les obus mettent le feu à la ville; on la prend, on la perd, on la prend encore, ou du moins on ne prend qu'un monceau de ruines fumantes, où l'air est si étouffant qu'on ne peut pénétrer dans les restes des rues et qu'on y laisse agoniser les blessés. Le lendemain, Napoléon lui-même, si façonné aux massacres, ne pouvait s'empêcher de manifester son horreur.

Le 9, Oudinot était campé à une portée de fusil des murailles de Vienne. La capitale, quoique mal en état de défense et peu gardée, songeait à résister, tant l'esprit de la population était patriotiquement excité contre les Français. Après avoir en vain sollicité une capitulation, le général força le faubourg de Maria-Hilf; comme il en parcourait les premières rues, un boulet frappa à deux pas de lui l'angle d'une maison; les grenadiers recevaient des pierres et de l'eau bouillante du haut des fenêtres. Mais les obus incendièrent le théâtre et plusieurs points de la ville; incapable de soutenir un siège, elle fut bientôt réduite à ouvrir ses portes.

Les Français se retrouvèrent alors dans la situation d'où un subterfuge les avait tirés quatre ans auparavant : maîtres de Vienne et de la rive droite du Danube, ils étaient obligés d'aller relancer l'ennemi sur la rive gauche. Mais au lieu de débris, l'archiduc Charles disposait, cette fois, de cent cinquante mille hommes, et une telle masse ne se laisserait surprendre ni par l'artifice de Murat, ni par l'audace d'Oudinot. Après un examen approfondi, Napoléon résolut de tenter le passage en aval de Vienne, à l'endroit où le fleuve divisé enserre dans ses bras la grande île de Lobau. L'action commença le 21 à Essling et resta indécise. Oudinot passa le fleuve dans la nuit du 21 au

22 et vint occuper le centre, ayant d'un côté le village d'Aspern où était Masséna, de l'autre celui d'Essling où était Lannes; il s'avance, il enfonce le centre des Autrichiens et déjà il va séparer les deux ailes, lorsque tout à coup on apprend la rupture du pont de bateaux reliant l'île de Lobau à la rive droite. L'Empereur redoute que les munitions, déjà rares à 10 heures du matin, ne viennent à manquer tout à fait au plus fort du combat, et il donne l'ordre de rétrograder : Lannes et Oudinot se voient arracher la victoire qu'ils croyaient déjà tenir. Ils reculent pied à pied faisant tête à l'ennemi; les grenadiers essuient des pertes terribles, mais sans jamais perdre contenance, grâce à l'attitude de leur chef, qui pourtant avait reçu une balle dans le bras.

A la mort de Lannes, qui périt dans cette retraite, Oudinot fut jugé digne du très grand honneur de le remplacer à la tête du 2⁰ corps.

« L'Empereur, dit le dixième *Bulletin de la Grande Armée,* a donné le commandement du 2⁰ corps au comte Oudinot, général éprouvé dans cent combats, où il a montré autant d'intrépidité que de savoir.. » (2 mai 1809.)

Incapable de monter à cheval à cause de sa blessure, Oudinot retourna en calèche à l'île de Lobau, où l'armée s'établit fortement en attendant la construction de ponts assez solides pour assurer une base inébranlable aux opérations. Six semaines furent nécessaires à l'achèvement de ces grands travaux. Enfin le 4 juillet, dès la nuit close, à 9 heures du soir, Oudinot reçoit l'ordre de commencer encore une fois le passage, manœuvre vraiment extraordinaire si l'on songe au nombre de troupes engagées (cent cinquante mille hommes de chaque côté) et à la difficulté pour l'armée française de combattre ayant à dos un grand fleuve où elle pouvait être jetée en cas de revers.

Les soldats d'Oudinot, passés dans de grands bacs, surprirent les sentinelles ennemies et s'emparèrent rapidement d'une redoute appelée la Maison Blanche, malgré un orage terrible qui éclata soudain. Puis, facilitant le passage de Masséna et de Davout, Oudinot se porta en avant entre la Maison Blanche et le hameau de Muhleiten, faisant canonner à sa droite le château fort de Sachsengang, que défendait un bataillon autrichien : à l'aube cette petite garnison se rendit prisonnière.

A 7 heures, l'avant-garde montait les premières ondulations de la plaine ; à 9 heures, l'armée était déjà rangée en ligne devant les hauteurs de Neusiedel et de Wagram, qu'occupait l'archiduc Charles. Entre Masséna à gauche et Davout à droite, Oudinot fut le soir à Grosshofen, en face du corps de Hohenzollern, dont il était séparé par un ruisseau nommé le Russbach. Napoléon voulant essayer de terminer l'affaire dans la soirée du 5, il s'élança sur le village de Baumersdorf ; mais dans le même moment une partie des troupes de Macdonald ayant tiré par méprise sur nos alliés les Saxons, ceux-ci, pris de panique, se débandèrent, et cet incident nous fit abandonner l'attaque.

Le lendemain, Oudinot avait reçu l'ordre de ne pas combattre, au moins tant que l'archiduc Ferdinand n'aurait pas donné; mais cette éventualité était douteuse. Toutefois, lorsqu'il vit que Davout avait réussi à occuper les hauteurs de Neusiedel, assez faciles à prendre parce qu'elles étaient en pente douce, il comprit que la possession de ces crêtes par nos troupes rendait plus accessibles les hauteurs de Wagram, qui étaient fort escarpées et qui formaient la clef de la position. Alors, incapable de contenir sa bouillante ardeur, malgré ses instructions, il passa le Russbach, assaillit une seconde fois Baumersdorf, l'emporta et continua sa marche en avant, malgré les Autrichiens qui s'abritaient dans les fissures du sol pour tirer plus à l'aise. Mais rien n'arrête son élan, ni une balle qui lui traverse l'oreille gauche, ni la chute de son cheval qui est tué sous lui; il forme ses bataillons en masse, enfonce les carrés ennemis et pénètre jusque dans Wagram où il reçoit une balle dans la cuisse; néanmoins il tient bon jusqu'à ce que le succès soit assuré. A 3 heures du soir, l'ennemi battait en retraite sur tous les points.

Telle est sinon l'histoire complète de cette célèbre bataille de Wagram, du moins son histoire sur un point décisif.

Le lendemain, Napoléon dit à Oudinot, en faisant allusion à l'heureuse initiative qui l'avait jeté sur Wagram malgré ses ordres :

« Savez-vous ce que vous avez fait hier ?

— Mais, Sire, j'espère n'avoir pas trop mal fait mon devoir.

— Ce que vous avez fait... Vous avez mérité d'être fusillé. »

Quelques jours après, dans une lettre écrite au ministre de la guerre et datée de Schœnbrunn, 29 juillet 1809, l'Empereur dit expressément :

« C'est le général Oudinot qui a pris Wagram, le 6, à midi. »

Et dans l'ordre du jour du 5 août, il confirme le fait :

« Sa Majesté doit le succès de ses armes au duc de Rivoli et à Oudinot, qui ont percé le centre de l'ennemi en même temps que le duc d'Auerstaedt le tournait par sa gauche. »

Les Français poursuivirent les Autrichiens jusqu'à Znaïm, où eut lieu le dernier combat et où une trêve fut signée le 12 juillet. Enfin on pouvait donc s'arrêter ! Le lendemain, Oudinot épuisé de fatigue campait au milieu de ses hommes, sur cette route de Moravie deux fois arrosée de son sang : le droit au repos ne lui assurait pas encore le moyen d'en jouir à son aise, et il était simplement étendu sur une botte de paille, lorsque le colonel de Flahaut pénétra dans sa tente et lui remit un pli cacheté de la part de l'Empereur : c'était la nomination d'Oudinot au grade de maréchal, digne récompense d'une carrière si bien remplie.

Un mois plus tard il recevait le domaine de Reggio, en Calabre, avec le titre de duc et une dotation de quatre-vingt mille francs de rente.

Ce fut précisément au moment où les nouvelles de ces récompenses si bien méritées parvinrent à Bar, dit la duchesse de Reggio, que nous y arrivions pour passer le reste de l'été chez ma sœur ; elle se préparait à aller offrir ses félicitations à la duchesse de Reggio ; me rappelant son aimable accueil de l'année précédente, je demandai et obtins sans peine de ma mère d'accompagner Christine. Je fus donc de grand cœur offrir mes sympathies à celle sur laquelle s'accumulaient des titres et des honneurs qui devaient me revenir plus tard. Ô destinée !

Au milieu de son bonheur et de son légitime triomphe, la nouvelle maréchale restait bonne et simple comme par le passé.

Parmi les innombrables témoignages qui arrivèrent au général Oudinot à cette époque, je ne résiste pas à vous donner ici copie de ceux qui vinrent de Neuchâtel et de l'empereur de Russie.

Voici le premier :

« Déjà, lorsque vous agréâtes un témoignage de notre reconnaissance, nous espérions que cette épée deviendrait celle d'un maréchal de l'Empire ; maintenant que nos vœux sont réalisés, il ne nous reste qu'à voir jouir Votre Excellence, sans mélange, d'une dignité si bien méritée et que la voix publique lui décernait depuis longtemps.

« Vous aimer, Monsieur le maréchal, est devenu un besoin pour les Neuchâtelois, etc. »

Voici la lettre d'Alexandre :

« Monsieur le maréchal, je prends une part trop vive à ce qui vous intéresse pour ne pas vous exprimer tout le plaisir que j'ai éprouvé à votre avancement au grade de maréchal. Il est aussi sincère que l'estime que je vous porte ; je me rappelle toujours avec satisfaction le moment où j'ai fait votre connaissance, et je vous prie de croire que mes sentiments vous sont voués pour toujours.

« *Signé* : ALEXANDRE. »

Réponse du maréchal Oudinot, duc de Reggio, à l'empereur Alexandre.

« Sire,

« Je ne pensais pas qu'il me fût possible d'éprouver, deux fois dans ma vie, un sentiment de satisfaction et, si j'ose le dire, d'enthousiasme, égal à celui dont je fus pénétré à Erfurt, lorsque Votre Majesté mit le comble aux bontés dont elle avait daigné m'honorer, pendant les trop courts instants que j'eus le bonheur d'y passer près d'elle, par l'inestimable don de son portrait ; mais, Sire, la lettre que je viens de recevoir de Votre Majesté m'a, s'il est possible, plus vivement remué encore.

« Le souvenir d'un prince aussi bon qu'il est grand et puissant a enflé mon cœur d'un noble orgueil, en même temps qu'il l'a rempli de la plus vive et de la plus respectueuse reconnaissance, et j'ai osé penser, Sire, qu'ayant obtenu des témoignages éclatants de la faveur de mon souverain, rien n'était si glorieux que de n'en être point jugé indigne par un appréciateur aussi éclairé qu'Alexandre.

« *Signé* : Maréchal OUDINOT, duc DE REGGIO. »

Ces marques de sympathie ne sont pas les seules qui arrivèrent au maréchal des pays et des souverains étrangers. C'était pourtant en les combattant qu'il en était arrivé là ! Je laisse à vos cœurs et à votre sagacité les conclusions à tirer de ces faits.

Quant aux démonstrations du département de la Meuse et particulièrement celles de sa ville natale, elles furent aussi unanimes qu'émouvantes; ainsi des centaines d'habitants voulurent joindre leurs signatures à celles des membres du conseil municipal, qui, dans une séance spéciale (22 juillet 1809), vota une adresse de félicitations à son illustre concitoyen, et jusqu'aux dames de la ville voulurent aussi se signaler en faisant leur adresse directe. J'ai ces pièces, mes enfants; vous les retrouverez après moi; mais j'ai encore devancé l'ordre du récit en vous citant les faits ci-dessus.

Vers la fin de ce même hiver, on commença à parler du divorce de l'Empereur et, aussitôt, de son mariage avec une archiduchesse d'Autriche. Ces nouvelles semblaient si prodigieuses, qu'elles triomphèrent de l'indifférence habituelle professée à Vitry-le-François sur tout ce qui se passait hors de ses petits remparts.

Bientôt, tout fut confirmé officiellement, et l'on nous annonça que Marie-Louise ferait à Vitry la couchée qui précéderait son arrivée à Compiègne, résidence où l'attendait son impérial époux.

Le mariage avait été célébré en Autriche, par procuration, ainsi que cela se pratique ordinairement pour les têtes couronnées. C'était le prince de Neuchâtel (aussi prince de Wagram) qui avait été représenter l'Empereur à la cérémonie. Il revenait avec la princesse, qui était âgée de dix-huit ans.

Le souvenir de ce que je vis alors, dans notre petite

ville, ne me fut peut-être pas inutile, plus tard, lorsqu'en d'autres temps et près d'une autre princesse, j'eus à faire avec elle des voyages en province.

Une de nos amies mit ses croisées à notre disposition près de l'hôtel où descendait Marie-Louise. Tout prenait, de minute en minute, un aspect plus varié, plus animé. C'étaient des gens à la livrée impériale, se promenant d'un air insolent, bouffis de l'effet que produisaient sur la foule leurs brillants galons. C'étaient les maréchaux des logis, circulant d'un air affairé, pour se rendre compte du casement de chacun. C'étaient des autorités haletantes ; c'était, enfin, un mouvement inusité.

Le canon tonna : des courriers couverts de poussière, claquant leurs fouets, se succédèrent à de courts intervalles, criant : « L'Impératrice est à vos portes ! » En effet, arriva la voiture à huit chevaux. Elle était suivie de plusieurs autres, toutes remplies des dames et des officiers qui étaient allés recevoir la jeune princesse en Allemagne.

On vit peu et mal Marie-Louise. Elle avait près d'elle sa belle-sœur Murat, alors reine de Naples, et la duchesse de Montebello, sa dame d'honneur. Toutes étaient vêtues de robes amarante, brodées en or : seulement, celle de l'Impératrice était plus chargée que les autres.

On vit bientôt un page de l'Empereur arriver tout poudreux de Compiègne. Il avait franchi la distance à franc étrier, et il venait déposer aux pieds de sa souveraine la chasse de son maître, deux perdreaux tués par lui, la veille.

Ce fut alors que se décida la destinée de mes deux Pauline (mes meilleures amies de Vitry). Pauline de Cloys épousa M. Brandon du Thil. Pauline de Montendre quitta le pays pour se rendre à Abbeville avec ses parents.

Me promenant tristement avec cette dernière a[u] moment des adieux, sous les massifs et sur les gazons d[e] la Doutre où nous avions été si heureuses, nous devi[-]sions longuement sur notre avenir.

« Tu ne reviendras de longtemps ici, lui dis-je. On t[e] mariera là-bas. — Et toi ici », me répondit-elle. U[n] silence suivit ces paroles. Nous continuâmes à marche[r] bras dessus, bras dessous. Perdues dans cet inconn[u] sans terme qui s'ouvre devant la jeunesse, tout à cou[p] Pauline, en s'arrêtant, dit : « Promets-moi de m'annonce[r] ton mariage comme je te préviendrai du mien, par l[e] simple envoi d'un anneau d'or : les détails viendron[t] après. »

Frappée de l'originalité de cette pensée, je l'adopt[ai] en ajoutant : « Oui, mais si mon futur ou le tien e[st] décoré de la Légion d'honneur, il faudrait mettre un[e] étoile à l'anneau. — C'est bien, reprit-elle ; mais deu[x] étoiles s'il est baron. — Alors trois, s'il est comte[,] m'écriai-je. — Et s'il est duc? reprit Pauline. — Ah[!] alors, ce serait par un jonc de diamants qu'on annon[-]cerait la nouvelle », dis-je en riant de bon cœur.

Nous rentrâmes égayées par cet étonnant entretie[n.] Les adieux suivirent de très près, et deux ans plus tar[d] c'était moi qui envoyais le jonc de diamants.

Rappelé en France vers la fin de décembr[e] pour présider le collège électoral de Versaille[s,] Oudinot ne put que s'arrêter huit jours à Bar-l[e-]Duc. Au mois de février 1810 il fut envoyé dan[s] les Pays-Bas à la tête de l'armée du Nord, ave[c] une mission des plus délicates. Le maître, [si] étroitement jaloux de son autorité, jugeait qu[e] son frère Louis, placé par lui sur le trône d[e]

Hollande pour y être le mandataire docile des volontés impériales, ne se montrait pas un instrument assez souple et prenait des airs de souverain indépendant. Soucieux des intérêts dont il avait accepté la garde, ce roi fermait les yeux sur le commerce que ses sujets faisaient avec l'Angleterre, et rien n'était plus propre à blesser l'orgueil de Napoléon. L'arrivée de notre armée avait donc à elle seule le sens d'un ultimatum : ou bien Louis et son peuple se soumettraient, ou bien le pays serait annexé à l'Empire.

Si l'ordre était brutal, l'agent choisi pour l'exécuter était l'homme le plus capable d'en rendre l'accomplissement le moins cruel possible. Bien que la Hollande eût songé un moment à s'ensevelir sous les eaux pour se sauver comme au temps de Louis XIV, Oudinot comprit que son rôle serait plus pacifique que militaire ; ce n'était pas le héros de Friedland et de Wagram, mais l'organisateur de la principauté de Neuchâtel qui allait avoir à montrer ses talents.

Il ne pénétra pas tout d'abord au cœur de la Hollande et s'arrêta en deçà du Wahal, à Bois-le-Duc, attendant les événements, s'appliquant à maintenir la discipline de ses troupes, à respecter les coutumes, à ménager les personnes ; son tact, sa modération, la sagesse de sa conduite parvinrent à faire accepter sans heurt la présence toujours humiliante d'une armée étrangère, et lorsque, les affaires ne s'arrangeant pas, il s'avança au delà du Wahal jusqu'à Utrecht, la population ne s'offusqua pas de cette progression.

C'est dans cette ville que le maréchal apprit la mort de la duchesse de Reggio. Son fils Victor et M. Pierre, maire de Bar-le-Duc qui, par un sentiment de déférence pour l'illustre enfant de Bar, avait accompagné le jeune homme, firent le voyage pour apporter la pénible nouvelle (1).

Ce fut au printemps de cette même année 1810 que mourut à Bar Mme la maréchale Oudinot; malgré quelques souffrances qui avaient précédé la catastrophe, elle devança toutes les prévisions. Le maréchal était alors en Hollande, chargé d'une importante mission à la fois militaire et diplomatique, et sur laquelle j'aurai occasion de revenir. Ce fut à peine si son fils aîné, Victor, lieutenant dans les chasseurs à cheval de la garde impériale, eut le temps d'arriver pour donner ses derniers soins à sa mère; et ce fut lui qui remplit la douloureuse tâche d'aller annoncer à son père cette déplorable nouvelle.

Ainsi que je l'ai dit en son temps, Élise, la fille aînée du maréchal, avait épousé deux ans auparavant le général Pajol. Par extraordinaire, car les congés étaient rares à cette époque, le général et sa femme se trouvaient en cet instant à Bar, y déplorant la perte récente de leur premier-né. Là aussi était en ce moment Nicolette, seconde fille du maréchal; quoiqu'elle n'eût que quinze ans, sa main était promise au général de Lorencez, qui était alors en Espagne. Venait ensuite Auguste, charmant enfant de dix à onze ans; il faisait ses études au collège de Bar, dont il emportait sans effort tous les prix. Élisa le suivait; elle avait alors environ huit ans. Enfin

---

(1) Ici nous reprenons le récit de Mme la duchesse de Reggio.

venait la chère petite Stéphanie, âgée de dix-huit mois.

Indépendamment des regrets mérités qu'emportait la duchesse de Reggio, qui aurait pu rester indifférent à la perte terrible que faisaient en ce moment tous les siens? Qui peut voir, sans une profonde émotion, disparaître de cette terre une mère laissant six enfants? Nous en avions été, pour notre part, sincèrement affectés, et j'en étais encore pour mon propre compte toute préoccupée lorsque, quelques mois après, arrivant chez ma sœur, nous fûmes nous promener dans le jardin de l'hôtel, qui était alors, comme il est encore aujourd'hui, ouvert aux personnes qui avaient des rapports de société avec la famille Oudinot.

Vers le lieu où j'avais rencontré pour la première fois le maréchal, quelques semaines auparavant, j'aperçus une toute petite fille qui courait vers nous les bras ouverts; elle était suivie d'un homme à visage honnête et ému à la fois qui la rappelait. L'enfant était votre sœur Stéphanie; le serviteur à qui elle avait été confiée pour le moment était le brave Maucourt, jardinier en chef de Bar et Jeand'heurs. Souvent vous m'avez entendue parler de cet homme de bien qui, par son caractère privé comme par son savoir en horticulture, etc., avait inspiré au maréchal et à sa famille une confiance exceptionnelle. « Revenez donc, mademoiselle, disait-il à l'enfant, qui s'était arrêtée. Pardon, mesdames, elle vous prenait pour des personnes de la famille. » Pleine d'intérêt pour cette petite orpheline qui s'était retranchée derrière Maucourt en voyant des étrangères, je voulus approcher d'elle pour l'embrasser. Elle me regarda avec ses yeux de gazelle effarouchée et s'enfuit sur ses petits pieds de mouche, nous laissant une impression sympathique qui ne s'est jamais effacée.

8

Cependant Louis s'affermissait dans sa politique de résistance et, plutôt que de se réduire au rôle effacé de lieutenant de son frère, il se résolvait à signer son abdication (1ᵉʳ juillet 1810). Aussitôt Oudinot fit son entrée dans Amsterdam. Depuis six mois il avait si bien su faire aimer le nom français que l'armée trouva, en arrivant, un accueil sympathique sur lequel elle était loin de compter : la population vint à sa rencontre ; les arbres et les digues regorgeaient de curieux ; dans la ville, de nombreux drapeaux flottaient aux fenêtres ; les soldats hollandais fraternisaient avec les nôtres dans les casernes. Mais le ministre Cambier, chargé de remettre la capitale aux mains des autorités françaises, ne put cacher le chagrin que lui causait la disparition de cette fière petite nation qui avait sauvegardé sa liberté avec tant d'énergie pendant des siècles, et il pleura en abordant le maréchal. Oudinot sentit ce qu'il y avait d'amertume bien naturelle dans ce cœur ulcéré, et il avoua son émotion sur un ton un peu brusque qui voulait la cacher :

« Voyons, monsieur Cambier, dit-il, ne pleurez pas ainsi ; car, par ma foi, j'en ferais autant et nous serions ridicules tous les deux. »

Le duc de Reggio passa les mois suivants à surveiller les cantonnements de ses troupes, à visiter le pays et à en commencer l'assimilation.

En 1811 il partagea son temps entre la Hollande d'une part, où il servit de guide à Napoléon et à Marie-Louise lors de leur visite, et, d'autre part, entre Bar-le-Duc, où sa destinée allait se modifier profondément. Mais ici il faut laisser l'auteur des *Souvenirs* raconter elle-même des événements où elle est si étroitement mêlée.

La naissance d'un fils portait au plus haut degré la puissance de l'Empereur; l'on ne voyait plus de guerres probables, et, comme généralement tous les partis s'étaient ralliés, ainsi que je l'ai déjà dit, à ce trône qui venait de trouver, par cette naissance, un nouvel appui, la joie était réellement universelle.

O prévision humaine! quelle est votre portée!

Après le rétablissement de ma sœur, nous quittâmes Bar, où l'on attendait le maréchal Oudinot. Il y avait un an que sa femme était morte; mille intérêts l'avaient vainement appelé; la mission militaire et politique qu'il remplissait en Hollande avait mis un obstacle absolu à son retour dans ses foyers jusqu'au moment où nous sommes arrivés.

En effet, il ne s'agissait rien moins que de faire passer la Hollande sous la domination de la France, en lui enlevant d'une part le roi Louis Bonaparte qu'elle aimait, et en lui imposant de l'autre le système de prohibition colonial le plus absolu. Persuader au pays que ces deux mesures lui étaient salutaires, c'était difficile; mais, dans ce temps, les paroles les plus douces de la France étaient appuyées par le canon et les baïonnettes dont l'on ne se servait pas toujours, mais qu'on avait soin de laisser entrevoir : c'était éloquent, je vous jure.

Rien de plus intéressant, mes enfants, que les papiers se rapportant à cette grande affaire. Elle fut plus diplomatique encore que guerrière. Votre père sut obtenir un résultat vraiment inespéré, puisqu'il satisfit à la fois la volonté suprême de l'Empereur, acquit, par ses procédés et ses soins, des droits à la gratitude du souverain qu'il venait de détrôner, et enfin, sut se concilier l'estime et les sympathies de l'État envahi; et le tout, à travers des oppositions et des froissements innombrables.

Tout ce qui se rapporte à cette belle page de la vie de votre père est classé dans nos archives, où l'on trouverait l'explication détaillée du souvenir touchant que la Hollande a gardé et témoigné au maréchal à diverses époques. J'ai déjà mentionné l'hommage qui lui fut offert par la ville d'Amsterdam en 1811 ; et pourquoi ne parlerais-je pas à la suite de ce fait du remarquable souvenir qui vint, quelques années plus tard, prouver qu'à travers les révolutions et l'opposition des intérêts, ce qui a été juste et beau reste debout?

Lorsque la maison d'Orange, après la paix générale, reprit sa domination sur la Hollande, le roi de ce pays envoya le grand cordon de ses ordres au duc de Reggio qu'il n'avait jamais vu, mais qu'il avait appris à connaître par les souvenirs d'équité, de désintéressement et de loyauté qu'il avait laissés derrière lui.

Mais revenons à Vitry avec ma mère, qui venait de prendre en définitive sa résolution, constamment ajournée, de réaliser ses propriétés de la Franche-Comté; elle en était naturellement très occupée et ne pouvait, comme de coutume, suffire à la fois à ses graves intérêts, à mes petites études dont elle s'occupait autant que possible, et enfin aux mille enfantillages que j'aimais à lui conter. Pour ceci, elle me renvoyait souvent à ma tante la chanoinesse, femme excellente et pleine de sens, qui commençait toujours par me laisser colorer l'avenir des vives couleurs qui plaisent à la jeunesse, et qui, peu à peu, par sa haute raison, son expérience et des récits à l'appui, me ramenait aux réalités de la vie.

Ce voyage en Franche-Comté, qui rompait nos habitudes, me semblait devoir les changer pour toujours. Je ne sais quel pressentiment m'agitait; j'avais peur de l'avenir, et je désirais cependant des événements dans ma destinée.

Ma mère fixa enfin son départ et le mien pour le fameux voyage de la Franche-Comté. Nous devions d'abord nous diriger par Saint-Dizier et Langres, en ralliant en route l'homme d'affaires, M. Paillot, notaire à Bar, lorsque mon beau-frère écrivit à ma mère pour l'engager fortement à venir prendre l'homme de loi à Bar même. Elle s'y décida, et nous faisions nos préparatifs, quand arriva une nouvelle lettre plus explicite qui faisait connaître à ma mère une invitation directe et pressante du maréchal Oudinot, lequel l'engageait à une soirée dont sa fille, la comtesse Pajol, devait faire les honneurs. « L'insistance du maréchal, disait mon beau-frère, nous semble indiquer un projet préconçu; ses questions multipliées sur ma belle-sœur nous font croire qu'il a un mariage à vous proposer pour elle. »

Cette ouverture jeta ma mère dans une profonde méditation : il en résulta qu'elle envoya sur-le-champ un messager pour chercher mon oncle à Hancourt. Il arriva sans tarder et encouragea ma mère à se décider en faveur de la route de Bar sur celle de Langres.

« Qui vous fait donc hésiter, lui dit-il, à prendre la direction naturelle qui vous amène chez vos enfants? Est-ce l'attention distinguée d'un homme tel que le duc de Reggio qui vous intimide? Y répondre ne vous engage pas plus, quoi qu'il arrive, que tous les nombreux invités dont vous ferez partie; et en supposant, ce qui est fort incertain encore, qu'il y ait là-dessous une idée de mariage pour Eugénie, avez-vous donc le droit de vous en détourner sans en avoir apprécié les chances? »

Ce raisonnement trancha la question, et, deux jours après, nous partîmes. Gustave était en pension et nous voyagions, ma mère, ma bonne Rosalie et moi, dans la calèche de ma sœur, qu'elle venait de nous envoyer de Bar. Le temps était lourd et nous étions toutes endormies, lorsqu'un brusque mouvement nous réveilla; nous étions lancées du haut en bas de la rapide côte de Saudrupt, au pied de laquelle notre voiture fut renversée violemment. Les glaces furent brisées; l'un de leurs éclats me blessa à l'œil gauche et trancha un muscle de la main droite de ma mère, tandis que ma bonne, plus maltraitée que nous encore, fut jetée du siège au loin sur le sol. Le coup fut tel qu'elle resta sur place, la tête ouverte.

Vous dire comment nous sortîmes de là, je ne le saurais; ce que je me rappelle, c'est que, croyant ma mère morte, je n'étais pas même rassurée par le son de sa voix qu'elle cherchait vainement à me faire écouter : je hurlais en la pleurant; cet égarement dura peu; bien vite, l'une et l'autre, nous revînmes à la plus malade de nous trois : c'était Rosalie, qui gisait sur terre sans connaissance. Beaucoup d'habitants étaient accourus; on la déposa sur un lit dans la maison la plus voisine; au bout de quelques instants elle reconnut nos voix et, sans ouvrir encore les yeux, chercha à nous rassurer. Mais elle n'y parvint pas; nous lui voulions avant tout des secours éclairés et prompts; l'on avait relevé la voiture et l'attelage, qui n'étaient pas assez avariés pour ne pas continuer leur route; nous recommandâmes au cocher de prévenir doucement M. de la Guérivière seul de notre événement; et, après avoir donné nos premiers soins à Rosalie, qui, malgré son affreuse blessure, était entièrement revenue à elle; après l'avoir recommandée de tous nos pouvoirs aux soins compatissants des femmes qui l'entouraient, ma mère et moi, l'imagination et les nerfs montés au plus haut diapason, partîmes à pied pour aller à Bar, hâter l'envoi des secours à Saudrupt et en réclamer pour nous-mêmes. Je venais seulement de m'apercevoir que mon œil, injecté de sang, n'était plus d'aucun service. Cette découverte avait jeté dans l'âme de ma mère un effroi que l'on comprend; nous étions en outre couvertes de contusions et de coupures; mais rien n'avait suspendu l'agilité de notre marche, et je me demande encore aujourd'hui, après avoir tant de fois parcouru ce même espace (deux lieues), comment nous y serions parvenues, si nous n'avions pas eu le bon Dieu pour nous.

Je vous dirai que bientôt la maison de ma sœur fut transformée en une sorte d'ambulance. Le docteur Moreau, ami de mon beau-frère, était accouru et prodiguait à ma mère et à moi les soins de son zèle et de sa haute intelligence; il me sauva l'œil par des applications de sangsues et bien d'autres détails; finalement, il nous remit à flot au bout du temps voulu, tandis que son collègue Champion nous rendait Rosalie dix ou douze jours après la catastrophe. Quelle joie j'éprouvai en la retrouvant, sauf sa profonde cicatrice au front, telle que je désirais la revoir!

Le maréchal dînait chez un ami commun avec le docteur Moreau, lorsqu'on vint appeler celui-ci en toute hâte, en lui faisant dire avec l'exagération que prennent les bruits publics quand ils passent de bouche en bouche, que Mme et Mlle de Coucy venaient d'être transportées chez Mme de la Guérivière, à moitié tuées. Le maréchal resta interdit et consterné; et bientôt, rentrant chez lui, il pria ses filles, la comtesse Pajol et Mlle Oudinot, devenue comtesse de Lorencez, de venir aux informations.

Cependant, toute la ville avait été mise en émoi par notre accident. Indépendamment de l'intérêt qu'on voulait bien y prendre pour nous et M. et Mme de la Guérivière, qui étaient fort aimés, il s'était produit un fait qui éveillait singulièrement la curiosité publique. Le maréchal avait contremandé sa soirée priée en donnant, sans détour, pour motif les inquiétudes qu'inspirait notre état.

Quelques jours se passèrent lorsque, tout à coup, le maréchal fit demander à ma mère son jour et son heure pour venir s'assurer, par lui-même, des progrès de notre rétablissement.

Il arriva à l'heure dite; il était accompagné de son fils Auguste, en uniforme de collégien. A cette entrée, tout le monde était visiblement ému, et, chacun se rendant compte de cette disposition, il en résulta un de ces moments indescriptibles qui, tout rapides qu'ils sont, laissent une trace ineffaçable.

J'examinais attentivement l'enfant et le père. Celui-ci n'avait plus ses moustaches; sa taille et sa marche, fatiguées par la blessure dont il souffrait lors de notre première entrevue, étaient complètement revenues au naturel, et son ensemble me parut aussi agréable que distingué. Je venais de m'arrêter à cette opinion lorsque le maréchal, se tournant vers moi, fit enfin une question toute spéciale sur mon état actuel. Il y avait tant d'intérêt dans ces quelques paroles que mon beau-frère, entraîné par un mouvement dont il ne se rendit pas compte peut-être, souleva mon voile en disant : « Voyez, monsieur le maréchal, ce qui en est résulté pour ce pauvre jeune visage. » Le coup d'œil vif et rapide que jeta sur moi le maréchal ne sortira jamais de ma mémoire. C'était une curiosité mêlée du plus évident intérêt; nous n'échangeâmes que des monosyllabes, et bientôt après il prit congé et se retira. L'impression qu'il avait laissée chez ma mère était parfaite.

Nous avions vu aussi Mme Pajol qui, bien souffrante alors, venait de partir pour Plombières où son père devait aller la rejoindre. Il avait toujours continué à se faire informer exactement de nos nouvelles. Mais, peu de jours avant son départ, il revint en personne et nous trouva bien portantes et gaies. Cette fois la glace était rompue. La conversation, de part et d'autre, fut plus facile. Votre père fut charmant; il nous conta plusieurs anecdotes très curieuses de son intéressante vie.

Le lendemain de cette seconde visite du maréchal, nous allions nous promener en famille, vers huit heures du soir, lorsque Pils, le valet de chambre du maréchal, porteur d'un billet à l'adresse de M. de la Guérivière, l'arrêta au moment où il se préparait à nous suivre. Nous avions déjà fait quelques pas en avant : « Continuez votre promenade sans moi, nous dit-il; le maréchal m'appelle, j'y vais de suite. »

D'un commun accord, et sans nous être rien dit, nous rentrâmes aussitôt, et, nous asseyant dans le salon, nous y restâmes sans avoir échangé une parole pendant l'absence de mon beau-frère. Elle fut longue, cependant; la nuit était tombée; mais un beau clair de lune avait succédé au jour. Peu à peu tous les bruits de ville avaient cessé. Absorbées les unes et les autres dans d'inextricables pensées que nous ne sentions pas le besoin de nous communiquer, nous atteignîmes ainsi onze heures du soir, sans autre lumière que la lune; car nous n'avions pas même sonné pour faire éclairer le salon. Enfin des pas se firent entendre au loin, et bientôt la grande taille de M. de la Guérivière nous apparut.

Après avoir jeté son chapeau sur une chaise, il s'approcha de moi en m'adressant ces mémorables paroles qui retentissent encore dans mon cœur et à mes oreilles. « Ma sœur, voulez-vous épouser le maréchal Oudinot? » Nous poussâmes toutes trois un seul cri : c'était de saisissement, et non de surprise; car sans nous l'avouer, depuis quelques heures, nous avions deviné la véritable cause de cette entrevue.

Personne n'avait pris la parole : mon beau-frère, se promenant à grands pas, cherchait à recueillir du calme afin de remplir consciencieusement sa mission. Revenant enfin à ma mère, il lui en rendit compte à peu près en ces termes :

« Le maréchal m'attendait avec impatience; dès qu'il m'aperçut, il me prit le bras avec abandon et confiance, me conduisit dans sa chambre et me parla ainsi :

« Je ne puis rester longtemps dans la situation où m'a
« placé le malheur de mon veuvage. Je veux épouser
« une femme assez jeune pour qu'elle puisse, sans
« effort, se plier à mes habitudes et à mon caractère.
« Pour mes enfants comme pour moi, je désire trouver
« dans sa famille, son éducation et ses principes, des
« garanties de sécurité; je cherche, au lieu de fortune,
« des goûts simples et modestes. Aussitôt que l'idée de
« contracter une nouvelle union m'est venue, c'est vers
« votre jeune belle-sœur que s'est reporté mon souve-
« nir. Je me la suis représentée comme devant réunir
« toutes les conditions que je viens d'énumérer. Vous

« chargez-vous de lui exposer, ainsi qu'à sa mère, le
« vœu que je forme en ce moment ? »

« Il est inutile, continua M. de la Guérivière, de vous peindre les sentiments qui m'agitaient et que je ne cherchais pas à cacher; mais le maréchal, ne me laissant pas le temps de les exprimer, reprit ainsi : « Elle sait que
« j'ai six enfants ; mais ce sont de bons enfants, qui,
« dans la mesure que je médite, ne verront que mon
« bonheur; vous direz de plus à Mlle de Coucy que j'ai
« quarante-quatre ans et cinq cent mille francs de rente.
« Quant à ma position sociale, elle est connue, et je
« serai heureux de la lui faire partager. »

« Voilà, reprit mon beau-frère, l'exposé de cette première et décisive partie de notre tête-à-tête.

« Le maréchal part demain pour Plombières, et il m'a chargé de lui expédier sous quelques jours une estafette pour lui porter votre réponse. »

Tous trois alors se tournant vers moi, je vis qu'il fallait m'expliquer; mais, avant tout, je voulus connaître l'opinion de ma mère, qui s'exprima à peu près en ces termes : « Non, je ne te dirigerai point en ceci. La situation qui t'est proposée est trop connue, le personnage qui la domine est trop célèbre; tu es enfin trop éclairée personnellement sur l'ensemble de cette question, pour que je vienne chercher à t'influencer. A toi, à toi seule appartient cette importante décision. — Eh bien ! j'accepte !!! »

Cette confiance avec laquelle le maréchal me demandait son bonheur et celui de sa famille, parmi laquelle se trouvaient de très jeunes enfants, me montra cette mission sous une couleur si touchante, si honorable, que je mis de côté tout ce qu'elle pouvait avoir de périlleux; il ne me semblait pas avoir le droit de la refuser. Pourquoi ne dirais-je pas aussi que la gloire de ce nom venait mettre un grand poids dans la balance?

Je ne vous donnerai pas ici tous les détails du premier entretien particulier que j'eus avec le maréchal et qui posa, pour ainsi dire, les bases de notre avenir. Votre père s'y montra à la fois franc, communicatif et compatissant pour moi, dont il avait su comprendre les agitations et l'embarras; et quand, au bout d'une demi-heure, ma mère et ma sœur rentrèrent, elles me trouvèrent rassurée et pleine de reconnaissance. Depuis ce jour, le maréchal revint nous voir tout naturellement, puis il nous proposa un grand dîner chez lui. Dans notre situation respective et à travers les bruits qui circulaient déjà sur notre mariage, il me parut au-dessus de mes forces d'aller prendre place à sa table. Mais ma famille trouva que cette abstention serait un acte de pruderie ridicule, parce que le public, s'il était en droit de s'emparer, pour les exploiter au profit de sa curiosité, de certains faits récents, nous étions libres, de notre côté, de ne pas tenir compte de ses conjectures auxquelles nulle inconvenance de notre part n'avait donné lieu.

Nous fûmes donc à ce repas de cérémonie, dont Mme Poriquet, sœur de la première femme du maréchal, faisait les honneurs. Je retrouvai là, pour la première fois depuis quatre ans environ, le fils aîné du maréchal. Le temps écoulé, le changement d'uniforme, son air posé et sérieux m'eussent empêchée de le reconnaître partout ailleurs que chez son père.

Invitées à Jeand'heurs, nous nous y rendîmes. Le maréchal était partout, faisant exécuter, par un geste ou un coup d'œil, les divertissements les plus imprévus, tout en se gardant la liberté d'y prendre part ou non; à chaque pas, on trouvait des canons.

Aucun accident ne vint troubler ces fêtes ; mais, quand j'y songe, je ne peux comprendre cette sécurité de chacun. A quoi cela tenait-il? C'est que nous subissions dans cette atmosphère l'influence du pouvoir qui dirigeait alors les hommes et les choses. Partant de l'Empereur, il était comme l'étincelle électrique qui agit de proche en proche avec plus ou moins de puissance, selon le degré de rapprochement où l'on se trouve du centre. Or le maréchal Oudinot était au centre du mouvement et nous le transmettait immédiatement. Véritablement, à cette époque, rien ne semblait impossible, le doute était inconnu, la difficulté n'était jamais admise ; l'on mettait la volonté à la place de tout ; elle avait obtenu de telles merveilles de notre invincible armée, qu'on se laissait aller à la croyance instinctive d'une puissance magique contre laquelle on ne pouvait lutter.

Ce tableau pourrait vous faire croire que notre séjour s'est prolongé au moins une semaine : détrompez-vous ; il se borna à quarante-huit heures, après lesquelles j'étais, pour mon compte, si fatiguée, corps et âme, que je soupirai après le départ ; mon esprit n'était plus assez libre pour jouir, comme par le passé, des plaisirs de mon âge. Les fêtes devaient se prolonger encore huit jours ; mais ma mère résista à toute instance, et ce fut alors qu'elle eut avec le maréchal un sérieux entretien.

« Je pars pour Vitry, et de là pour la campagne, dit ma mère. — Et moi, reprit le maréchal, avant de retourner en Hollande, où les ordres de l'Empereur m'appellent de nouveau, je vais d'abord aller le retrouver à Paris, pour le mettre dans notre confidence. Je vous donnerai ensuite de mes nouvelles ; permettez-moi d'écrire directement aussi à Mlle de Coucy. »

Le jour de notre départ de Bar, le maréchal vint nous

dire adieu. J'étais émue, je parlai peu; il m'accusa d[e] froideur et s'en plaignit à ma sœur qui me l'écrivit; mai[s] ce nuage se dissipa.

Une longue attente me rendit pénibles les mois su[i]vants. Le maréchal nous avait, en effet, donné de se[s] nouvelles; il avait été trouver l'Empereur à Rambouille[t] lequel, après avoir reçu la confidence du projet d[e] mariage, lui dit qu'avant tout il fallait retourner e[n] Hollande pour y compléter son œuvre, en préparant c[e] pays à recevoir l'Empereur lui-même à titre de nouvea[u] souverain : il ajouta qu'il serait accompagné de Mari[e] Louise, et qu'il comptait entièrement sur le maréch[al] pour leur ménager une belle réception. C'était chose difficile à tous les yeux, que nous comprîmes de suit[e] combien de temps et de soins nécessiterait une pareil[le] tâche.

Cependant, le maréchal était en effet parti de sui[te] pour la Hollande, d'où il nous écrivit encore divers[es] fois, mais brièvement, et sans que nous pussions trou[ver dans ses lettres l'indice prochain d'une solutio[n]. C'est que, réellement, il ignorait encore l'époque d[u] voyage impérial, et que, d'autre part, il avait fort à fair[e] ainsi que je l'ai dit, pour décider ce pays, tout meu[r]tri par les dernières mesures dont il avait été victim[e] à étendre ses habits de fête sur ses blessures pour l[es] cacher.

L'été se traînait pour tous; nous le passâmes entièr[e]ment à Hancourt et à Lentilles. Le temps était mirac[u]leusement beau; tous les soirs, dans un ciel d'Itali[e] nous allions admirer la fameuse comète, et je dois l[ui] vouer autant de reconnaissance que les propriétaires q[ui] lui durent des vins si célèbres; car elle fournit bien d[e] sujets d'entretiens oisifs dans cette période de ma vie souvent il fallait cacher ma pensée sous des mots insignifiants.

Certainement, cette pensée était habituellement sérieuse, ainsi que je viens de vous le dire; mais ce serait manquer de sincérité, si je ne vous avouais pas qu'il se glissait bien quelques futilités dans mes prévisions. Je songeais souvent à cette jeune Impératrice que j'avais vue si rapidement, ne pensant guère alors que rien me rapprocherait d'elle. Je pensais à l'Empereur qui me parlerait, et auquel il faudrait répondre, lorsque je lui serais présentée; le maréchal s'était amusé à me faire grand'peur de la Cour impériale et du grand monde de Paris. Que ne puis-je avoir à mon début, me disais-je, l'aplomb et la tranquille aisance de ma compatriote la maréchale Augereau, dont on connaissait la bonne tenue et les succès? Ce n'était pas pour moi que j'en désirais de semblables, mais pour le maréchal.

L'automne nous trouva encore à Lentilles, où nous arrivèrent les premiers détails du fameux voyage de l'Empereur. Leurs Majestés avaient été bien accueillies! C'était un tour de force de l'administration à la fois douce et habile du duc de Reggio. L'Empereur crut, ou feignit de croire, que le pays lui était complètement rallié; il en témoigna une grande satisfaction au maréchal, qui l'avait accompagné jusqu'à l'extrême frontière. Croyant là sa mission terminée, le maréchal parla pour la seconde fois à l'Empereur de ses projets de mariage: « Partez, lui répondit Sa Majesté; allez épouser Mlle de Coucy, je vous donne mon entier assentiment. »

Le maréchal, sans perdre un instant, fut recevoir les touchants adieux d'Amsterdam, traversa Paris où il s'arrêta peu et arriva à Bar où des intérêts de toute nature l'appelaient impérieusement. Déjà on parlait guerre, et le maréchal était prévenu qu'il recevrait sous peu le commandement d'un corps d'armée. Dans cette situation, l'on doit toujours tout prévoir; il avait donc à organiser l'ensemble de ses affaires, auxquelles la circonstance de son mariage ajoutait un grave intérêt.

Ce mariage, dont le public s'était occupé de suite, avait laissé reposer les esprits pendant plusieurs mois; mais, lorsque le maréchal l'annonça à ses enfants et à ses intimes, il arriva de la part de ces derniers quelques actes de zèle qui froissèrent, sans les ébranler, les sentiments de votre père.

Il nous fit communiquer, par l'intermédiaire de M. et Mme de la Guérivière, les nombreux ennuis qui l'assiégeaient et sa résolution d'y mettre une fin prochaine, en pressant la conclusion. En effet, il fit demander à déjeuner à ma mère pour la veille de Noël 1811.

Je me levai bien agitée, à la pâle lueur de ce 24 décembre. Ma mère n'avait appelé à ce déjeuner intime que ma tante la chanoinesse et M. d'Orisi, vieillard charmant, son ami et son conseil. Tout était soigné et chauffé dans la petite maison de ma mère, dès neuf heures du matin; mon émotion s'augmentait de minute en minute; elle fut à son comble, lorsqu'à dix heures le maréchal, accompagné de mon beau-frère, sonna doucement à la porte de la rue. J'avais compté sur le bruit d'une voiture pour me préparer un peu à l'entrevue; mais les voyageurs avaient renvoyé à la poste l'équipage et les gens, et s'étaient dirigés à pied vers notre rue de Frignicourt.

J'attendais le signal dans ma chambre : ce fut la Guérivière qui vint m'y chercher; son air radieux me donna du courage. En un moment, je me raisonnai assez pour comprendre qu'il fallait dominer une timidité enfantine dont le temps était passé. Notre accueil réciproque fut naturel et confiant; le déjeuner fut charmant d'entrain et de gaieté. L'on reprit ensuite, au salon, l'entretien général où le maréchal et M. d'Orisi brillèrent par mille plaisanteries charmantes. Ils se prirent de sympathie l'un pour l'autre, et le digne vieillard resta jusqu'à sa mort l'adorateur de sa nouvelle connaissance. J'aimais beaucoup M. d'Orisi, mais n'eût-il eu d'autres titres à mes sentiments que son concours aimable dans cette célèbre matinée, cela eût suffi pour m'attacher à lui.

Nous avions eu, le maréchal et moi, quelques instants d'entretien particulier, et, là, il m'avait expliqué une infinité de faits accomplis, relatifs à notre position, et développé de longs plans d'avenir, le tout sur un ton de confiance et d'abandon qui m'avait encouragée à marcher dans la même voie : nous étions satisfaits l'un de l'autre, et chacun se disposait au prochain adieu qui se préparait, lorsque le calme et le silence habituels de notre rue furent tout à coup interrompus par le claquement d'un fouet de la poste et le fracas d'une voiture à six chevaux qui, en s'arrêtant à la porte de ma mère, vinrent mettre fin à tout incognito.

Bientôt, après un voyage à Paris pour faire dresser notre contrat de mariage que l'Empereur signa, le maréchal nous annonça son arrivée pour le 18 janvier (1812); il venait d'être nommé commandant en chef du 2ᵉ corps de la Grande Armée, et devait sous peu aller présider à son organisation en Westphalie. L'Empereur pressait son départ, et lui, de son côté, pressait ma mère à tel point que, malgré sa bonne tête et son activité, elle suffisait à peine aux détails si multipliés qui pesaient sur elle; mais bientôt ma famille entière vint la seconder; l'on se groupa autour de nous, et pour ne nous quitter qu'après le mariage. Mes pauvres tantes de Lentillés seules, retenues chez elles par leur santé, ne purent braver l'hiver, qui, cette année-là, fut très rigoureux, Quant à moi, mes enfants, je ne savais s'il faisait froid ou chaud; l'événement principal qui se préparait eût, vous le comprenez, suffi à lui seul pour m'occuper gravement; mais en plus, il amenait à chaque minute de nouveaux incidents plus ou moins émouvants, plus ou moins sérieux, mais toujours en dehors de mes habitudes et du cours ordinaire de mes pensées.

Le maréchal nous annonça qu'il serait accompagné de la presque totalité de son état-major, et qu'il désirait qu'on invitât une grande partie de ses parents et de ses amis de Bar-le-Duc : ceci entrait dans nos idées, et comme, de notre côté, l'entourage était nombreux, l'on se trouva avoir beaucoup de logements à préparer et une table d'environ cinquante couverts à dresser.

Enfin, nous voici arrivés au 18. J'étais habillée et descendue au salon où s'était réunie la famille, lorsqu'à onze heures, un bruit confus nous fit pressentir l'arrivée du maréchal à son hôtel. Bientôt le tumulte augmentant et se rapprochant, nous comprîmes qu'il arrivait chez ma mère. En effet, il était précédé d'une foule telle que ses aides de camp avaient eu peine à lui frayer passage. Une garde d'honneur composée de la société d'élite de Vitry et commandée par le bon et aimable général de Possesse, que vous avez connu, escortait brillamment à cheval le maréchal qui était à pied, en uniforme, ainsi que son fils, son gendre et tout son état-major. Arrivé à notre porte, sur laquelle l'attendaient les hommes de ma famille, le maréchal, se détachant du groupe doré qui l'accompagnait, entra seul dans le salon; tout était et devait être solennel dans cette nouvelle entrevue. Après ce salut plein de grâce et de dignité dont votre père avait le privilège, il me prit la main, il fit signe à son entourage qui s'avança aussitôt et il me le présenta nominativement en commençant par ses enfants; puis tout aussitôt ouvrant une croisée, il m'y entraîna, et sans quitter ma main, il me dit de saluer avec lui le commandant et la garde d'honneur. Tous alors firent entendre un vivat unanime auquel le peuple assemblé en foule joignit le même cri de : « Vive le maréchal Oudinot, et vive l'Empereur ! »

Il s'était donc levé ce jour décisif et solennel ! Le mariage est pour chacun d'une importance immense, mais, si vous voulez vous appesantir sur ma situation, vous trouverez qu'elle offrait des particularités peu communes. J'épousais un homme vers lequel je me sentais irrésistiblement entraînée, mais qui m'inspirait une sorte de timidité, que mon penchant pour sa personne ne pouvait entièrement dominer. J'étais sûre des regrets avec lesquels sa famille voyait son chef contracter une autre union ; n'en connaissant aucun membre, je pouvais craindre que, malgré mes efforts, aucun d'eux ne m'en tînt compte. Bien décidée à ne jamais réclamer contre les enfants l'appui de leur père, je m'élançais seule dans cette arène, seule avec la droiture de mes intentions ; c'était là, et surtout dans la grâce de Dieu, que je trouvais mon bouclier contre les plus grandes difficultés de mon avenir.

Comme accessoires, j'avais encore en plus que d'autres mariées les préoccupations d'une vie nouvelle : généralement, on s'établit dans la sphère de ses relations et de ses habitudes, mais ici tout changeait. Je passais d'une vie calme, intime, uniforme et retirée, à une existence toute en dehors. C'était aller, sans transition, de l'ombre à la lumière. Il me fallait prendre immédiatement ma place en face d'une nouvelle famille et du monde étranger et étourdissant qui m'ouvrait ses portes ; et c'était seule que j'allais affronter ces divers écueils.

Le maréchal m'avait envoyé divers messages dans le cours de la matinée du 19. J'en citerai un. Il m'adressa pour ses enfants trois souvenirs qu'il désirait leur faire arriver par mes mains ; idée charmante en tous sens. Pour son fils, c'était une belle aigrette de colonel ; pour sa fille de Lorencez, une bague de pierreries fines, diamants, émeraudes, etc. ; pour son gendre le général de Lorencez, une décoration en brillants, ordre de la Légion d'honneur. Ce fut de la manière la plus aimable que ce dernier m'aborda dans la journée pour m'adresser ses remerciements et ceux de sa femme : de ce moment, je me sentis attirée vers lui, et dès lors il y eut entre nous sympathie réciproque.

Les dispositions généreuses du marié se complétèrent dans le cours de la journée par divers traits dont je citerai encore ces derniers. Il offrit une épée au commandant de la garde d'honneur, un camée entouré de brillants à M. d'Orisi, etc. ; enfin, tout ce qui incombe au marié fut fait et parfait, tant pour la famille que pour les étrangers.

Il vint de sa personne passer quelques heures entre ma tante Clotilde et moi ; ce temps fut le meilleur de la journée, où j'avais l'amer regret de ne faire qu'entrevoir ma mère.

A la nuit tombante, on pensa à ma toilette. La soirée devait commencer à sept heures, le souper était pour neuf heures, le mariage civil pour onze, et la cérémonie religieuse pour minuit.

Cependant les messages se succédaient pour presser mon entrée au salon, où le maréchal et tous les convives étaient réunis. Mme Morel, ma femme de chambre, mit sa centième épingle. Bientôt, je suivis ma mère, et me voilà en face de mon futur, de ses enfants, de ses officiers et des familles et amis de chacun. Ainsi que je l'ai dit, parmi ces derniers il s'en trouvait plusieurs de Bar, par exemple MM. Poriquet, Pierre, Buffault, Gillon, le préfet, etc., tous étrangers à mes parents et à mes amis de Vitry ; il était naturel que la fusion ne se fût pas opérée tout de suite. Le maréchal attendait donc impatiemment notre entrée, qui mit fin à cet état de contrainte, naturel et pénible, non que je fusse là dedans d'un grand secours : j'étais stupide, mais je fus la cause d'un mouvement général qui rompit la glace. Après diverses présentations, on organisa quelques parties ; mais personne, si je m'en souviens bien, n'était à son jeu. Ma sœur, habituée à la bonne grâce pour elle du maréchal, chercha à l'égayer en lui reprochant de ne s'être pas fait assez beau pour la circonstance. Il n'avait en effet qu'un simple uniforme avec deux épaulettes ; ils se querellèrent un instant en riant. L'annonce du souper vint à neuf heures y mettre fin ; mais auparavant l'on fut tout à coup ébloui par la rentrée du marié qui, s'étant éclipsé un instant, reparut en grand uniforme de maréchal de l'Empire. A l'éclat de ce costume si noblement porté, se joignait le magnifique glaive d'Amsterdam resplendissant au côté de votre père : c'était la première fois que je le voyais dans ses splendeurs ; j'en fus aussi ravie que possible, et mon admiration fut, dans des proportions diverses, partagée par tous les témoins.

Enfin l'heure était venue, tout était prêt à la mairie ; on quitta la table pour se diriger vers les voitures.

Une foule de personnes de notre connaissance remplissaient les abords et les salles de la mairie. Elles se pressaient avec une curiosité avide pour voir le maréchal que chacun dévorait des yeux. Comme j'étais fière de lui ! J'ai parfaitement présents tous les détails de ce premier acte du mariage qui vous laisse encore à la terre. Je me souviens toujours d'avoir entendu retentir ces mots, au bas de l'escalier de la mairie : « La voiture de Mme la duchesse de Reggio » ; c'était le chasseur du maréchal qui proclamait ainsi, pour la première fois, mon nouveau nom.

Mais arrivés à la grande et belle église de Vitry, la scène prit un autre caractère, et, toute à l'acte sacré, je ne vis plus rien que confusément. L'église était parfaitement éclairée et, malgré l'heure de minuit et le temps le plus affreux, elle était remplie de monde. Je vis dans la foule une femme évanouie ; mon élan m'entraînait pour la secourir, mais je fus arrêtée par quoi, je ne le sais. J'étais muette, sans raisonnement, sans volonté, jusqu'au moment où mon oncle, qui me soutenait, me déposa sur le carreau de velours préparé près de celui du maréchal au milieu du chœur. Je sentis, plutôt que je ne vis, ma famille se grouper derrière moi, tandis que celle du maréchal et tous les uniformes se rangèrent derrière lui.

M. le curé de Vitry, digne et excellent homme, commença son discours ; alors je repris mes esprits et je l'écoutai. Certes, il prononça de bonnes et saintes paroles, mais je vous assure, mes enfants, qu'il ne pouvait augmenter chez moi la fermeté de mes résolutions de marcher, de mon mieux, dans la nouvelle voie qui m'était ouverte.

Remontée dans la même voiture que mon mari, il m'embrassa de grand cœur, et remercia ma mère. Ce moment est gravé d'une manière ineffaçable dans ma mémoire.

Selon l'usage immémorial de la province, et malgré l'heure et cet affreux temps, dont j'ai déjà si souvent parlé, nombre de parents et d'amis vinrent féliciter les mariés. Il y en eut bien quelques-uns, cependant, qui restèrent en chemin.

Il avait été convenu que nos amis de la campagne, lesquels n'avaient point fait partie de la réunion de la veille, partageraient le déjeuner du départ. En effet, le 20 janvier, à dix heures du matin, je trouvai dans le salon, réunis à ma famille, Mmes et MM. de Bouvet, Duhamel, de Liniers, etc.

Presque tous les autres convives avaient disparu. Les uns étaient repartis dès le matin pour Bar; et les Parisiens, presque tous à la veille d'une campagne, étaient retournés en toute hâte à leurs familles et à leurs affaires dans la grande ville.

La fin du déjeuner fut le signal du départ. Chaque instant ajoutait à mon saisissement et je regardais avec angoisse le visage de ma bonne mère, me répétant vainement que je ne la quittais que pour quelques jours.

Ah! c'est que je sentais que de ce moment datait la véritable séparation; que désormais ma vie et mes actions seraient indépendantes de sa volonté, et que sa voix chérie ne serait plus la première écoutée. Mais elle, dominant son émotion, pour m'aider à vaincre la mienne, était courageuse par dévouement. Fuyant mes regards, elle cherchait à tout prix à éviter au maréchal l'explosion de mes regrets.

Bientôt le bruit des voitures se fit entendre, et les adieux s'échangèrent.

Je vis avec bonheur ma sœur prendre place dans notre voiture, qui partit au train des six chevaux qui l'entraînèrent.

Le maréchal causa gaiement durant toute la route avec Christine, ce qui me laissa le loisir de songer à ceux que je venais de laisser, pêle-mêle, sur le perron de ma mère, m'envoyant de loin leurs adieux et leur bénédiction.

Cette route de Vitry à Bar, suivie si souvent avec ma mère, était remplie de son souvenir. La rapidité de notre marche me représentait les miens fugitivement, mais très distincts. Je me rappelais nos communes remarques, et tout ce qui n'eût pas été aperçu par d'autres avait de l'intérêt pour moi.

La grille de l'hôtel était ouverte; le général de Lorencez, sa femme, Victor, M. Gouy, l'ami de cœur du maréchal, tous partis dès le matin de Vitry, nous attendaient. Je vis aussi là, pour la première fois, le colonel Chevallot, vieil et fidèle ami que vous n'avez pas oublié; bien d'autres personnes encore étaient groupées dans la cour.

Comme je venais de rentrer dans ma cha... tout à coup, je fus tirée de ma méditation par le ... d'une porte qui s'ouvrit derrière moi. Ce n'était p... celle qui communiquait avec le maréchal. Un pas lég... une douce voix de femme me rassurèrent bien vite. Malgré l'obscurité, je reconnus Mme de Lorencez. « Je viens vous demander, me dit-elle, si vous ne pensez pas devoir visiter mon grand-père chez lui avant le dîner où il va se trouver ? » Frappée de l'urgence de ce devoir, touchée du procédé de celle qui me le rappelait si à propos, je me sentis émue jusqu'aux larmes; et m'empressant de suivre ma belle-fille à travers les allées neigeuses du jardin, je me laissai guider ainsi jusqu'à la demeure du digne père de mon mari (située aujourd'hui dans la rue dite rue Oudinot). C'était un beau vieillard âgé de quatre-vingt-trois ans; il m'ouvrit ses bras et ce fut avec bonheur et vénération que je prononçai de nouveau ce nom de père, que je n'avais pas articulé depuis l'âge de cinq ans.

Le lendemain de bonne heure, je vis entrer Victor dans ma chambre; mais c'était un autre Victor. Il ne cherchait plus à cacher son émotion qui me gagna. Il venait me demander mon amitié, et, intérieurement, je venais de la lui promettre avant qu'il m'eût parlé. Vous savez, mes enfants, si elle s'est démentie jamais de part ni d'autre. Principes et intérêts communs, tout nous liait l'un à l'autre. Il retournait à Paris; nous convînmes d'une correspondance, qui ne s'est point ralentie.

Le maréchal fut charmé du compte que je lui rendis de mon entretien avec son fils et touché de l'élan qui avait amené près de moi ce jeune homme.

Cette journée, toute satisfaisante qu'elle ait été, ne s'était cependant point passée sans quelques émotions rappelant celles de la veille. Ainsi, je fus très éprouvée à la vue soudaine de Mme Poriquet, sœur de la maréchale, lorsque je la vis entrer tremblante et tout en pleurs au bras de son mari. Je compris tout ce que cette visite de convenance devait lui coûter, mais j'eus lieu de croire, par la suite, qu'elle avait deviné les sympathies que m'inspirait cette situation, car, de ce jour jusqu'à sa mort, elle fut pour moi une amie.

J'ai dit que mon oncle, le chevalier de Coucy, était arrivé. Combien je fus heureuse de le revoir chez moi! Lui qui m'avait si souvent gâtée chez lui! Et comme je sus bon gré au maréchal d'avoir fait préparer pour le chef de ma famille le plus bel appartement de l'hôtel! Depuis quelques jours, tout devenait bonheur pour moi, et bientôt le complément y fut apporté par l'arrivée de ma mère. Elle n'en avait pas précisé le moment, et nous étions à dîner lorsque j'entendis des coups de fouet de postillon qui me firent tressaillir de bonheur. Nous sortîmes en tumulte, et ce fut dans nos bras que fut reçue la voyageuse chérie. Elle vint prendre place à cette table, où sa bonté, sa distinction et sa bonne grâce emportèrent le suffrage général.

Avoir pour témoins de mon bonheur ma mère, ma sœur, mon oncle, mon digne beau-frère; pouvoir leur reporter à chacun la juste part qu'ils y avaient prise; voir mon mari apprécier ces objets vénérés de mes premières affections; enfin m'entendre répéter vingt fois le jour, par celui que j'aimais à chaque instant davantage, qu'il bénissait la destinée qui nous unissait, c'était un bonheur tel qu'il n'appartenait pas à ce monde d'en offrir longtemps la réalité.

La correspondance du maréchal devenait de plus en plus active, et les bruits d'une guerre prochaine contre la Russie se confirmaient de jour en jour. Mon mari ne se prononçait pas encore, et je me gardais bien de le questionner sur l'époque d'une séparation, dont la pensée indéfinie venait souvent, comme un fantôme, s'interposer entre mon bonheur et moi.

Aussitôt après l'arrivée de ma mère, le maréchal avait organisé une série de grands dîners de noces qui firent ainsi passer, dans nos salons, tous les habitants notables de la ville haute, de la ville basse et du département. Des partants pour l'armée venaient souvent augmenter le nombre de nos convives.

M. Le Tellier, premier aide de camp, était parti, mais il avait été remplacé par MM. de Thermes et Jacqueminot. Ce dernier, d'origine barisienne, mettait la ville entière en mouvement. Aussitôt que nos grands dîners étaient terminés, et que chacun des convives s'était retiré, MM. les aides de camp déposant l'uniforme, l'épée et le chapeau de grande tenue, allaient jouir des soirées dansantes qu'ils avaient organisées dans la matinée avec les mères qui voulaient amuser leurs jeunes filles.

Il faut bien que je confesse, puisque je dis tout ce qui m'est relatif, que les premiers détails sur les bals improvisés auxquels, naguère, j'aurais si bien pris part, me firent commettre le péché d'envie, mais je me gardai bien de me laisser deviner, sentant que j'avais pris une situation trop grave pour conserver l'attitude d'une jeune fille. D'ailleurs, un instinct salutaire m'avertissait habituellement de ce qui pouvait déplaire au maréchal, et, sans l'avoir encore consulté sur rien, je croyais l'avoir deviné sur beaucoup de choses.

Un soir, cependant, je ne sais qui avait inventé de faire trouver une musique dansante dans la salle à manger après le dîner. Il y avait eu au repas beaucoup de jeunes femmes et de jeunes filles. Parmi ces dernières figurait, comme une des plus jolies, Mlle Henrionnet, devenue Mme Landry-Gillon. Ce bal impromptu commença sans que le maréchal eût l'air de le désapprouver et, sans autre réflexion, je m'y mêlai. Aussitôt je vis disparaître mon mari, que bientôt je fus retrouver chez lui. Il résulta de notre entretien que je renonçai à la danse, sinon sans regrets, du moins sans combats. D'ailleurs, bientôt les événements eussent mis fin à ce genre de distraction, alors même que mon parti n'eût pas été pris là-dessus d'avance.

Le maréchal avait pris et m'avait annoncé la résolution de m'emmener et de me garder près de lui tant que les opérations militaires ne prendraient point un aspect trop hostile. Jugez de ma joie en apprenant ce projet ! Toute à mon mari, je n'aperçus, dans ce premier instant, que le bonheur de retarder notre séparation, mais je ne restai pas longtemps sans m'effrayer un peu de cette nouvelle ère qui allait s'ouvrir pour moi. Je pressentais que je ne jouirais pas, comme à Bar, de la présence du maréchal. Je me voyais partir sans compensation pour ce qui allait me manquer.

Une décision du général de Lorencez vint peu après me calmer un peu. Nommé chef d'état-major du corps d'armée commandé par le maréchal, unis ainsi par la même destinée, il associa à la mienne, pour le moment, celle de sa femme et l'emmena avec lui. Je m'attachais de plus en plus à ce ménage. Mme de Lorencez, âgée de seize ans alors, en avait trente au moral. Réfléchie et habituellement silencieuse, elle ne pouvait cependant passer pour indifférente, tant son œil bleu foncé était expressif. Quand elle parlait, la douceur de son organe et le charme de sa prononciation atténuaient ce que le laconisme de son langage aurait pu avoir de trop positif. Sa gaieté, quand elle se montrait, à de rares intervalles, était communicative. Pieuse, charitable, elle remplissait tous ses devoirs comme chose naturelle. Toutes les affections étaient sérieuses et profondes dans ce cœur aimant qui renfermait tout en lui. Sa taille, sa marche, son ensemble enfin étaient distingués.

Son mari vous est connu; le malheur et les années n'ont altéré que sa gaieté. Par son seul mérite, le général est parvenu au grade élevé dont il jouit. Il eût été apte à remplir les plus hautes fonctions. Le maréchal l'estimait à sa juste valeur et l'aimait beaucoup. Quant à moi, vous l'avez vu, dès les premières entrevues à Vitry, je me sentis entraînée à la confiance, car, dès lors, le général mit autant de liant que possible dans nos rapports.

Le manque de temps d'une part, la rigueur de la

saison de l'autre, s'étaient opposés à ce que je fisse connaissance avec les plus jeunes enfants de mon mari. L'on renonça donc à faire venir les petites filles, toutes deux en pension, l'une à Paris, l'autre à Nancy.

Je regrettais cet ajournement, lorsqu'un matin je trouvai, chez le maréchal, son fils Auguste. D'un transport plus facile que ses sœurs, son père l'avait fait venir pour nous embrasser avant notre départ. Je le vois encore avec son habit de collège, debout près de la cheminée et, si je l'avais oublié, mon fils Henry me rendrait sa parfaite image. Je me sentais portée de cœur vers ce cher écolier, qui répondit à mon accueil avec une mesure parfaite pour son âge.

Mon oncle était reparti; ma chère tante, sa femme, n'avait pu venir; on s'occupait de toutes parts de la longue absence qui se préparait.

Par suite d'un dévouement bien rare, M. Gouy tenait en main tous les fils des nombreuses affaires du maréchal. Il les conduisait mieux, avec plus de zèle et d'entendement que les siennes, travaillait du matin au soir à mettre toute chose sur un bon pied, avant ce départ saisissant, qui pouvait laisser tant à penser et à craindre.

A cette époque, l'on pouvait compter sept gérants des intérêts divers du maréchal. Tous, suivant ses intentions, aboutissaient à M. Gouy, qui résumait chaque année la situation générale. Son œil perçant découvrait toutes les erreurs; il les signalait avec son langage positif et souvent acerbe, sans craindre ni l'ennui de ce travail pour lui-même, ni celui qu'il causait chez le maréchal, qu'il contrariait sans hésitation et sans scrupule quand il croyait cela nécessaire.

Durant ce temps personne ne songeait et je ne pensais pas moi-même à m'initier à la gestion de cette fortune, de laquelle je n'avais qu'une idée très confuse. A peine avais-je même osé prendre mon rôle de maîtresse de maison, parce que donner un ordre me semblait une énorme affaire.

Tout ce que je voyais me semblait si beau que je n'avais pas la pensée d'un revers de médaille. Je me laissai donc vivre, durant ces premiers temps, sans chercher à savoir s'il y avait pour moi d'autres devoirs que ceux d'aimer mon mari et nos deux familles.

CHAPITRE IV

Les préparatifs de guerre contre la Russie. — Départ du duc et de la duchesse de Reggio pour l'armée. — Arrivée à Munster. — La princesse d'Eckmühl. — Entrée à Berlin. — Le comte de Narbonne. — Revue des troupes françaises à Berlin. — Courtoisie et égards d'Oudinot pour le roi de Prusse. — La guerre devient de plus en plus certaine. — Départ d'Oudinot pour Marienwerder. — Retour de la duchesse à Bar-le-Duc. — Passage du Niémen. — Oudinot commandant en chef du 2ᵉ corps. — Il est vainqueur à Deweltowo. — Ses opérations sur la Dwina contre Wittgenstein. — Il l'attire adroitement dans une position fâcheuse et le bat sur la Drissa. — Difficultés croissantes de la situation. — Oudinot gravement blessé à Polotsk. — La duchesse avertie vient le rejoindre en Russie. — Les péripéties de ce long voyage. — Augereau. — Premiers symptômes de mécontentement. — Arrivée à Wilna. — Le duc de Bassano. — La comtesse Manuzzi di Belmonte. — Oudinot à peine remis va reprendre son commandement. — **Le froid. — La retraite.** — Le dévouement de M. Abramowietz.

Nous arrivâmes ainsi à l'avant-veille du départ. C'était un dimanche gras, 12 février 1812.

Nous étions un grand nombre de voyageurs et, pour trouver partout assez de chevaux de poste, il fallut penser à s'échelonner à l'avance sur la route. Deux aides de camp devaient ouvrir la marche ; venaient ensuite le général et la comtesse de Lorencez, et nous venions ensuite, le maréchal et moi, suivis de son secrétaire, de toute sa maison, dans deux voitures à six chevaux chacune.

Enfin, le jour du départ se leva ; et ici, mes enfants, commença cette vie active et orageuse qui me conduisit, d'émotions en émotions, jusqu'à l'époque actuelle.

J'eus, depuis, de bien beaux jours, d'immenses satisfactions de cœur, beaucoup de jouissances d'amour-propre m'attendaient encore; mais elles devaient être entremêlées de tant d'épreuves et traversées par de si terribles catastrophes, que j'eusse infailliblement perdu la tête si le voile de cet avenir eût été un seul moment soulevé à mes yeux.

Mais à chaque jour suffit sa peine, dit-on. J'ai souvent trouvé que celles dont j'étais atteinte dépassaient mes forces. Assurément je me trompais puisque me voici. Mais mon organisation nerveuse, longtemps ménagée par un bonheur exceptionnel, se trouva tout à coup aux prises avec de tels événements qu'elle en fut ébranlée de fond en comble, et il ne resta de la jeune femme dont je vous ai parlé jusqu'ici que les principes et le cœur.

Or donc, le 14 février, deux voitures à six chevaux nous attendaient dans la cour de Bar. Elles partirent devant nous, remplies par les personnes que j'ai désignées plus haut, qui nous devancèrent jusqu'au village de Naives. Bientôt nous arrivâmes dans une voiture de ville, où ma mère, ma sœur et mon beau-frère étaient montés entre mon mari et moi. Après avoir donné et reçu le triste embrassement du départ, je montai seule avec le maréchal dans la première voiture de poste. Je suivis, d'un œil mouillé de larmes, ma famille qui reprenait le chemin de la ville. Ah! dans ce moment, j'étais toute aux absents. Mais bientôt je sentis la nécessité de rappeler mes esprits, qui me ramenèrent à la réalité du bonheur qui me restait.

Je n'avais jamais parcouru qu'un cercle étroit et monotone; tout était nouveau pour moi, et, quoique la route de Bar à Verdun n'ait pour le voyageur rien de bien remarquable, et que tout fût en partie couvert de neige, je faisais des remarques sur tout ce que je voyais.

Il était nuit lorsque nous débarquâmes à l'hôtel des Trois Maures.

Depuis longtemps le charme des auberges a disparu à mes yeux; mais, dans les dispositions que je viens de vous peindre, tout me semblait délicieux. Notre gaieté ajoutait du prix à chaque chose. Le maréchal, heureux de retourner à l'activité, semblait radieux, et chacun subissait cette influence.

Nous étions au mardi gras; logeant sur la rue, nous ne perdîmes rien du tapage infernal qui se faisait sous nos fenêtres et nous étions tout éveillés lorsque, avant le jour, on vint nous avertir que les chevaux étaient mis. Il tombait un grésil morfondant, et ce ne fut que quand le soleil chassa pour un moment la brume que je pus reprendre mes observations de la veille.

Elles amusaient le maréchal, qui me dit plus d'une fois : « N'est-il pas vrai que le monde est bien grand? »

Nous traversâmes, dans cette journée, les villes de Dun, Stenay, Sedan. Notre coucher était à Mézières, la première ville forte qui s'offrît à mes yeux. Ces remparts, ces ponts-levis, ces voûtes ténébreuses, sous lesquelles retentissait le bruit de notre lourde voiture, me saisirent d'un effroi qui fit rire le maréchal. A peine y étions-nous descendus, dans un appartement chauffé d'avance et bien éclairé, que le maréchal y reçut de nombreuses visites. Je m'étonnai de la résignation avec laquelle il se soumettait à cette représentation qui terminait une journée fatigante, mais je dus m'habituer à cette mesure. Il connaissait et recevait du monde partout. Les militaires de tous grades, notamment, arrivaient de tous côtés, et la manière aimable dont ils étaient accueillis m'expliquait cet empressement.

En côtoyant, les jours suivants, les bords de la Meuse par Namur, Liège et Maëstrich, j'eus lieu d'exercer agréablement mes dispositions à observer le pays. Celui qui se trouve entre ces villes est admirablement beau. Le quatrième jour, nous arrivâmes sur les bords du Rhin que nous traversâmes sur un pont de bateaux à Wesel.

Nous devions arriver, le sixième jour, à Munster, où le maréchal devait prendre le commandement des premières forces du 2ᵉ corps de la Grande Armée. L'on avait préparé une réception militaire au général en chef; il fut donc fort contrarié de trouver de tels chemins que nous étions encore à deux lieues de la ville lorsque la nuit vint nous surprendre.

Malgré l'obscurité, j'aperçus cependant un groupe d'hommes à cheval qui vinrent entourer la voiture. Des voix mâles, joyeuses et retentissantes, s'adressèrent alors simultanément au maréchal, qui reconnut successivement, au son de la voix, tous les généraux qui allaient se trouver sous ses ordres. Tous parlaient à la fois, chacun se nommant pour être sûr d'être reconnu et, dans chaque nom, le maréchal semblait retrouver un ami. Hélas! ce souvenir, qui m'est si présent, amène de bien tristes réflexions. De ces dix à douze généraux, tous alors dans la force de l'âge, il n'en reste pas un sur la terre.

Nous arrivâmes, sous cette honorable escorte, aux portes de Munster. La garnison, sous les armes, formait la haie jusqu'à l'hôtel du baron de Drott, chez lequel on avait disposé le logement du général en chef.

Il n'y eut aucune réception dans cette soirée, mais, dès le lendemain, tous les corps d'officiers qui composaient environ un total de douze cents personnes, arrivèrent en grand uniforme, les généraux en tête, pour faire leur visite officielle, et mon chagrin fut grand lorsque j'appris du maréchal qu'après lui je devais recevoir ces messieurs, qui demandaient à m'être présentés.

Il me fallut donc prendre une grande résolution. Elle faillit cependant m'abandonner au premier pas que je fis dans cet immense salon, où se trouvait rangée circulairement une triple haie d'officiers, qui attendaient silencieusement que je parusse au milieu d'eux.

Les généraux, devinant mon émotion, s'avancèrent aussitôt. Ils m'entourèrent obligeamment, je sentis mes esprits revenir et ma gaucherie put être ainsi dissimulée au plus grand nombre.

Une autre représentation me fut encore imposée. Les Français, alors, étaient partout les maîtres et obtenaient en tous lieux des hommages, soit de gré, soit par crainte, mais qui ne leur manquaient nulle part. Ce fut à notre puissance du moment que je dus peut-être l'extrême prévenance des dames de Munster. Peut-être aussi, et j'aime à le croire, le beau nom et la pure renommée du maréchal contribuèrent-ils à cet empressement; mais le fait est que, durant la seconde soirée de mon arrivée, j'eus à recevoir, sur leur demande, un nombre infini de comtesses, baronnes et abbesses. Ce dernier titre, qui m'étonna d'abord, se porte, dans ce pays, comme les deux premiers et sans emporter avec lui ni les obligations ni le caractère ecclésiastiques. Les abbesses de Munster étaient, comme les autres dames nobles, leurs compagnes, couvertes de rouge, de fleurs, plumes et bijoux. Elles furent toutes charmantes pour moi, et je fus leur rendre leur visite collective à ce qu'on appelait leur club. Elles s'y réunirent en grand nombre, un soir, pour me recevoir, et, tout fugitifs que sont ces souvenirs, j'aime à y revenir tant il y eut d'élan et de bonne grâce en ma faveur.

Plusieurs émigrés français de 1791 s'étaient aussi mêlés à nos réceptions. Ils avaient reçu, dans leur exil, un si bon accueil de la nombreuse noblesse qui peuple cette contrée que beaucoup d'entre eux s'y étaient fixés. Je citerai, parmi eux, le vieux comte de Sesmaisons, le comte de Flamarens. Le maréchal les reçut particulièrement à merveille. Ce fut aussi à Munster que je vis pour la première fois l'abbé, qu'on ne nommait alors que le baron Louis. Il était chargé par l'Empereur de l'organisation financière du pays, car Munster était le chef-lieu d'une préfecture française, et c'était le comte du Saillant qui l'administrait comme préfet.

Nous partîmes le lendemain pour la jolie ville de Hanovre, où nous devions séjourner. J'employai une partie de notre séjour à la parcourir. Je fus même au delà, avec le général et Mme de Lorencez, visiter les belles serres de Hernhaussen, dépendantes d'une maison de plaisance appartenant au roi de Westphalie, Jérôme Bonaparte.

Nous donnâmes à dîner, à notre hôtel, le second jour de notre arrivée, à plusieurs des généraux français agglomérés dans cette ville, où l'on travaillait à remonter toute notre cavalerie. Pour occuper ces messieurs nous jouâmes au reversis, mais nous eûmes bien de la peine, ma belle-fille de Lorencez et moi, quoique n'étant pas naturellement dénigrantes ni moqueuses, à contenir un éclat de rire simultané lorsque le général Duverger, l'un des quatre joueurs, vint à donner les cartes. Long, maigre, poudré à blanc et orné de deux ailes de pigeon fort inusitées à cette époque, il avait vraiment, sous son uniforme, l'air d'une momie. Il ne toucha les cartes que du bout des doigts, sans remuer les coudes, et pourtant elles nous arrivèrent comme une pluie. Je n'ai jamais rien vu de pareil. J'espère que ce digne et antique militaire était trop loin de ce qui se passait dans le monde pour suivre les mouvements de notre jeunesse. Il n'en fut pas moins vrai que nos deux maris, qui avaient tout vu, nous reprochèrent, le soir, notre intempestive gaieté tout en se rappelant qu'à nous deux, Mme de Lorencez et moi, nous n'avions que trente-six ans.

Grâce à Dieu, je n'ai qu'un petit nombre de pareilles sottises à noter dans ma vie, parce que ma mère m'avait bien sérieusement élevée.

Nous gagnâmes ensuite Brunswick, où nous arrivâmes le soir. Cette ville me parut grande et peuplée, mais je ne pus la juger, car nous partîmes le lendemain, dès le matin, pour Magdebourg, ville très forte et bien triste. Elle ne présente d'agréable qu'une promenade en terrasse qui domine l'Elbe, fleuve qui est là très large et très imposant.

Nous descendîmes dans un grand hôtel situé sur la place d'Armes; le maréchal Davout venait de la quitter pour se porter en avant avec son corps d'armée, et j'ai à vous conter là-dessus une singulière méprise de sa femme, à laquelle il avait mandé d'arriver pour le voir avant qu'il s'éloignât davantage. C'était sur les entrefaites qu'il avait reçu l'ordre de se porter en avant immédiatement. La princesse d'Eckmühl n'avait pas eu le temps d'apprendre ce changement; elle arriva de Paris dans la nuit qui suivit notre installation à Magdebourg et obtint, en se nommant, qu'on lui ouvrît, à heure indue, les portes de la ville. Elle ordonna simplement à ses postillons de la conduire chez le maréchal, sans autre désignation. Arrivée ainsi chez nous, elle voulut naturellement se faire ouvrir. On lui résista; elle fit appeler l'aide de camp de service qu'elle ne reconnut pas pour appartenir au maréchal Davout. Mais elle insistait toujours ; ce fut alors que M. Le Tellier lui dit que ce bruit pourrait éveiller *Mme la maréchale*... A ces mots, la princesse d'Eckmühl, stupéfaite, demanda et obtint des explications qui éclaircirent tout bien vite. M. Le Tellier se mit à sa disposition naturellement pour lui chercher un abri durant le reste de cette nuit si orageuse pour elle. Elle déjeuna avec nous le lendemain et nous nous amusâmes ensemble du quiproquo.

Elle était alors bien belle de visage, très princesse et très magnifique dans ses manières. Je n'ai eu qu'à me louer d'elle, mais, quoique nos maris se tutoyassent, nous ne fûmes jamais dans l'intimité.

Revenons à notre départ et à notre trajet, qui se fit par étapes militaires. C'était le signe de la guerre, dont nous nous approchions. La voiture de mon mari, dans laquelle j'occupais un coin, voyageait au milieu de son corps d'armée. Tel était le résultat des ordres qu'il avait reçus. Cependant, à deux journées de Berlin, il crut pouvoir y entrer seul de sa personne ; mais le prince de Neuchâtel, major général de l'armée et interprète des volontés de l'Empereur, apprenant ce fait, en fit faire des reproches à mon mari, en lui ordonnant de retourner au deuxième corps pour faire, à sa tête, une entrée triomphale dans la capitale de la Prusse.

La France était alors avec cette puissance, qui semblait être notre alliée, dans une situation fort délicate. Personne ne doutait que cette association ne fût, de la part de la Prusse, plutôt forcée que volontaire, et la suite l'a prouvé.

Le roi Frédéric-Guillaume devait fournir un contingent dans le cas de guerre contre la Russie et livrer, naturellement, passage à notre armée. Mais, en l'attendant, il s'était empressé de quitter sa capitale pour se retirer avec sa famille à Potsdam. Mon mari avait une parfaite connaissance de cette situation, et son intention, en entrant seul de sa personne à Berlin, avait été d'épargner au roi de Prusse l'étalage d'une entrée triomphale dans sa capitale. Le maréchal pensait qu'il suffisait d'accomplir les faits sans blesser par les formes; mais ce n'était point la politique de l'Empereur.

Par ordre supérieur, nous étions descendus au palais Saken, préparé et meublé pour le maréchal par les ordres du roi de Prusse qui, de plus, y avait envoyé une maison montée : valets de chambre, maîtres d'hôtel, cuisiniers, valets de pied, et enfin deux voitures de ville et leurs attelages, le tout pour rester à la disposition du général en chef pendant toute la durée de son séjour.

Aussi surpris que contrarié d'une telle munificence, le maréchal sentit bien qu'il n'avait pas la liberté de s'y soustraire; et j'ajouterai ici que cette contrainte lui pesa tout le temps de son séjour dans cette ville, où il sut allier, du reste comme ailleurs, les intérêts militaires et diplomatiques, qui lui étaient confiés, aux égards dus à la puissance d'un souverain froissé dans son propre pays.

La France était représentée à Berlin par le comte de Saint-Marsan, Sarde d'origine, homme excellent, ce qui ne l'empêchait pas d'être un fin et profond diplomate. Il s'entendit de suite à merveille avec votre père. Un peu plus tard on leur adjoignit le comte Louis de Narbonne, alors aide de camp de l'Empereur et jouissant de la plus haute faveur.

Tous les Mémoires du temps vous parleront, mes enfants, de ce personnage remarquable. Je vous dirai seulement que, ministre de la guerre bien jeune, un moment, sous Louis XVI, il ne sauva sa tête que par l'émigration. Plus tard, quand le temps en fut venu, l'Empereur l'accueillit parfaitement et commença par payer quelques dettes qui lui avaient été révélées. Un peu plus tard encore, l'Empereur en découvrit quelques autres et dit à M. de Narbonne : « Mais, mon cher comte, vous avez donc toujours des dettes ? — Mais oui, Sire, je n'avais que cela. » Et l'Empereur paya, et l'aimable vieillard lui consacra jusqu'à son dernier jour, qui, hélas! ne tarda pas à venir, son dévouement, sa loyauté et sa haute intelligence.

Ce fut lui qui fut chargé de négocier le mariage de l'Empereur avec l'archiduchesse Marie-Louise d'Autriche. A une profonde connaissance des hommes et des choses, à une politique loyale et bien entendue, il joignait un esprit charmant. Homme aux belles manières, il en rendit la tradition à la nouvelle cour des Tuileries, et je n'oublierai jamais, non seulement la grâce exquise qu'il montra dans ses rapports avec nous, mais encore la bonté avec laquelle il me fit arriver, du quartier général, des nouvelles du maréchal dans un moment où je tremblais pour lui.

Mais reprenons notre récit.

Le maréchal fut donc se mettre à la tête de ses quarante mille hommes, et je pus les voir défiler des croisées de notre ambassadeur. C'était magnifique! Eh! qui nous eût dit alors que ces nombreux bataillons, cette brillante cavalerie, cette belle et imposante artillerie, resteraient, en grande partie, enfouis sous les neiges de la Russie, neuf mois plus tard?

Toutes les troupes, le maréchal en tête, défilèrent lentement depuis la belle porte de Charlottembourg, en suivant les plus belles rues de cette régulière ville de Berlin; elles s'y déployèrent admirablement C'était bien solennel! Mais il est rare qu'en toutes circonstances il ne se trouve point un petit coin plaisant, et ce fut le général de division d'Oumerc qui se chargea de le fournir. Il commandait la division de cuirassiers qui fermait la marche. Cette troupe majestueuse s'avançait avec cette gravité calme et lente qui la distingue. Mais grand fut mon étonnement, en remarquant le costume de son chef, à cheval en avant, armé de toutes pièces, casque en tête, etc., et qui avait mis par-dessus sa cuirasse une bonne et épaisse douillette de taffetas lilas, laquelle flottait agréablement sur la croupe de son cheval.

Le fait est qu'un vent frais d'avril s'était probablement élevé tout à coup, et, sans s'inquiéter autrement de l'effet qu'il produirait, il avait voulu, avant tout, mettre son dos à l'abri. J'en riais à mourir, et, quand en rentrant je contai au maréchal cet épisode de son arrière-garde, il s'en montra indigné, et j'eus peur un moment d'en avoir trop dit. Mais bientôt il me fit le récit de sa journée, dont l'intérêt nous absorba l'un et l'autre.

Il avait été prendre ses troupes un peu plus loin que la maison royale de Charlottembourg, où se trouvaient le roi de Prusse et tous les princes de sa famille, qui vinrent alors le rejoindre. Mon mari leur rendit tous les honneurs militaires et tous les hommages que comportait la circonstance, voulant ainsi tempérer l'amertume de leur situation.

Voici comment cette entrevue est racontée par le comte de Thermes, qui y fut présent :

Le duc de Reggio aborda Frédéric-Guillaume le chapeau à la main, avec sa courtoisie chevaleresque ; son attitude tenait à la fois de la noble liberté d'un chef républicain, de la loyauté des antiques chevaliers, et avait cette aisance pleine de grâce et d'élégance que n'eût pu surpasser le maréchal de Richelieu. Nous étions fiers de voir l'armée si dignement représentée : et moi surtout, que le sort avait désigné pour l'approcher de plus près, j'étais émerveillé des mots heureux, de l'esprit d'à propos dont ses réponses au monarque prussien étaient constamment empreintes ; elles prouvaient qu'il était aussi fin diplomate que général habile.

Peu à peu les regards s'adoucirent autour du roi sous l'influence de cette courtoisie pleine de dignité, et bientôt l'on eût pu croire, à voir ces mêmes hommes, dont la physionomie était naguère agitée par de si haineuses passions, qu'un même intérêt nous avait tous réunis.

Le maréchal plaça le Roi à sa droite et lui fit ainsi parcourir les rangs, ayant soin, toutefois, que la tête de son cheval fût constamment en avant de celle du cheval de son hôte royal, afin de conserver cette prééminence dont Napoléon lui avait tant recommandé de ne pas perdre l'avantage.

Cette obligation gênait le maréchal et lui semblait puérile; mais ne pouvant s'y soustraire, il mit à l'observer un tact si fin, tant d'adresse et de naturel, que, si le Roi s'en aperçut, il ne songea pas à s'en offenser.

Le défilé eut lieu enfin ; à l'aide de cette manœuvre, le maréchal fut plus à l'aise pour rendre au Roi les honneurs qu'il voulait lui prodiguer, sans enfreindre les ordres qu'il avait reçus.

Laissons la duchesse de Reggio reprendre son récit :

Comme j'étais à Berlin en contrebande, je restai le

plus possible dans mon intérieur, me trouvant bien heureuse quand les obligations, toujours plus multipliées, de mon mari lui permettaient de venir m'y rejoindre.

Au milieu de cet immense palais, j'occupais de préférence un petit salon reculé et silencieux, mais parfaitement décoré. On m'y fit remarquer une jolie table à thé, qui avait été mise là pour moi, me dit-on, et dont la vue m'intéressa particulièrement, parce qu'elle avait appartenu à la belle reine de Prusse.

Peu de jours après la revue d'apparat à laquelle le Roi et sa famille avaient été invités à Charlottembourg, au moment de notre entrée à Berlin, le maréchal et MM. de Narbonne et de Saint-Marsan furent appelés par le Roi à dîner avec lui et sa famille à Potsdam.

Ma santé s'était un peu délabrée et m'avait contrainte de manger à part, afin d'éviter la fatigue d'une table toujours occupée par le fond de la maison militaire de mon mari, et de plus par une foule d'allants et venants qui y apportaient un mouvement étourdissant. Néanmoins, le maréchal m'y appelait parfois avec instance lorsqu'il s'agissait d'en faire les honneurs à quelques notabilités, amenées là par les circonstances. Ce fut ainsi, par exemple, que je fis connaissance avec les maréchaux Victor, duc de Bellune, Ney, duc d'Elchingen, et les généraux Sébastiani, de la Riboisière et plusieurs autres, dont quelques-uns traversèrent Berlin pour n'y plus revenir.

L'on disait que l'Empereur se disposait à quitter Paris pour venir se mettre à la tête des forces échelonnées du Rhin à la Vistule, et divisées en douze corps d'armée, dont le total, ajoutait-on, était de quatre à cinq cent mille hommes.

Le maréchal Davout commandait le 1er corps ; il

avait sous ses ordres le général Pajol, qui commandait sa cavalerie. Ce dernier avait emmené sa femme, que je n'avais pas encore vue depuis qu'elle était ma belle-fille.

L'ordre de marcher en avant ayant été donné au 1er corps, le général Pajol se décida à envoyer sa femme rejoindre son père à Berlin, afin que sa marche de retour vers la France coïncidât avec la mienne.

Tant de preuves d'une guerre certaine, dont j'avais aimé à douter jusqu'alors, les approches d'une prochaine séparation sur laquelle je m'étais illusionnée volontairement, me jetèrent dans une grande tristesse, et je me trouvai sans force contre mon chagrin, lorsqu'il me fallut l'envisager face à face. Mme Pajol m'arriva affligée par les mêmes causes ; Mme de Lorencez, de son côté, pleurait constamment.

J'avais vu arriver Mme Pajol avec grande émotion. Si ma liaison avec votre sœur aînée fut plus longue à se former qu'avec sa cadette, elle n'en devint pas moins sincère, et vous avez pu en juger dans le peu de temps qui vous fut accordé pour connaître Mme Pajol. Oui, les années développaient en elle ces qualités de cœur et ce charme d'esprit dont elle avait apporté de si bonnes racines, et je l'ai d'autant plus pleurée, pour elle et pour les siens, que jamais elle ne m'avait donné plus de marques d'affection qu'au moment où elle nous fut enlevée d'une manière si foudroyante.

Mais, pour nous reporter aux jours de nos premiers rapports, je dois dire que nous n'étions en harmonie parfaite que dans nos regrets sur la séparation prochaine d'avec nos maris et sur les craintes terribles qui la suivraient. Elle nous contait, avec une énergie douloureuse, ses adieux à Dantzig, où elle venait de laisser le général Pajol, et nous disait que, à six lieues de là, l'essieu de sa voiture ayant cassé, elle s'était trouvée heureuse de pouvoir s'exagérer l'embarras de cette situation au milieu d'un pays plein de désordre, afin d'y trouver l'obligation de faire appeler son mari à son aide et de l'embrasser ainsi encore une fois, en dépit des adieux qui avaient semblé définitifs. Ah! c'est qu'en effet, à cette époque, ils étaient bien cruels les adieux des militaires à leurs familles!

Enfin le jour fatal sonna aussi pour Mme de Lorencez et pour moi. L'ordre du départ venait d'arriver, et, tandis que le maréchal allait se porter sur Marienwerder, il donna des ordres et prit des dispositions pour diriger ses deux filles et moi sur Bar-le-Duc.

Le jour du départ fut saisissant et bien triste pour tous. Mais si dans le cœur du maréchal les sentiments privés étaient douloureusement ressentis, il devait trouver une large compensation dans la certitude d'avoir rempli de son mieux sa difficile mission. Oui, il pouvait se dire que, s'il avait accompli son devoir en faisant sentir aux Prussiens les serres vigoureuses de nos aigles, il leur en avait, autant que possible, adouci la griffe.

Je l'ai dit plus haut, il avait ajouté, dans cette dernière période, à l'estime que lui portait déjà antérieurement le souverain de ce pays, estime partagée par les principaux personnages du royaume, princes, ministres, diplomates, militaires, etc.

Il put donc partir en paix avec sa conscience, mais le sentiment que j'avais de tant de mérite et de gloire ne me consolait pas de cette séparation.

Le 2 mai 1812, cinq voitures de poste encombraient la cour du palais Saken. Le maréchal et le général de Lorencez firent partir les trois premières, qui nous

étaient destinées, et montèrent ensuite avec leurs offi
ciers dans les deux autres, qui se mirent en mouvemen
dans un sens inverse, marchant vers la guerre pendan
que nous allions vers la France.

Mes deux belles-filles emportaient des espérances d
maternité qui me manquaient, et ma blessure du momen
était si vive qu'elle m'empêchait de penser aux adoucis
sements qui m'attendaient dans ma famille. Mme Pajo
seule dans sa voiture, nous devança pour commande
nous dit-elle, notre coucher. Je la suivais dans la mienne
accompagnée de Mme de Lorencez qui s'y était établi
d'entraînement. Dans notre troisième voiture se trou
vait M. Boudart, secrétaire du général, et nos femme
Je ne voyais plus rien ; je sentais seulement que l
mouvement rapide des chevaux, qui nous emportaien
agrandissait l'espace de la séparation ; et cette cours
en sens opposé était une douleur qui arriva presqu
jusqu'au désespoir.

Quelle journée, mon Dieu, que celle dont je vou
parle !

Nous arrivâmes, brisés corps et âmes, à notre premie
coucher (Truïnbrisen), mauvaise petite ville entre Berli
et Wittemberg.

Ce fut, je crois, à notre troisième gîte qu'il nous arriv
un événement hors ligne. Mme Pajol, qui avait déjà pa
couru cette route, nous en traçait l'itinéraire avec un
grande intelligence et cherchait toujours à nous devance
pour nous faire préparer le nécessaire. Mais cette foi
nos trois voitures arrivèrent à peu près simultanéme
au lieu indiqué. C'était une maison de poste isolée, situé
au bas d'une montagne. Il faisait encore grand jour
nous aperçûmes des voitures armoriées qui avaie
devancé les nôtres, et un grand mouvement de chevau

et de gens à livrée s'agitant dans la cour. Nous cherchâmes à gagner nos chambres à travers ce tumulte, mais bientôt nous fûmes à nos croisées pour voir partir le prince Eugène de Beauharnais, car c'était bien lui qui rejoignait la Grande Armée. Il nous aperçut, demanda notre nom et monta aussitôt. Dès que nous le vîmes prendre cette direction inopinée, la déroute se mit parmi nous. Sans trop savoir ce qu'elle faisait, Mme Pajol enleva le cachemire de sa sœur, qui le défendit en vain, tandis que je cherchais, sans la trouver, une issue pour m'enfuir. Tout ceci fut l'affaire de deux secondes, et le prince entra avant que nous eussions repris contenance. Mme Pajol sut cependant répondre convenablement à cet aimable fils de Joséphine, qui avait toute l'aménité et les grâces de sa mère. Il venait, disait-il, « prendre nos commissions pour nos maris ». Mais je fus et restai stupide. J'en pleurai plus tard de honte et de regret. J'en racontai mes torts au maréchal, le soir même avant que de me coucher, et je m'endormis dans mon humilité. Je sus plus tard que le prince Eugène, en rejoignant le maréchal, avait été d'une bienveillance extrême dans son rapport sur cette anecdote.

Ce voyage entrepris tristement par des personnes si peu valides, pour le moment, nous semblait éternellement long, et, à défaut du bonheur que nous venions de quitter, nous aspirions du moins au repos.

Les objets extérieurs subissent tellement à nos yeux l'influence des impressions de notre âme, que je traversai sans plaisir un beau pays éclairé par le soleil de mai, tandis que, trois mois auparavant, j'avais été enchantée de ma route couverte de neige.

En approchant de Mayence, nous apprîmes que l'Empereur était en chemin pour l'armée, et que nous avions la chance de manquer de chevaux. De ce moment, courant jours et nuits, nous parvînmes à gagner Metz avant lui, et bientôt nous voilà arrivés au terme de notre voyage, Bar-le-Duc.

Je visitai en pleurant tous les coins de ma maison, et notamment l'appartement du maréchal, où tous les effets à son usage parlaient de lui. Il n'était pas jusqu'à cette odeur de pipe, que je cherchais et croyais retrouver là, qui ne me portât à une illusion cruelle, dans laquelle je me complaisais. Il y a vraiment dans la vie des moments où l'on aime à aiguiser ses douleurs! Et puis l'absence, lorsqu'elle doit être longue et qu'elle est menacée des chances redoutables de la guerre, n'offre-t-elle pas une image anticipée de la plus cruelle des séparations?

Enfin la première lettre du maréchal arriva. La vue seule de son écriture sur l'adresse m'avait causé un tel saisissement que je fus longtemps avant de comprendre le sens de ses tendres expressions. L'écriture a quelque chose de plus sacré que la parole. Il semble que rien ne peut détruire ni altérer ce qui nous est ainsi juré.

Mme de Lorencez avait aussi une lettre excellente de son mari, qui ne devait pas quitter le mien. Il n'en était pas de même pour Mme Pajol; le premier corps, dont faisait partie le général, semblait devoir porter les premiers coups.

Le maréchal était arrivé à Marienwerder; il n'avait encore reçu aucun ordre de marcher et je respirai un moment.

Bientôt M. Gouy arriva; il venait m'installer dans la position qu'il voulait me voir prendre à la tête de cette maison, où, sous le rapport de l'autorité à exercer, j'étais jusqu'alors restée nulle.

Forte de ce que mon mari m'avait dit là-dessus en me

quittant, stimulée d'ailleurs par le tableau que me déroulait M. Gouy, je me mis à étudier sérieusement la situation.

Enfin ! enfin ! ma mère revint accompagnée par M. et Mme de la Guérivière, et je trouvai, dans la douceur de cette réunion et dans la vie occupée que je menais, le seul remède salutaire à mes inquiétudes croissantes.

Pendant la guerre, naturellement, tout plaisir était suspendu.

Mon oncle m'amena Enguerrand, ce fils charmant, qui arrivait transporté de joie par la promesse qu'à sa sortie de Saint-Cyr, où il allait se rendre, mon mari le prendrait comme aide de camp. Hélas!!

Toute l'armée venait de passer la Vistule, et, à mesure qu'elle s'avançait sur le Niémen, les lettres arrivaient avec moins de régularité.

Ce fut vers ce temps qu'on m'annonça un matin que la maîtresse de pension à laquelle mon mari avait confié ma petite belle-fille Stéphanie, à Nancy, venait d'arriver à Bar, pour me présenter cette enfant, que je repris près de moi.

Son petit cœur se dilata, et, dès la fin de la première journée, nous commençâmes cette intimité que rien n'a interrompue et que tout a resserrée.

La guerre était enfin déclarée ouvertement, et notre armée marchait au delà du Niémen, sans rencontrer encore l'occasion de cette grande bataille à laquelle chacun s'attendait. De légers engagements partiels avaient seuls alimenté l'ardent intérêt avec lequel on voyait arriver lettres et journaux. Hélas ! à cette époque, on ne recevait les courriers que quatre fois par semaine. Leurs réceptions étaient des moments de fièvre et les intervalles étaient des jours où l'on végétait péniblement en comptant les heures.

J'attendais un buste de mon mari, qu'un artiste assez habile, de Berlin, avait moulé à la fin de notre séjour dans cette ville. Un matin, l'on m'annonça l'arrivée d'une énorme caisse venant d'Allemagne. J'entraîne ma mère et je presse avec vivacité l'ouverture. Toute palpitante, je vois enlever le couvercle, puis le premier, le second et enfin le dernier papier qui l'enveloppe.

Et quel ne fut pas mon saisissement en voyant, alors, une des épaules du plâtre chéri toute mutilée et prête à se détacher du corps ! Une pensée fatale s'empara de mon imagination ; elle ne fut que trop réalisée, puisque, peu de jours après, le maréchal eut l'épaule fracassée par un biscaïen !

Après une halte sur la Vistule à Marienwerder, Oudinot franchit le Niémen avec le reste de l'armée en amont de Kowno (24 juin). Il fut destiné à former la gauche avec le 2ᵉ corps, reçut l'ordre de franchir la Vilia et se dirigea vers le nord sur Vilkomir. Son premier combat à Deweltowo, le 28 au matin, put lui révéler dès l'abord ce que serait cette guerre trompeuse ; à peine fut-il possible d'atteindre l'arrière-garde de Wittgenstein, laquelle subit d'ailleurs un sérieux échec ; l'ennemi, insaisissable, s'évanouissait déjà, se protégeant contre nous par des plaines sans fin, désolées et rebutantes.

L'Empereur suivait, avec la Grande Armée, la ligne de Moscou, cherchant, en avançant toujours, à provoquer un de ces engagements de géants qu'il avait su faire jusqu'ici tourner à son avantage, tandis que, sur la gauche, il avait détaché les corps d'Oudinot et de

Macdonald, dans la direction de Saint-Pétersbourg. L'armée qui faisait tête à mon mari était commandée par le général en chef russe, Wittgenstein. Il s'était enfin décidé à subir la lutte qui avait été jusqu'ici refusée à la Grande Armée, et déjà plusieurs combats avaient eu lieu. Après l'un des premiers, le maréchal me manda, sans autres détails : « Rassurez-vous, ma chère, les balles n'ont pas voulu de moi, parce que j'ai les os trop durs, etc. » Plaisanterie qui ne m'égaya pas, je vous jure. Mais ses lettres arrivaient de plus en plus irrégulièrement. Achetées par de longs jours d'angoisse, elles m'étaient parfois remises en masse. Alors je perdais la tête, brisant tous les cachets à la fois, et je promenais sur les pages étalées à mes yeux des regards effarés qui ne distinguaient rien.

J'étais dans cette disposition, lorsqu'il m'arriva, un jour, une lettre sur papier à sucre. Elle était timbrée de Vitebsk. L'écriture m'en était inconnue; la voici :

« Vitebsk, le 3 juillet.

« Vous m'avez permis, Madame la duchesse, un billet par victoire; je vous demande bien pardon d'avoir tant tardé; mais en voici une et bien conditionnée, et vous croyez bien que c'est notre Bayard qui l'a gagnée. Hélas! je n'y étais pas; mais j'ai du moins le bonheur de vous annoncer que, pour une égratignure à la main, il vient de prendre vingt pièces de canon, trois mille hommes, et le barbare en a tué quatre mille. Sur ce, Madame la duchesse, agréez l'hommage respectueux de votre vieux serviteur.

« *Signé* : L. NARBONNE. »

Je fus vivement touchée, comme vous pouvez le croire, de l'exécution de cette promesse, que j'avais prise pour une de ces obligeantes paroles de l'homme du monde. Ces détails me furent bientôt confirmés par le maréchal lui-même ; il n'en supprima que la particularité de l'égratignure, dont il ne m'a jamais parlé.

Ses lettres étaient pour moi d'une tendresse admirable ; mais elles étaient écrites au galop sur tous les bouts de papier qu'il trouvait. Elles sentaient la poudre et le bivouac.

Parfois, je recevais aussi des nouvelles de la Grande Armée de Moscou, par Victor, mon beau-fils, officier dans les chasseurs de la garde impériale ; il ne quitta guère le quartier général.

Oudinot se trouvait seul à la tête d'un important commandement, éloigné du quartier général et, sauf des instructions qui devaient être de plus en plus espacées, livré à sa propre initiative. L'honneur de la direction supérieure lui venait dans le pays le plus âpre, le plus inconnu, le plus séparé du monde et dans des temps où l'on sentait planer comme un souffle aigre de malechance avant-coureur de désastres vaguement pressentis. Bien d'autres, plus anciens que lui et bercés jusque-là par le succès, allaient être surpris de se réveiller soudain officiers malheureux dans ces dernières années si grandes et si douloureuses.

Il n'en fit pas moins bonne contenance, malgré une fatigue accablante ; la chaleur était de plomb sur ces terrains sans abri. Il disait lui-même n'en avoir jamais été aussi importuné, même en Italie sans penser que, par une dérision amère de ce climat, nous devions être ravagés, à trois mois de distance, par les deux excès contraires de température. Ses officiers, qui le chérissaient et qui souffraient de le voir si incommodé, allaient la nuit, dans les bois voisins, cueillir des branches et les plantaient autour de sa tente, pour que ce berceau improvisé pût lui apporter quelque soulagement au réveil.

Napoléon, après avoir vainement essayé vers le sud d'envelopper le prince Bagration, remonta tenter vers le nord une manœuvre semblable contre Barclay de Tolly, qu'il voulait contenir et cerner derrière la Dwina. Il vint lui-même établir son quartier général à Glouboukoé, entre Drissa et Polotsk. Oudinot, qui était déjà sur la Dwina, remonta ce fleuve par sa rive gauche et canonna fortement l'ennemi à Dwinabourg. Seulement Barclay s'étant dérobé lui aussi, suivant la prudente tactique des Russes, Napoléon déçu, mais fasciné par le mirage de Moscou, s'enfonça vers l'est, vers le pays des steppes dévorants. Il ordonna à Oudinot de reprendre son mouvement sur Saint-Pétersbourg en poussant toujours Wittgenstein.

Le duc de Reggio passa la Dwina à Polotsk, puis la Drissa au gué de Sivotschina. Il avait de la peine à s'éclairer et marchait à tâtons, lorsque, à Jakoubowo, la capture fortuite de deux officiers russes, qui tombèrent dans nos rangs, lui révéla la présence de l'ennemi. En effet, le 29 juillet, la division Legrand, qui formait l'avant-garde, était vivement attaquée. Le maréchal vola à son secours, maintint le combat sur tous les points, repoussa les Russes à la baïonnette et les aurait certainement écrasés, s'ils n'étaient parvenus à se réfugier dans un petit bois où ils purent se masquer et se couvrir de leur artillerie. L'avantage de leur position ne nous permit pas de continuer la lutte utilement. Oudinot, avec sa sûreté de coup d'œil, comprit qu'il ne fallait pas s'obstiner pour le moment; mais il ne désespéra pas d'entraîner l'ennemi à une faute dangereuse. Feignant de vouloir rétrograder, il repassa en effet sur la rive gauche de la Drissa et s'y établit fortement par des dispositions cachées. Les Russes enhardis commirent l'imprudence de passer la rivière dans la nuit du 31 juillet au 1ᵉʳ août. Aussitôt averti, le duc de Reggio compléta ses mesures : l'artillerie couronna les hauteurs ; un régiment d'infanterie s'enfouit dans un taillis à gauche de la route, la cavalerie légère occupa la droite et les cuirassiers restèrent en réserve. Il donna l'ordre de laisser l'ennemi s'avancer à portée de canon; puis, le moment venu, il fit charger.

Voici un extrait du rapport qu'il adressa le soir même à Berthier sur cette affaire :

Béala, le 1ᵉʳ août 1812, à dix heures du soir,

Les Russes ont fait d'abord une résistance assez vive, mais inutile. Ils ont été culbutés en un clin d'œil et jetés dans la Drissa, laissant entre nos mains quatorze pièces de canon, treize caissons et plus de deux mille prisonniers. Pendant trois quarts de lieue qu'on les a menés battant jusqu'à la rivière, la terre est couverte de leurs morts. J'ai vu peu de champs de bataille qui offrissent l'image d'un aussi grand carnage.

Malheureusement Oudinot n'était guère en état de profiter de son succès : le 2ᵉ corps avait beaucoup souffert depuis l'entrée en campagne ; la fatigue, les privations, les combats, la dysenterie, les désertions, l'avaient réduit de moitié en peu de temps, et il ne comptait guère plus de vingt mille hommes. Même renforcé, le 6 août, des treize mille Bavarois qu'amenait le général Gouvion-Saint-Cyr, il lui était difficile de prendre l'offensive, comme le souhaitait l'Empereur. Pourtant quelques jours de repos lui permirent de recommencer son mouvement vers le nord.

Le maréchal passa encore une fois la Drissa et s'avança sur la Swaina, qui le séparait des Russes ; il les tâta en vain et ne put les attirer au combat. Alors n'étant pas très sûr de sa position et craignant de laisser tourner sa droite qu'il ne pouvait garder, il se décida à rétrograder et à venir se placer tout près de Polotsk, entre la Dwina et son affluent la Polota. Wittgenstein, qui épiait tous nos mouvements, reculant si nous avancions et avançant si nous reculions, crut le moment favorable pour attaquer ; le 16 août il fut maintenu en respect. Le lendemain 17, le combat reprit à huit heures du matin ; Oudinot résista avec énergie, tout en accentuant son mouvement de retraite sur la rive gauche de la Dwina. Nos troupes étaient épuisées par tant d'allées et venues et brûlées par la chaleur; vers deux heures, un bataillon de voltigeurs plia. Le maréchal, en s'élançant pour lui faire reprendre position, fut gravement atteint d'un biscaïen à l'épaule et obligé de remettre le commandement à Gouvion-Saint-Cyr.

On le conduisit d'abord dans un couvent de Jésuites où les Pères lui donnèrent les premiers soins, et de là, comme il était incapable de se remettre prochainement à la tête de ses troupes, on le dirigea sur Wilna où il arriva le 20 août. Il devait y être rejoint bientôt par sa jeune femme, qui n'hésita pas à affronter le voyage :

Je m'occupais avec autant d'activité que possible de la surveillance des divers travaux dont j'ai parlé. Je voyais, par la correspondance du maréchal, le prix qu'il mettait à tous ces détails. J'allais sans cesse de Bar à Jeand'heurs; c'était du mouvement, mais non de la distraction. Une pensée fixe m'obsédait jour et nuit; elle pesait également pour la même cause sur mes deux belles-filles, triplement engagées dans cette question, pour leurs maris comme pour leur père. Ma mère, ange de consolation pour toutes, s'était consacrée entièrement à Bar, pendant la durée de la guerre. Ma sœur, mon beau-frère, encore habitant cette ville, étaient de plus une ressource de tous les instants. Et cependant, je puis le dire en toute vérité, je ne vivais pas, mais je végétais.

Ainsi s'étaient tristement passés, mai, juin, juillet et une partie d'août.

La comtesse Pajol venait de partir, accompagnée de

Mme Poriquet, qui, avec un dévouement tout maternel, allait à Paris l'assister pour le moment de ses couches. Afin de lui éviter autant de fatigues que possible, je lui avais offert la solide et douce voiture de voyage que mon mari m'avait donnée et dans laquelle j'étais revenue de Berlin. J'avais gardé en échange celle qui lui appartenait; elle était plus dure et à moitié usée par son long service.

Vous verrez pourquoi je parle de cette toute petite circonstance.

Il était convenu depuis longtemps avec mon mari que j'irais avant la fin de l'été faire, sans lui, hélas! nos visites de noces à Lentilles et à Hancourt. Je me remis à visiter avec un attendrissement religieux toute cette maison, pieux berceau de mon père, où rien n'avait été changé depuis sa naissance. J'en connaissais les plus minutieux détails; mais ils m'étaient apparus jusqu'ici à travers l'insouciance de l'enfance. Je vis tout sous un autre aspect. Bien des magnificences avaient déjà paru sous mes yeux, depuis le jour où j'avais quitté Lentilles. Aujourd'hui cette simplicité, dont s'étaient contentés mes grands-parents, prit un caractère nouveau et sacré qui m'aurait fait volontiers me prosterner à chaque pas, et j'éprouvai un attendrissement indéfinissable, quand mes tantes, assises avec moi dans la grande chambre dallée, meublée avec des rideaux de serge verte, et tout le reste à l'avenant, me firent détailler la richesse élégante de mon mobilier de Bar; elles recueillaient avec une ardente et tendre curiosité toutes les douceurs qui entouraient ma nouvelle vie; sans arrière-pensée sur leur passé, leur présent, leur avenir, elles jouissaient pour moi seule de ce brillant tableau.

Mes tantes que j'avais toujours aimées me parurent

dans ce moment dignes d'un véritable culte... Hélas ! mon Dieu, c'était pour la dernière fois que je les voyais.

Je devais m'arrêter un moment à Vitry, pour revoir mes amis, et l'on comptait sur ces diversions pour m'aider à passer quelques jours de cette terrible période.

C'est qu'elles étaient de plus en plus fondées, mes alarmes, et que l'on commençait à se préoccuper généralement de la marche de l'Empereur, qui s'enfonçait démesurément dans ces régions lointaines. On se demandait quand et comment nous en sortirions, et ce premier doute sur l'infaillibilité de notre étoile étonnait péniblement chacun.

Mais, en attendant le courrier, nous devions faire une revue générale de tous les points, objets de nos promenades favorites. J'étais prête depuis longtemps, attendant au salon que chacun s'y réunît pour partir, lorsque j'y vis entrer ma mère : « Que tu es belle ! » lui dis-je en regardant une jolie toilette qu'elle avait adoptée dès le matin. C'était un peignoir de percale, soigneusement garni d'une dentelle. Jamais rien n'a pu effacer de mon souvenir ni ce costume, ni la figure profondément altérée de celle qui le portait. J'entends aussi et j'entendrai toujours vibrer ces mots : « J'étais peut-être belle ce matin, me dit-elle, mais... » Il ne m'en fallut pas davantage pour deviner l'annonce d'un malheur tel que je le mis au pire sur-le-champ. Et lorsque, après m'avoir porté un premier coup, on essaya d'y ajouter quelques détails, je poussai de tels cris, qu'il se passa quelques instants avant que ma famille, groupée autour de moi, pût se faire comprendre. Mais enfin mon oncle, dominant toutes les voix, s'écria à mon oreille : « Mais il n'est que blessé ! » Je l'entendis soudain, et j'ouvris les yeux, que j'avais tenus fermés jusqu'alors, comme si j'avais pu ainsi me dérober la connaissance de mon malheur.

Mon oncle me présenta le *Moniteur*, et je pus enfin lire, à travers mes sanglots, cet article que je n'ai plus sous les yeux, mais dont voici à peu près le sens :

« Le 17 août, au moment où le duc de Reggio était prêt à recueillir le fruit d'une victoire, il a été atteint à l'épaule par un biscaïen. La blessure, quoique grave, laisse des espérances ; l'on a transporté le maréchal sur les derrières de l'armée, et on le dirige sur Wilna. »

« Je pars pour Wilna, m'écriai-je ; ma mère, mon oncle, ne me retenez pas. — Tu partiras, me répondirent-ils. — Oui, ajouta ma tante Clotilde, et mon mari t'accompagnera... »

Les grandes douleurs sont égoïstes : j'acceptai de suite ce grand sacrifice, sans en calculer l'étendue vis-à-vis de mon oncle et de ma tante. « Allons, allons ! dis-je. Mon Dieu, le retrouverai-je ? » Et pendant la crise que provoqua en moi ce doute affreux, les uns me soignèrent, et les autres s'occupèrent activement du départ. Une heure après nous étions en route pour Vitry, et, malgré la nuit et les chemins de traverse détrempés par un orage, malgré la Marne grossie et qu'il fallait passer au gué, nous marchâmes bien et, vers le milieu de la nuit, nous arrivâmes à Vitry, où l'on nous attendait.

« Avez-vous rencontré le deuxième courrier que nous vous avons envoyé hier au soir ? » nous dit Rosalie accourue près de notre voiture. Nous apprîmes alors avec désolation que nos peines et notre empressement allaient tourner contre nous.

Une fièvre d'impatience ardente s'empara de moi, lorsque j'appris que ce messager était porteur d'une lettre de l'armée. Il m'était expédié de Bar par Mme de

Lorencez, qui n'avait pas perdu un instant pour m'envoyer son cocher même.

Rangé autour du lit où on m'avait déposée, le cercle ami comptait avec moi les minutes et épiait les premières lueurs du jour, qui, dans notre pensée, devait nous ramener le porteur des dépêches. En effet, un mouvement se fit entendre, et bientôt l'on remit dans mes mains convulsives un papier sur lequel je reconnus, sans pouvoir les lire, quelques lignes du maréchal. « Il n'est pas mort, il n'a pas les bras emportés ! » m'écriai-je. Ce fut tout ce que mes facultés purent saisir d'abord.

L'on se passa ce précieux écrit, et, quand j'eus repris assez d'intelligence, je lus ce qui suit : « Mon Eugénie, si tu apprends ma blessure par d'autres voies, ne t'en alarme pas; car elle ne sera, je l'espère, point dangereuse; cependant, elle me force à me retirer sur les derrières et à quitter mon armée. Je ne serai pas en position de t'écrire, à cause des non-communications. (20 août.) »

Quoique affaiblie, l'écriture n'avait pas perdu entièrement son caractère, et je repris la vie.

A cette lettre, le général de Lorencez en avait ajouté une, bien précieuse; j'y trouvai ces mots : « M. le maréchal m'a chargé de vous recommander de ne point entreprendre un si long voyage pour le rejoindre; mais, croyez-moi, suivez les impulsions de votre cœur. »

Si je n'avais pas été décidée à partir, la lettre du général eût emporté cette question. Je ne songeai plus qu'à gagner Bar; j'y étais dans la matinée, accompagnée de ma mère et de mon oncle; mais là m'attendait une cruelle entrave. Ma voiture de voyage était à Paris, et il fut constaté que celle que m'avait laissée Mme Pajol, en échange provisoire, ne supporterait pas un voyage précipité de six à sept cents lieues. On eût risqué de rester vingt fois en chemin. Il n'y avait pas à balancer, et je fis partir en toute hâte un intelligent domestique, avec injonction de me ramener ma berline, dont j'envisageais de loin l'utilité pour mon bien-aimé blessé.

Les postes aux chevaux, dont on faisait alors un si continuel usage, étaient dans ce temps parfaitement organisées, surtout lorsqu'on payait bien les guides. Et cependant trois jours se passèrent entre l'aller et le retour. Trois jours de plomb pendant lesquels on s'occupa cependant autour de moi des divers préparatifs du voyage, sans qu'il me fût possible d'y ajouter un soin. Je me souviens seulement d'avoir fait placer vingt bouteilles de vin de Bordeaux dans la cave de ma voiture, devant laquelle je me serais bien volontiers prosternée, quand je la vis arriver le 12 septembre au matin.

La journée se passa à la charger, et le départ fut fixé pour six heures du soir.

Mon excellent beau-frère avait voulu disputer un instant à mon oncle les fatigues, les peines et la responsabilité de l'entreprise. Il semblait que plus ils avaient l'un et l'autre de sacrifices à faire, plus ils tenaient à la préférence. Tels ils étaient pour moi !

Mais, cette fois, je me prononçai. M. de la Guérivière avait une comptabilité ; il ne pouvait s'absenter sans une autorisation ministérielle, tandis que mon oncle ne dépendait que des affections du foyer domestique ; aussi, tout en lui répondant de ses quatre enfants, sa femme me dit : « Sois tranquille, je me charge de tout ; ne sais-tu pas que tu es ma fille aînée ? »

Tandis que de la part des miens je recevais tant de marques de dévouement, ma nouvelle famille ne restait point en arrière. Mme de Lorencez, à travers ses inquiétudes sur son père et celles qui lui restaient sur son mari, qui n'avait pas quitté le 2ᵉ corps (toujours aux prises avec Wittgenstein), n'avait cessé de montrer autant de dévouement que de présence d'esprit durant toute cette cruelle période. Mon beau-père, les intimes du maréchal, et, à bien dire, toute la ville remplissait la maison à toute heure. Aucune autre nouvelle de l'armée ne vint à notre aide. Ce silence me glaçait.

Les deux familles s'étaient réunies pour nous mettre en voiture.

Les coups de fouet des postillons donnèrent enfin le signal. Chacun se leva en tumulte et me suivit.

Bientôt les chevaux nous enlevèrent si vite, que ce ne fut guère qu'au village de Naives que je repris mes esprits. Là, sur la porte de sa vieille mère, m'attendait le sénateur Jacqueminot, qui me remit en pleurant aussi, lui, ses commissions pour son fils ; c'est qu'alors personne n'était sûr qu'un message arriverait à destination, quand il était adressé aux combattants de l'époque...

Le temps était superbe ; nous marchions vite et je m'en trouvai bien ; car un mouvement forcé est peut-être le plus puissant soulagement aux grandes souffrances de l'âme. Chaque tour de roue, d'ailleurs, ne me rapprochait-il pas du seul point de l'univers sur lequel se résumaient mes pensées ?

Mon cher compagnon de voyage, si ému pour son propre compte, commença aussi à se calmer, quand la nuit fut venue. N'étant plus distraits par les objets extérieurs, nous en arrivâmes à envisager sous toutes ses faces la situation actuelle. « N'est-il pas raisonnable de penser, me disait-il, que cette absence de nouvelles dont tu prends alarme vient à l'appui de nos espérances ? un grand malheur pourrait-il frapper ton mari, sans que le retentissement en arrivât bien vite, à travers l'espace, tandis qu'il est très naturel que nous restions dans l'ignorance des lents progrès de son rétablissement? » Parfois, je saisissais avec l'ardeur de mes vingt ans cette bienheureuse espérance, trésor de la jeunesse. Parfois, avec la même vivacité, je retombais dans mes désolations, en me demandant comment je pourrais supporter de telles alternatives, durant une entreprise dont je ne pouvais préciser le terme.

Nous étions à cinq heures du matin à Metz, frappant à la porte de M. Gouy. Sa femme et lui furent bientôt levés; en m'abordant, cet ami me dit : « Je vous attendais, et bien certain, sans que vous me l'ayez annoncé, que vous partiriez pour Wilna. J'ai préparé là, pour les mettre à votre disposition, six mille francs en or; les voulez-vous? Les voici. »

J'avais réuni les fonds nécessaires, et il ne me resta qu'à remercier l'excellent homme.

Le 14 au matin, nous étions à Mayence, prenant gîte, pour un instant, à l'hôtel des Trois Couronnes, si connu de toute l'armée.

J'écrivis de suite au maréchal Kellermann, en le priant de me communiquer ce qu'il pouvait savoir de mon mari. Presque aussitôt l'on m'annonça un de ses aides de camp, vieux comme son patron et lui ressemblant un peu. A peine m'eut-il annoncé son chef que celui-ci parut revêtu de son uniforme et parfaitement coiffé en ailes de pigeon. Sa tenue antique et sa politesse semblaient marcher du même pied et de la même époque. Il chercha de son mieux à me rassurer; mais au total, il n'avait rien de nouveau à m'apprendre, et, dans sa peine de me voir si affligée, il me combla de soins, de bonnes paroles et m'invita notamment à venir passer quelques jours avec lui à sa belle propriété de Johannisberg, sur les bords du Rhin, où se récolte le fameux vin qui porte ce nom.

Fous fous y reposerez, me disait le bon vieillard. Quel repos eussè-je pris là, en effet? J'espère n'avoir pas laissé deviner tout ce que je trouvais d'intempestif à cette proposition. Le repos pour moi, c'était d'avancer.

Après avoir pris congé le plus promptement possible du commandant général de cette contrée alors française, nous voilà de nouveau en route. Mais notre fatigue fut telle vers le soir, que nous prîmes quelques heures de sommeil à Hanau. Ce fut notre seul repos entre Bar et Berlin.

A peine arrivée, vous pensez bien que j'envoyai de tous côtés aux nouvelles. Et quelle ne fut pas ma surprise, en voyant aussitôt accourir vers moi le comte de Saint-Marsan, notre ambassadeur, tenant à la main une lettre de mon mari à mon adresse!

Avant de m'informer comment elle se trouvait là, de combien de bénédictions je comblai l'excellent homme! Par quelques lignes, d'une écriture plus affermie, le blessé m'annonçait qu'il soutenait bien son voyage et revenait doucement sur Wilna.

Pour expliquer ceci, je dois vous dire que, de Bar, je m'étais empressée d'écrire au duc de Feltre, alors ministre de la guerre, pour le prévenir de mon départ et lui demander à toutes chances une espèce de feuille de route qui pût, en cas de difficultés, faciliter mon voyage.

Le ministre de la guerre avait fait connaître mon départ, sur la ligne que j'avais à parcourir, par l'entremise de l'auditeur au conseil d'Etat qui portait régulièrement les nouvelles officielles de Paris à l'Empereur. Je crois qu'il partait ordinairement un de ces messieurs par semaine. Ils se croisaient souvent en route, et, comme toujours, ils s'arrêtaient à la légation française à Berlin. M. de Saint-Marsan eut l'excellente idée, en visitant le portefeuille de l'auditeur revenant, d'en retirer, pour me la remettre, la lettre dont je viens de parler. « J'ai fait connaître votre départ, me dit le comte, et comme, malgré votre diligence, mes jeunes gens vont encore plus vite que vous, votre arrivée sera annoncée d'avance au duc de Bassano, par conséquent, immédiatement aussi au maréchal. »

Ces nouvelles étaient, on le voit, aussi bonnes que possible, et me décidèrent à céder aux instances de mon oncle et à passer un jour entier à Berlin. On en profita pour consolider ma voiture, déjà fort éprouvée par ces trois cents lieues de route, et aussi pour la garnir d'approvisionnements, que la prévoyance des amis que je trouvai là me fit accepter avec reconnaissance ; et pourtant, j'étais loin alors de me douter de la pénurie qui bientôt nous menacerait.

Le second personnage marquant qui s'empressa de venir me trouver à mon hôtel fut le maréchal Augereau. C'était la première fois que je voyais le mari de ma belle compatriote. Il était grand, fort, parlait haut et me représentait un peu le tambour-major sous lequel, dans mon enfance, je croyais toujours voir le chef d'un régiment. Je lui parlai avec plaisir de sa délicieuse femme, dont il possédait une charmante miniature. Il pensait alors pouvoir la faire venir près de lui et me dit en termes assez burlesques, qui lui étaient propres du reste : « Je l'ai engagée à préparer pour ce voyage ses culottes de peau. » Mais, au total, le duc de Castiglione se montra pour moi non seulement plein d'obligeance, mais aussi de sollicitude ; et, prenant mon oncle à part, il lui recommanda, de la manière la plus expresse, de ne point me laisser voyager la nuit au delà de Custrin, m[a] première couchée. « Ne cédez à aucunes sollicitations car le terrain qui reste à parcourir à la maréchale est l[a] partie la plus difficile de sa longue et pénible route. A[u] delà de l'Oder, elle peut être semée de maraudeurs, fr[i]coteurs et voleurs qui suivent ordinairement la march[e] des armées. » Mon oncle tint l'avis pour bon et s'en servi[t].

Le troisième jour, je dis adieu non seulement à not[re] ambassadeur et au maréchal, mais à bien d'autres off[i]ciers supérieurs ou administrateurs dans l'armée, q[ui] tous, pleins de dévouement pour mon mari, en faisaie[nt] réagir l'effet sur moi.

Passé Berlin, l'on trouve des sables épais dans lesque[ls] on marche difficilement; rien ne me parut plus tris[te] que la contrée qui sépare la capitale de la Prusse de [la] ville de Custrin, place forte située sur l'Oder. Le génér[al] Fournier d'Albe y commandait pour nous, et, préven[u] par mon courrier de notre arrivée, il envoya un me[s]sage pour que je me dirigeasse vers son hôtel, où m'a[t]tendait l'accueil le plus aimable. « Dans ce triste ex[il], me dit-il, lorsqu'il m'eut bien installée dans son meille[ur] appartement, ma seule consolation, c'est d'être au moi[ns] de quelque ressource à ceux qui rejoignent l'armée; [ils] n'en trouveraient nulle autre ici, et j'en fais mon profit. [»]

Le général me fit remarquer, sur la place d'Armes, où [il] logeait, une croisée tristement historique, à laquelle [le] père du grand Frédéric fit placer et retenir ce prince, tr[op] jeune alors, pendant le supplice de son ami Katt.

Je trouvai à Custrin un domestique et deux chevau[x] que mon mari avait laissés là comme renfort en cas [de] besoin. L'un des deux hommes qui m'avaient accomp[a]gnée était presque hors de service.

Je fis au général Fournier d'Albe les remercieme[nts]

les mieux sentis : il y eut promesse de se revoir ; mais l'homme propose et Dieu dispose ; nous ne nous sommes plus rencontrés.

De Custrin on nous dirigea sur Marienwerder. Les sables s'épaississaient. Les relais étaient irréguliers, à longue distance l'un de l'autre ; l'on augmentait le nombre des chevaux à chacun ; mais les pauvres attelages exténués n'en allaient pas plus vite, et la nuit commençait à tomber lorsque nous descendîmes par une sombre forêt vers les bords de la Vistule. Comme la pente était rapide, nous avions mis pied à terre, et ce ne fut que le soir, au gîte, que mon oncle me dit avoir vu distinctement un gros loup, à quelques pas de nous, dans cette forêt qui semblait si sauvage qu'elle aurait dû être, sans partage, le domaine de ces redoutables habitants.

Nous traversâmes le fleuve sur un pont de bateaux. Si j'avais voyagé pour mon plaisir, alors, j'aurais vivement regretté de ne rien voir de ces contrées, déjà parcourues par nos armées dans une guerre précédente. Mais, vous le savez, le présent absorbait tout chez moi. Je remarquai en arrivant à l'auberge, où m'avait précédée mon courrier, que tout était fort éclairé et que chacun s'y agitait en tous sens ; et bientôt j'appris que ce mouvement était en notre honneur, ou, pour mieux dire, en souvenir du maréchal, qui, à la tête de son armée, venait d'y laisser récemment une si bonne renommée d'équité au milieu de sa puissance, que l'on ne croyait pouvoir en faire assez pour son nom. Du reste, l'on nous fit payer un peu cher le repas splendide et la salle de cinquante couverts dans laquelle nous soupâmes tête-à-tête, mon oncle et moi, au milieu d'une multitude de bougies. Ce fut là, du reste, notre adieu au luxe et à la civilisation. Le lendemain, je m'arrêtai dans la petite ville de........

Là encore, nous trouvâmes un gîte et un repas passables. Je commençais à m'endormir sur un petit lit bien dur, mais assez propre, lorsque j'entendis prononcer mon nom distinctement dans le corridor où je logeais. Ma femme de chambre, qui couchait toujours près de moi, fut de suite aux enquêtes et revint me demander de recevoir immédiatement un officier de l'état-major de mon mari, qui avait obtenu sa rentrée en France pour soigner une blessure; elle ne me sembla pas grave, car il avait la liberté de tous ses mouvements. Avec une parole rapide, il me donna de nouveaux détails sur la blessure de mon mari et m'assura qu'il marchait sans entraves vers la guérison. Quel baume sur mon cœur, et quel redoublement de forces ne trouvai-je pas dans cette rencontre! Voir et entendre quelqu'un qui vient de voir et d'entendre celui qu'on a presque pleuré comme mort, c'est une sensation que je n'essayerai pas de dépeindre.

Lorsque les voyageurs arrivèrent à la couchée résolue pour le lendemain, les habitations, avec leurs Juifs d'aspect repoussant, parurent si malpropres et si nauséabondes à la duchesse, qu'elle demanda à son oncle de gagner le relais suivant : il céda à ses instances :

Deux postillons, de mauvaise mine, emmenèrent aussitôt notre voiture par saccades et d'un tel train que nous ne pouvions comprendre la cause de cette folle allure. Déjà bien loin de toute habitation, ils nous précipitèrent bientôt dans une épaisse forêt de sapins, où nulle route ne semblait tracée; il nous y faisaient tournoyer rapidement à travers les arbres dont l'épais feuillage, joint à l'heure déjà un peu avancée de la soirée, formaient presque la nuit. Vainement mon oncle, qui parlait allemand, avait déjà crié aux postillons de ralentir leur marche frénétique ; il n'avait rien obtenu que des coups de sifflet qu'il nous était permis d'interpréter d'une manière sinistre dans le lieu désert où m'avait amenée si tard mon imprudence ; car c'était à mes seules instances que mon oncle avait cédé, en ne descendant point dans le gîte convenu.

Je l'avoue, cette fois, j'eus peur. Une peur vague et fiévreuse, sans qu'elle fût appuyée néanmoins sur des données que mon oncle m'avait laissé ignorer. Mais lui, le digne et excellent homme, qui répondait de ma sûreté dont il s'était fait le garant, repassant dans sa mémoire tous les avertissements qui lui avaient été donnés à Berlin, pouvait croire à un résultat sinistre, à la suite de notre course infernale.

Nous gardions un morne silence. La voiture courait toujours et les sifflets redoublaient. Tout à coup le jour sembla nous être légèrement rendu. Nous venions de quitter la forêt ; mais c'était pour longer un étroit chemin qui bordait l'immensité d'un étang, dont on ne pouvait calculer l'étendue. La chaussée se rétrécissant à mesure que nous avancions, l'une de nos roues se trouva bientôt dans l'eau. A cette vue, mon oncle, exaspéré, mit la tête hors la portière et invectiva plus énergiquement encore ces deux possédés. Ils n'en tinrent compte, et ne s'arrêtèrent finalement que devant la bourgade qui leur avait été indiquée pour notre coucher. Il n'en fut que cela heureusement ; nos postillons avaient bu du schnick (forte eau-de-vie du pays), et c'est la seule explication de cette aventure.

Nos dispositions soupçonneuses s'étant apparemment épuisées sur nos postillons, nous entrâmes tranquillement dans la maison de poste, je crois, probablement la seule qui pût nous recevoir. Et quel gîte, pourtant! Nous commandâmes un souper quelconque, et, en l'attendant, je voulus entamer un entretien avec mon oncle, qui était évidemment mécontent de moi, pour avoir voulu changer l'ordre de notre marche, et de lui, pour m'avoir cédé. Mais quand j'ouvrais la bouche, il se mettait à siffler. C'était chez lui le signe extrême de la colère. Elle n'allait jamais au delà de cette manifestation. Je pris patience, et bientôt le souper aida au rapprochement. On nous servit un coq rôti qui se présentait sur son plat si révolté d'avoir été tué au moment où il s'y attendait le moins, il avait la tête et la crête si hautes, que nous partîmes d'un éclat de rire spontané. Il se défendit de nos dents, si bien que nous n'en pûmes presque rien tirer, et que sur ce mince repas nous fûmes nous coucher. La fatigue m'avait tellement engourdie que je ne sentis rien des épreuves de ma nuit.

J'abrégerai les détails de notre pénible route à travers ces sables éternels, partagés par quelques bois de sapins et de nombreux étangs, et je vous amènerai en vue de la Baltique, en vous faisant suivre avec moi pendant six lieues un de ses bras nommé Freschaff. De misérables cabanes de pêcheurs sont les seules habitations de ces tristes rives. Aussi font-elles ressortir brillamment la ville de Kœnigsberg, quand elle se présente belle et fière avec son port et ses nombreux clochers.

En tout autre temps, la mer, que je voyais pour la première fois, eût fixé mes regards et mon plus vif intérêt. Mais je voyais tout à travers une seule idée, et ma première pensée fut donc de réclamer du général, commandant pour nous le pays, des nouvelles qui pouvaient m'intéresser.

C'était le général Loison qui commandait à Kœnigsberg ; je le savais et j'étais convaincue que ce compatriote de mon mari ne me ferait pas défaut. En effet, il était à mon hôtel une demi-heure après mon message. Il commença par me rassurer sur l'ensemble de la santé du maréchal, sans cependant entrer dans tous les détails dont j'aurais eu besoin. « Mais où comptez-vous donc retrouver le maréchal ? me dit-il bientôt. — Mais à Wilna, lui répondis-je, toute saisie... — Il n'y est plus, madame. » Ah ! mon Dieu ! et mille idées sinistres et confuses me traversèrent la tête avant que j'eusse pris le temps de questionner de nouveau. Je me sentais folle, mais mon oncle, plus calme, éclaircissait les faits. C'était un bruit vague arrivé sans preuves au général Loison, qui ne pouvait pas même dire sur quel point le maréchal serait dirigé. « Il revient peut-être, m'écriai-je ; et qui me dit que je ne le trouverai pas en route ? — Pas d'illusions, madame, reprit le général ; si votre mari a fait un mouvement, ce ne sera pas de ce côté-ci. — Eh bien ! je le poursuivrai à travers tout, dis-je dans mon désespoir ; non, je n'aurai pas fait cinq à six cents lieues et subi tant de jours d'incertitude et de tortures pour revenir sur mes pas, et, ne fût-ce que pendant une heure, je veux revoir le maréchal. »

Je m'étais senti du courage, tant que j'avais marché vers un point fixé, dont chaque pas me rapprochait. Mais en voyant reculer dans l'espace ce terme dont je me croyais proche, ces forces factices m'abandonnèrent et je déraisonnai. Ce ne fut pas le général Loison qui mit fin à mes angoisses, parce qu'il semblait ne pas les comprendre dans tout ce qu'elles avaient de poignant, et parce qu'il me confirma un bruit qui déjà avait agité mes esprits. C'est que l'Empereur avait défendu absolument à toutes les femmes d'officiers, de quelque grade qu'ils fussent, d'aller au delà de la Vistule; et je m'approchais du Niémen !

Pour preuve du fait qu'il annonçait, le général me dit être chargé par le gouverneur de Wilna de chercher à Kœnigsberg un logement pour sa femme, qu'il était obligé de renvoyer de Wilna où elle était venue s'établir en confiance. « Croyez-moi, disait-il, installez-vous ici, et attendez-y les événements. Je me mets à votre pleine et entière disposition, etc. »

Ce que j'avais appris de plus clair sur le chemin qui me restait à parcourir, c'étaient le mauvais état dans lequel l'avait mis le passage de notre immense armée et la complète désorganisation des moyens de transport.

« A la grâce de Dieu ! » dis-je à mon oncle en montant avec lui dans notre voiture, à la levée du jour et par une pluie battante. Cette misère, qui vint encore assombrir nos dispositions, se prolongea pendant trois jours consécutifs, et augmenta beaucoup les difficultés du voyage. Nous ne marchions plus dans les sables épais que nous avions trouvés de Berlin à Kœnigsberg, mais bientôt sur de gras terrains dans lesquels nous enfoncions jusqu'aux jarrets des malheureux petits chevaux du pays. C'était par réquisitions, à grand'peine et avec beaucoup de temps perdu, que nous en réunissions la quantité nécessaire à la marche de notre lourde voiture. Et c'était grâce à une feuille de route très explicite du général Loison que nous obtenions ces moyens de transport.

La partie de la Prusse que nous venions de traverser est, dit-on, fertile et prospère; mais je n'étais pas venue là pour étudier le pays, qui, d'ailleurs, ne se montrait pas dans un tel moment sous son aspect ordinaire. Les chemins défoncés, les retards forcés qu'exigeait la recherche des chevaux épars qu'on nous amenait de droite et de gauche, avaient dérangé tous les calculs de nos couchers; et je ne sais au juste combien de temps s'est écoulé dans cette deuxième partie du trajet, constamment noyée par la pluie la plus abondante que j'aie vue, je crois, dans ma vie. Elle sembla redoubler, lorsque, à la nuit fermée, nous arrivâmes à Insterbourg.

Le premier gîte devant lequel on nous arrêta était entièrement occupé, nous dit-on, par un détachement qui regagnait l'armée. Il en fut de même au second, et ainsi de suite; et je sus depuis qu'il n'y avait rien moins que dix mille hommes stationnés pour cette nuit dans cette petite ville.

Mes pauvres domestiques, qui avaient reçu tous les torrents tombés du ciel dans cette journée, excitaient surtout ma pitié, et, je dois l'avouer, nous étions tous anéantis, âme et corps. Il était donc bien cruel de passer cette nuit sans abri. Enfin, nous prîmes un grand parti, et Carles, un jeune domestique prussien, qui naturellement s'expliquait très bien en allemand, muni par mon oncle de notre feuille de route Loison, fut par notre ordre frapper à la porte du commandant de la place.

Mon oncle coucha à ma porte en dehors, faute de lit; mais au moins il était à couvert du déluge plus acharné que jamais. Nous partîmes avant le jour. C'était pitié de voir les difficultés de notre marche, à travers ces chemins entièrement détrempés. Cependant nous arrivâmes sans accident à Gumbinnen, où nous pûmes trouver place. Dès le lendemain, nous remarquâmes que la ligne que nous parcourions dénotait, de plus en plus, les désastres qu'entraîne la guerre. Non seulement les chevaux devenaient très rares, mais leurs propriétaires se montraient très méfiants (j'ai déjà dit que nous n'avions plus affaire à l'administration des postes, complètement désorganisée). Chaque villageois voulait suivre son animal, afin d'être sûr qu'il lui reviendrait; et un jour, pour huit chevaux, je me vis quatre postillons de file. Et quels chevaux ! Et quels postillons ! Les premiers étaient attelés par de mauvaises cordes ou des ficelles; et les seconds, habillés de peaux de mouton, ressemblaient à des sauvages. Je ne sais comment il ne nous est pas arrivé mille accidents pour un.

Les vivres devenaient plus rares à mesure que nous avancions et nous fûmes fort heureux de retrouver un matin, au fond d'une poche de la voiture, un bout de saucisson, qui nous venait encore de nos amis de Berlin.

Nous étions réellement affamés en arrivant à Marienpol. L'air de détresse de ce lieu ne nous promettait rien de bon. Nous fûmes donc agréablement surpris en voyant apparaître, sur la porte d'une auberge délabrée, non une Juive, cette fois, mais une Française avenante qui nous offrit deux poulets, sur lesquels nous nous jetâmes, sans prendre le temps de les faire cuire, nous les réservant pour notre souper à Kowno, où nous avions l'ardent désir d'arriver le même soir.

Kowno, sur les bords du Niémen, le dernier fleuve qui me restait à traverser, Kowno me semblait être l'avant-poste du but auquel j'aspirais.

Nous poursuivîmes, à travers des chemins qui n'étaient plus tracés, notre marche lente et accidentée. La nuit nous surprit dans le plus triste gîte que nous eussions encore rencontré; force nous fut de nous y arrêter.

En abordant le lit repoussant que l'on me présenta, je demandai si c'était la seule ressource qu'on pût m'offrir. « Oui, me répondit-on, parce que la belle chambre est « occupée par la princesse. — Quelle est donc cette princesse ? » demandai-je à mon oncle, lequel, après informations, apprit que c'était la princesse d'Hohenloen, en son nom, femme du général hollandais Hogendorp, alors gouverneur de Wilna. Oui ! c'était la pauvre femme renvoyée de cette ville par l'ordre de l'Empereur ! Je plaignais tant son sort, que je n'eus pas même intérieurement la pensée de lui envier le refuge où elle reposait ; mais j'étais bien résolue de ne pas partir sans la voir, et je fis prendre dans ma voiture un des deux petits matelas qui s'y trouvaient ; puis, le faisant étendre sur une espèce de banc, dans une pièce close qui donnait sur la rue, au rez-de-chaussée, gardée par mon oncle qui coucha dans la voiture, après l'avoir fait placer contre ma croisée, je m'endormis vaincue par la fatigue. Mais je fus réveillée en sursaut par la brusque entrée d'un homme dans ma chambre. Il faisait claquer son fouet et jurait en même temps. A mon premier cri, Mme Morel, qui s'était posée sur un grabat près du mien, se jeta sur lui comme une hyène ; il en fut si étourdi qu'il se sauva. Ce fut tout, mais je ne pus me rendormir. Nous apprîmes le lendemain matin que c'était tout simplement un courrier de l'armée qui demandait des chevaux.

Cette alerte, le désir de voir la voyageuse et tant d'autres pensées que l'on peut deviner, me tinrent donc éveillée jusqu'au point du jour, et, aussitôt que j'eus saisi les premiers mouvements qui annonçaient le départ de Mme d'Hogendorp, je montai dans la belle chambre qu'elle occupait. Quel galetas !... Je trouvai là une femme délicate et distinguée, habillant une pauvre petite fille de six ans qui semblait n'avoir que le souffle. Plusieurs femmes de chambre faisaient les paquets, et personne ne se serait étonné de l'empressement avec lequel on se disposait à sortir de ce bouge !...

A mon nom, Mme d'Hogendorp, revenue de son premier étonnement, s'empressa de me donner des nouvelles du maréchal à peu près en ces termes : « Je l'ai quitté il y a environ six jours ; sa blessure suit une bonne marche, mais il n'a pas encore songé à quitter Wilna, pour retourner à l'armée, car, malgré le mieux dont je vous parle, il ne pourrait encore monter à cheval. »

Ranimée par cet entretien je me sentis renaître, tout à coup, à mon caractère et à mon âge. Les craintes disparurent, je retrouvai l'espoir seul au fond de mon cœur.

Je quittai Mme d'Hogendorp, non sans lui adresser du fond de l'âme des vœux de santé, de bonheur et de réunion, qui, hélas! ne furent pas exaucés ; car l'enfant mourut six mois après, et la mère le suivit à court intervalle.

Si j'avais été moins disposée à voir en beau la situation, j'aurais cependant tiré quelques conséquences redoutables de mon entretien avec Mme d'Hogendorp, car, sans récrimination ni aigreur, elle m'avait positivement prédit que l'Empereur ne me laisserait pas plus qu'elle prendre résidence à Wilna. Mais en la quittant, je secouai toutes les prévisions contraires à mes vœux, et rien ne vint troubler mes heureuses dispositions durant cette journée.

Cependant, je ne pus rester longtemps indifférente à la vue de ce qui se déroulait sous mes yeux. Nous cheminions à travers une dévastation générale. Les chemins, absolument défoncés, étaient jonchés de débris de roues et de squelettes de chevaux. Des villages ruinés laissaient encore quelques pans de bâtiments autour desquels s'agitaient des habitants déguenillés. L'on distinguait les bivouacs abandonnés par les cercles noirs que laissaient les feux éteints. L'on voyait au loin le terrain de culture piétiné par des milliers d'hommes et de chevaux. L'on jugeait très bien, par ces restes muets, qu'une multitude immense avait dû passer là; mais ce qui m'attrista le plus, ce furent ces fréquents monticules sur la forme desquels on ne pouvait guère se tromper..... Beaucoup, d'ailleurs, étaient signalés par une petite croix, faite à la hâte de deux baguettes coupées dans les broussailles et plantée là par les camarades ! C'étaient les plus jeunes, les plus faibles, probablement, qui étaient ainsi restés en chemin; mais l'on peut croire que ceux qui leur avaient donné la sépulture ne repassèrent point là. Ils furent plus loin, souffrir davantage, plus longtemps, et ne revinrent pas.

Je me disais : « Mais moi! je ramènerai vivant et couvert d'une gloire nouvelle celui que je suis venue chercher de si loin. Nous rentrerons ensemble, bientôt, dans notre belle patrie. O bonheur! ». J'en arrivais, comme vous le voyez, à bénir sans m'en rendre compte cette blessure, qui, à moitié guérie aujourd'hui, garantissait votre père de nouveaux dangers... C'est ainsi que ma tête de vingt ans arrangeait tout à son gré; mais, hélas! avant de revoir la terre de France, il fallait subir des épreuves plus sévères encore que celles dont je vous ai entretenus jusqu'ici...

Quelle fut ma satisfaction de trouver, à Kowno, un aide de camp de mon mari, qui déjà, par ses ordres, m'y attendait depuis vingt-quatre heures! C'était M. Jacqueminot; avec son activité ordinaire, il avait complété un excellent attelage de chevaux du train d'artillerie en réserve à Kowno. Ceci devait nous faire franchir, sans avoir à recourir à d'autres moyens désormais, les vingt-cinq lieues qui nous séparaient encore de Wilna, moyennant des relais préparés à l'avance.

De ce moment, je me retrouvai avec délices sous cette puissante égide, sous cette influence protectrice qui me rendait si forte et si heureuse.

Monté en quatrième dans notre voiture, M. Jacqueminot put enfin me donner les détails dont j'étais si avide. Il me confirma ceux que j'avais déjà reçus à Berlin par M. de Saint-Marsan. C'était bien ce dernier qui avait annoncé mon arrivée, et déjà « depuis cinq jours, me dit le jeune homme, le maréchal s'agite en vous attendant; hâtons-nous. — Mais, repris-je toute tremblante, est-ce qu'il me renverra ? — Il n'en a pas la moindre envie, me répondit-il en riant, quant à lui; mais l'Empereur..... — Oh! je sais, lui dis-je; mais allons toujours, il faut d'abord arriver. »

Dans ce moment, il fallut descendre pour soutenir et relever la voiture prête à verser. L'on s'était trompé de voie et l'on ne distinguait plus rien. M. Jacqueminot s'empara d'une des lanternes et, se détachant, marcha devant l'attelage et parvint à nous remettre, non sur notre route, il n'y en avait plus, mais sur la ligne des désastres, qui nous servait de point de rappel. Nous avions suivi à pied, mon oncle et moi, ayant du sable jusqu'à la cheville, lorsque M. Jacqueminot revint nous dire le résultat de ses découvertes, nous engageant à hâter le pas pour reprendre nos places dans la voiture. Mais quand, à la lueur de sa lanterne, il me vit tirer péniblement les pieds de ces couches de sable, il partit d'un de ces éclats de rire qui lui étaient propres et qui tenaient bien plus du sarcasme que de la gaieté. « Quelle étrange circonstance, me dit-il, que votre présence au milieu de ces déserts, madame la duchesse! Oh! cette ambition dévorante qui nous conduit ainsi au bout du monde, qui désorganise toutes les existences et paralyse tous les projets, où nous mènera-t-elle? Nous sommes tous à bout. »

Cette diatribe, la première que j'eusse entendu faire contre l'Empereur depuis mon mariage ; ce violent mécontentement d'un homme aussi brave qu'enthousiaste me pétrifia de surprise. J'écoutais en silence. « Oui, continua-t-il, des malheurs sans nombre ont déjà atteint et menacent de plus en plus notre armée (l'Empereur était alors en marche sur Moscou), et je ne sais qui de nous reverra la France. »

En ce moment nous aperçûmes quelques lumières partant d'un bâtiment devant lequel la voiture s'arrêta enfin. L'on me fit traverser diverses pièces, qui me semblèrent avoir été dévastées avant que d'avoir été finies. C'était un vrai hangar, où rien n'était crépi ni plafonné ; mais l'accueil le plus avenant m'attendait là. Mme Oguinska, gracieuse femme d'environ trente ans, vint à ma rencontre avec un empressement fort aimable. Elle parlait français, comme toutes ses compatriotes, avec une facilité remarquable. Elle s'excusa sur tout ce qui allait me manquer chez elle, par la position du lieu. Il avait servi de quartier général aux diverses armées qui s'étaient succédé sur cette ligne, et je compris qu'en effet ceci n'avait pas dû ravitailler la place. Mais cette triste conséquence de la guerre ne fut pas, de la part de la princesse, l'objet d'une plainte directe, ni sous-entendue.

Les Lithuaniens, alors, je n'en excepte pas les femmes, étaient tous sous le charme des plus vives espérances. Au début de la campagne, ils s'étaient élancés avec transports vers l'Empereur, croyant voir arriver, par lui, la restauration de leur nationalité. La Pologne lui avait offert, de toutes parts, hommes, argent et hommages.

Rien encore jusqu'ici n'avait formellement démenti l'espoir qu'ils avaient conçu.

Ce ne fut qu'au dernier de tous les moments que, avec nos désastres, ils renoncèrent à leur chimère adorée; mais ils ne nous maudirent pas, et ils ne tinrent compte que de la bonne volonté dans laquelle ils avaient mis leur foi. Ils gémirent de nos malheurs, sans nous reprocher ceux que nous venions d'ajouter à leur position déjà si fatale.

Je dormis peu, et, comme dès la veille j'avais pris congé de la maîtresse de céans, je ne mis aucun retard au départ, qui eut lieu au point du jour. Mais les chemins, défoncés par l'artillerie, étaient pires que ceux que nous avions suivis jusqu'alors. Nous ne marchions pas. J'aurais voulu aider les chevaux à traîner la voiture. Je tâchais de contenir mon impatience, mais elle me suffoquait.

Vers midi, M. Jacqueminot, ayant trouvé, dans une espèce de ferme restée debout, une petite voiture du pays, se décida à prendre les devants. « Vous n'avez plus rien à craindre, me dit-il. Je vais chercher à calmer l'impatience du maréchal en vous annonçant. Je vous recommande seulement, ajouta-t-il en s'adressant à mon oncle, quelques précautions pour la descente rapide que vous trouverez à deux ou trois lieues d'ici. »

Après son départ, nous gardâmes un profond silence. Il en est parfois du bonheur vivement ressenti comme de certaines douleurs, et rien ne peut s'exhaler du cœur quand les impressions sont trop profondes...

En touchant à son terme, notre émotion était de nature à ne pouvoir plus s'exprimer; mais nous fûmes tout à coup tirés de cette situation indéfinissable à la vue d'une pente rapide et longue, sur le haut de laquelle la voiture venait de s'arrêter, et, jetant les yeux sur la plaine qu'elle dominait, je poussai un cri perçant, un cri de saisissement et d'actions de grâces. Je voyais Wilna.

Wilna! ce point de l'univers sur lequel se concentraient, depuis tant de jours et de nuits, tous mes sentiments et toutes mes pensées! Wilna, qui avait semblé reculer devant moi jusqu'ici, était là sous mes yeux. C'était bien sa plaine sablonneuse; c'étaient bien ses nombreux dômes et clochers, tels que M. Jacqueminot me les avait dépeints.

De longues années et beaucoup d'événements se sont accumulés sur ma tête depuis ce moment, mais rien n'a pu en affaiblir le radieux souvenir. Je montrais du doigt à mon oncle le terme de notre commun pèlerinage, et nous restions tous deux en extase, pendant qu'on enrayait notre lourde voiture.

Enfin, bondissant de joie, je la descendis à pied cette montagne qui, deux mois plus tard, devait s'interposer, blanche et glacée comme un grand spectre, entre la France et notre armée, dont les restes vinrent presque entièrement mourir à ses pieds; mais rien ne pouvait affaiblir mes transports. Qui eût pu, d'ailleurs, me faire prévoir à quel degré de malheur nous en arriverions si vite? Cependant, durant les deux lieues que nous avions à parcourir, nous devions trouver quelques signes précurseurs de l'affreux désastre qui s'approchait. Ainsi, aux débris des trains d'artillerie qui jonchaient le chemin se joignait une multitude de chevaux morts, les uns déjà réduits à l'état de squelettes, les autres à un degré de corruption qui répandait dans l'air une odeur fétide. Mais j'arrivais! et, pour le moment, j'étais inaccessible à toute autre sensation.

Tout à coup, j'entendis le galop d'un cheval. « Ah!

M. de Thermes! », m'écriai-je. C'était lui en effet qui m'était dépêché par mon mari pour me faire marcher plus vite. « Arrivez-donc, madame la duchesse, me dit-il à la portière; depuis le retour de Jacqueminot, le maréchal compte les minutes. Et puis il est bon de presser le pas pour sortir de cette atmosphère »; et le jeune homme s'éloigna gaiement à fond de train, en ajoutant : « Je vais vous annoncer. » Il disparut, comme la voiture commençait à rouler sur le pavé de Wilna.

Je venais de reconnaître des gens à la livrée du maréchal; la voiture entra sous une porte cochère et je le vis, lui..... lui, avec sa figure la plus gracieuse. Il étendit pour me recevoir le seul bras qu'il eût de libre, l'autre était en écharpe. Son visage était pâle, mais qu'importait? Il était là. Je l'embrassais, il me parlait avec effusion et une tendresse infinie. Oh! quels moments!

Il se retourna ensuite promptement vers mon oncle en lui adressant, avec son laconisme entraînant, de ces mots qui ne s'effacent jamais de la mémoire.

Tout l'état-major et une masse d'individus sur lesquels je ne fixai pas mes yeux, étaient témoins de cette réunion, si froide sous ma plume et dont le souvenir est si brûlant dans mon cœur.

Nous montâmes tous l'escalier, et, laissant derrière nous la multitude qui nous suivait, nous entrâmes, mon oncle et moi, avec le maréchal, dans sa chambre; et là vint cet interrogatoire réciproque, ce feu croisé de demandes et de réponses, délices des premiers instants de réunion.

Quelques élus furent ensuite successivement admis; mais je ne m'en plaignis pas; quand on est heureux, on aime et on accueille tout le monde. D'ailleurs, plus ou moins, chacun de ceux qui avaient accompagné le maréchal excitait mon intérêt. Tous ses gens y avaient aussi des titres. Est-il besoin de vous citer en tête de ceux-ci le brave Pils ?

L'on nous servit à dîner en particulier, mais notre conversation à trois était parfois interrompue par les éclats de la joie bruyante de l'état-major, qui dînait au grand complet dans la salle voisine. Le maréchal jouissait évidemment de cette gaieté, en même temps qu'il comblait mon oncle des attentions les plus délicates. Ces attentions étaient vivement appréciées, mon cœur nageait dans le bonheur, tout me souriait. La voix du maréchal, seule, me faisait un tel bien que je cherchais à le faire parler sans cesse. La vue de ses deux bras attachés à ses épaules, à la suite de cette blessure, était une jouissance particulière. On en était là, à cette époque, et toutes mes contemporaines me comprendraient.

Ne pouvant manger, je demandai à boire. L'on me servit de l'eau rougie, qui me fit faire une horrible grimace. « Ah ! ah ! me dit le maréchal, tu n'aimes pas le vin fait sans raisin. » Ceci me rappela mes vingt bouteilles de Bordeaux. On venait de les déballer, on les apporta et je les présentai en triomphe à mon estropié. Il en fit servir une sur notre table, mais il envoya les dix-neuf autres à l'état-major, dont alors la joie et l'animation redoublèrent. J'étais certes charmée de leur être agréable, mais je dois avouer pourtant que, regrettant beaucoup ce petit secours hygiénique pour le maréchal, je ne sus trop que répondre aux vifs remerciements que vinrent m'adresser tous ces messieurs.

En ceci, mes enfants, votre père a donné la mesure de sa manière d'être avec ses officiers. Au reste, dans cet état-major, renommé dans l'armée à plus d'un titre, l'exemple du chef n'était point perdu. Il y existait une communauté touchante dans les affections et le bien-être,

ce qui rendait le bon temps plus doux encore, et faisa[it]
mieux passer les mauvais jours.

Le maréchal n'était chef que dans ce qui était métie[r.]
Hors de là, jamais il ne faisait sentir l'élévation de so[n]
grade. Et pourtant, tout en ayant pour lui ce qu'o[n]
peut appeler un culte d'affection et un dévouement san[s]
réserve, ses officiers étaient devant lui respectueux e[t]
parfois timides. Nous étions encore à table lorsque arriv[a]
un éblouissant fashionable, c'était le comte Adolphe d[e]
Maussion. Il était attaché, comme auditeur au Conse[il]
d'État, au bureau du duc de Bassano, et venait, au no[m]
du ministre, savoir des nouvelles de mon arrivée.

« Vous la voyez », dit gaiement mon mari en me mon[-]
trant au jeune homme ; celui-ci se prosterna, en disa[nt]
qu'il allait rendre compte de son message à son patro[n]
occupé à expédier à l'Empereur un courrier, qui sera[it]
porteur de l'annonce de ma présence à Wilna.

Je crus trouver dans ces mots l'arrêt de mon renvo[i ;]
toutes mes terreurs me reprirent pour un moment, ma[is]
j'avais trop besoin d'être heureuse pour m'arrêter à cett[e]
pensée, et je la chassai en me disant que les distance[s]
étaient énormes, et que bien des beaux jours pourraie[nt]
s'écouler avant qu'une réponse si redoutée nous pa[r-]
vînt.

Je fus agréablement surprise de ne retrouver ni dan[s]
les dispositions, ni dans les discours du maréchal, rie[n]
qui vînt me confirmer les tristes récits et les funest[es]
prévisions de M. Jacqueminot. Mon mari, qui n'ava[it]
assisté qu'à des triomphes depuis son entrée dans la ca[r-]
rière militaire, fut le dernier à constater nos désastre[s]
et, quand il les toucha du doigt, il chercha encore à se l[es]
dissimuler. Lorsque ce ne fut plus par incrédulité, ce f[ut]
par rage et désolation.

Aussi ne se permettait-on point de lui rapporter les on dit, quand ils étaient défavorables à nos armes. Il n'accueillait d'autres nouvelles que celles données par le duc de Bassano et celles que lui fournissait son chef d'état-major (le général de Lorencez) sur les mouvements du 2⁰ corps d'armée. Or, de ce côté, rien d'alarmant aux premiers jours d'octobre.

L'on sait qu'après la blessure du maréchal Oudinot, son corps avait été mis sous le commandement du maréchal Gouvion-Saint-Cyr, qui était resté sur la Dwina, où il se maintenait avec avantage contre l'armée de Wittgenstein.

Donc là, tout était satisfaisant.

Dès le lendemain de mon arrivée, je reçus beaucoup de visites ; d'abord celle du duc de Bassano, puis vint M. Bignon, homme de beaucoup d'esprit, qui, là, remplissait aussi une mission diplomatique, sous la dénomination de commissaire impérial. Arrivèrent ensuite tous les blessés, échappés et convalescents de l'armée qui, pour y retourner, venaient se faire soigner à Wilna.

Je fis aussi la connaissance de charmantes femmes du pays, non seulement Lithuaniennes proprement dites, mais aussi venant de toutes les parties de la Pologne, pour se grouper au centre de la politique et des nouvelles du moment. Elles me prévinrent, et je rendis de grand cœur ces diverses visites.

Nous acceptâmes ensuite, mon mari, mon oncle et moi, les invitations de nos deux diplomates. Eux seuls tenaient maison ; car les indigènes avaient assez à faire pour soutenir leur cause, à laquelle ils sacrifiaient, avec entraînement, plus que leurs revenus. Je dirai, par exemple, que toutes ces charmantes personnes réunies à Wilna y vivaient de privation, afin d'aider leurs maris à soutenir les régiments levés à leurs frais et commandés par eux, leurs fils ou leurs frères. Oui, cachemires, argenterie, diamants et perles, tout allait s'engloutir successivement dans le gouffre d'une guerre dont ces nobles cœurs et ces vives imaginations ne voulaient tirer que des espérances.

La première représentation à laquelle j'avais assisté avait été un grand dîner, suivi d'une nombreuse soirée, chez le duc de Bassano. Il possédait, chacun le savait, toute la confiance de l'Empereur. J'ai déjà dit qu'il tenait encore et faisait jouer, à la volonté de son maître, tous les fils de la diplomatie européenne. Ce ministre avait conservé, comme le comte Louis de Narbonne, l'ancienne coiffure. Il portait très droite et très bien sa tête poudrée. Il était d'une haute stature; son maintien était grave; ses mouvements étaient lents, ses paroles rares et toujours mesurées. Au total, il était imposant. D'ailleurs, connaissant son crédit sur l'Empereur, il me semblait que de ses rapports allait dépendre la durée de mon séjour près du maréchal... Alors, j'évitais la prévision autant que possible, et, faut-il le dire?... parfois j'étais affligée, effrayée même, des progrès que faisait la guérison de mon mari!...

Le mois d'octobre avait été superbe, mais il touchait à sa fin et sa trompeuse douceur n'illusionnait pas tout le monde.

Les entretiens du duc de Bassano et de mon mari se multipliaient.

Souvent, par les belles matinées de ce mois d'octobre, exceptionnel dans sa douce température, nous partions tête à tête avec mon mari pour parcourir les environs, à l'aventure; et certes, le charme de ces promenades ne tenait point aux localités en elles-mêmes.

Wilna est situé dans des sables arides, entouré de collines privées de végétation. La Wilia serpente en vain dans cette contrée, elle ne semble pas la fertiliser. Quelques tours en briques se montraient sur les hauteurs ; elles étaient à moitié démolies ; mais ce n'étaient point des ruines, c'était de la destruction.

Les rues de Wilna étaient sales et noires, et la population juive, qui y était en majorité, n'éclaircissait point le tableau. Il y a cependant une multitude de dômes et de clochers, qui s'élèvent brillants du haut des trente-six couvents que renferme la ville ; et, quand on plane sur ce spectacle des hauteurs environnantes, cela ne ressemble à rien de ce que l'on a vu.

A cette repoussante population juive qui formait, comme je l'ai dit, la majeure partie des habitants, se joignaient nos soldats malades et convalescents. Ces derniers se traînaient dans les rues ou s'étendaient au soleil. Rien n'est plus triste à mon avis que la vue du soldat malade, parce que, aux souffrances physiques empreintes sur son visage, l'on doit joindre dans sa pitié le mal du pays, si cruel pour le riche et si intolérable pour le pauvre.

La condition du soldat malade à la suite d'une guerre lointaine me semblait affreuse, et j'en trouvais la preuve tragique dans le regard de ceux que je rencontrais. Combien succombèrent à la nostalgie ! Qui les a comptés ?

Un matin, nous avions gagné, mon mari et moi, un bouquet de sapins qui nous avait attirés, parce que la végétation était rare. Nous causions gaiement, quand, tout à coup, nous trébuchons contre un amas de terre. C'était une tombe ! Puis une autre, puis cent autres... En un mot nous nous trouvions sur le cimetière d'un hôpital militaire. Nous tournâmes court, et, tout près de là, nous trouvâmes un estaminet devant lequel nos soldats, prêts à rejoindre l'armée, dansaient avec les cantinières.

Parmi nos promenades du matin, j'en citerai encore deux qui marquèrent particulièrement dans mon souvenir. D'abord celle que nous fîmes au château du général russe Benningsen, à deux lieues de la ville. L'empereur Alexandre y recevait une fête à l'heure même où un courrier venait lui apprendre que nous avions passé le Niémen. La confusion qui résulta de cette nouvelle, à laquelle on ne s'était pas préparé, avait laissé des traces visibles dans cette habitation qu'on semblait avoir quittée précipitamment et dans un désordre qui régnait encore.

Il est temps d'en venir à vous entretenir d'une des plus charmantes personnes que j'aie connues, non seulement dans ces contrées, mais dans le cours de ma vie. Je veux parler de la comtesse Mannuzzi de Belmonte. D'origine italienne, son mari possédait d'immenses propriétés sur les bords de la Dwina. Son magnifique château de Belmonte, bien différent des habitations dont j'ai parlé jusqu'ici, était, disait-on, par ses dimensions, son architecture et son mobilier, une demeure royale. Pris et repris alternativement par Oudinot et Wittgenstein, il avait naturellement souffert de cette terrible lutte, qui avait en dernier lieu favorisé le duc de Reggio ; mais, en se retirant, les Russes avaient emmené comme otage le comte Mannuzzi, entièrement dévoué aux Français. La position du prisonnier devait être regardée comme bien grave, parce qu'il était chambellan de l'empereur Alexandre. Pendant ce dernier conflit, sa jeune femme éperdue s'était enfuie de ce champ de bataille avec plusieurs personnes de sa suite, emportant épars quelques bijoux, quelques cachemires et ce qui s'était trouvé sous sa main parmi les pièces de son immense argenterie. C'étaient là toutes ses ressources. Et disons tout de suite que la majeure partie fut employée à secourir nos soldats.

Elle était arrivée à Wilna presque en même temps que mon mari, et celui-ci avait de suite cherché à la rencontrer et lui avait reproché doucement de l'avoir fui avec une terreur si vive. « Je ne vous connaissais pas », lui dit-elle. Cette réponse résumait toute la situation. Nous étions voisines, et mon mari s'était empressé de nous mettre en rapport. Cela devint bientôt de l'intimité. Naturellement, Mme Mannuzzi ne prenait aucune part au mouvement mondain de Wilna ; mais, du matin au soir, nous étions l'une chez l'autre. Elle avait environ vingt-quatre ans ; son visage était délicieux de délicatesse et de distinction, son instruction universelle, comme celle de presque toutes les femmes du Nord, et tous ces charmes étaient complétés par une grâce de manières et de langage qui ne pouvait être surpassée.

De combien de bons moments je lui suis redevable ! Et quels profonds regrets j'ai éprouvés et je ressens encore de n'avoir jamais eu l'occasion de l'accueillir en France !

C'était en vendant une à une aux Juifs avides, qui guettaient toutes les proies, les pièces diverses dont j'ai parlé, qu'elle faisait vivre elle et sa suite encore nombreuse. Ayant conservé des habitudes de grandeur qu'elle n'avait pas encore eu le temps de perdre, sa table était jusqu'ici abondamment servie, et c'était sa desserte confortable qu'elle se faisait un bonheur de distribuer à nos pauvres militaires convalescents et souvent affamés. Ses gens avaient mission d'aller chercher et de réunir tous ceux qui se trouvaient à leur portée.

Cependant, à mesure que les jours s'écoulaient, une inquiétude vague, une sourde rumeur commençaient à se manifester. Les fêtes continuaient. Les figures de la diplomatie restaient impassibles ; mais je m'apercevais que les conférences particulières se multipliaient entre mon mari et le ministre. Traitée à peu près comme une enfant, je n'en apprenais jamais rien ; mais un matin, c'était je crois le 29 ou le 30 octobre, je remarquai tant d'allées et de venues ; le maréchal donna à voix basse tant d'ordres divers à ses officiers ; ses gens aussi prirent tant de mouvement, que je pressentis un départ, et le doute cessa, quand je le vis mettre en ordre ses cartes de guerre et les faire ranger par Pils, dans ses malles.

Le départ était irrévocablement fixé au lendemain, et l'odieux mouvement des apprêts d'un long voyage agitait du haut en bas la maison.

J'avais envie de gronder tous les gens qui s'en occupaient ; j'étais outrée de la mine insouciante des uns et satisfaite des autres. Les aides de camp particulièrement s'applaudissaient de se voir remis en campagne, et je les détestais en ce moment.

Quel dîner ! quelle soirée ! quelle nuit ! Au point du jour, la voiture roula pesamment sous la voûte, et vous le savez, l'on ne peut trouver à la voiture qui emmène le même bruit qu'à celle qui ramène.

Le maréchal m'embrassa silencieusement, tristement, et, après m'avoir de nouveau recommandée aux soins de mon oncle, il disparut me laissant réellement au désespoir.

Ce départ du maréchal et l'affreux silence qui le suivit marquèrent un des plus cruels moments de ma vie ; et les soins de toute nature que me prodigua mon oncle échouèrent devant une telle douleur. Moral et physique étaient à bas, et je fus très malade pendant quelques jours.

C'était sur la nouvelle d'une blessure que venait de recevoir le maréchal Gouvion-Saint-Cyr, que le duc de Reggio, sachant le 2ᵉ corps sans commandement en chef, prit immédiatement la résolution de rejoindre ce poste, et cela sans ordres ni instructions de l'Empereur, dont on ignorait en ce moment la marche et les plans. Cette vive et admirable impulsion créait pour le maréchal une nouvelle et immense responsabilité, mais il ne voyait qu'un point dans cette question, c'était l'intérêt de nos armes et celui de sa conscience.

Le 2ᵉ corps avait évacué Polotsk, et c'était dans sa marche rétrograde vers la Bérésina que votre père allait chercher à rejoindre ses troupes.

Sous un double point de vue, les beaux temps étaient passés; et c'était dans les jours brumeux et décroissants du commencement de novembre, à peine remis d'une grave blessure, qu'il allait au-devant de tant de périls divers.

Hélas! ce n'était plus à la conquête que l'on marchait; et déjà le mot de retraite, si nouveau pour nous, se faisait sourdement entendre.

Le maréchal m'avait recommandée aux soins du duc de Bassano, dont il était convenu que je suivrais les conseils et la direction.

Continuant sa paternelle mission, mon cher oncle cherchait à me distraire par tous les moyens possibles, et il me fit prendre une maîtresse de piano. Il me fit des lectures choisies. Je me prêtais à tout, mais sans zèle ni attention. Alors mon oncle voulut que je me promenasse en voiture. Prévoyant qu'il n'aurait pas besoin de ses attelages, le maréchal m'avait laissé huit de ses chevaux qui, bien soignés et bien nourris, nous rendirent plus tard d'immenses services. Mais, pour le moment, c'était du luxe.

Déjà les premières neiges couvraient le sol, lorsqu'un matin, enfoncés dans notre calèche et allant grand train, nous fûmes tirés de notre léthargie par un brusque écart des chevaux qui était causé par la vue d'un cadavre, sur lequel ils n'avaient pas voulu passer. C'était le commencement.

Cet épisode ne me fit pas prendre en goût les promenades ; cependant je ne pus refuser au duc de Bassano d'aller assister à une revue de la garde napolitaine, qui traversait Wilna pour aller rejoindre Murat. Légère et brillante elle manœuvra sous nos yeux durant une heure ou deux. Ce furent ses adieux au monde, parce que, quelques jours plus tard, les froids ayant augmenté, hommes et chevaux se fondirent peu à peu comme la neige au soleil. Aucun n'arriva à destination.

Tout en faisant la part de l'exagération des bruits fâcheux qui commençaient à courir, nous avions assez de réalité pour étouffer sous le poids de nos préoccupations. L'on envoyait toujours quelques troupes à l'armée, mais personne n'en revenait. Un silence de mort régnait chez le duc de Bassano, comme chez moi. Il venait souvent me communiquer ses préoccupations et recueillir celles qui me débordaient. Chaque jour qui s'écoulait, comme chaque degré du froid qui se faisait de plus en plus sentir, accroissait les tristesses de la position.

A cette date de novembre, environ du 15 au 20, le thermomètre était à douze degrés, et l'on n'avait pas d'autre chance que celle de le voir descendre.

Notre correspondance de France nous avait apporté

jusqu'alors des nouvelles de paix et de santé ; mais un matin je fus saisie d'horreur en lisant, dans une lettre de ma sœur, les affreux détails résultant de l'invasion d'un loup enragé, qui avait mordu dans la ville de Bar dix-neuf personnes, dont dix-sept déjà avaient succombé à l'hydrophobie.

Une visite du ministre interrompit cette lecture : « Il y a aussi, me dit-il, des loups à Paris. » Il venait d'apprendre la conspiration de Mallet! « Jugez de ma position, nous dit-il. Paris est en rumeur, et que puis-je lui mander, pour le calmer? Au lieu de ces victoires auxquelles on est accoutumé et dont la nouvelle ferait à l'instant une heureuse diversion, irai-je dire que nous ignorons en ce moment le sort de l'Empereur et celui de la Grande Armée? Serait-ce un palliatif suffisant que de répéter les derniers rapports que j'ai reçus de Moscou et dont j'ai fait l'expédition? Et pourtant, il faut écrire à ce Paris, si exigeant et si impressionnable; et d'un autre côté, il faut que je fasse ici bonne contenance devant ce corps diplomatique, dont les yeux, toujours ouverts, surveillent mes mouvements. Il faut continuer à faire danser les dames polonaises, qui persévèrent à espérer en nous et qui ne seront peut-être que trop tôt désabusées. Telle est la situation que chaque jour écoulé rendra plus difficile. »

Nous partagions de cœur des angoisses si motivées. A l'intérêt général de la question, se joignaient des craintes et des sentiments personnels, tout palpitants.

Quelques jours bien assombris succédèrent à la confidence du duc de Bassano. Rien ne pouvait plus me tirer de mes noirs soucis. J'avais été avertie par le ministre que toutes les dames réfugiées à Wilna suivraient attentivement et mes impressions et la marche qui me serait tracée ; car, malgré l'espèce de sécurité dans laquelle chacune d'elles voulait encore vivre, des inquiétudes involontaires se faisaient place. Il fallait donc me contraindre et ne rien changer à mes habitudes.

Vous croyez bien qu'aussitôt après le départ du maréchal, j'avais cessé de paraître dans le monde de Wilna ; mais je faisais et recevais des visites du matin ; et, en plus des indigènes, je voyais beaucoup chez moi les officiers supérieurs de service dans la place, et aussi les convalescents qui achevaient là leur rétablissement.

Le comte et la comtesse Abramowietz étaient du nombre de nos assidus. Une particularité, rare partout ailleurs qu'en Pologne, s'attachait à la comtesse, qui en était à son quatrième mari. Tous étaient vivants. Je ne me chargerai pas d'excuser la position religieuse, si révoltante en elle-même et si étrange chez une catholique ; mais le duc de Bassano m'expliqua la position civile, par l'élasticité de la loi, qui, dans tous les actes de mariage polonais, laisse une chance de nullité ou de séparation. Parmi ces quatre maris se trouvait, m'avait-on dit, un Français (comte de Montholon), et je crois, sans l'affirmer, que c'était celui qui a suivi l'Empereur à Sainte-Hélène.

Mme Abramowietz, à part l'étrangeté de sa situation, était d'une bonté, d'une charité parfaites, et les grâces de son esprit et de ses manières m'eussent attirée infailliblement, si les trois premiers époux ne se fussent souvent présentés entre elle et moi. Mais celui qui régnait alors sur ses actions et sur son cœur méritait assurément toute l'affection qu'elle lui portait. Jugez-en par ce qui suit.

Vous le savez déjà, les communications étaient interrompues généralement avec l'armée et plus particulièrement sur la ligne de Moscou. Le duc de Bassano, pressé de faire connaître à l'Empereur l'événement Mallet, et craignant d'en livrer les détails aux chances que les partisans faisaient courir à ses dépêches, cherchait avec anxiété un moyen sûr de faire parvenir son importante nouvelle. Ce fut le comte Abramowietz qui le tira de cette perplexité en s'offrant d'entreprendre à ses risques et périls le trajet en question. « Mais quels moyens emploierez-vous, lui demanda-t-on, pour vous soustraire aux risques redoutés ? — Cela me regarde, répondit-il ; mais ce que je peux vous assurer, c'est que, si vos dépêches ne parviennent point à l'Empereur, aucun autre n'en connaîtra jamais le contenu. »

Là-dessus, le duc de Bassano vint m'engager à profiter de cette occasion pour écrire au maréchal.

Il nous semblait évident que ce dernier revenait, de concert avec le maréchal Victor, vers le point de jonction où ils devraient retrouver l'armée de Moscou. Je remis donc mes lettres au brave voyageur.

De longs jours s'écoulèrent sur cet incident. Un dimanche, pendant la messe, l'on vint me prévenir que M. Abramowietz venait d'arriver. Vous jugez du trouble avec lequel j'abordai la maison. Bientôt, en effet, M. Abramowietz, qui avait commencé naturellement par le duc de Bassano, vint m'apporter et lettres et nouvelles de vive voix. L'ensemble me rassura, et je vis que nous avions bien jugé la position en pensant que le 2ᵉ et le 6ᵉ corps d'armée avaient rejoint l'Empereur.

Soit par prudence, soit par ce sentiment enraciné chez les Polonais, sentiment qui leur fermait les yeux sur le véritable état des choses, M. Abramowietz se renferma dans une grande réserve, au moins vis-à-vis de moi, et ne me laissa pas deviner ce que peut-être il avait déjà révélé au duc de Bassano.

Il était arrivé à peu près au moment où les corps de Bellune et de Reggio rejoignaient l'Empereur, et certes, alors, il avait pu prendre une idée réelle de la position.

Maintenant, par quel miracle avait-il échappé aux embûches du chemin ? Le voici :

Connaissant parfaitement le pays, il s'était décidé à dépister les partisans en traversant successivement divers lacs qu'il espérait trouver entièrement glacés. Arrivé près du premier abîme, il sonda l'épaisseur de la glace avec un long bâton ferré du bout. L'épreuve ne lui parut pas décisive ; mais qu'importe, se dit-il, je ne risque que ma vie et, si je suis englouti, les dépêches disparaîtront avec moi ; marchons. C'est sous cette impression qu'il fit ses premiers pas sur cette glace qui craquait sous ses pieds et laissait le gouffre ouvert derrière lui. C'était en s'élançant légèrement à l'aide de son bâton qu'il avançait ainsi plein d'ardeur et d'espérance, s'étourdissant sur le bruit mortel qui menaçait sa vie à chacun des mouvements qu'il faisait. Mais Dieu le protégea. L'abîme ne s'ouvrit point devant lui ; il le laissait derrière et n'y regardait pas.

S'il eût été englouti, jamais sa femme, ses amis ni son pays n'auraient connu son sort ; et ce modeste courage, celui du devoir accompli, fût resté ignoré.

Quelques jours d'un silence absolu succédèrent aux détails que vous venez de lire. Rien de direct, rien d'officiel ne nous arrivait de cette armée que nous savions en marche pour Wilna... Le froid augmentait et tous les cœurs se serraient en se représentant cette masse d'hommes cheminant entre cette neige qui couvrait tout, et le ciel gris, que ne perçait plus un seul rayon du soleil.

CHAPITRE V

Oudinot manœuvre pour se rendre maître de la Bérézina. — Combat de Borizow. — Le général Corbineau découvre par hasard le gué de Studianka. — Établissement des ponts. — Activité d'Oudinot pour faciliter le passage. — Il est grièvement blessé. — Les détails de la retraite. — Oudinot sur le point d'être pris à Pletchnitzy. — Sa grandeur d'âme et son énergie dans cette circonstance. — Il retrouve la duchesse à Wilna. — L'Empereur quitte l'armée. — Le retour. — Cruelles souffrances. — La nuit du 7 au 8 décembre. — Tous les vivres sont gelés. — Patriotique douleur du maréchal Oudinot en apprenant la perte de son artillerie. — On s'égare en chemin. — Malgré l'évidence, Oudinot ne veut pas croire à la destruction de l'armée. — Le général Rapp à Dantzig. — Traversée de l'Allemagne. — Retour à Bar-le-Duc.

Le 2ᵉ corps, commandé une seconde fois par Oudinot, qui l'avait rejoint le 4 novembre après la blessure de Gouvion-Saint-Cyr, allait s'affaiblissant toujours, pendant qu'au contraire l'ennemi recevait des renforts. Il avait dû se retirer en cherchant à rejoindre le maréchal Victor et voulait s'emparer, à Borizow, sur le cours supérieur de la Bérézina, de la seule route qui pût donner passage à l'Empereur et aux lamentables débris ramenés par lui de Moscou. Lequel des deux, Oudinot ou bien Wittgenstein, serait maître de ce petit cours d'eau, hier fossé insignifiant, gouffre fatal tout à l'heure? Le duc de Reggio et le duc de Bellune possédaient les seuls soldats solides et organisés qui restassent alors en Russie, mais leurs effectifs réunis ne formaient guère qu'un total de vingt-cinq mille hommes. Ils attaquèrent vainement l'ennemi à Smoliantzy et ne purent l'entamer. En même temps, le général polonais Dombrowsky, qui gardait pour nous ce pont de Borizow, suprême espoir! le perdit après un combat sanglant.

L'arrivée soudaine d'Oudinot faillit rétablir la situation. Il fond sur Borizow, surprend l'avant-garde du général Pahlen, lui tue ou prend douze cents hommes, s'élance sur le pont... Trop tard! Les Russes, ne pouvant plus le défendre, venaient de s'enfuir en l'incendiant.

Heureusement, le général Corbineau, qui avait été séparé du 2ᵉ corps depuis la retraite et qui s'était rabattu sur lui un peu à l'aventure, remarqua des paysans qui passaient la Bérézina à gué, vis-à-vis de Studianka, à trois lieues en amont de Borizow. Aussitôt informé, Oudinot s'empressa d'envoyer Corbineau porter ce précieux renseignement à l'Empereur. Napoléon adopta tout de suite l'idée d'utiliser le gué de Studianka et, pour tromper l'ennemi, il ordonna que l'on feignît des travaux de passage sur d'autres points en aval de Borizow.

Il arriva le 26 novembre à sept heures du matin au village de Weselowo, sur la rive gauche de la Bérézina, en face de Studianka, qui est sur la rive droite (1). Il dit à Oudinot, qui avait déjà fait

(1) Thiers dit par erreur que Studianka est sur la rive gauche,

commencer les préparatifs en ayant soin de les dissimuler le plus possible :

« Eh bien! c'est vous qui serez mon serrurier pour m'ouvrir ce passage. »

En même temps, Berthier, assis sur la neige, écrivait les ordres du jour.

Corbineau passa avec quelques cavaliers qui, prenant des fantassins en croupe, allèrent sur la rive droite s'emparer d'un petit bois d'où ils délogèrent quelques Cosaques. En même temps, les pontonniers du général Eblé, plongés dans l'eau jusqu'aux épaules, encerclés par les glaçons qui se cristallisaient autour de leur poitrine, enfonçaient les pieux destinés à l'établissement des deux ponts. Celui de droite fut terminé le 26 à une heure de l'après-midi; celui de gauche trois heures plus tard. Le corps d'Oudinot passa aussitôt sur la rive droite, s'y établit avec deux bouches à feu, se précipita sur quelques troupes russes que commandait le général Tchaplitz, les dispersa en les poussant au delà de Brilowa et assura ainsi la liberté du passage.

Le soir, Oudinot coucha sur ce terrain affreux sans autre abri que des branches d'arbre ; il n'avait même pas de paille, et ne trouvait pour boire rien que de la neige fondue.

Nous devons ici reprendre le récit de la duchesse de Reggio :

(tome XII, page 624). Une note de Victor Oudinot, témoin oculaire, précise ce détail.

Malgré les sinistres pressentiments qui avaient recommencé à s'emparer de moi et nonobstant les bruits menaçants qui avaient repris le dessus, je ne pensais point à quitter Wilna pour mon compte; mais on parlait beaucoup, parmi les réfugiées, d'une retraite prochaine sur Varsovie. Dans aucun cas je n'aurais suivi cette ligne, parce que celle que mon mari m'avait désignée par précaution, en cas d'événement, était celle de Kowno et Kœnigsberg. Mais le duc de Bassano, répondant de moi au maréchal et se croyant certain d'avoir toujours devant lui autant de temps et d'espace qu'il lui en faudrait pour se retirer, ne jugea point à propos de me faire devancer sa marche, ce qui eût été assurément pour toute la ville un signal visible de détresse.

J'attendis donc, satisfaite dans mon malheur de ne point me trouver obligée de m'éloigner des événements.

Nous étions ainsi arrivés au 2 décembre, anniversaire du couronnement de l'Empereur. Huit années s'étaient écoulées depuis ce grand événement que l'on voulut essayer de fêter encore...

Ce jour anniversaire, 2 décembre 1812, se leva brumeux et plus glacial encore que les autres. Mon oncle et moi, mornes et silencieux, attendions notre triste déjeuner en échangeant, non sans effort, quelques paroles avec l'excellent et dévoué M. Verger (commissaire des guerres et secrétaire particulier du maréchal) qui, pour soigner des intérêts divers, était resté, par ordre de mon mari, avec nous à Wilna.

Partageant de cœur toutes nos alternatives, il se trouvait toujours à la hauteur de nos sentiments. Un poids énorme nous écrasait tous trois lorsque, tout à coup, la porte s'ouvre avec fracas et je vois entrer une espèce de fantôme qui me rappelle M. Le Tellier. Je pousse un cri terrible en m'élançant vers lui; il me prend les deux mains, me place dans un fauteuil, s'assied près de moi en tenant toujours mes mains et me dit d'une voix creuse et émue, que j'entends encore : « Je vous apporte des nouvelles de votre mari...

— Ah! mon Dieu, ayez pitié de moi, m'écriai-je. — Calmez-vous, reprit l'aide de camp, il est vivant, il arrive, mais... il a reçu... il est encore un peu... blessé. »

J'avais senti le coup dès l'entrée de M. Le Tellier et je restai anéantie, sans force et sans paroles pour m'éclairer. Vainement M. Le Tellier mit sous mes yeux quatre lignes tracées par votre père, je ne pouvais rien distinguer. Il me les lut alors, et je compris. Les mots de retour en France me ranimèrent et je revins à la vie.

« Allons, dis-je à M. Le Tellier, partons, allons à sa rencontre. — Ah! pour ceci, reprit-il, j'ai une consigne, et vous ne sortirez pas d'ici. — C'est ce que nous verrons, repris-je; pensez-vous que je l'attendrai immobile et sans lui porter sur-le-champ tous les secours qui lui manquent? — Il a prévu votre projet, madame, et m'a prescrit si rigoureusement ma règle de conduite que, dussé-je vous enfermer, je ne vous laisserai point partir. »

Mon oncle, alors, se rangeant à l'avis du jeune homme, je courbai la tête en me résignant à laisser partir seul le bon M. Verger qui s'offrit à porter, sans retard, au blessé tout ce que je pus imaginer de plus utile.

Quand mon parti fut pris et mes dispositions faites, je demandai, avec avidité, à M. Le Tellier tous les détails qui me manquaient. Il eut soin de me dissimuler, autant que possible, la gravité de la blessure; ce qui me laissa la force et la présence d'esprit d'écouter le reste. « Où est l'Empereur, où est l'armée? lui demandai-je d'abord.

« — L'Empereur, reprit-il d'un air sombre, c'est de ses victimes que nous avons à nous occuper; sa folle et gigantesque entreprise, son ambition sans limites, son égoïsme sans exemple, nous coûtent quatre cent mille hommes... Vous voulez savoir des nouvelles de l'armée, madame; elle n'existe plus... Regardez-moi, je suis un des plus forts, l'un des mieux vêtus, de ceux qui, en petit nombre et par miracle, ont échappé à cet immense naufrage! »

Des larmes de rage et de désespoir arrêtaient parfois la parole véhémente du jeune homme. Que vous dirai-je? pendant deux heures de suite, renfermés, lui, mon oncle et moi, nous écoutâmes le terrible récit de la retraite de Moscou. Il nous le fit, par tradition, jusqu'au moment où il vit, de ses yeux, le 2ᵉ corps rejoindre les restes effarés de la Grande Armée. Cette jonction, à laquelle il faut ajouter celle du 6ᵉ corps (maréchal Victor), commença au 20 novembre et ne fut guère accomplie avant le 25.

Tout le monde a su, dans le temps, avec quel étonnement la plupart des échappés de Moscou revirent des troupes organisées ayant encore leurs armes, conservant leurs numéros et reconnaissant leurs officiers. L'on espéra que l'exemple allait opérer un bon effet; hélas! ce fut le contraire qui prévalut. Les mauvais entraînèrent beaucoup des bons, et les 6ᵉ et 2ᵉ corps qui, par comparaison, avaient d'abord été fiers et satisfaits de présenter encore l'un trois mille et l'autre six mille hommes en bon ordre, de quarante mille dont chacun se composait au début de la campagne, les 2ᵉ et 6ᵉ corps, dis-je, se virent bientôt soumis, en partie, au sort commun après le passage de la Bérézina.

Ce fut le 24 novembre, après sa jonction, que le duc

de Reggio envoya trois cents hommes à Aukoholda pour y simuler la construction d'un pont sur cette rivière ; tandis que, dans la nuit qui suivit, l'on commença, le plus secrètement possible, le véritable pont vers Studianka.

Le 26, le maréchal Oudinot passa le premier. L'Empereur le suivit le 27. Wittgenstein pressait notre retraite par les derrières, tandis que le corps de Tchitchakoff l'attendait sur le bord du côté de France. Ainsi, sans la ruse habile du maréchal Oudinot, sans ce simulacre de pont qui trompa l'amiral et lui fit concentrer ses forces sur un point éloigné de celui où l'on voulait réellement passer la Bérézina, notre armée et son chef, pressés devant et derrière par les Russes, étaient perdus.

C'est votre père, mes enfants, qui a sauvé ce qui est revenu de là, et cette justice lui fut unanimement rendue.

Malgré la diminution du nombre, ce passage se prolongea plus longtemps que s'il se fût agi d'une armée bien organisée ; et il n'était pas à sa fin lorsque Tchitchakoff, reconnaissant sa méprise, accourait à notre rencontre, tandis que Wittgenstein était sur notre dos. Ce fut alors que la traversée de cette fatale rivière prit ce caractère d'horreur qu'aucun récit ne peut rendre, et que je ne me charge point de vous présenter ici.

Le 28, la neige tombait si dru qu'on ne se voyait point à trente pas. Oudinot essayait de contenir le général Tchitchakoff qui arrivait de Borizow en remontant la rive droite de la Bérézina. On combattait en tirailleurs, parmi des bois semés de clairières ; un peloton de Cosaques, subitement surgis du sol blanchi, ayant attaqué notre artillerie, le duc de Reggio envoya un aide de camp en arrière chercher un escadron de cuirassiers ; il attendait impatiemment sous une grêle de balles, gai pourtant dans le danger, et chantonnait entre ses dents à l'adresse des projectiles : « Tu ne m'attraperas pas encore. » Tout le monde avait les yeux fixés du côté par où devaient venir les cuirassiers, lorsque le maréchal tomba tout à coup du haut de son cheval.

Pendant que l'on s'écrasait sur le pont et que dessous l'on mourait noyé, gelé ou coupé par les glaçons, votre père marchait toujours devant lui en combattant. Il en fut ainsi jusqu'au 28, jour où il reçut, dans le bois de Zamwki, une balle qui le traversa. Le pied retenu dans son étrier, il était traîné, la tête en bas, par son cheval effaré, lorsqu'un de ses aides de camp qui, heureusement, était à sa portée, se précipita à la bride de l'animal et empêcha un plus grand malheur.

Le maréchal avait été tiré de bas en haut ; la balle était entrée dans le côté à plusieurs pouces de profondeur ; mais, par suite de cette destinée qui a multiplié autour de votre père toutes les sortes de dangers et qui a toujours préservé sa vie, cette balle, malgré la longue route qu'elle avait parcourue, n'avait rencontré aucun organe essentiel.

L'on emporta, comme on put, à travers la bataille qui continuait, l'illustre blessé qui avait perdu la parole, mais non la connaissance. La triste nouvelle parvint bientôt à l'Empereur, qui se trouvait non loin de là. Il ordonna de suite qu'on mît toute sa faculté chirurgicale et médicale à la disposition du blessé et lui envoya son fils Victor qui était alors, vous le savez, dans les chasseurs de la garde. Le triste convoi parvint sans accident à l'ambulance, et tandis que les Desgenettes, les Boyer s'empressaient autour du maréchal, tandis que son fils consterné et ses aides de camp pleins d'alarmes étaient groupés autour de lui, M. Capiomont, chirurgien en chef du 2ᵉ corps, fendant la presse, vint réclamer son privilège en disant qu'à lui seul appartenait le droit de traiter son général en chef.

Le maréchal refusa d'être attaché. Pils lui donna une serviette à mordre et l'opération commença. Vainement le bistouri parcourut six à sept pouces de profondeur, il n'atteignit point la balle, qui ne fut jamais extraite.

Le blessé ne s'était affaibli ni physiquement ni moralement ; il avait entendu tout ce qui se disait autour de lui à voix basse, et notamment ce propos du docteur Desgenettes : « S'il vomit, il est mort. » Cet accident ne se produisit point et l'on put enfin poser le premier appareil. Mais, hélas ! tout aussitôt il fallut mettre en mouvement le martyr, afin de l'éloigner au plus vite du champ de bataille. Il fallait entreprendre, par un froid horrible et des dangers de toute nature, un voyage de près de cent lieues.

Je dois vous rappeler ici que M. Le Tellier m'avait ménagée, autant que possible, en ce qui concernait l'intérêt principal que j'avais dans son récit ; mais il n'épargnait pas le noir dans le reste de ses tableaux. « Et maintenant, qu'allons-nous devenir, disait-il, en supposant que les restes de la Bérézina résistent, en partie, aux froids qui augmentent, à la faim que rien n'apaise sur cette route dévastée, et enfin aux Russes qui nous poursuivent méthodiquement et en bon ordre ? En admettant, dis-je, qu'un débris de ce qui fut la Grande Armée arrive jusqu'ici, qu'en fera-t-on?

« Dans quelles conditions et comment regagner nos frontières ? Et pourtant, répétait avec rage le jeune homme, nous n'avons jamais été vaincus par l'ennemi. Nous n'avons cédé que sous l'empire du froid et de la faim ; mais quant aux Russes, chaque fois que, durant la retraite, nous faisions volte-face, nous les battions.

« Lorsqu'il fut question d'établir dans la Bérézina, à moitié gelée, les fondations de ce pont historique, seule planche de salut qui nous fût offerte, à la voix de leur chef, ces hommes de résolution et de devoir s'enfoncèrent en silence dans l'eau, n'interrompant leur travail que pour détourner d'eux les énormes glaçons qui menaçaient de les couper comme aurait pu le faire une lame. Ils enfonçaient les pieux, base de l'édifice, et frappaient jusqu'au moment où ils sentaient la mort les saisir. Aucun ne remontait, mais il en descendait d'autres pour compléter l'ouvrage. Ouvrage d'un jour qui doit laisser un immortel souvenir !

« Depuis longtemps privée d'une nourriture quotidienne, l'armée souffre cruellement. Votre mari et, par conséquent, son état-major, se ressentent de cette pénurie ; mais le pire est peut-être encore l'absence de gîtes sous cette température infernale. Sans autres ressources que nos manteaux, depuis longtemps nous couchons dans la neige ; heureux quand, auparavant, nous avons pu trouver place aux feux des bivouacs, qui envoient plus de fumée que de chaleur à ceux qui se pressent pour s'en approcher. Nous revenons en guenilles. »

Je regardai alors avec plus d'attention le narrateur. Sa figure, toujours belle, mais tragique, avait quelque chose de si sombre que j'en restai atterrée. Lorsqu'il m'était apparu, deux heures auparavant, j'avais cru voir un fantôme, et, en effet, ses joues creuses, son désespoir, la fumée des bivouacs incrustée sur sa peau, lui donnaient une teinte toute cadavéreuse. Ses vêtements étaient usés, ternis, presque sans couleur. Ses bottes étaient serrées et rattachées par des ficelles; en un mot, la catastrophe qu'il venait de décrire si éloquemment semblait s'être personnifiée en lui.

« Mais, finalement, où donc avez-vous laissé le maréchal? lui dis-je. — En marche pour Wilna, me répondit-il; il a dans sa voiture son fils, son docteur, et un aide de camp; sur son siège il a Pils et un valet de pied. Il est entouré d'une escorte, devenue bien nécessaire, par suite de la présence des Cosaques qui parcourent toute la contrée que nous avons à traverser.

« Vous le voyez, madame, continua M. Le Tellier, il était impossible de vous laisser courir les chances d'un tel voyage. — Mais, mon Dieu, repris-je, est-ce qu'elles ne sont pas redoutables aussi pour le blessé? — Non, puisqu'il a une escorte qui vous aurait manqué. Je vous le répète, la vie et la marche du maréchal sont assurées. »

La vie, oui, j'en pris l'assurance dans ces quatre lignes qu'il avait eu le courage de me tracer, et dans la parole de son premier aide de camp. Mais sa marche me préoccupait beaucoup et, cependant, qui pouvait prévoir ce que j'aurai à vous en dire tout à l'heure?

Malgré son état d'épuisement, ce fut à peine si M. Le Tellier voulut prendre le temps de manger, ni même celui de changer de vêtements, avant d'aller rendre compte au duc de Bassano de la situation générale de nos débris dont il était, du reste, la personnification; mais il n'y avait plus rien à cacher: aussi le jeune homme déroula-t-il au ministre le noir et terrible tableau qu'il venait de faire passer sous mes yeux. Il se renferma après dans un silence absolu, par suite de la consigne que lui avait donnée le maréchal de ne révéler qu'à qui de droit le récit de nos misères. J'étais rassurée, comme on l'a vu, sur l'existence de Victor qui, par ordre de l'Empereur, accompagnait son père. Je savais aussi que les généraux Pajol et de Lorencez, ayant la vie sauve, restaient l'un et l'autre à leur simulacre de commandement. Le mutisme du ministre, comme le nôtre, n'arrêta pas longtemps les bruits sourds, mais significatifs, qui commencèrent à se répandre dans toute la ville de Wilna. La nouvelle de cette seconde blessure du maréchal, à elle seule, était déjà un grave indice qui m'attira immédiatement de nombreuses marques de sympathie. Ce que le duc de Bassano avait prévu se réalisait ; l'alarme était partout, et l'on accourait chez moi pour connaître la direction que j'allais suivre, avant de s'arrêter à celle que l'on prendrait soi-même.

Le 29, dans l'après-midi, la voiture d'Oudinot atteignit le village de Pletchnitzy. On le fit entrer dans la maison d'un Juif ; on l'étendit sur un lit de paille, et son chirurgien Capiomont le pansa. Le pansement à peine terminé, Victor Oudinot entre brusquement et dit à son père :

— « Console-toi, cher père... nous sommes tous prisonniers. »

Le maréchal se leva sur son séant, aperçut à travers les carreaux le bout des lances des Cosaques, et répondit à son fils avec son énergie habituelle :

— « F...-moi le camp et bats-toi ! »

Il était en ce moment sans uniforme et revêtu d'une simple pelisse. Alors un juste sentiment de fierté soutint ce corps débile : le maréchal de France Oudinot, duc de Reggio, jugea que, même blessé, il devait conserver une tenue conforme à son rang pour paraître devant l'ennemi en quelque situation que ce fût, et demanda son grand cordon en disant : « Au moins, s'ils me prennent, ils sauront qui je suis. » Puis, armé d'un pistolet, il monta avec ses officiers sur des chevaux que l'on n'avait même pas eu le temps de brider.

Par bonheur, les Cosaques se dispersèrent et s'attardèrent au pillage de quelques voitures abandonnées. La petite troupe profita de ce répit pour se jeter dans une maison où le général Pino s'était réfugié avec une dizaine de grenadiers et qui était entourée d'une palissade en bois : vraie petite forteresse où l'on pouvait soutenir un siège. Les Cosaques revinrent bientôt ; cette fois ils avaient de l'artillerie et un boulet bien lancé effondra la toiture. Les assaillants, ayant mis pied à terre, s'approchèrent, mais leurs rangs furent si éclaircis par les coups de pistolet tirés des fenêtres qu'ils s'enfuirent presque aussitôt. Enfin, à la nuit, le général westphalien Hamerstein, suivi d'une poignée d'hommes, parut sur les hauteurs de Pletchnitzy, réunit quelques traînards au son du tambour, leur donna de la cohésion et les conduisit à la délivrance d'Oudinot (1), que l'on put

(1) Cette aventure de Pletchnitzy est rapportée un peu plus loin dans les *Souvenirs de la duchesse de Reggio*. Néanmoins on a cru

faire arriver sans encombre à Wilna le 3 décembre :

La nuit qui suivit cette terrible journée du 2 décembre me parut bien longue. Dès le matin du 3, mon oncle entra dans ma chambre suivi de Mme Morel qui m'obligea à prendre un peu de chocolat dont, certes, je ne ferais pas mention si les restes n'étaient venus en aide à un affamé qui se précipita sur le plateau emporté par Mme Morel. C'était dans la pièce voisine que j'entendais un mélange de voix et de porcelaines s'entre-choquant ; et je n'avais pas eu le temps d'aller aux informations lorsque mon oncle, qui était sorti précipitamment, rentra avec Victor. Ce dernier prévint toute appréhension en me criant, de la porte, que son père n'allait pas plus mal et qu'il venait de sa part m'annoncer son arrivée probable pour le lendemain.

La satisfaction que me causa cette nouvelle dissipa bien vite la terreur d'un instant dont j'avais été saisie à la vue du voyageur. Celui-ci mourait réellement de faim ; et c'était lui qui, voyant sortir de ma chambre le reste de mon déjeuner, s'était jeté dessus comme le loup sur sa proie.

« Eh bien ! dis-je à Victor, je pourrais gagner vingt-quatre heures en allant à sa rencontre, et, puisque vous êtes arrivé sans obstacles, pourquoi en trouveriez-vous contre mon vœu ? » Mon beau-fils ne fut pas plus facile que ne l'avait été M. Le Tellier sur ce chapitre, et vous allez le comprendre quand vous aurez lu ce qui suit.

« D'abord, me dit Victor, c'est providentiel si nous avons, Le Tellier et moi, évité les Cosaques semés sur la route ; mais écoutez maintenant ce que Le Tellier n'a pu vous dire et rendons grâce à Dieu d'avoir échappé

---

devoir la raconter ici d'après les Mémoires de Pils, témoin occulaire, les deux récits se complétant l'un par l'autre.

aux dangers compliqués auxquels mon père a été exposé, peu après le moment où il vous eut expédié son premier aide de camp. »

Vous trouverez, mes enfants, dans les récits de la campagne de Russie le fait inouï de Pletchnitzy ; néanmoins, le voici :

Couché dans sa voiture où se trouvaient en plus son fils, un aide de camp et son chirurgien, le maréchal voyageait au pas de son escorte d'infanterie. On s'avança d'abord avec méfiance et précaution ; mais, à la seconde journée, la route continuant à paraître libre, le blessé voulut tenter d'accélérer un voyage si pénible et donna l'ordre de devancer le détachement pour gagner le gîte indiqué. C'était le village de Pletchnitzy.

On déposa le maréchal dans une chambre chauffée par un poêle. Il s'y croyait seul et attendait, sur un grabat, que le docteur Capiomont eût préparé son pansement, quand un coup de canon vint ébranler sa baraque, construite en bois, comme toutes les habitations du pays, et fit ricocher un éclat de la cloison sur la victime. Au même instant quatre ou cinq enfants juifs furent précipités du haut de ce poêle où ils gisaient entassés au chaud, sans mot dire. En même temps entrèrent Victor et ces messieurs, annonçant au maréchal que le village était cerné par cinq cents Cosaques, ayant avec eux deux pièces d'artillerie, dont l'une venait déjà de donner de ses nouvelles.

Tout compté l'on se trouvait de vingt-cinq à trente hommes pour défendre cette belle prise, un maréchal de l'Empire ! Le croirez-vous ? votre père, surexcité par la la pensée d'être prisonnier des Cosaques, exigea qu'on le montât à cheval. Il ne put s'y soutenir, et on le rapporta presque évanoui sur son malheureux lit, tandis que chacun, sans exception, courut à la défense. L'on se servit de tout pour former des espèces de barricades autour de la maison. Pendant ce temps le maréchal avait repris connaissance et il trouva, à ses côtés, la femme de l'intendant militaire Martouret, laquelle, à ses risques et périls, avait suivi son mari dans toute la campagne.

Elle avait supporté, avec un courage extrême, les épreuves inouïes de cette retraite. Sa santé y avait résisté, et elle en avait profité pour être utile et secourable à chacun.

En la reconnaissant, le maréchal se fit remettre par elle des pistolets et, de son lit, visant juste par une ouverture qui se trouvait en face, il tira sur les Cosaques. Ses coups se perdirent dans la bagarre; la lutte était vive, car chacun était décidé à se faire tuer plutôt que de se rendre; mais soit que cette défense leur en ait imposé, soit qu'ils aient ignoré l'importance du grade qui leur eût fait un si beau trophée, ils ne profitèrent pas avec intelligence de leur situation et donnèrent à un débris de colonne de l'armée française le temps d'arriver. Aussitôt qu'ils l'aperçurent ils ne pensèrent plus qu'à se jeter, en pillards, sur les équipages et les chevaux de main qu'ils purent trouver; et ce fut, de leur part, une fuite plutôt qu'une retraite; ainsi se termina l'aventure. Elle avait, naturellement, allumé le sang du blessé qui, tout en rendant grâce à Dieu de l'espèce de miracle qui venait de le sauver, passa une très mauvaise nuit.

Dans toute autre position on eût regardé la continuation de son voyage comme impossible, mais ce dernier mot était rayé du dictionnaire de cette époque! L'on se mit donc en route le lendemain, mais à pas lents, au milieu d'une escorte que l'on n'eut plus la tentation de dépasser.

Cette journée du 3 fut employée par mon beau-fils à raconter, et par mon oncle et moi à écouter.

Plusieurs officiers du maréchal le devancèrent en me confirmant son approche. Il était temps, grand Dieu! car le thermomètre était descendu à dix-huit degrés, et je voyais avec désolation la nuit s'approcher, lorsque le bruit de la voiture sous la voûte se fit enfin entendre. Cette fois, c'était le bruit du retour, mais dans quelles conditions, hélas! J'accourus à la portière; elle était ouverte et rien n'en sortait. Les gens semblaient gelés sur le siège; c'était sinistre. Enfin, à grand'peine, doucement soutenu par son entourage zélé, le maréchal, brisé par la souffrance et raidi par le froid, put être sorti de la voiture. On voulut le porter pour monter l'escalier, mais il s'y refusa, et courbé en deux, méconnaissable de la tête aux pieds, il arriva anéanti devant le feu qui l'attendait.

Je pus alors constater l'inconcevable changement qu'une grave blessure, et peut-être plus encore des souffrances morales si vivement ressenties, avaient opéré dans cette nature si forte et si vivace. J'en éprouvai une rude atteinte, est-il besoin de vous le dire? Mais il ne s'agissait pas de penser; il fallait agir. Un lit bien chaud fut de suite préparé, et j'assistai au pansement de cette plaie béante, qui ne voulut jamais rejeter le projectile, mais qui se débarrassa peu à peu de ce qu'il avait fait entrer avec lui. Ainsi, chemise, flanelle, uniforme, wistchoura d'astrakan, la balle avait fait entrer tout cela devant elle, et ce ne fut qu'après que cette nature vigoureuse eut expulsé tous ces corps étrangers, que la blessure put se cicatriser; mais nous n'étions encore qu'au début.

Cependant la chaleur et ce pansement opéré paisiblement avaient amené un bien-être visible, qui se marqua sur cette figure dont l'expression servait, pour ainsi dire, de thermomètre à chacun.

J'étais, pour mon compte, suspendue à ce regard et à cette parole, qui s'étaient adoucis à mon approche sans doute, mais qui avaient repris aussitôt une sombre expression de tristesse et presque d'irritation. Je n'avais vu encore le maréchal qu'heureux ; j'ignorais donc quel effet un chagrin ou un mécompte pouvaient produire sur cette organisation nerveuse au superlatif. Je ne fus pas longtemps sans m'apercevoir qu'il ne fallait pas dérouler devant lui le tableau des misères qu'il venait de voir. Le mot *désastre* lui était si nouveau, qu'il ne pouvait l'entendre. Et pourtant, excepté chez ceux qui étaient sous sa dépendance, le maréchal n'avait pas le pouvoir d'arrêter le torrent d'invectives qui se débitaient contre l'Empereur. Il ne pouvait s'opposer aux récits animés des maux qu'on lui attribuait.

Un peu reposé du pansement qui avait été le début de la soirée, le maréchal demanda à manger, et voulut que l'on servît près de son lit une table, à laquelle il invita naturellement ses compagnons de voyage. Ils étaient assez nombreux et tous affamés. A la vue du linge blanc, de l'argenterie, de l'éclairage, et surtout à l'odeur des plats succulents que je m'étais plu à leur faire préparer, il y eut un hourra de surprise, aussi bien que de satisfaction ; et, à ma grande joie, le maréchal en avait donné le signal. « N'est-ce pas un rêve, disait-il à ces messieurs qui faisaient chorus, de retrouver une table bien garnie ? » Et là-dessus s'accumulaient les détails désolants de leurs privations.

On mangea longtemps, et j'avais à la fois envie de rire et de pleurer de tout ce que je voyais et entendais.

La nuit qui suivit fut bonne pour le maréchal; mais, dès le lendemain, son lit fut assiégé, non seulement par tous ceux qui étaient restés à Wilna, mais par ceux qui commençaient à y arriver en foule et en désordre. C'était le sauve-qui-peut qui commençait; et votre père, ne comprenant rien aux combinaisons, en dehors du devoir et de la discipline, s'irritait vivement à chaque occasion. Rien ne pouvait l'amener à la conviction de cette terrible vérité qui ressortait de tout, c'est qu'il n'y avait plus d'armée.

Chaque jour amenait à Wilna des masses de blessés, de malades, de soldats sans chefs et de chefs sans commandement. Des convois de soldats mourants, entassés dans des voitures, ne trouvaient plus de place dans les hôpitaux déjà encombrés. Le gouverneur, perdant le peu de tête qui lui restait, ne mettait, disait-on, ni hommes ni choses à leur place, et laissait s'accumuler ainsi les chances du désordre affreux qui éclata peu de jours après, lorsque l'ombre de quelques corps semblant encore organisés se présenta à son tour.

Le maréchal, sachant tout ce qu'il y avait d'approvisionnements de toutes sortes à Wilna, soutenait qu'on pouvait et devait s'y défendre assez longtemps pour se refaire et se réorganiser un peu. Il avait à ce sujet de vives discussions avec toutes les sommités qui entouraient son chevet. Que de noms historiques je pourrais citer parmi ceux-ci! C'était le maréchal Gouvion-Saint-Cyr, dans sa froide impassibilité; c'était le général Pajol, faisant un parfait contraste avec le premier, l'un blâmant par un silence expressif, l'autre s'exhalant en plaintes énergiques. Sur tous planait le duc de Bassano, qui, le matin du troisième jour après l'arrivée de mon mari, vint plus tôt qu'à l'ordinaire, manifestant le désir de lui parler en tête-à-tête.

L'entretien fut court, mais d'une telle nature, qu'en se séparant, les deux interlocuteurs se dirent un adieu expressif et particulier. Je me trouvais sur le passage du ministre; il me prit à part, et d'une voix basse et pressée, il me dit : « Je viens de déterminer le maréchal à partir aujourd'hui; hâtez les apprêts le plus possible, vous n'avez pas un moment à perdre. — Comment, lui dis-je, avez-vous pu obtenir une si prompte décision du maréchal, qui luttait encore hier contre tous, voulant qu'on se défendît ici? — Ah! me fut-il répondu, mon argument était déterminant », et, baissant encore la voix, il ajouta : « L'Empereur est passé cette nuit pour retourner en France... »

Je crus rêver, à ces paroles, mais je compris que ce n'était pas le moment de les commenter. Je reçus les adieux du ministre et lui fis les miens. Il partait le lendemain et nous engageait fort à le devancer. Vous dire dans quelle agitation je retrouvai votre père est, je pense, superflu. C'était avec rage qu'il reconnaissait aujourd'hui l'impossibilité de la lutte, et, forcé de céder le terrain, il voulut alors le quitter le plus tôt possible. On précipita donc les apprêts; mais des scènes lamentables vinrent se mêler à ce mouvement. C'était Mme de Mannuzzi qui venait nous faire de déchirants adieux, décidée qu'elle était à partager, quel qu'il fût, le sort de son mari. C'était Mme Abramowietz, qui voulait suivre le sien dans notre armée et profiter de l'escorte du maréchal.

Que vous dirai-je? C'était un désordre moral et matériel dont rien ne saurait vous donner l'idée, et qu'un froid mortel venait compliquer de la manière la plus cruelle. Ce fut dans cette fatale journée et dans la nuit qui la suivit que le thermomètre descendit de dix-huit degrés à vingt-huit!

Vous jugez de ce que cela nous promettait.

Nous laissions Victor derrière nous, à notre grand regret; mais il voulait attendre, quelque impossible qu'elle parût à nos yeux, la chance d'une direction officielle. Le maréchal lui laissa le soin de rassembler les restes ruinés de ses chevaux et de ses équipages, dont il ne put presque rien retrouver.

Le général Pajol nous avait devancés; quant au général de Lorencez, encore retenu par l'ombre du 2ᵉ corps, dont il représentait l'état-major, il ne reprit le chemin de la France que l'un des derniers.

Couché et empaqueté soigneusement dans ma bonne voiture, qui était une dormeuse avec ses matelas, le maréchal s'y renferma, m'ayant à ses côtés et Mme Morel en face, tandis que mon oncle, MM. de Bourcet, Jacqueminot et Capiomont, s'installèrent dans la voiture du maréchal, beaucoup moins commode que l'autre. Ces trois derniers étaient atteints, à divers degrés, de l'une des maladies qui détruisaient l'armée, la dysenterie; une quatrième victime de ce fléau vint implorer leur commisération, disant qu'une des deux places de leur siège qui lui était désignée serait pour lui un arrêt de mort. Ils étaient déjà très serrés au nombre de quatre; mais, je l'ai dit, le mot impossible n'existait pas alors; ils firent donc monter, en cinquième, le malheureux M. Rouget, le maître d'hôtel du maréchal, qui, tantôt à genoux au milieu d'eux, tantôt allongé en partie sur leurs genoux, se tordait sous toutes les formes en excitant vivement leur pitié.

Si le pauvre homme reporta ses souvenirs aux temps

heureux où sa fierté se trouvait blessée de monter sur un siège de voiture commode, combien il dut alors regretter la position qu'il avait tant dédaignée au début de cette fatale campagne. On lui devait du reste tous les services et tous les égards possibles, en échange du zèle intelligent qu'il avait déployé pour nourrir son maître, quand tout manquait autour de lui. Il eut notamment la gloire de faire griller des côtelettes de mouton dont l'Empereur prit sa part, peu avant le passage de la Bérézina.

Le siège de cette seconde voiture fut occupé par deux de nos gens; sur le nôtre se placèrent Pils et le cuisinier. Après nos tristes adieux à Victor et à tous les blessés, moitié gelés, qui encombraient nos appartements au moment du départ, l'on ferma les portières et il était temps; car le froid nous mordait déjà.

Les voitures s'ébranlèrent et firent bientôt voltiger la neige comme de la poussière. Nous avions une escorte de vingt cuirassiers, parfaitement équipés et enveloppés dans leurs grands manteaux blancs. Mais, sauf quelques pâles Juifs frissonnant en courant à leurs spéculations que rien ne ralentit jamais, pas un être vivant ne se trouva sur notre passage dans les rues de cette ville que j'avais abordée avec un cœur si épanoui deux mois auparavant.

Le brave M. Le Tellier, avec sa figure de fantôme, s'étant déclaré le plus valide de ses camarades, avait voulu faire le service de cette terrible journée, et i galopait énergiquement près de notre voiture. Il s'y maintint, tandis que je voyais peu à peu diminuer le nombre des cuirassiers de l'escorte. En est-il arrivé un seul à notre premier bivouac? Je ne le sais, parce que la nuit mit fin à toute observation. Je me souviens seule ment que les deux derniers soldats que je pus apercevoir avaient leurs longues moustaches raidies par les glaçons qu'avait formés leur respiration.

Bientôt, tout se confondit, mais pas assez tôt, cependant, pour qu'arrivée au pied de la fameuse montagne qu'il fallait gravir, je ne pusse distinguer des soldats immobiles semés sur toute la pente qu'ils avaient vainement tâché de gravir. Surpris par le froid, ils étaient tombés, et là, quand on tombait, l'on ne se relevait plus... Quelques mares de sang s'étaient échappées de leur poitrine et de leurs narines et rougissaient la neige.

Rien n'a jamais pu effacer la terrible impression qui m'est restée de cette ascension à travers ce champ de morts, qui n'était cependant que le commencement de la fin. Nos chevaux, ferrés à glace, montèrent vigoureusement cette pente droite et raide, et bientôt nous laissâmes derrière nous ce douloureux spectacle.

Le maréchal gardait un profond silence ; il sentait instinctivement tout ce que je devais souffrir de ce qui se passait sous mes yeux ; mais il en souffrait trop lui-même pour me questionner. Nous allions comme le vent sur ce plateau, que nous avions parcouru avec tant de difficultés quelques semaines auparavant.

Mais la neige avait aplani les chemins...

Bientôt je ne distinguai plus sur sa blancheur que M. Le Tellier galopant toujours à la portière. Je ne saurais dire au juste l'heure à laquelle il fit arrêter la voiture, en nous criant qu'il allait nous faire préparer un gîte dans un bâtiment qu'il apercevait. Il revint bientôt. « Vite, madame la maréchale, me dit-il en ouvrant la portière, aidez-vous. » Saisie par une horrible sensation de cette température de mort, je me demandai comment mon blessé allait la supporter. Nos malheureux domestiques, blottis par le froid sur leurs sièges extérieurs, eurent cependant l'énergie de remplir leur devoir. L'on transporta le maréchal sur un de ses matelas, et l'on nous dirigea vers une espèce de hangar qui n'avait plus de forme, et qui me sembla entouré au loin de plusieurs grands cercles noirs qui se dessinaient sur cette neige éternelle. C'étaient des hommes, qui tous se mouvaient encore à cette heure; mais le lendemain...

La maison de poste à moitié brûlée, dans laquelle nous fit entrer M. Le Tellier, avait été encombrée dans la journée, non seulement par ceux qui, revenant de l'armée, avaient pu résister au froid et arriver jusque-là, mais par ceux qui, en sens inverse, arrivaient de Kœnigsberg pour rejoindre ce qu'ils appelaient encore l'armée. C'était l'état-major et la dernière partie de la division Loison, laquelle avait été appelée par l'Empereur. C'était le général et ses officiers qui avaient cherché là un abri dans cette maison, la seule qui se trouvât sur cette ligne dévastée, et dont une partie avait été démolie pour fournir au feu du bivouac que nous apercevions.

L'encombrement était tel (ces derniers détails, je ne les ai reçus qu'en France) que M. Le Tellier eut mille peines à pénétrer. Il battait les uns et marchait sur les autres, criant à tous que le maréchal Oudinot, mourant, avait aussi droit à une place. Rien; personne n'écoutait, personne ne se rangeait ni ne se défendait. L'autre, furieux, s'exaspérait en vain; mais bientôt il s'aperçut que plusieurs étaient moribonds et quelques-uns déjà morts. Il chercha à traîner au dehors plusieurs de ces derniers, pour nous faire place; mais ceux qui restaient, profitant de ses soins, avec cet instinct égoïste de la bête, qui était, pour la plupart, le seul sentiment qui leur restât, en prenaient plus à leur aise. Cependant, après avoir traversé la première pièce, où régnait cet effroyable pêle-mêle, l'on nous fit pénétrer dans la seconde pièce, remplie des officiers du général Loison. Ils y étaient tellement entassés qu'ils ne pouvaient ni s'y asseoir, ni s'y étendre, et restaient debout pour tenir moins de place, à commencer par le général, qui, au nom de mon mari, obtint la place strictement nécessaire pour déposer devant le poêle le petit matelas sur lequel il était étendu. Je m'assis sur le pied de ce matelas. Le contenu de nos deux voitures prit place à ce couvert, et même la pauvre Mme Abramowietz qui, seule dans sa calèche, avait suivi notre sort.

Lorsque je reviens sur tous ces détails, lorsque je me représente mon état moral au milieu de ces horreurs, je m'explique parfaitement cet excès de personnalité, dont on a tant parlé à cette époque. Certes, je souffrais beaucoup de ce que je voyais; mais ce sentiment était tellement secondaire relativement à ce que je ressentais pour ceux que j'aimais, et, faut-il l'avouer? pour moi-même, qu'aujourd'hui je me trouve avoir fait partie de ces insensibles qui ont fait ajouter à la langue française le mot *démoralisation*.

Le docteur Capiomont voulut essayer de panser son malade; mais tout gelait entre ses mains, il fallut y renoncer. L'on tenta d'utiliser les provisions apportées d'une part de Wilna, et de l'autre de Kœnigsberg; mais pain, vin, jambon, volailles, rien ne put être dégelé, même près du poêle, autour duquel on se pressait. A peine une légère humidité paraissait-elle à l'extérieur de ces comestibles; l'intérieur restait dur comme la pierre; on y renonça.

La vue de nos misères avait singulièrement frappé cette fraction de militaires qui, partant d'un lieu encore civilisé et bien approvisionné, n'avaient pu, sur les premières rumeurs qui leur en étaient arrivées, se faire une juste idée de la position; mais, s'ils en étaient attristés et frappés, chacun de nous éprouvait aussi un sentiment bien pénible, en songeant que leur devoir les obligeait à marcher au-devant d'une destinée identique à celle des restes de l'armée. Le maréchal avait échangé là-dessus quelques tristes paroles avec le général, mais en adoucissant toujours les couleurs. C'était dans son cœur navré qu'il les voyait telles qu'elles étaient, sans en faire l'aveu. Au reste, bien réellement il espérait encore qu'on pourrait rallier quelques-uns de nos débris sur la Vistule; mais il comptait d'abord sans la nuit désastreuse qui s'écoulait à l'heure même, et qui acheva notre cavalerie, et sans les deux défilés de Wilna, d'abord, et de Kowno, plus tard, où resta notre artillerie. Le deuxième corps notamment était parvenu, par un effort surhumain, à ramener la sienne presque entière jusqu'à Wilna, et l'un des cris de douleur les plus prononcés que j'aie entendu pousser au maréchal, ce fut quand le général Maison lui annonça la perte totale de ce matériel, qui resta au bas de la fatale montée de Wilna.

Tout ce qui remplissait la pièce où nous étions entassés ne pouvait céder au sommeil, puisque chacun n'avait place là qu'à la condition d'y rester debout. Je vis pour un moment le général Loison, qui dominait le matelas sur lequel nous étions étendus, fermer les yeux et chanceler au-dessus de nos têtes. Sa chute nous eût aplatis, et je crus utile de la prévenir.

L'on souffrait tant où nous étions, que l'on pouvait se représenter ce qui se passait ailleurs; on sentait la mort autour de soi... Le feu du poêle se ralentissait, faute de combustible; mais où et comment aller à la découverte? C'était presque risquer sa vie. Le bon docteur Capiomont s'y hasarda cependant, et je le vois encore rentrer triomphalement avec les débris d'une roue de canon, qui s'enflammèrent et nous rendirent l'énergie nécessaire au moment du départ.

Ce fut, de nouveau, M. Le Tellier qui vint en donner le signal. Le jour n'était point encore levé; mais il était plus que temps de rendre du mouvement à nos gens et à nos chevaux qui échappèrent par miracle aux désastres de cette nuit. D'ailleurs, la neige n'éclairait que trop à elle seule ce qui nous entourait. L'on transporta rapidement le maréchal dans sa voiture; mais, quelque promptitude que je misse à le suivre, ainsi que nos compagnons de voyage, nous n'eûmes que trop le temps de nous rendre compte de ce que nous apercevions. Les bivouacs de la veille se dessinaient en noir, sur la blancheur du terrain; mais tout y était éteint et sans mouvement. Combien d'hommes étaient morts? Combien agonisaient? Je ne le sais; mais il est de notoriété que cette nuit du 7 au 8 décembre 1812 fut une des plus meurtrières par la température, et que ses ravages sur nos restes furent lamentables.

Les adieux sous la baraque, entre ceux qui prenaient chacun une route opposée, avaient été brefs et tristes.

Je cherchais à m'étourdir sur la vue des grands cercles noirs dont j'ai parlé; mais, mes enfants, ce souvenir a poursuivi ma vie et m'impressionne encore de la manière la plus pénible.

Avant tout, cependant, je pensais à mon intérêt immédiat, à ce héros mutilé que je disputais à la mort.

Nous marchions rapidement; je souffrais du froid, particulièrement aux extrémités; mais, outre qu'il eût été inutile et presque honteux de me plaindre en cette circonstance, il y avait un autre motif pour me faire supporter sans murmure ce que nous appelons vulgairement l'onglée; c'est qu'elle est une preuve de vie inconnue à ceux qui vont mourir de froid. Lorsqu'elle arrive à un degré menaçant, on ne la sent plus.

Cette vérité est tellement établie en Russie, qu'il est reçu qu'un passant jette à un autre une poignée de neige au visage, s'il lui trouve le nez blanc, indice certain que la gelée l'a atteint. C'est un acte d'humanité que l'on exerce réciproquement, sans se parler.

Renfermés dans notre voiture, entre le ciel gris et la terre blanche, nous semblions être dans notre linceul. Le pâle soleil, qui s'était montré par moments la veille, nous refusa sa présence, et, quoiqu'à ce degré de froid il soit sans influence et n'empêche ni de geler ni de mourir, au moins arrête-t-il le désespoir.

Vous savez que j'avais trouvé dévastée cette même route que nous parcourions, et l'on ne voyait plus un seul habitant autour des ruines dont je vous ai parlé. Seulement, de loin en loin, s'élevaient encore quelques cheminées noircies, que je prenais quelquefois pour des Cosaques en observation. Les sapins épars me causaient le même effroi. Je me représentais alors mon mari prisonnier de guerre, et je me disais qu'il n'y résisterait pas. Mes appréhensions étaient doublées par la présence de mon oncle, dont la sérénité ne se démentait point au milieu de cette calamité que j'avais involontairement attirée sur lui. Je me représentais souvent sa femme et ses enfants autour de ce foyer auquel je l'avais arraché peut-être pour toujours....... Alors je perdais la tête, en songeant à ma responsabilité; car enfin, vous le comprenez, nous étions tous là par devoir : mon mari et les gens de son métier suivaient leur destinée ; moi, j'accomplissais la mienne ; mon oncle, c'était par dévouement pour moi seule qu'il était venu au-devant de la sienne.

Nous ne pouvions communiquer souvent d'une voiture à l'autre, parce que nos gens, engourdis par le froid, n'auraient pu facilement nous servir de messagers. Ils ne se préservaient de la gelée qu'en se tenant blottis sur leur siège, enveloppant le plus possible leurs pieds, leurs mains et leur nez, ce qui n'empêcha point que le pauvre Pils et son compagnon eussent le nez saisi ; mais ils y apportèrent à temps le remède dont j'ai parlé et en furent quittes pour une boursouflure enflammée qui dura plusieurs jours.

Notre escorte avait disparu. Le seul M. Le Tellier se retrouva à cheval comme la veille. Dans toutes les circonstances, vous l'avez vu à la fois courageux et dévoué jusqu'à la mort envers le maréchal. Souvent atteint de coliques néphrétiques en temps ordinaire, il sut ici dominer toutes ses souffrances personnelles, par suite d'une surexcitation dont son patron, ainsi qu'il le nommait, était la cause. Ses forces factices se soutinrent pendant ces trois jours et ces trois nuits exceptionnels. Je lui en ai conservé une éternelle reconnaissance.

Je ne sais de quoi nous vécûmes pendant cette journée de voyage ; le froid absorbait toutes les facultés. Vers la nuit, M. Le Tellier nous jeta tout à fait sur la gauche ; car il s'orientait merveilleusement, malgré l'uniformité qui semblait résulter de la neige, dont je parle si souvent. Nous pénétrâmes dans un village nommé, je crois, Tchismori. Les maisons étaient debout ; il n'offrait pas l'aspect de dévastation que nous venions d'avoir sous les yeux. On fit arrêter la voiture chez le pasteur, qui nous ouvrit avec empressement deux petites chambres, dont l'une était chauffée par un poêle.

Nous sûmes nous contenter de la chaude atmosphère de cette petite pièce, où bientôt nous fûmes tous réunis autour d'un copieux plat de pommes de terre qui, à bien dire, était notre première nourriture depuis Wilna. La chaleur avait rendu à l'estomac une partie de ses facultés, et ceux qui, parmi nous, étaient atteints de la dysenterie, ressentaient des tiraillements tenant de la fringale. Tous, excepté mon oncle, portaient le cachet d'une vraie souffrance et d'une grande irritation. Mais lui, l'homme excellent, avait conservé son humeur égale et douce, et je constatai avec bonheur que sa santé avait jusqu'alors résisté à l'épreuve.

Cette fois, gens et chevaux trouvèrent un abri dans le village. Sachant que tous étaient à couvert pour cette nuit, je venais de m'étendre tout habillée sur un des matelas de la voiture, près du maréchal, qui occupait l'autre, et j'allais céder à mon extrême fatigue et dormir, quand un bruit violent vint ébranler la maisonnette. Ce fut la seule fois de ma vie où je vis comme un sentiment de crainte chez mon mari. « C'est un parti de Cosaques, me dit-il, qui aura été mis sur ma piste. » Il avait à peine fini de parler, lorsque le pasteur, suivi de tout notre monde, entra pour nous apprendre la véritable cause de l'alerte. On venait le chercher pour donner des secours à un mourant.

Au point du jour, chacun fut sur pied pour gagner les voitures, qui nous attendaient tout attelées. Le pasteur était sur notre passage; tandis que le maréchal et moi lui adressions des remerciements bien sentis, je vis des larmes, qu'il semblait vouloir retenir, tomber abondamment sur ses joues. Il ne parlait point français; mais je suivis avec empressement un geste expressif qui me montra un magnifique lévrier blanc, auquel l'un de nos gens d'écurie avait passé un cordon au cou, comme se préparant à l'emmener.

Indigné de cet abus de confiance échangé contre l'acte d'hospitalité que nous venions de recevoir, le maréchal, qui avait suivi toute cette scène, fit restituer immédiatement à son pauvre maître son beau chien, qu'il reçut comme un bienfait.

Malgré la nuit, relativement bonne, que le maréchal venait de passer, le docteur n'avait pas été content de sa blessure. Elle s'était enflammée et le faisait souffrir de telle façon qu'il ne savait quelle posture prendre dans la voiture. Et pourtant il fallait marcher...

M. Delamarre, aide de camp du maréchal, qui, ainsi que M. Le Tellier et tous ces messieurs, se rendait compte d'un pays qu'ils avaient parcouru en tous sens, peu de mois auparavant, nous avait rejoints à Tchismori, pendant la nuit qui venait de s'écouler. Quoique ayant quitté Wilna peu d'heures après nous, il eut de nouveaux et tristes détails à nous donner. Il avait vu s'augmenter le désordre tumultueux que nous savions commencé dans la ville. La montagne s'obstruait de plus en plus, et l'on se préparait à brûler les malheureux restes de notre gîte de la veille.

Le général de Lorencez n'était point encore rentré à Wilna; Victor y attendait toujours quelques lambeaux de son régiment; le seul général Pajol, ramené forcément par sa blessure, nous suivait de près. En effet, bientôt il nous rejoignit dans une hutte de Juifs, où force avait été de descendre le maréchal, pour essayer de panser sa blessure, qui s'irritait de plus en plus. Il aurait fallu des cataplasmes; mais ils gelaient entre les mains du docteur. Il en arriva cependant à ses fins ; il s'ensuivit un peu de soulagement.

On voulait tâcher de gagner Kowno ; nous y arrivâmes en effet à la nuit tombante, et nous descendîmes chez l'intendant militaire, M. de Baudecour. Nous l'avions fêté à Bar, ainsi que sa femme, qui l'accompagna jusqu'à Mayence, lorsqu'il partait de sa personne pour la Grande Armée, onze mois auparavant. Il s'empressa près du maréchal et de nous tous avec un zèle extrême ; mais ce ne fut qu'après avoir vu mon mari recevoir tous ses premiers soins que je m'aperçus du violent chagrin que semblait combattre notre hôte. Mon œil plein d'anxiété lui fit prendre la parole de suite ; il prévint ma question, et voici ce qui sortit de sa poitrine à travers des sanglots navrants : « J'ai perdu mon fils unique dans cette retraite nous dit-il, et je ne le sais que depuis deux heures. » Un morne silence succéda à cette révélation. Qu'eussions-nous dit, mon Dieu, à ce père désolé ? Mon regard ne le quittait pas. Bientôt, il reprit avec activité la tâche que lui imposait l'hospitalité ; mais son logement ne secondait pas ses bonnes intentions. Il se composait d'une seule pièce présentable, celle dans laquelle nous avions été reçus. Elle était à la fois salon, cabinet et, il faut bien le dire, antichambre ; car elle n'était précédée par rien, et l'on comprend qu'on ne pouvait laisser personne attendre dehors. L'on peut juger de l'encombrement qui se produisait autour de l'intendant militaire, qui avait à répondre à tant de soins divers et pressés, et qui, de plus voulait nous faire servir à manger. Le poêle était chaud et la foule nous étouffait.

A la sortie de Kowno, nous traversâmes le Niémen profondément gelé, et nous trouvâmes ensuite cette montée bien connue, diminutif de celle de Wilna. No pauvres chevaux nous tirèrent encore de ce mauvais pas, où vinrent se briser quelques jours plus tard les épées des vaillants capitaines qui avaient pu les porter jusque-là. Ce fut à Kowno, en effet, que le maréchal Ney, notamment, termina la retraite, si l'on peut appeler ainsi le simulacre de commandement qu'il essaya d'exercer jusqu'à la fin sur quelques débris épars, qu'il cherchait à réunir et à faire marcher. Ils achevèrent de s'anéantir aux bords du Niémen, et de ce moment, chacun agit et marcha pour son compte.

Nous avions toujours été du même pas avec la seconde voiture, et déjà nous étions à quelques lieues de la montée dont je viens de parler, lorsque Pils, qui du siège observait tout, la chercha en vain des yeux, sur l'immense étendue de neige que nous parcourions. L'on fit halte pour l'attendre. Ce fut en vain, rien ne parut. On ne voyait que la neige éternelle, devant, derrière et partout. « Marchez », dit le maréchal. Oh! mon cœur se fendit en deux en ce moment. Abandonner mon oncle me semblait impossible. Sa femme, ses enfants, toute ma famille se présentèrent à moi comme des fantômes menaçants. D'un autre côté je sentais qu'il fallait, avant tout, penser à sauver mon mari. Partagée entre ces diverses émotions, j'étais comme folle.

Cependant la journée s'avançait, et M. LeTellier, toujours fidèle au poste, venait de nous prévenir que pour gagner Antonovo, petit château dans les terres, que le maréchal avait désigné pour sa couchée, et craignant de se tromper de direction si la nuit nous surprenait, il venait de prendre un guide, trouvé dans je ne sais quel village ruiné. Nous découvrîmes que c'était un Juif, et je tournai à la mort quand je vis cet homme de malheur, vêtu de sa longue robe noire, monter sur le siège et s'y établir près de Pils. Bientôt, sous cette douteuse direction, nous nous jetâmes à droite et perdîmes ainsi de vue les légers indices qui pouvaient encore faire reconnaître le chemin direct, et c'était sur la foi de ce misérable inconnu que, à la nuit tombante, nous nous lancions à travers ce désert. Je jetai encore un long regard en arrière; point d'oncle et personne pour l'avertir du changement de direction, si par bonheur il nous suivait.

Le chemin était raboteux, et nous marchions lentement. La nuit était complète, et le guide, sans cesse interrogé par Pils, assurait toujours qu'on touchait au but. Je ne sais combien de temps se passa ainsi.

Enfin, M. Le Tellier s'écria que nous étions arrivés. Il reconnaissait les lieux, puisque le maréchal les avait occupés avec son corps d'armée au début de la campagne. Lui et son état-major avaient été logés au château de la comtesse de...., zélée Lithuanienne, et l'on s'était quitté alors réciproquement charmé les uns des autres. J'ai déjà dit que c'étaient d'étranges châteaux que ceux de cette partie de la Pologne, mais je ne pensai guère à examiner celui qui était devant moi. La voiture s'était arrêtée, la porte s'était ouverte, et, à la lueur de plusieurs flambeaux, je vis indistinctement paraître la maîtresse de la maison. Comme elle s'avançait, le maréchal lui dit de sa voiture : « Je viens vous demander encore l'hospitalité. — Combien nous eussions été heureux de vous recevoir, dit-elle en excellent français, avec une voix douce et pénétrante, si vous ne vous présentiez sous de si tristes auspices. »

Nous pouvions croire que ces paroles se rapportaient soit à la blessure du maréchal, soit peut-être aux malheurs généraux, dont la nouvelle avait pu parvenir jusque-là.

Mais il s'agissait d'une calamité plus pressante. Le typhus venait d'envahir cette maison; sept personnes venaient d'y succomber, tant parmi les membres de la famille que dans les réfugiés à qui elle avait donné asile.

L'une des dames du château était au plus mal encore. « Que voulez-vous faire? dit la comtesse, après avoir rapidement fait au maréchal l'exposé ci-dessus. J'ai dû vous dire la vérité, et, si elle ne vous fait pas reculer, vos appartements sont prêts. — J'accepte votre hospitalité », répondit le maréchal. Après ces mots, la gracieuse femme disparut pour donner ses derniers ordres et retourner à ses malades. Nous avions eu à choisir entre la contagion et une nuit glacée au milieu de ces déserts. Quelle position!

Bientôt nous retrouvâmes Mme de..... qui prit encore le soin de nous introduire dans une chambre meublée simplement, mais à la française, et où se trouvaient deux bons lits. « Je vous place au plus loin de l'épidémie, dit-elle, mais j'y retourne vite; adieu, vous ne me reverrez pas. »

Inutile de vous dire tout ce qui se passait en moi, à la vue de ce courage tranquille. La comtesse ne me laissa pas le temps de m'exprimer comme je l'aurais voulu; mais dans ces circonstances, j'espère que les physionomies parlent assez pour que l'on ne reste pas dans l'ignorance sur ce que chacun éprouve.

On nous apporta bientôt quelques vivres envoyés par la touchante châtelaine; mais je ne pus manger; la masse d'angoisses était arrivée à son apogée et je succombai pour la première fois sous son poids.

En effet, voyez la série des épreuves de ces heures cruelles. Savoir votre père sous ce toit pestiféré; craindre, pour mon oncle, ou la gelée ou la poursuite des Cosaques;

partager de cœur la redoutable position de nos hôtes, c'était plus que je ne pouvais supporter.

Je venais d'assister au pansement de la blessure, pratiqué par Pils, à défaut de chirurgien. Le maréchal, accablé, venait de s'étendre sur un des deux lits qui nous avaient été préparés. J'allais essayer de me reposer sur l'autre, lorsque tout à coup une flamme furieuse sortit du poêle resté allumé. Elle était poussée par le vent qui venait de s'élever et soufflait bruyamment. La chambre était déjà remplie de fumée. Je m'élançai éperdue pour appeler à notre secours. Mais de quel côté me diriger dans ce lieu inconnu et désolé? En voyant l'immobilité forcée de mon cher blessé, qui ne perdait rien de son courage, je sentis revenir le mien, et j'espère que j'en aurais donné quelques preuves, si au même instant un nouveau bruit n'était venu faire diversion. C'était Pils, que la Providence nous envoyait; il venait nous annoncer l'arrivée de la seconde voiture. Je ne chercherai pas à vous peindre le contraste des instants qui suivirent avec ceux que je venais de traverser. Le feu, qui n'avait pas encore eu le temps de faire de grands ravages, fut d'abord éteint, et bientôt les voyageurs souffrant du froid, mais du reste sains et saufs, nous contèrent leur incident, qui se bornait du reste à une avarie de la voiture, à laquelle on avait pu remédier, mais non sans un retard de plusieurs heures.

Nous abrégeâmes le plus possible la nuit sans sommeil qui suivit cette pénible journée. Ne pouvant porter secours à nos hôtes, ayant au contraire la chance de leur donner quelques malades de plus à soigner, nous étions naturellement pressés de les quitter; et nous voilà de nouveau chevauchant au point du jour sur ce pays tout blanc et tout glacé.

Nos traces de la veille nous guidèrent, je crois, à elles seules, car je ne me rappelle pas avoir revu le guide juif.

Nous avions repris la ligne directe, très distinctement constatée par M. Le Tellier. On avait marché tant qu'avaient pu aller nos chevaux. A la nuit tombante, on s'arrêta à Wirbahlen, devant une maison qui semblait abandonnée.

On recourut à l'autorité, qu'on espérait trouver encore organisée; mais si on la découvrit, elle resta impuissante, car nous eûmes à peine quelques bûches à brûler, et pour donner à souper à notre troupe affamée, un poisson grillé. La température ne se détendait pas, et cette nuit de faim et de froid fut encore une de nos plus difficiles à passer.

Cependant le point du jour nous retrouva encore tous vivants; mais le maréchal déclara qu'on prendrait un temps de repos dans la première station qui offrirait quelques ressources. Ce fut la ville de Gumbinnen, où nous arrivâmes toujours glacés dans la soirée du 11. J'avais remarqué, en allant, l'aspect gracieux de cette ville; il faisait encore assez clair pour nous en montrer les rues bien alignées. Le froid empêchait les habitants de circuler, mais les maisons bien closes et les cheminées d'où l'on voyait sortir la fumée (ce qui représentait de bons feux allumés) donnaient grande envie de pénétrer dans ces demeures heureuses, heureuses puisqu'on s'y chauffait.

A Gumbinnen se trouvait encore une sorte d'organisation française, qui fit trouver immédiatement un bon logement pour le maréchal et pour toute sa suite. Et, pour la première fois depuis Wilna, nous fîmes un repas qui put nous profiter, parce qu'il fut pris tranquillement et au chaud. De la soupe, du bifteck aux pommes de terre, quel festin, mes enfants! Mais ce qui compléta la fête, ce fut la possibilité de pouvoir enfin changer de vêtements. Vous aurez pu remarquer qu'à l'imitation des héroïnes de romans, qui, au dire de je ne sais quelle femme spirituelle, n'ont jamais la pensée ni l'occasion de mettre une chemise blanche, j'avais gardé la mienne, et tout ce que je possédais d'habillements d'hiver accumulés sur mon corps, depuis dix jours. Eh bien, je vous assure que les petites délicatesses de mes habitudes s'étaient bien perdues dans nos souffrances, et je m'expliquais très bien, alors, comment ceux qui manquent de gîte et de pain se désintéressent sur la propreté. Jusque-là je l'avais mise en tête des besoins de la vie, et, quand mon cœur se soulevait involontairement à la vue des sales haillons de la misère, je plaignais le pauvre plus de sa malpropreté que de son frisson et de sa faim. Je suis revenue à des idées plus saines et plus justes. Mais à Gumbinnen, je n'étais pas encore assez endurcie dans mon métier d'apprentie cantinière pour être insensible aux douceurs du savon, du peigne, des brosses et du linge blanc. J'étais heureuse aussi de pouvoir enfin échanger paisiblement avec mon oncle quelques-unes des pensées qui avaient mutuellement oppressé nos âmes. De ce moment, seulement, j'osais envisager comme certain notre retour en France, tous au complet; car, jusque-là, j'avais toujours redouté quelque catastrophe imprévue. Enfin, là seulement, je repris haleine, d'autant plus que la blessure du maréchal, si fortement irritée par un mouvement forcé e un froid incessant, prit un autre aspect, dès les premiers moments de ce temps d'arrêt. Mais si ses souffrances physiques étaient amoindries, son moral n'en restait pas moins sombre et concentré, et, tout en attribuant ce changement à nos désastres, qui lui étaient insupportables, j'en étais véritablement désolée.

Notre séjour à Gumbinnen avait donné le temps à l'état-major de mon mari de venir se réunir à lui, et, un matin, il l'assembla devant son lit. C'était solennel, et je regrettai de n'avoir pas une chambre pour me retirer.

Quand tous ces jeunes gens furent rangés en demi-cercle autour de leur chef, il leur dit : « Eh bien ! messieurs, où donc allez-vous ? » Et eux de se regarder sans mot dire. Le maréchal reprit : « Quoi ! sans blessure, sans maladie sérieuse, vous quittez l'armée ? Croyez-vous que je lui tournerais le dos, moi, si je pouvais m'utiliser en ce moment ? » La consternation était à son comble. Enfin M. Achille de la Marre prit la parole et dit, au nom de tous, apparemment, puisque personne ne le démentit : « Monsieur le maréchal, vous êtes notre chef direct, notre patron ; nous devons suivre votre chance. D'ailleurs, il n'y a plus rien à faire ici, car l'Empereur est parti et l'armée n'existe plus. » Ces paroles, si souvent répétées, mettaient toujours votre père hors de lui. « Eh bien ! messieurs, reprit-il, on la recomposera cette armée, et on la ramènera, au printemps, tambour battant sur la Vistule. Attendez-moi là, et allez offrir vos services aux chefs de corps qui, plus heureux que moi, peuvent encore rester utilement à leur poste. »

Aucun de ces messieurs ne chercha à combattre l'avis du maréchal. Ils se retirèrent en silence, et leur chef, après leur avoir énergiquement exprimé sa pensée, en resta là. Il eut d'autant moins l'occasion de revenir sur cet incident que le reste des événements ne tarda point à se dérouler, et à prouver de plus en plus cette triste vérité qu'il n'y avait plus d'armée.

M. Le Tellier avait noblement rempli son mandat. Dès

le lendemain, il prit la route de la France, accompagné de MM. de la Marre, de la Chaise, etc., etc., tandis que MM. Jacqueminot et de Bourcet, tout languissants qu'ils étaient par suite de leur dysenterie, accompagnèrent le maréchal, en s'entassant dans la seconde voiture.

Peu après, M. Jacqueminot se procura un petit traîneau et, prenant tous les matins les devants, il s'utilisa courageusement, tant que nous fûmes en pays étranger, en faisant préparer les logements.

Tous remis à flot du plus au moins, nous quittâmes Gumbinnen pour nous rendre à Wehlau, encore sous notre domination. Mais, la principale autorité de cette ville ne s'y trouvant point à notre arrivée, nous y manquâmes de tout.

Notre temps d'arrêt à Gumbinnen avait donné la faculté à beaucoup de nos compagnons d'infortune, déserteurs aussi (c'était ainsi que le maréchal les nommait), de nous devancer ou de nous atteindre. Chacun d'eux s'était mis en route dans le costume où il se trouvait. Les uns étaient fourrés comme des ours; les autres, ayant tout perdu et n'ayant rien pu racheter, étaient revêtus de leurs grands uniformes : tel était par exemple le général de Chasseloup-Laubat, de l'artillerie. Il grelottait tout doré, dans son traîneau formé de quatre planches. Ne pouvant réchauffer sa personne tout entière, et s'étant trouvé les moyens de préserver ses oreilles, il en avait usé, et j'ose même dire abusé. Il était donc coiffé d'un bonnet de coton tiré jusque dans le col de son habit, et ceci était surmonté d'une calotte de taffetas gris. En apprenant qui nous étions, à un bouge où l'on faisait manger les chevaux, il arriva suivi du colonel Bodson, de la même arme, pour saluer le maréchal. Ni l'un ni l'autre ne songeaient à leur accoutrement; il était bien question de cela, en effet ! Touché de leur empressement, le maréchal les accueillit d'abord très bien ; mais la scène changea, quand ils commencèrent la kyrielle des misères que nous avions laissées derrière nous et dont ils avaient quelque connaissance, parce qu'ils avaient quitté Wilna plus tard qu'aucun de ceux qui nous avaient rejoints jusqu'ici. Quand le général s'arrêtait, le colonel reprenait la parole. Je ne sais combien cela eût duré si le maréchal, au dernier degré de la crispation, ne s'était écrié tout à coup : « Mais, mon cher Bodson, mouchez-vous donc ! » C'était en effet devenu nécessaire... et pendant l'opération, le maréchal, saluant ces messieurs, fit refermer la portière et nous partîmes. On ne riait pas durant ce voyage. Ce ne fut donc que bien plus tard que, revenant avec mon mari sur cette anecdote, nous en avons pris un accès de gaieté qui se renouvelait encore quand nous en faisions le récit.

Je reviens à Wehlau, où nous passâmes une nuit glacée ; nous avions dû en prendre l'habitude, mais il n'en fut pas ainsi. Notre maigre souper n'avait pas contribué à réchauffer notre sang, et nous partions tout frissonnants au lever du jour, quand nous vîmes apparaître près de la voiture un jeune sous-intendant militaire, tout brodé, tout pimpant, ayant une figure charmante et un air fashionable. Mais ce qui contrastait étrangement avec cet ensemble d'élégance, c'était une énorme miche de pain, percée par le milieu, et dans laquelle M. Solikoff (c'était son nom) avait passé son bras. Après avoir salué respectueusement le maréchal, il se retourna vers moi et me dit en me présentant le pain : « C'est tout ce que je peux vous offrir, madame la duchesse, comme une faible compensation des privations que vous avez souffertes, dans cette résidence dont j'étais absent hier; j'aurai bien de la peine à me consoler de l'inhospitalité dont M. le maréchal et vous avez été victimes, dans un lieu où je suis censé exercer quelque autorité. »

Nous le remerciâmes autant qu'on peut le faire, quand la bise vous coupe en deux. Il nous salua d'un air ému... Je n'ai jamais revu ce jeune homme, mais plus tard j'ai rencontré son frère à Paris... Il se fit présenter à moi, je fus heureuse de pouvoir lui dire que je n'avais pas perdu le souvenir de cette miche de pain, offerte avec tant de bonne grâce et de dévouement.

Elle nous fut, en effet, d'un grand secours, et nous conduisit, nous et nos compagnons, jusqu'à Kœnigsberg, où nous arrivâmes le même soir.

Nous voici donc dans un grand et bel hôtel, et au centre d'une capitale. Il semblait que nous allions chercher, en y prenant quelques jours de repos, à consolider notre mieux-être. Vain espoir! Le maréchal était très souffrant, je le trouvais agacé... je craignais qu'il n'eût la fièvre... j'ambitionnais pour lui le silence, le calme, mais je prévoyais quelque déconvenue. La chambre du cher blessé était vaste, on dressa la table du dîner devant son lit. Tant que dura le repas, il chercha à détourner son attention du vacarme qu'on entendait dans la pièce voisine, mais il devint tel, qu'il chargea M. Jacqueminot d'aller s'informer de ce qui se passait. Celui-ci revint, plus sombre qu'il n'était allé, et, sans s'expliquer catégoriquement, il chercha à préparer mon mari à la prolongation infinie du bruit en question. Ne voulant pas s'éclairer davantage, le maréchal congédia tout le monde et s'enfonça dans ses oreillers...

Dormit-il? Je ne l'ai jamais su... S'il devina la cause des toasts de vingt ou trente Prussiens qui buvaient à nos désastres, il dut avoir de cruels cauchemars; jamais je n'ai osé le questionner là-dessus.

Les habitants de Kœnigsberg étaient dans l'effervescence des premières nouvelles qui venaient de leur parvenir... Ils connaissaient le départ de l'Empereur et tout ce qui devait s'ensuivre...

Ils étaient au début de leur festin, lorsqu'on vint les prier de modérer les éclats de leurs voix, par égard pour un officier général français blessé qui venait d'arriver à l'hôtel... Leur dit-on le nom de votre père? Je ne l'ai jamais su, mais ils ne tinrent nul compte de l'avis, il sembla même doubler leur ardeur...

Cette conduite sauvage est un fait isolé dans la vie du maréchal, qui, chez ses ennemis comme chez ses amis, fut toujours l'objet de tant d'égards et de procédés.

J'ai toujours cru que cette circonstance avait hâté notre départ de Kœnigsberg.

Depuis Kœnigsberg nous eûmes recours à la poste, et, dans la soirée du 17 décembre, nous arrivâmes à Brandebourg.

Le Frische-half, petit bras de la Baltique, et que l'on côtoie en sortant de Kœnigsberg, était gelé. Ce ne fut donc pas là que je pus juger de cette mer noirâtre, dont j'aperçus plus tard les flots en avançant vers Dantzig.

Nous traversâmes, sans pouvoir en remarquer les beautés, les terres de la Nogat, resserrées par deux bras de la Vistule. L'on dit cette contrée merveilleuse par sa fertilité.

Avant d'arriver à Dantzig, où nous étions attendus pour coucher, le maréchal voulut se réchauffer à Elbing.

A peine y étions-nous descendus dans un hôtel que je vois encore, et dont on nous ouvrit les portes d'assez mauvaise grâce, que nous reçûmes la visite du général, alors colonel Farine, qui commandait là, et qui nous dit avoir toute la peine du monde à y conserver, comme il l'entendait, notre position militaire, tant la Prusse nous devenait hostile.

Déjà quelques preuves significatives des misères de la retraite s'étaient dénotées. Ainsi les hôpitaux s'emplissaient de malades, atteints pour la plupart du typhus. Il y en avait même dans les maisons particulières, et je pus m'en convaincre, car étant sortie avec Mme Morel, et me trompant de porte dans cette auberge, j'entrai dans la chambre d'un moribond, qui était hors d'état de juger de mon saisissement à sa vue. Oh! que j'étais pressée de quitter Elbing!

Le pauvre général Pajol y arriva peu d'heures après notre départ, et lui, qui avait si brillamment supporté et ses blessures et ses fatigues durant cette campagne, fut atteint de l'épidémie régnante, et à un tel degré qu'il eût infailliblement succombé si un médecin français, tout à lui, ne l'eût nourri et couvert de quinquina. Il lui en soupoudra sans relâche tout le corps, et le sauva par ce remède suprême. Ce traitement n'était pas à la portée de la généralité, qui mourait en masse de cette peste.

Un peu plus tard, le général de Lorencez paya aussi son tribut. Fidèle à son poste de chef d'état-major du 2ᵉ corps, dont les restes arrivèrent encore avec une sorte d'organisation jusqu'à Wilna, il secondait énergiquement le général Maison, qui, par ancienneté, avait pris le commandement de ce débris. Malgré le froid, malgré les exemples décourageants qui les avaient précédés, ne ramenant qu'une petite partie du personnel de leur armée, ils étaient néanmoins parvenus à sauver presque tout leur matériel. Ils arrivèrent aussi à sortir cette artillerie, si belle encore, de l'horrible chaos que présentait Wilna. Mais, hélas ! ce ne fut que pour abandonner forcément son précieux dépôt au pied de la fatale montagne.....

Le général Rapp, qui commandait à Dantzig lorsque nous y arrivâmes, avait quitté cette importante position par ordre de l'Empereur, pour aller se battre en Russie. Il en était revenu, non moins énergique et dévoué qu'il y était allé, mais abîmé de fatigue et avec les deux oreilles gelées. Il nous avait devancés de quelques jours, en retournant prendre son commandement, et avait déclaré au maréchal, en le rencontrant, qu'il allait lui préparer un logement et le forcerait, bon gré, mal gré, à se reposer quelque temps dans les remparts dont il était le gardien. Homme excellent ! de combien de soins prévenants nous fûmes l'objet de sa part !

Il nous fut impossible de nous défendre de l'hospitalité à la fois large et délicate de ce cœur généreux. La situation du général, à Dantzig, était celle d'une espèce de vice-roi. Mais s'il sut jouir longtemps des avantages de la position, il sut aussi vaillamment la défendre dans les mauvais jours qui suivirent.

Notre séjour donna à beaucoup des échappés de la grande débâcle le temps d'arriver dans cette forteresse, où tous, se sentant en sûreté, prirent un repos plus ou moins long ; et bientôt, là comme à Wilna, l'appartement du maréchal devint, à la fois, un quartier général et une espèce d'ambulance, où chacun arrivait avec ses blessures du cœur et les autres.

L'un des premiers que nous vîmes arriver, après nous, à Dantzig fut le général Maison. Malheureusement, il n'était pas suivi de son chef d'état-major, le général de Lorencez, qui, je l'ai dit, finit par payer son tribut et resta malade en chemin. Son état n'avait pas encore atteint toute la gravité où il arriva plus tard au moment où le général Maison l'avait quitté. Néanmoins, cette nouvelle nous attrista beaucoup, et quand vinrent ensuite les détails qui se rapportèrent à l'abandon obligé de ses canons, le maréchal poussa des cris de douleur énergiques. Les jours et les nuits qui suivirent, il eut sans cesse à la tête et au cœur la perte de ce matériel qui lui était si précieux.

Parmi les plus intéressants des revenants de la Grande Armée qui entouraient la cheminée du maréchal, je citerai le général Mathieu Dumas. Il existait entre le maréchal et lui une grande affection. Sa parfaite connaissance des faits relatifs à l'armée, sa parole toujours entraînante, la parfaite distinction de ses manières m'attiraient particulièrement, et je l'ai toujours retrouvé dans le monde avec plaisir.

Après une semaine de séjour, nous fîmes de bien affectueux adieux au général Rapp, que je retrouvai plus tard avec bonheur en France, où nous conservâmes d'excellentes relations.

J'abrégerai les détails de notre route de Dantzig à Berlin, parce qu'avec le danger l'intérêt diminue. La température s'était adoucie, et la neige à demi fondue nous laissait voir, par taches, un pays que l'on disait être assez beau, mais dont il ne m'était pas possible de juger en ce moment.

M. Jacqueminot, qui avait pris le service d'avant-garde, l'avait commencé en traîneau, ne pouvant encore se soutenir à cheval, disait-il. Mais la neige lui ayant fait défaut, il n'en persista pas moins à utiliser son véhicule, auquel il se cramponnait après le dégel.

Nous prîmes, le 31 décembre, gîte à Zehden, sur le bord de l'Oder, que nous avions à traverser le lendemain, au point du jour. Il n'existait pas de pont et on le passait ordinairement en bac, mais pour le moment la gelée annulait ce moyen. D'autre part, cependant, la glace n'était pas assez solide pour qu'on osât s'y risquer, disait-on. L'alternative était grave. Attendez, dirent les habitants du pays; sous peu de jours, la glace rompue permettra au bac de manœuvrer. Cette proposition n'eut pas le moindre succès près du maréchal, qui ordonna au postillon d'avancer. Nous voici donc affrontant, dans une lourde voiture à six chevaux, ce terrible passage sur une glace crevassée, qui me semblait craquer à chaque pas. Ce fut encore ici que le sort de la seconde voiture vint redoubler mes alarmes. Si nous échappons, me disais-je, nous avons assurément donné à la glace un ébranlement qui aura pu préparer l'engloutissement de ceux qui nous suivent. Dieu nous préserva encore cette fois, et enfin le 1er janvier 1813, nous entrions à Berlin. Nous descendîmes, à cinq heures du soir, à l'hôtel de Russie, situé dans la belle rue des Tilleuls. Là, pour nos étrennes, nous trouvâmes le sinistre et célèbre vingt-neuvième bulletin de la Grande Armée. Il venait de foudroyer la France.

Certes, la lenteur des communications d'une part, l'affaire Mallet de l'autre, avaient excité des inquiétudes générales; mais elles étaient vagues encore. On gémissait sans doute d'une guerre si prolongée et si lointaine! On se demandait de famille à famille où elle nous mènerait; mais la confiance dans l'étoile comme dans le génie de l'Empereur régnait encore généralement en France. Ce fut lui qui, tout à coup, fit tomber le bandeau, par l'aveu complet de ses revers.

Le maréchal, qui, vous le savez, aurait voulu garder pour lui seul le secret de nos désastres, le maréchal, interdit, suffoqué par cette lecture, se retournant alors vers nous, exprima par son énergique pantomime que nous n'avions plus rien à taire!

Le lieu dans lequel il lui fallut avaler ce calice le rendit plus amer à mon mari. Berlin, où nous avions régné deux fois; Berlin, lisant avec nous ces déplorables aveux, nous était réellement odieux.

Cependant, les bons procédés de son souverain ne nous firent pas défaut pendant le peu d'instants que nous fûmes obligés de séjourner sur ce brûlant terrain. De Potsdam, où il était toujours, il envoya avec empressement savoir des nouvelles de mon mari, par le prince Radziwill, son beau-frère.

Ce fut là que je revis pour la dernière fois le comte Louis de Narbonne. Il avait subi toutes les misères de la retraite de Moscou, sans avoir perdu, en apparence du moins, sa gaieté communicative et gracieuse. Cependant, les traces de ses fatigues et de ses privations étaient fortement empreintes sur le visage du courageux vieillard.

Ce fut à Berlin que Victor nous rejoignit, accompagné de M. de Thermes, avec lequel il s'était associé depuis Wilna. Ils s'étaient, disaient-ils, sauvé réciproquement leur nez, en se jetant des poignées de neige au visage quand la mate pâleur causée par la gelée annonçait la mort de cette partie de la figure.

Je passerai sous silence les détails de notre voyage jusqu'à Leipzig. M. Jacqueminot avait préparé notre coucher dans un des plus beaux hôtels que j'aie vus de ma vie. Nous y étions arrivés de bonne heure, et, s'il n'eût pas fait un si déplorable temps, j'aurais aimé à parcourir cette grande ville. Mais Victor, qui depuis Berlin voyageait avec nous, plus aguerri que moi, si ce n'est plus curieux, sortit de suite et ne rentra qu'à la nuit. Il avait parcouru non seulement quelques-uns des monuments, mais aussi des magasins bien remarquables, parce qu'ils regorgeaient de produits anglais, presque inconnus alors de notre jeune génération, et il m'offrit gracieusement un charmant échantillon de ses découvertes. C'était une robe de tulle, dont le réseau était d'une finesse merveilleuse. Le dessin était à colonnes, très riche et d'un goût parfait. Je fus touchée au cœur, de ce cadeau pris sur les économies du lieutenant de la garde impériale. Mais qui fut au moins aussi satisfait que moi, ce fut votre père.

Jusqu'à notre retour en pays civilisé, je n'avais donné nulle attention à nos costumes respectifs, et ce fut à peu près aux jours où j'en suis arrivée que je commençai à les examiner. Ils faisaient pitié, nous étions réellement déguenillés. Je me rappellerai toujours le site où je fis cette découverte. C'était un matin, par un beau soleil d'hiver; le maréchal, qui commençait un peu à marcher dans sa chambre, avait voulu essayer de l'air extérieur et, soutenu, il montait lentement une petite pente. Il était vêtu d'un witschoura de fourrure brune, coiffé d'un bonnet d'astrakan noir rabattu sur les oreilles; et il aurait ressemblé à un ours bien élevé, si ses jambes n'avaient été renfermées dans une certaine paire de bottes, bien fourrées en dedans, mais ne présentant au dehors qu'un coutil rayé bleu et blanc (coutil à lit de plume). Ces deux jambes bariolées sortant du witschoura faisaient un effet indescriptible. Mon oncle, quand on ne l'envisageait pas de près, avait une certaine mine de brigand qui me fit rire aux larmes. Ma pelisse fourrée tombait un peu en lambeaux.

Quant à nos gens, ils faisaient horreur. Leurs pauvres

figures, particulièrement celle de Pils et celle du cuisinier, portaient encore l'empreinte des gelées qu'ils avaient affrontées sur leur siège de voiture. Au total, il y avait dans les visages, dans les costumes et dans tout l'ensemble de notre caravane, un cachet particulier d'étrangeté et de souffrance. On voyait que nous venions de loin, que nous avions beaucoup marché et beaucoup souffert.

Nous couchâmes successivement à Weimar, Eisenach, Fuld, Hanau, et enfin à Mayence, où nous prîmes séjour avec d'autant plus de satisfaction, qu'alors c'était France. Nous descendîmes à l'hôtel des Trois-Couronnes.

Bientôt arriva le bon vieux maréchal Kellermann, avec sa suite d'aides de camp, ses contemporains. Beaucoup de visites lui succédèrent, puis M. de Bourcet se mit au piano et chanta !

Vous pouvez vous représenter ce qu'eut de doux et d'agréable pour nous ce premier retour à la civilisation, ce premier signe de sécurité.

Avec quelles délices le pauvre docteur Capiomont se livra à la bonne chère de l'hôtel des Trois-Couronnes, lui qui, depuis Wilna, tourmenté par la fringale qu'amène souvent la dysenterie, avait souffert plus qu'aucun autre des privations de la route !

Au moment où le maréchal allait s'endormir, on lui apporta le mot d'ordre de la place, « Bérésina, Reggio », gracieuseté du bon Kellermann, et preuve de la justice de l'opinion sur celui qui avait sauvé les débris de notre armée.

De Mayence nous fûmes coucher à Hombourg, et de là à Metz. Notre ami Gouy accourut à notre hôtel. A sa vue, mon mari montra un bonheur et un abandon qui firent du bien à tous.

Mais, personnellement, j'avais peine à reprendre la confiance et la sérénité, qui étaient la base de mon caractère. Bien des causes s'étaient réunies pour m'amener là en quelques mois. Et d'abord les deux catastrophes qui avaient menacé l'existence de mon mari; puis tout ce que j'avais vu de désastres et de souffrances autour de moi; puis, enfin, les espérances d'une guerre prochaine, qui seules ranimaient le maréchal et semblaient lui faire oublier, pour un moment, des souvenirs qui lui étaient insupportables.

C'est ainsi que, partagée par mille émotions diverses, je rentrai à Bar, après quatre mois d'une absence bien tourmentée. Certes, en y ramenant mon mari, presque rétabli; en retrouvant là ma mère qui m'attendait chez ma sœur; en rendant sain et sauf mon oncle à sa famille, je devais à Dieu une reconnaissance sans bornes, que je lui portais du fond de mon cœur pénétré.

Nous fûmes reçus, est-il besoin de le dire? à cœur et bras ouverts par parents et amis, et les ombres dont je viens de parler ne m'empêchèrent point de jouir de cette période du 13 janvier, jour de notre retour, au mois d'avril suivant, époque où recommencèrent de nouvelles alarmes.

L'on partagea cette existence d'hiver entre Bar et Jeand'heurs. Il faisait froid partout; mais, pour nous, qu'était-ce que cette température comparée à notre récent passé? Du reste, nous n'avions pas la moindre envie de donner à nos hôtes, qui arrivaient de tous côtés, l'idée de ce que nous avions souffert de la température.

Au milieu de toutes ces visites de parents et de nombreux amis, votre père complétait peu à peu son rétablissement, tandis que je commençais à payer mon tribut, par une inflammation interne dont je ne voulais pas écouter les progrès.

Sur ces entrefaites, Mme de Lorencez, que nous avions trouvée bien rétablie et portant dans ses bras sa petite

Victorine, partit pour aller à la rencontre de son mari, qui revenait enfin en France, rétabli de la grave maladie qui l'avait retenu en chemin. Ils nous revinrent si heureux que cela faisait plaisir à voir.

La fin de janvier, tout février et partie de mars, se passèrent, comme je viens de le dire, entre Bar et Jean-d'heurs. L'on fit dans ce dernier lieu des chasses immenses. Je vis plus d'une fois le perron du château littéralement couvert de gros gibier, tel que sangliers, chevreuils et, plus accidentellement, de quelques loups monstrueux, dont le repaire était toujours situé dans le bois de Landremont. M. de Bourcet avait la spécialité de cette chasse attrayante, mais dangereuse. Qu'il était fier, lorsqu'il recueillait les félicitations du maréchal sur ses beaux coups de fusil!

Mais, tandis que cette bouillante génération prenait du repos à sa façon, l'Empereur lui arrangeait, pour le printemps, une autre chasse dont les préparatifs s'activaient.

On commençait à comprendre en France quelle avait été la cause de cet aveu véridique et foudroyant renfermé dans le vingt-neuvième bulletin. N'avait-il pas fallu, en effet, confesser toutes les pertes et tous les malheurs, pour acquérir le droit de demander tous les secours; et notre pays, qui se croyait épuisé par la guerre de Russie, ne devait-il pas essayer un nouvel effort pour faire face à la campagne de Leipzig?

Alimentée par l'Angleterre, la guerre d'Espagne nous rongeait au midi, tandis que la Russie, maintenant, ouvertement soutenue par la Prusse, s'avançait vers l'Oder, où le vice-roi était parvenu à recomposer un corps d'environ quarante mille hommes, valeureux débris de la Grande Armée.

CHAPITRE VI

Voyage à Paris. — Maladie de la duchesse de Reggio. — Présentation de la duchesse à la cour. — L'Empereur. — Marie-Louise. — Présentation à l'Impératrice mère ; à Joséphine. — La reine Hortense. — Retour à Bar-le-Duc. — Le chevalier de Boufflers. — La campagne de 1813. — Rôle important d'Oudinot à la bataille de Bautzen. — Oudinot mis à la tête de l'armée chargée d'opérer contre Berlin. — Ses répugnances pour ce mouvement qu'il juge impraticable. — Il se résigne à accepter par devoir. — Impossibilité de la concentration de ses forces qui amène l'échec de Gross-Beeren. — Les entretiens de l'Empereur à Sainte-Hélène rendent justice à Oudinot sur ce point. — Le rôle d'Oudinot à Dennewitz. — Son énergie à Leipzig. — Il protège la retraite. — Il est atteint du typhus. — On le ramène à Bar en danger de mort. — Premières dispositions pour la campagne de France.

Les mesures de l'Empereur marchaient avec une telle rapidité que l'on pouvait croire à une entrée en campagne pour le courant d'avril. Ce fut vers le milieu de mars que, sans plus tarder, le maréchal voulut aller montrer l'Empereur qu'il était en état de reprendre de l'activité.

Ma mère était allée nous attendre à Vitry, où nous arrivâmes, le maréchal, ma sœur et moi, dans l'intention de lui donner une journée. Nous savions Enguerrand de Coucy sorti sous-lieutenant de Saint-Cyr, mais que nous étions loin de croire que, sans pouvoir regagner Hancourt, il était tombé malade chez ma mère ! Nous trouvâmes tous les siens éperdus... Mais il avait toute sa tête, il voulait nous voir... Le pauvre enfant nous montrant son épaulette, qu'il cachait sous son chevet pour qu'elle ne le quittât pas, nous dit un « au revoir » qui me brisa le cœur...

Ce jeune homme, distingué par le maréchal, a été amèrement pleuré...

J'étais bien malade moi-même, et loin de m'ôter l'illusion que je voulais garder, on me la laissa, mais ce fut sous de tristes auspices que je fis, pour la première fois, la route de Paris.

Le lendemain nous entrions à Paris par le faubourg Saint-Martin. C'était alors l'un des plus tristes quartiers de la grande ville. Il était environ quatre heures du soir ; une pluie glaciale rembrunissait tout, et j'éprouvai un tel désappointement dans mes illusions que j'en eus le cœur serré.

Les visages, nouveaux pour moi, des gens de service attachés à l'hôtel m'apparurent comme des fantômes à travers ma fièvre. Ma nuit fut mauvaise et, dès le matin, mon mari et ma sœur, désolés, envoyèrent chercher des médecins fameux. Ce fut Victor qui se chargea du message, et bientôt m'arrivèrent les docteurs Dubois et Roux. L'inflammation dont j'étais la victime était arrivée à son apogée, et les deux sommités s'accordèrent pour ne m'ordonner que des bains éternels.

J'y passai presque entièrement les premiers jours de mon arrivée. J'étais jeune et forte et, une fois qu'on se fut rendu maître de la maladie, ma convalescence marcha vite. Il le fallait bien, car notre séjour devait être borné par le nouveau commandement qui se préparait pour le maréchal.

On ne parlait que de guerre, triste condition pour une convalescente ; mais il fallait se dominer pour suffire au présent, fort occupé, et à l'avenir, que l'on entrevoyait chargé de nuages.

C'était de mon lit de douleur que j'avais fait la connaissance de diverses personnes.

Bientôt arriva la maréchale Augereau, duchesse de Castiglione. Je retrouvai la belle Adèle ni plus ni moins charmante, dans le luxe de ses vêtements, qu'elle ne l'était dans les simples parures auxquelles, à Vitry, elle savait donner tant d'élégance. Nous causâmes longtemps de notre jeune passé, de notre brillant avenir, et, sur le présent, elle me donna des renseignements que la similitude de nos positions me rendit fort utiles.

Je revis aussi, avec bonheur, mes anciennes intimités de Bar-le-Duc.

Aussitôt que j'eus repris un peu de force, mon mari me fit voir quelques-unes des merveilles de Paris. J'ouvrais de grands yeux; je cherchais à mettre mon intelligence au niveau de ce que je voyais. Parfois j'en jouissais avec l'abandon de la jeunesse; mais, je le répète, ce séjour était troublé par bien des préoccupations.

Le maréchal, pour épargner mes forces, demanda et obtint que mes présentations aux Tuileries se fissent le même jour.

C'était la duchesse de Bassano qui me présentait, et je fus la prendre dans ma voiture.

Grande, belle, froide, la duchesse m'imposait beaucoup, et son patronage, naturel par suite de nos relations intimes avec son mari, ne vint pas à mon secours; car, habituée graduellement à la haute situation qu'elle occupait, elle n'avait jamais ressenti, ou elle avait oublié, les angoisses de la timidité.

Convenez que la mienne était bien légitime en cette circonstance. En effet, quand je songeais que cette grande fantasmagorie qui avait tant occupé mon imagination, vide de faits, allait se réaliser, que j'allais voir et entendre l'Empereur et qu'il me faudrait lui répondre, j'en perdais la tête. Je ne comprenais pas le calme de ma compagne; elle m'examinait tranquillement, sans penser que nous approchions des Tuileries, où bientôt nous arrivâmes. L'Empereur était à la messe. Nous l'attendîmes naturellement. Dans quelle pièce? je ne sais; le local m'occupa si peu que, durant les quinze années de la Restauration, j'ai vainement cherché à la retrouver.

Nous nous étions assises au milieu de beaucoup de monde, et, comme une présentée est toujours un objet de curiosité, l'on me regardait beaucoup. Mais rien ne pouvait ajouter à mon trouble. Absorbée par une seule pensée, le reste n'était que confusion. Tout semblait tourbillonner dans ce salon, j'étais prête à me trouver mal, et ma pâleur devint telle qu'un des grands officiers de la maison de l'Empereur (le comte de Canouville, qui était de service) vint m'offrir un verre de malaga et un biscuit. Je le remerciai négativement et, presque aussitôt, un tumulte significatif vint me sortir de ma léthargie. On se leva, et l'Empereur traversa rapidement la pièce où nous nous trouvions.

A peine la porte se fut-elle refermée sur lui qu'elle se rouvrit et nous fûmes appelées. Je suivis la duchesse de Bassano qui, toujours impassible, se trouva bientôt dans le cabinet, en tiers avec l'Empereur et moi. Il fit un pas vers nous et dit, en faisant un signe de tête plutôt qu'un salut : « Bonjour, madame la duchesse de Bassano. » Puis, se retournant vers moi, m'adressant le même signe de tête, sans changer de figure ni d'inflexion, il me dit : « Bonjour, madame la duchesse de Reggio. »

Je le saluai; car, dans ce moment, j'avais repris tous mes esprits. Après une seconde de silence, l'Empereur me demanda des nouvelles du maréchal, puis il me dit : « Vous êtes une vieille mariée, madame. » Un fin sourire suivit ces paroles et vint, comme un rayon, éclairer ce visage. Je répondis qu'il y avait, en effet, quinze mois que j'étais mariée, mais que les circonstances s'étaient opposées jusqu'ici à ma présentation.

« Je le sais, reprit l'Empereur sérieusement, mais avec une nuance d'intérêt ; vous avez fait un long voyage et, ajouta-t-il avec une expression très sentie, vous avez eu bien froid. » Je m'inclinai ; il s'arrêta, puis il me dit : « Vous êtes Champenoise. » Après ma réponse il me demanda des nouvelles de mon mari et, se retournant vers ma compagne, il lui parla, je crois, de ses enfants, puis il nous fit un salut collectif qui nous donna congé.

L'on trouva que l'Empereur m'avait très bien reçue. C'était aussi mon impression ; elle me resta, et le souvenir de cette rapide entrevue est ineffaçable. J'entends encore sa voix, et je vois toujours cet œil bleu foncé qu'on ne pouvait pas plus fixer qu'on ne fixe le soleil, mais que l'on devinait et dont on subissait instinctivement et pour toujours la puissance.

Ce fut ma seule entrevue avec l'Empereur. Vous comprendrez que tout dut me paraître pâle après cette réception ; aussi j'affrontai sans grande émotion le cercle brillant et les regards curieux des dames de l'impératrice Marie-Louise.

Cette princesse, grande, raide, timide et très maigre, s'avança d'un pas à notre rencontre. Elle avait appris que ma santé avait été vivement altérée et elle me fit, à ce sujet, quelques questions bienveillantes en leurs termes et insignifiantes par le ton. Cela dura deux ou trois minutes et ma tâche fut terminée pour ce jour-là.

Je trouvai votre père m'attendant impatiemment ; il

fut content du compte que je lui rendis et nous fûmes ensuite, selon l'usage, remercier, dans cette même matinée, la dame d'honneur de l'Impératrice. C'était la duchesse de Montebello. Je lui trouvai l'air excédé de son emploi. C'est tout ce qui me resta de ma visite.

Huit jours après le maréchal, seul, fut invité au cercle de l'Impératrice. Je crois qu'il ne s'y rendit pas ou qu'il s'y montra à peine; et pendant que je suis sur ce chapitre, je vais, pour le conter à fond, anticiper de deux mois sur mon récit.

Votre père cheminait côte à côte avec l'Empereur, aux environs de Dresde, lorsque celui-ci demanda tout à coup de mes nouvelles. « Sire, répondit le maréchal, je ne croyais pas que Votre Majesté se rappelât que j'avais une femme. — Que voulez-vous dire? reprit vivement l'Empereur. — Mais, Sire, elle avait été présentée à vous et à l'Impératrice, qui ne l'a point fait inviter à son cercle; j'en ai été très froissé, puisque son rang y était marqué. — N'allez-vous pas, reprit l'Empereur, me rendre responsable des bévues d'une dame d'honneur? Voyons, voulez-vous que votre femme ait une place à la cour de l'Impératrice? Ma question vous prouvera, je l'espère, que je n'ai pas oublié la duchesse de Reggio. » Le maréchal remercia et bientôt les événements se chargèrent de la solution de cette demande.

Je retourne à Paris pour vous finir le récit de mes autres présentations.

Je fus d'abord chez la mère de l'Empereur avec le cérémonial le plus rigoureux. Telle était la volonté de son fils. Elle fut très bonne et très obligeante dans la réception qu'elle me fit. On me conduisit ensuite au petit Luxembourg chez la reine Julie, bonne et simple princesse qui subissait, plutôt que de les goûter, ses grandeurs du moment. Du reste, elle occupa à peine le trône d'Espagne où son mari, le roi Joseph, avait régné peu de temps.

Les autres souverains, appartenant à la famille de l'Empereur, étaient absents de Paris; mais il me restait un devoir à remplir à la Malmaison, et ce fut de grand cœur qu'un matin j'en pris le chemin avec mon mari qui, cette fois, s'était réservé le droit exclusif de me présenter à l'impératrice Joséphine.

La bonne grâce avec laquelle elle m'accueillit dépassa encore mon attente. Après m'avoir fait asseoir près d'elle, sur son canapé, elle m'adressa cette foule de questions affectueuses et obligeantes qu'inspire à un bon cœur la jeune femme timide que l'on veut encourager. Elle tenait une branche de camélia blanc, production toute nouvelle de ses magnifiques serres. Elle me la donna avec une grâce infinie. Je la reçus, tout émue, en me levant à moitié, et le maréchal, qui suivait tout des yeux, me dit plus tard qu'il était satisfait de la manière dont s'était produite cette petite pantomime. « Avez-vous été présentée? » me demanda Joséphine; et je sentis que je rougissais en répondant : « Oui, madame.
— A l'Empereur et à..... l'Impératrice? » reprit-elle. Et je sentis que je rougissais plus bêtement encore en répondant à cette dernière question un second : « Oui, madame. »

Bientôt après l'Impératrice se leva et fut trouver le maréchal, qui causait au bout du salon. Elle ne l'avait pas vu depuis deux ans. Il la complimenta sur son air de santé. « Oui, lui répondit-elle d'un ton doux et résigné, avec un triste sourire; tenez, cela me va bien de n'être plus impératrice régnante. »

Elle nous avait invités à dîner pour le dimanche suivant, et là je vis pour la première fois la reine Hortense, sa fille, qui me plaça près d'elle à table et me captiva par le charme particulier de son entretien.

« Contez-moi donc, me dit-elle, les circonstances de votre mariage ; l'on en parle comme ayant été toutes particulières et très intéressantes. » A ce qu'elle m'en dit je vis qu'on avait composé, de quelques vérités et de plusieurs fables, une espèce de petit drame. Je rétablis les faits, qu'elle recueillit avec une bienveillance marquée. Ce repas me sembla court.

Le maréchal me fit faire ensuite beaucoup de visites. Nous dînâmes chez quelques ministres et notamment chez le comte Regnaud de Saint-Jean d'Angely. Ce fut un de mes meilleurs jours. Ma sœur était de la partie ; nous nous trouvions là chez un des vrais amis de son mari ; puis j'y revoyais Aglaé et Blanche Buffaut, nièces bien-aimées du ministre.

Cependant, les jours s'écoulèrent, et nous n'avions plus guère qu'une semaine à passer à Paris avant le départ du maréchal pour la campagne qui allait s'ouvrir. Il venait de recevoir le commandement du 12° corps de la Grande Armée et, tandis que j'envisageais, en frissonnant, l'ère agitée qui allait commencer, deux nouvelles sinistres vinrent encore ajouter aux tristesses de notre fin de séjour. La première fut la mort d'Enguerrand de Coucy. J'en ai assez dit sur ce jeune homme, espoir de notre famille, pour vous faire apprécier la douleur que ma sœur, mon mari et moi ressentîmes de cette perte. Dans un autre genre, la seconde catastrophe eut aussi ses amertumes. C'était l'incendie de notre hôtel de Bar-le-duc, lequel, à peine fini et nouvellement meublé avec la plus grande élégance, venait d'être réduit en cendres.

M. et Mme de Lorencez étaient avec nous à Paris; mais ils avaient laissé leur petite-fille à Bar, et c'était par suite de l'imprudence de la nourrice que le feu avait pris dans une chambre du second étage où elle logeait.

Ce que je regrettai particulièrement dans ce désastre, ce fut cette superbe lingerie dont le maréchal m'avait fait hommage à mon arrivée dans la maison. Il l'avait fait composer en Hollande de tout ce que cette contrée produit de plus beau en linge. L'on retrouva, dit-on, en cendres, des piles de serviettes qui conservèrent leurs plis jusqu'à ce qu'on eût soufflé dessus.

L'Empereur apprit ce désastre. Il envoya de suite 100,000 francs au maréchal sur sa cassette; mais, tout gracieux que fût cet acte, d'une générosité spontanée, il ne put réparer que partie de nos pertes. L'on rebâtit vite et moins bien cette charmante maison. On ne la remeubla qu'incomplètement; mais que fut cela, comparativement aux renversements de fortune qui suivirent?

Nous n'avions plus de toit à Bar, et ce fut sous celui de mon vénérable beau-père que nous fûmes d'abord nous abriter.

Nous retournâmes à Jeand'heurs, où je fixai ma résidence. Le maréchal me fit là ses adieux en me recommandant de venir souvent à Bar pour surveiller les constructions.

Notre séparation fut pour moi un peu adoucie par un espoir consolateur qui me restait; mais bientôt il s'évanouit à la suite de cruelles souffrances, et de nouveau je me crus destinée à ne pas me voir revivre dans mes enfants.

Cependant, la campagne s'était ouverte brillamment par la victoire de Lutzen. Je m'en étais réjouie en Française, sans peur pour mon compte, parce que le maréchal n'avait pas été mis en mesure d'arriver assez tôt pour prendre part à l'action.

Pour le moment, j'étais entre Jeand'heurs et Bar, souffrant de corps et d'esprit, malgré les précieux soins dont m'entouraient ma mère, les membres de ma famille qui se succédaient chez moi, ainsi que d'anciens amis et quelques-uns de date nouvelle. Parmi ceux-ci, je compterai M. et Mme de Sainte-Aulaire.

Le comte de Sainte-Aulaire venait de remplacer comme préfet de la Meuse M. le comte Leclerc. Quoique faisant partie de l'ancien régime, il s'était franchement rattaché au gouvernement de l'Empereur et était chambellan de Marie-Louise. Homme excellent, d'une intelligence exceptionnelle, d'un esprit charmant, il fut pendant longtemps mis en relief dans des charges importantes et souvent difficiles. Son début dans les affaires date de la Meuse, où son souvenir vit encore. Veuf d'une princesse tenant à la famille royale du Danemark, il en avait une fille de douze ans (qui fut depuis la duchesse Decazes). Sa seconde femme, Mlle du Roure, âgée de vingt et un ans, était une des plus jolies et des plus spirituelles personnes de l'époque. Ce délicieux ménage eut bientôt gagné mon cœur et, malgré bien des divergences dans quelques-unes de nos idées et dans nos positions politiques, nous restâmes amis. Ils apportaient à Jeand'heurs, le seul mouvement que je voulusse y appeler ; mais, à bien dire, rien n'était capable de me distraire longtemps de la pensée fixe que vous devinez.

Le maréchal, qui était attristé par ce qu'il avait appris de ma santé, fut d'accord avec mon médecin pour m'envoyer à Plombières.

Sur la fin de ma saison, j'entrai en relation avec des personnes d'une tout autre nature. J'avais remarqué différentes fois les regards bienveillants qu'une famille entière attachait sur moi, lors de nos fréquentes rencontres.

Cette famille se composait du vieux chevalier de Boufflers, célèbre par ses productions littéraires et sa conversation éminemment spirituelle et gracieuse, puis de la marquise de Sabran qu'il avait épousée, et dont il avait pour ainsi dire adopté le fils Elzéar, poète élégant et dont votre enfance a pu garder le souvenir.

J'en étais restée presque exclusivement à mes lectures de jeune fille ; c'était donc par on dit que je connaissais la célébrité de ces messieurs. Je n'avais eu aucun rapport avec des auteurs, quels qu'ils fussent, et j'éprouvai une sorte de joie mêlée d'un peu de timidité, lorsqu'un matin l'aimable trio se fit annoncer chez moi.

« C'est un hommage de reconnaissance que nous venons vous apporter, me dit tout en entrant l'aimable vieillard ; nous aimions à vous rencontrer, et je ne sais quel motif a pu retarder notre visite jusqu'à ce jour. » Vivement touchée de ces paroles et de la physionomie des trois personnages, je me sentis attirée vers eux sympathiquement. Le chevalier de Boufflers continua : « C'est à votre mari, madame, que nous devons la mise en liberté d'Elzéar ; ami intime de Mme de Staël, il redoubla les témoignages de son attachement envers elle durant son exil ; on en tira de fausses interprétations ; on voulut y voir de la politique, et il fut enfermé à Vincennes. Sa mère se désolait au fur et à mesure que le temps s'écoulait sur cette captivité : Dieu m'envoya une inspiration et, sans connaître le maréchal Oudinot autrement que par sa réputation, sans autre titre, à ses yeux, que celui de notre souffrance, j'obtins de lui un appui si chaud et si immédiat qu'Elzéar nous fut rendu. Je n'ai pu exprimer encore verbalement au maréchal notre reconnaissance; j'en attends impatiemment l'occasion, mais je bénis celle qui nous a mis sur le chemin de sa jeune femme. »

Je quittai Plombières, plus forte de santé, mais toute prête à reprendre les alarmes que l'armistice avait suspendues. Je pris en passant à Nancy la chère petite Stéphanie, et, après notre arrivée à Jeand'heurs, nous eûmes en vacances notre si bon Auguste, alors âgé de treize ans.

La présence de ces deux enfants me donna les seules distractions que je fusse susceptible d'accepter. Le caractère de Stéphanie se révélait déjà. La profondeur de ses sentiments se dessinait dans celle de ce regard exceptionnel qui nous fascine encore aujourd'hui. Sa santé était d'une délicatesse extrême, qui demandait un régime et des soins que j'eus bientôt la satisfaction de voir réussir. Je me plaisais à voir l'attachement de cette enfant répondre au mien.

Le général de Lorencez avait établi sa jeune femme dans sa propriété de Marbot près de Bar, avant de prendre le commandement d'une division dans la Grande Armée. Bientôt il y fut grièvement blessé, et l'un des plus pénibles moments de ce fatal été de 1813 fut celui où j'eus à annoncer cette douloureuse nouvelle à ma belle-fille.

Cependant la campagne de 1813 commençait. Pour la dernière fois, nos armées, déjà désorganisées, pouvaient combattre hors du vieux sol de la France. Malgré les trahisons ou les défections des uns, malgré la mauvaise volonté des autres, malgré la lassitude et la désillusion de tous, dans le désordre universel des esprits et des choses, Oudinot fut du petit nombre de ceux qui jamais ne bronchèrent, qui ne firent entendre ni critiques ni récriminations hors de propos, et pour qui la claire notion du devoir ne fut jamais ternie d'aucun doute. Le patriote de 1792 se retrouva tel qu'il avait été vingt ans auparavant, dévoué, ardent, inébranlable.

Placé à la tête du 12ᵉ corps, il alla prendre son commandement en Bavière, à Bamberg, et aussitôt que la victoire de Lutzen (2 mai) eut rendu Napoléon maître du pays entre la Saale et l'Elbe, le maréchal, coopérant au mouvement de concentration des forces françaises, longea le pied des montagnes de Bohême et arriva le 10 au grand rendez-vous de Dresde. On franchit le cours de l'Elbe, derrière lequel s'abritaient les Russes et les Prussiens coalisés, et l'on s'avança jusqu'au fond de la Saxe, vers la vallée supérieure de la Sprée, qui sort en cet endroit des montagnes et près de laquelle l'ennemi occupait une position très forte. Le duc de Reggio dirigeait la droite.

Le 20 mai à midi, il reçut l'ordre de passer la Sprée en amont de la ville de Bautzen, près de Sinkwitz. Deux de ses colonnes d'infanterie passèrent à gué, escaladèrent la rive opposée qui est très abrupte et se trouvèrent devant les Russes commandés par ce même Wittgenstein, l'adversaire acharné d'Oudinot, l'année précédente, sur la Dwina. Assaillies aussitôt, elles tinrent ferme et donnèrent au reste du corps d'armée le temps d'arriver à son tour et d'occuper, malgré un feu très vif, une importante position sur la montagne de Tronberg. Macdonald, Marmont et Bertrand sur les autres points avaient également réussi à passer la Sprée, et le soir tous purent coucher sur la rive conquise.

Mais les Russes n'en conservaient pas moins en arrière une deuxième ligne très forte, plus forte même que la première, parmi des monts et des vallées. Le lendemain ils commencèrent l'attaque, et Miloradowitch, le plus brillant de leurs généraux, celui qu'on appelait le Murat russe, s'efforça particulièrement de reprendre le Tronberg, que Oudinot avait conquis la veille. C'est sur ce point que la bataille fut la plus acharnée. Le maréchal, éprouvant des pertes énormes, obligé de céder par moments, mais revenant toujours, parvint à se maintenir à force d'énergie jusqu'à ce qu'enfin Ney, qui avait tourné la position en remontant la Sprée, rendît impossible la situation de l'ennemi. La victoire nous restait, mais elle n'était malheureusement pas décisive.

Quinze jours après, l'armistice du 4 juin rendit à tous un espoir de paix définitive, et les propositions honorables des puissances, qui nous reconnaissaient la possession de nos frontières naturelles, semblaient un bienfait pour tous; mais l'orgueil du maître ne voulut ni fléchir ni transiger, et la lutte reprit dans des conditions de plus en plus disproportionnées.

L'Empereur, se maintenant en Saxe sur le haut

Elbe, confia soixante-quatre mille hommes à Oudinot avec mission de marcher sur la capitale de la Prusse et d'y combattre le nouveau prince de Suède, Bernadotte, devenu l'adversaire de ses frères d'armes. Le duc de Reggio avait ainsi sous ses ordres d'abord le 12ᵉ corps, puis le 4ᵉ, commandé par le général Bertrand, enfin le 7ᵉ, commandé par le général Reynier.

Il ne faut pas que ce chiffre imposant de soixante-quatre mille hommes fasse illusion; l'effectif se composait, en effet, pour moitié, de troupes étrangères, les unes italiennes qu'aucun patriotisme n'animait, les autres saxonnes qui se battaient à regret contre des Allemands; quant aux Français, ce n'étaient plus ces vieilles bandes invincibles que les déserts de Russie et d'Espagne avaient dévorées; c'étaient de jeunes soldats braves et ardents, mais inexpérimentés et prompts au découragement.

D'autre part, le pays à traverser afin d'avancer sur Berlin par le sud était aussi défavorable que possible pour manœuvrer; bois, rivières et marécages s'y enlaçaient en un inextricable réseau, où les roues des canons s'embourbaient dans les marnières et où les hommes s'épuisaient en longs détours. Une telle nature de terrain, au lieu de faciliter la concentration des forces, en rendait au contraire l'éparpillement inévitable : la marche était donc extrêmement périlleuse.

Bernadotte, avec les Suédois, les Russes et les Prussiens, ceux-ci prêts à tout pour couvrir leur capitale, était à la tête de quatre-vingt-dix mille soldats ; les nôtres avaient donc à se battre deux contre trois.

Oudinot avait représenté à Napoléon toutes les difficultés provenant du défaut de cohésion des troupes, de leur infériorité numérique, de la nature du terrain et aussi de cette situation aventurée si loin de l'armée principale et de la base d'opération qui était Dresde. Mais il s'était heurté à un parti pris absolu, l'Empereur ne voulant pas voir les objections et comptant beaucoup sur l'effet moral qui devait résulter, selon lui, de l'occupation de Berlin. Oudinot ne répliqua point et accepta avec abnégation l'accomplissement de sa lourde tâche, dont il ne prévoyait que trop les fâcheux résultats.

Le 21 août, la petite ville de Trebbin fut emportée malgré la résistance des Prussiens, et le lendemain l'armée continua sa marche incertaine dans ces fourrés, à travers étangs et forêts. On marchait par trois colonnes, Bertrand à droite, Reynier au centre, Oudinot à gauche. Le 23, le maréchal donna à ses lieutenants l'ordre de converger tous les deux sur le village de Gross-Beeren, de l'y attendre lui-même, afin que, les trois corps se trouvant enfin réunis, ils pussent attaquer utilement tous ensemble Bernadotte qui occupait, près de là et en avant, la position de Ruhlsdorff. Ces instructions nettement prescrites, Bertrand s'avança à droite par Blankensfeld, Reynier au centre et Oudinot lui-même à gauche par Arensdorff.

Malheureusement l'accord désiré et indispensable pour cette combinaison, qui était fort sage, ne se réalisa pas. Bertrand, inquiété par le corps prussien de Tauenzien, fut retardé par une canonnade stérile qu'il soutint contre lui. Reynier, en débouchant le premier à Gross-Beeren, qui n'est qu'à trente kilomètres de Berlin, y rencontra la division Bortsell et la débusqua; mais au lieu de faire halte, comme il en avait l'ordre formel, pour attendre son chef et son collègue, il se laissa entraîner tout seul à la poursuite de l'ennemi avec plus de courage que de prudence et se trouva bientôt engagé contre le gros des forces de Bernadotte. Enfin il comprit le danger, mais trop tard, et se retira avec ordre, sans pouvoir toutefois rallier complètement sa division saxonne, qui se débanda et se laissa faire deux mille prisonniers. Oudinot, averti par le bruit du canon, accourut d'Arensdorff assez à temps pour assurer aux troupes une fière contenance, mais pas assez pour empêcher la retraite. Aussi prudent pour la conduite d'une opération qu'il était impétueux au feu, il ne voulut pas persister et, afin de limiter sagement ses pertes, il rétrograda avec lenteur sur l'Elbe et s'établit fortement à Wittemberg, le 30 août. La tentative sur Berlin n'avait pas réussi, mais du moins le corps d'armée était sauvé.

Napoléon qui, sur le moment, fut très désappointé par cet échec, rendit plus tard justice à Oudinot dans ses méditations de Sainte-Hélène :

« Quant à l'événement de Gross-Beeren, dit-il,

le duc de Reggio s'en est tiré assez heureusement pour que le projet favori de l'Empereur n'en fût pas dérangé. L'opération, retardée seulement, n'en devait être que plus complète.

« La tentative du duc de Reggio a été utile comme reconnaissance militaire. Elle a attiré l'ennemi hors des lignes, elle a entraîné Bernadotte du côté de Wittemberg; elle a laissé ouverte la ligne de Dresde à Berlin. »

Oudinot, jugeant plus que jamais l'opération impraticable depuis qu'il l'avait expérimentée, demanda à être relevé de son commandement en chef, qui fut confié à Ney; lui-même resta à la tête du 12° corps et consentit noblement à devenir le simple subordonné de son camarade.

Non seulement Ney ne fut pas plus heureux, mais encore il perdit une bataille beaucoup plus importante que celle de Gross-Beeren. S'étant risqué témérairement à faire une marche de flanc pour gagner Baruth, que l'Empereur lui avait assigné, il divisa ses forces en trois colonnes qui marchaient, non pas d'une manière parallèle ou concentrique, mais à la suite l'une de l'autre et à une assez grande distance pour ne pas pouvoir se secourir aisément. Bertrand, qui dirigeait la première, fut attaqué à l'improviste dans le défilé de Dennewitz et eut à soutenir un combat inégal contre le gros des forces allemandes. Reynier, qui suivait, réussit à grand'peine à empêcher les Prussiens de s'établir sur notre gauche. Enfin Oudinot, qui arrivait tardivement puisqu'il était en queue, s'employa d'abord d'une façon très efficace à arrêter quarante mille Russes et Suédois qui menaçaient de nous déborder du même côté. Mais appelé très mal à propos par Ney pour appuyer Bertrand à notre droite, il dut, par cette conversion dangereuse, abandonner à eux-mêmes les Saxons, nos flottants alliés. Ce départ fut pour eux le signal de la débandade et pour l'armée celui de la défaite (6 septembre). Cette fois la route de Berlin était décidément perdue et il fallait retourner sur l'Elbe, non plus à Wittemberg, mais bien plus loin, à Torgau. Le vent et la poussière avaient fait rage si violemment dans cette malheureuse journée que les combattants se distinguaient à peine.

Cet échec et d'autres qu'essuyèrent divers lieutenants de Napoléon forcèrent celui-ci à concentrer ses troupes qu'il avait trop dispersées. Oudinot fut appelé à commander deux divisions de la jeune garde. Il prit part auprès de lui à la lutte suprême où se joua le sort de l'Europe dans les champs de Leipzig. Là, le 16 octobre vers midi, lorsque Napoléon se décida à prendre l'offensive vers le centre, ce fut lui qui déboucha de Wachau avec le maréchal Victor et qui, d'un élan irrésistible, repoussa le prince Eugène de Wurtemberg, le refoula sur Awenhayn et détruisit les cuirassiers russes, don l'élan vint se briser contre nos lignes. Le soir du même jour il contribua encore à contenir les grenadiers de Weissenwolf. Succès plus brillants qu'efficaces, pâle et dernier sourire de la fortune.

Le surlendemain, pendant la désastreuse bataille des Géants, Oudinot ne put que tenir ferme entre Victor et Poniatowsky.

Après la débâcle, c'est à lui qu'incomba la redoutable tâche de diriger l'arrière-garde et de couvrir la retraite avec ses deux divisions. La Saale franchie, il défendit héroïquement, à Freybourg, les deux ponts de l'Unstrutt, empêcha le général York d'en approcher et lui tua quelques centaines d'hommes dans un combat opiniâtre; il passa le dernier (22 octobre). Le 26, il contint Blücher qui l'attaquait à Eisenach.

Constamment il essayait de faire marcher les traînards, les affamés, les désarmés, qui répondaient aux reproches de leurs officiers :

« Nous aimons mieux nous laisser prendre ; nous n'avons pas de pain ; les Cosaques nous en donneront. »

De durs exemples ne leur servaient pas de leçon.

Fermant la marche, il trouvait les villages encombrés de malades, de blessés, de mourants ; chambres, écuries et granges en regorgeaient. Il était forcé de coucher la nuit hors des maisons, au milieu des Cosaques toujours plus pressants, que l'on avait sur le dos et qui hurlaient sinistrement dans les ténèbres : « Paris ! Paris ! »

Le 28, attaqué du typhus, qui rongeait ce débris d'armée, il fut dans l'impossibilité de se tenir à cheval. On le hissa dans une méchante calèche trouvée par hasard et on le traîna ainsi, tant bien que mal, douloureusement cahoté, au centre du parc d'artillerie, le corps brisé, mais l'âme forte et le visage impassible. A Hanau, sur le Mein, nos anciens alliés les Bavarois, qui nous avaient abandonnés depuis nos revers, essayaient avec les Autrichiens de nous barrer la retraite. Il assista du fond de sa calèche à la bataille qui nous ouvrit la route et coucha dans ce véhicule, au milieu d'un bois de sapin, n'ayant en fait de vivres qu'un peu de farine apportée par un tambour et que l'on délaya dans l'eau. Il ignorait où il était, tant la confusion était extrême. Un officier, qui le heurta sans le voir, le reconnut et lui apprit le voisinage de la cantine de l'Empereur; on put alors lui procurer quelque secours.

Enfin, le 5 novembre, le duc de Reggio arrivait à Jeand'heurs.

Les hostilités avaient recommencé plus acharnées et surtout plus compliquées que jamais et, par ce sentiment que je crois vous avoir laissé deviner en d'autres occasions, sans m'en rendre compte peut-être, j'enviais presque le sort de votre sœur de Lorencez, dont le mari avait la vie sauve. Il venait de recevoir diverses récompenses de l'Empereur et entre autres le titre de comte. Il était arrivé à Jeand'heurs, où sa femme et son enfant s'étaient établis près de moi depuis sa blessure. Sa vive participation aux inquiétudes qui me torturaient, son expérience des choses de guerre, tout en lui m'était de secours. Le cher Auguste était retourné à sa pension après les vacances.

Ma mère, qui était allée voir son fils et sa fille à Paris, y était retenue par un rhumatisme articulaire. Tout était triste, et ce n'était pas dans la correspondance du maréchal, fort active cependant, que je pouvais trouver des forces ; car, indépendamment des craintes incessantes qui m'assiégeaient constamment sur sa vie, je croyais démêler dans son style, toujours fort sobre de faits de guerre ordinairement, une sorte de préoccupation involontaire.

En effet, ce fut à ce moment à peu près que l'Empereur mit sous son commandement environ soixante mille hommes, en lui donnant l'ordre de marcher droit sur Berlin (1). De suite, le maréchal lui fit observer la mauvaise chance que lui présentait une telle entreprise contre les Prussiens qui, eux aussi, avaient soixante mille hommes et défendaient leur capitale, renforcés par soixante mille Suédois. Ces observations furent mal accueillies ; ce fut alors que l'Empereur, dans son ardente volonté d'attaquer Berlin, envers et contre tous, reprit le commandement général au duc de Reggio pour le remettre au maréchal Ney. Celui-ci usa immédiatement de ses pouvoirs, et, tandis que le maréchal Oudinot, ne tenant pas compte de l'injustice dont il venait d'être l'objet, soutenait en Français et en franc camarade l'entreprise de son collègue, celui-ci se faisait battre complètement.

Votre père rallia le mieux qu'il put les forces partielles qui lui avaient été confiées, et il les ramena à peu près intactes au point de départ, sans récriminations personnelles. Ce n'est pas un cœur comme le sien qui aurait joui d'un triomphe acheté si cher par nos armes.

Tel est le résumé bien succinct de l'un des événements

---

(1) La duchesse fait ici allusion à la bataille de Gross-Beeren, que nous avons racontée en détail plus haut, page 277.

les plus marquants de la campagne de 1813. Il ne m'appartient pas d'en multiplier les détails ; il nous suffit, à vous et à moi, de constater en cette occasion-ci, comme en tant d'autres, le sens exquis et le patriotisme du maréchal. Il a fait preuve de l'une et de l'autre de ces deux qualités à un bien haut degré dans cette circonstance.

La saison s'avançait ; les défections se multipliaient parmi nos alliés ; tout semblait se compliquer et se rembrunir du côté de l'armée. Le maréchal Oudinot venait de recevoir le commandement de deux divisions de la jeune garde, et, comme pour faire suite à sa destinée qui semblait toujours le mettre en face de Wittgenstein, dans les premiers jours d'octobre, il le rejeta sur Stoermthal et Gossa. Mais encore une fois, je le répète, ce n'est point l'histoire de cette campagne de Dresde, triste sœur de la campagne de Russie, dont je fais le tableau ; je me contenterai de vous dire que, après avoir combattu de tous côtés, à la tête de son nouveau commandement, votre père fut chargé de l'arrière-garde, mission cruelle, qui ne lui présentait que désastres à constater et désordres à réprimer. Il ne parlait qu'en frissonnant des actes de sévérité qu'il eut forcément à exercer contre nos malheureux soldats désorganisés et devenus pillards.

Ce fut particulièrement après la bataille de Leipzig, qui n'embrassa pas moins de trois jours de lutte de nation à nation ; ce fut surtout après l'explosion du fameux pont sur l'Elster, que le commandant de l'arrière-garde eut à sévir. Il y mit toutes ses forces morales ; mais le physique ne put y résister et, subissant à son tour l'influence de l'épidémie qui commençait à décimer les restes infortunés de notre armée, il fut porté mourant dans sa voiture et ne prit point part à la dernière lutte qui eut lieu entre les Français et les Bavarois, près de

Hanau. Elle fut glorieuse, sans doute, mais elle ne put rien réparer; votre frère aîné s'y battit vaillamment; mais, peu après, lorsque nous eûmes repassé le Rhin et qu'on put réunir nos débris dans la place de Mayence, Victor vint constater douloureusement l'état dangereux de son père.

Le typhus, qui poursuivait notre armée, l'avait aussi devancée, et Mayence était un foyer de corruption dont il fallait éloigner le maréchal. Il était presque sans connaissance, lorsque son fils et ses aides de camp eurent à trancher entre le danger de le laisser sur ce redoutable terrain ou de l'envoyer à Jeand'heurs, éloigné de cent trente lieues.

C'était également menaçant; enfin, ils prirent le dernier parti. Votre frère ne pouvait quitter son poste; mais il remit en toute confiance son précieux dépôt aux soins de MM. les aides de camp de Thermes et de Bourcet, qui, secondés par Pils et faisant pour ainsi dire force de rames, arrivèrent sans accident d'abord à Metz, chez l'ami fidèle, M. Gouy.

On peut juger de l'effroi de ce dernier, lorsqu'il se vit à peine reconnu par le malade que la fièvre ne quittait pas. On trouva prudent de prendre un jour de repos; puis M. Jacqueminot, ayant rejoint les voyageurs, s'offrit pour venir me prévenir de leur arrivée.

Cependant, je vivais au milieu des angoisses les plus multipliées; les nouvelles générales étaient affreuses et les nouvelles particulières faisaient défaut.

Le général et Mme de Lorencez, fort alarmés de leur côté, étaient venus passer quelques jours avec moi. Nous étions au 7 novembre, lorsque, dans la matinée, je vis arriver M. Jacqueminot.

Je ne me suis rappelé que plus tard l'air contraint et

réservé avec lequel il répondit aux mille questions que je lui adressai à la fois. Il m'avait annoncé l'arrivée du maréchal pour le soir même ; je m'attachai à ce fait unique, et le jeune homme manqua de courage pour me déclarer la vérité tout entière. Je ne pus tirer de lui que ce renseignement : « Le maréchal est très fatigué et très changé. » Puis, pour se soustraire à mes investigations, M. Jacqueminot reprit la poste et partit pour Paris, en me répétant de sa voiture : « Vous le trouverez bien changé ; il aura besoin de tous vos soins ; courage ! »

Cependant, la journée se passa sans arrivée et sans nouvelles. Je commençais à m'alarmer, et le général ne savait plus comment me calmer ; car M. Jacqueminot avait été plus explicite avec lui qu'avec moi.

Nous avions dîné tristement et nous regardions brûler le feu dans la cheminée de la grande chambre n° 1, qui était alors celle que j'occupais ; nous écoutions tous les bruits, mais nous n'entendions guère que celui du vent... Le général, me prenant en pitié, me dit : « Allons, essayons d'une partie d'échecs. » Je devais mes débuts dans ce jeu savant à mon cher Auguste, qui avait cherché à me le faire comprendre pendant les vacances qu'il avait passées avec moi ; mais à peine avions nous rangé nos pièces, qu'un coup de fouet nous fit tressaillir. Une voiture roula sous la porte voûtée qui fermait alors la grande cour. Je bondis à travers les longues galeries et les escaliers, et me voici près de la voiture.

Elle était ouverte et rien n'en sortait ; il tombait une pluie fine et glacée ; la nuit était profonde et le silence complet. Quelques flambeaux arrivèrent et je montai éperdue dans cette voiture, où j'aperçus vaguement un homme étendu et sans mouvement ; alors deux voix émues me parlèrent à la fois d'une manière pressée et mystérieuse. Je ne comprenais plus rien, j'étais vraiment folle. On me fit descendre de là ; puis six hommes se réunirent et prirent le maréchal ; car, hélas ! c'était lui que je venais de reconnaître et qui ne me reconnut pas, et le portèrent dans son appartement.

Je suivis le cortège machinalement, et, quand on eut posé mon pauvre mari sur son lit, il ouvrit des yeux hagards et prononça distinctement ces mots : « Je veux un bain. »

Je le fis préparer et j'expédiai une voiture au docteur Moreau. Bientôt on mit le malade dans ce bain ; je lui tenais la main, il semblait m'avoir reconnue pour un moment, et il me dit d'une voix si faible, qu'à peine pouvais-je distinguer ses paroles : « Je suis mieux, mais je vais dormir... », et au même instant il s'étend et coule au fond de l'eau. J'appelle à grands cris ; on le retire, mais il était sans mouvement et glacé. On fait un grand feu, puis nous le couchons sur un matelas dans toute la longueur de la cheminée ; nous lui frottons les pieds et les mains ; mais ses traits étaient livides, contractés, ses lèvres noires, et des taches putrides paraissaient à la peau.

Nous en étions là, lorsque le docteur Moreau arriva. Sa brusque franchise ne sut jamais rien ménager ; il crut le maréchal perdu et laissa deviner sa pensée. Expliquera qui pourra ce qui alors se passa en moi... Revenue de mon premier saisissement, je compris qu'il fallait, non se désespérer, mais écouter le docteur et agir. Envers et contre tous, je me cramponnai à l'espérance et ne pleurai plus. « Madame, qu'avez-vous donc fait, me dit le docteur, et qui a pu vous décider à mettre dans un bain un homme attaqué du typhus ? — Mais il me l'a demandé, répondis-je. — Était-ce une raison ? Vous voyez qu'il est en délire. » Et, en effet, la vie était revenue, mais la fièvre aussi. Bientôt le maréchal parla avec volubilité, s'appelant déserteur et disant qu'il méritait d'être fusillé pour avoir quitté son poste au moment d'un combat ; c'était celui de Hanau qui lui avait laissé ces dernières impressions.

Le danger dura cinq jours, pendant lesquels le maréchal parfois me reconnaissait, sans savoir où nous étions ; plus souvent il se croyait à l'armée, nommait ses généraux, les appelait, etc., etc.

Enfin, la fièvre céda, et le docteur me dit le sixième jour en entrant dans ma chambre : « Il est sauvé !... — Comment le savez-vous, puisque vous l'avez à peine entrevu et que vous ne lui avez pas touché le pouls ? — Par le seul aspect de son attitude dans son lit, madame ; il s'était tenu jusqu'ici couché sur le dos, c'était un symptôme alarmant ; ce matin, vous le voyez, il dort sur le côté ; c'est la convalescence, mais elle sera longue et orageuse ; ne vous relâchez pas dans votre surveillance. »

De ce moment, en effet, tout se rétablit peu à peu dans cette chère santé. Cette belle nature avait recouvré toutes ses forces morales, moins de quinze jours après son arrivée. Les forces physiques n'avaient pas marché si vite, et je me souviens que la première fois qu'il put passer dans ma chambre, où se trouvait un grand miroir-psyché, il s'arrêta devant son image en disant : « Voilà un vilain monsieur ! »

La fin de novembre et partie de décembre se passèrent à Jeand'heurs, où nous eûmes force visites, quand on sut le maréchal en état de recevoir.

Les événements marchaient grand train. Le passage du Rhin par les coalisés était imminent, et le maréchal frémissait d'impatience d'aller se montrer à l'Empereur de nouveau, pour lui prouver, encore une fois, qu'il était retrempé et prêt à reprendre la campagne.

L'ennemi passa le Rhin le 20 décembre 1813 ; à cette nouvelle nous partîmes. A peine avions-nous quitté la traverse de Jeand'heurs et gagné la grand'route de Saint-Dizier à Vitry que nous la trouvâmes déjà encombrée de nos troupes. Nous pûmes serrer la main à Victor, qui était en marche dans cette direction. Nous déjeunâmes à Vitry, déjà occupé par la garde impériale, et nous arrivâmes à Paris où je trouvai ma mère bien souffrante.

Dans le mouvement des esprits l'on pouvait remarquer, dès cette époque, parmi la généralité, cette tendance à l'égoïsme, qui est aujourd'hui notre régime. L'ennemi s'avançait à grands pas, et, il faut le dire, l'on pensait bien plus à récriminer qu'à se défendre ; il était évident que l'armée seule agirait, sans le secours de la nation qui ne se réveillait pas encore ; et pourtant, quoi de plus propre à la stimuler que cette réflexion navrante que, des bords de la Moscova et de la Dwina, les coalisés avaient gagné en quinze mois notre frontière du Rhin ?

Cependant la garde nationale de Paris venait d'être recréée, et ses officiers, appelés en masse aux Tuileries, à la veille du départ de l'Empereur, lui jurèrent avec élan qu'ils défendraient jusqu'à la mort Paris, la régente et le roi de Rome, qui venait de leur être confié. En effet, la garde nationale fit, au 31 mars, une belle et honorable défense.

Marie-Louise et son fils avaient assisté à la séance dont je viens de parler ; l'enfant, alors âgé de trois ans, était superbe. Il avait la tête de son père et ce fut sa présence qui dut électriser la réunion plus que ne le fit l'impassible figure de la régente.

Mon mari venait de recevoir le commandement d'une partie de la jeune garde, il se disposa à suivre de près l'Empereur.

Quoique bien souffrante encore, ma mère voulut retourner à Vitry pour faire face, disait-elle, à l'orage.

Mon mari était parti cette fois sans me faire d'adieux; c'était un essai tenté dans le but de me ménager, et, quand j'accourus au bruit des six chevaux qui entraînaient sa voiture et que, tendant les bras pour l'embrasser encore, je ne le trouvai plus, je tombai dans un accès de désespoir tel que ma sœur et son mari, aux soins desquels il m'avait laissée, ne savaient plus que faire de moi. A cette crise succéda un abattement qui se prolongea pendant la durée de cette glorieuse et sinistre campagne.

Un froid exceptionnel vint en augmenter les duretés. Le maréchal et ses officiers arrivèrent glacés chez ma mère, à Vitry, que tous revoyaient sous des auspices si différents de ceux qui les avaient réunis en ces lieux deux ans auparavant.

L'Empereur arriva le lendemain et fit appeler le maréchal pour dîner avec lui. Il avait établi son quartier général chez Mme ***, qu'il appela à sa table; elle y fut embarrassée et gauche au point qu'elle ne put jamais répondre que « oui m'sieu » et « non m'sieu », à chaque question qu'il lui adressait.

Mes enfants, dans les graves événements qui nous ont amenés jusqu'ici, je vous ai renvoyés à l'impartiale histoire pour y trouver le récit des hauts faits de cette époque; jamais elle n'aura à enregistrer rien de plus beau que les détails de cette campagne de France, où la science militaire enfanta des miracles. Ils furent inutiles; mais ils n'en feront pas moins l'admiration de la postérité. Non, l'on ne comprendra pas, lorsqu'on mettra en balance les forces de l'attaque et celles de la défense, qu'une semblable lutte ait pu se prolonger trois mois.

En quittant Vitry, ce fut vers sa ville natale que le maréchal fut dirigé. Là, vivaient encore son père, sa plus jeune fille, et bien des parents et amis chers à son cœur. Oh! qu'il lui parut amer, à lui, qui avait porté si loin les armes de la France, d'avoir à défendre son berceau! Avec quelle animation il vous dépeignit, dans votre enfance, cette poursuite meurtrière des Prussiens qu'il accula d'abord à Saudrupt, et qu'il débusqua de là en les pourchassant jusqu'à Bar qu'ils traversèrent en partie sans s'y arrêter pour se retirer au delà de Ligny! Appelé aussitôt par d'autres combinaisons de l'Empereur, le maréchal ne prit que le temps, à Bar, d'embrasser son digne et respectable père. Hélas! je lui avais dit un éternel adieu, et cependant, quand je le quittai à l'époque où nous sommes arrivés, il était encore plein de vigueur. C'est l'invasion qui l'a tué, et pourtant son nom, vénéré à l'étranger, lui avait attiré personnellement les égards des armées diverses qui se succédèrent à Bar; mais ces faveurs exceptionnelles n'attiédirent pas l'esprit de nationalité si violemment froissé chez ce vieillard plein d'énergie. Il était à son lit de mort lorsque son petit-fils Victor, par suite des fluctuations de l'époque, passa par Bar avec son régiment. Naturellement le jeune homme, désolé de ce qu'on lui apprenait de l'état de son aïeul, accourut au plus vite. Le vieillard ne pouvait plus parler, mais il avait toute sa connaissance. Il s'en servit pour montrer à son petit-fils, qu'il reconnut, un sabre suspendu à sa cheminée, en lui faisant signe d'aller à la poursuite de l'ennemi sans se laisser retarder par des soins devenus pour lui inutiles...

Restée seule, rue de Bourgogne, je recommençai, au sein de Paris, les épreuves que j'avais subies durant les campagnes de Russie et de Dresde; mais il y avait quelque chose de plus fatal dans la position, puisque aux craintes habituelles qui m'obsédaient relativement au maréchal s'en joignaient tant d'autres, hélas! sur ma famille et ma patrie.

Ce foyer de la guerre s'était allumé dans la Champagne où résidaient tous les miens. Vitry, devenu une espèce de place forte, fut tour à tour occupé par nous et par l'ennemi, et la malencontreuse pensée qui avait ramené là ma mère eut, pour elle, les effets les plus pénibles.

CHAPITRE VII (1)

Campagne de France. — Respect des envahisseurs pour les propriétés d'Oudinot. — Son rôle à la Rothière. — Départ de la duchesse de Reggio. — Victor Oudinot blessé à Craonne. — Proposition désespérée d'Oudinot pour rallier les corps français disséminés au fond de l'Allemagne. — Départ de Marie-Louise. — Capitulation de Paris. — La reine Hortense à Rambouillet. — Péripéties du voyage de la duchesse de Reggio. — L'abdication. — Oudinot reconnaît les Bourbons. — Il est nommé ministre d'État. — Mme de Staël et la comtesse Waleska chez Joséphine. — Visite du Tzar à Oudinot. — Portrait de la duchesse d'Angoulême. — Oudinot pair de France. — Louis XVIII à l'Opéra. — Digne attitude d'Oudinot envers les étrangers. — Il est nommé commandant des grenadiers et chasseurs royaux. — Son esprit de conciliation. — Parodie des émigrés au café Tortoni. — Le Roi servi par les maires à l'Hôtel de ville. — Portrait du duc de Berry. — Oudinot à Metz. — Le duc de Berry dans l'Est. — Son passage à Bar-le-Duc et fêtes en son honneur chez Oudinot. — L'accident de M. Jacqueminot. — Le chevalier de Boufflers.

La France était épuisée; saignée des quatre veines depuis ces dernières années, elle était ce que l'on appelle malade, et personne ne doit la juger sur son attitude accidentelle durant cette fatale période; mais laissons, pour un moment, la nation dans son abattement, d'ailleurs bien motivé, pour revenir à ce qui était alors à ma connaissance sur nos moyens de défense.

J'ai déjà dit que l'ennemi avait passé le Rhin, de Bâle

(1) A partir de l'époque à laquelle est parvenu ce récit, les événements relatifs au maréchal Oudinot et à sa famille sont racontés d'une manière très complète par la duchesse de Reggio. Il serait donc superflu de rien ajouter aux curieux souvenirs inédits qui ont été si souvent cités précédemment : nous nous contentons de les reproduire.

à Coblentz, le 20 décembre 1813 ; il continua son invasion en occupant la Belgique vers le 1ᵉʳ janvier suivant.

Pour faire face à l'Europe coalisée l'Empereur avait, dit-on, trois cent mille hommes sous les armes, mais voici comment ils étaient divisés : environ les deux tiers étaient disséminés dans nos garnisons françaises et dans les places fortes que nous occupions encore à l'étranger; le surplus formait trois armées : celle d'Italie, celle d'Espagne, et enfin celle qui devait défendre le territoire, la seule que l'Empereur pouvait réellement opposer à l'ennemi ; elle était d'environ quatre-vingt mille hommes, divisés en petits corps, placés sous les ordres des maréchaux et commandés en chef par Napoléon.

Les premières opérations de l'Empereur le portaient vers Saint-Dizier ; il quitta Paris le 25 janvier, coucha à Châlons et, le lendemain, à Vitry, où le maréchal l'attendait depuis la veille ; le maréchal était descendu chez ma mère. De combien de soins elle fut heureuse de l'entourer ! Il passa, avec ma mère et ma tante la chanoinesse, sa dernière soirée de famille pendant ce désastreux hiver ; mais l'orage grondait de si près qu'à peine pouvait-on s'entendre, et, en effet, ce fut le 27 qu'eut lieu, à Saint-Dizier, la première escarmouche avec l'ennemi ; l'Empereur l'en débusqua sans peine. Votre père, qui se trouvait commander en ce moment deux divisions de la jeune garde, fut porté en avant et vint ainsi guerroyer en éclaireur jusqu'aux portes de sa ville natale. En le voyant se rapprocher, les habitants de Bar, regardant toujours comme synonymes les noms de *victoire* et d'*Oudinot,* se crurent sauvés ; mais, rappelé par l'Empereur dans la direction de Brienne, le maréchal dut s'éloigner de suite et faire cesser cette illusion.

N'est-ce pas le lieu de vous dire, mes enfants, que la plupart des généraux étrangers qui, durant cette campagne, se succédèrent dans les parages de Jeand'heurs à Bar, mirent des sauvegardes sur les propriétés de votre père, juste et honorable reconnaissance de sa conduite en pays ennemi?

Cependant, l'armée commandée par l'Empereur se trouva le 29 devant Brienne, et s'empara du château et de la ville, après un combat meurtrier qui fut éclairé, jusqu'à minuit, par l'incendie de quelques maisons. On se battit à la baïonnette; les morts et les mourants jonchaient le sol; échappant cette fois à ses chances ordinaires, votre père ne fut pas blessé.

L'Empereur et ses lieutenants ne couchèrent point dans ce château, devenu un champ de carnage; ils y prirent, à la hâte, un repas improvisé pendant lequel on vint prévenir le maréchal que deux jeunes femmes éplorées, se disant ses parentes, venaient d'être trouvées dans les souterrains. « Qu'on les amène ici en les engageant à venir partager mon souper », dit l'Empereur. Alors parurent deux de mes cousines, Mmes de Montangon et du Metz; la dernière, qui venait de se marier, était belle comme un ange; leurs maris étaient absents du château de Crespy, situé à une lieue de Brienne, lorsque la rumeur publique leur fit pressentir la lutte qui allait s'engager; pensant être plus en sûreté dans le vaste établissement de Brienne que dans leur petit castel, elles se hâtèrent de s'y réfugier; elles eurent à peine le temps de s'installer dans les souterrains avant le choc terrible qui eut lieu sur leurs têtes. Non seulement mon mari, mais l'Empereur furent parfaits pour ces jeunes réfugiées dont l'une, Mme de Metz, paya de sa vie, peu de temps après, cette épreuve terrible.

Avant d'aller plus loin, un mot sur la part héroïque (c'est le terme d'un historien célèbre) que votre père prit au combat de la Rothière. C'était le 31 décembre ; le maréchal, dans une lutte corps à corps, de nuit, sous un feu épouvantable, fit plier l'ennemi, enleva le village et se retira en bon ordre sur Brienne, ayant ainsi marqué sa place dans l'histoire de cette journée, où trente-deux mille hommes se défendirent contre cent soixante-dix mille.

L'invasion de la Champagne fut particulièrement fatale à Lentilles et à Hancourt. La frêle constitution de ma tante Vély ne résista pas à de telles émotions. Elle y succomba. Mlles de Coucy, dans leur vie comme dans leur mort, devraient inspirer aux plus incrédules une foi solide en un monde réparateur ; modèles d'abnégation, de bonté, de courage, de ce courage résigné et silencieux qui est le plus admirable de tous, elles ont passé sur cette terre, pour le bonheur des autres, trouvant tout naturel de n'en point avoir leur part.

Je reviens aux événements qui me touchent d'une manière plus directe.

Mon mari m'avait recommandée aux soins particuliers de M. de la Guérivière, comme toujours, à ma disposition. Celui-ci s'était délivré de toute inquiétude personnelle en faisant partir sa femme et ses enfants pour sa ville natale, Poitiers, centre d'une famille unie qui les reçut à bras ouverts. Mon beau-frère était mon soutien, mon consolateur. J'aurais pu avoir près de moi les deux enfants de mon mari, Auguste et Élisa, qui se trouvaient en pension à Paris ; mais, dans les éventualités d'une guerre d'invasion, le maréchal préféra les laisser dans les établissements publics, pensant, non sans raison, que là ils seraient plus en sûreté qu'avec moi qui, d'un moment à l'autre, pouvais être appelée à subir les fluctuations de la guerre ou de la politique. Ils n'étaient donc pas sous mon toit, mais je les voyais souvent, et vous savez déjà quel entraînement m'attirait vers cet Auguste que nous avons tant aimé et que nous pleurons toujours.

En dehors du petit noyau de famille, je ne voyais intimement que l'intérieur de M. et de Mme de Sainte-Aulaire ; comme préfet, le mari avait rempli, jusqu'à la dernière extrémité, ses obligations d'administrateur du département de la Meuse ; ballotté par l'invasion, dont il voulait adoucir les charges aux habitants, sans subir de pression de la part de l'ennemi, il avait été obligé de transporter plusieurs fois son chef-lieu hors de Bar, par exemple à Saudrupt, et il ne céda définitivement la place qu'à la suite des événements, quand les alliés furent maîtres de la contrée ; il revint alors, au moment du malheur, reprendre ses fonctions de chambellan auprès de Marie-Louise. Sa famille et celle de sa femme étaient nombreuses ; elles tenaient aux deux camps, empire et faubourg Saint-Germain. Ils avaient aussi de nombreux amis, et l'ensemble de cette société était distingué dans ses habitudes et dans ses manières ; ce fut dans ce centre que je trouvai, au début de mon existence à Paris, mes relations les plus agréables. Mon mari m'avait mise aussi en rapport avec l'excellente famille de la Marre, dont un des membres était le comte Achille de la Marre, un de ses brillants aides de camp.

Depuis la bataille de la Rothière mon mari avait été, presque toujours, opposé aux Russes ou aux Autrichiens, tantôt en défendant les rives de la Seine et tantôt celles de l'Aube ; sur ces dernières il s'illustrait à Orsonval le 27 février et devait revenir le 21 mars à Arcis, sur ces mêmes rives, ajouter un nouveau fleuron à sa glorieuse couronne ; mais, dans l'intervalle, il fut rappelé sur la

Seine pour y contenir Schwartzenberg; les deux armées étaient en regard et, pendant une inaction de quelques jours, il m'appela près de lui : c'était le 10 mars.

Mais avant de vous parler de cette entrevue, je reviens un moment sur les bords de l'Aube, avec votre père.

Je l'ai souvent entendu parler avec admiration de la bravoure des troupes qu'il commandait. Il en était parfois ému, et faisait passer dans les cœurs les sentiments qui l'animaient. On prenait part à l'action qu'il dépeignait, on marchait avec lui au feu; mais lorsqu'il s'agissait de la défensive, comme par exemple sur les rives de l'Aube, le narrateur changeait d'accent; c'était toujours de l'admiration qu'il ressentait. Sa parole faisait courir le frisson dans les veines, parce qu'il présentait le tableau de ce carnage tranquille, résultat du sublime effort qui nous fait sacrifier notre vie par devoir.

Sur l'Aube, il n'était plus question de cet élan qui fait affronter au soldat un danger imminent et qui, s'accroissant du bruit et du fracas, arrive jusqu'à l'ivresse et lui fait tenter et exécuter des prodiges, mais bien de ce point d'honneur immuable qui le fait rester impassible au poste le plus dangereux, quand il le faut, pour le salut des autres. C'était, en un mot, ce courage que peignent si bien ces paroles d'un chef à une troupe d'élite : « Vous vous ferez tuer là! »

C'est dit : c'est entendu sans commentaires par celui qui ordonne, exécuté sans réflexion par celui qui accepte. De ce sublime et pur héroïsme, on peut faire l'application à ce qui se passa entre l'Empereur et votre père, fin de février, près Bar-sur-Aube, et plus particulièrement encore, peut-être, le 21 mars à Arcis. C'est dans cette dernière affaire que le maréchal fut légèrement atteint d'une balle; mais il ne tint compte de cette blessure, qui disparaissait au milieu des horreurs d'un combat à mort entre quelques milliers de braves et toute une armée..

La plupart des soldats d'élite venaient d'Espagne; ainsi, après avoir échappé aux épreuves d'une autre guerre, ils venaient arroser de leur sang le sol natal, sans pouvoir faire reculer l'invasion. Le cœur du maréchal saignait en les voyant tomber par centaines autour de lui, et son apparente impassibilité, au milieu de ce carnage, couvrit le mouvement de l'Empereur ainsi que celui-ci l'avait entendu, et retarda la catastrophe finale.

M. Verger, toujours commissaire des guerres et attaché à l'état-major du maréchal, fut chargé par lui de venir me chercher. Par une neige épaisse, je le vis apparaître à neuf heures du matin. « Je viens, me dit-il, de la part du maréchal, vous engager à venir de suite le trouver à Provins; il pense y passer assez de temps pour vous y recevoir durant quelques heures. — Eh bien, envoyez chercher des chevaux et partons; ma voiture est prête, allons! — Un moment, reprit-il; ayez d'abord la bonté de faire quelques provisions, M. le maréchal meurt de faim. » Je le regardai avec étonnement. « C'est à la lettre, me dit-il; songez donc que la guerre la plus acharnée dévore une même portion de la France depuis six semaines; c'est pitié que de solliciter, même à prix d'argent, des vivres chez une population dépourvue elle-même; en un mot, nous manquons de tout. » Les misères de la Russie me revinrent en mémoire; penser qu'elles régnaient à vingt lieues de Paris, c'était aussi triste que surprenant. Je ne pus avoir complété, à mon gré, le chargement de ma voiture avant quatre heures; la neige avait cessé de tomber, elle couvrait le sol, mais elle n'était pas assez épaisse pour dérober à mes regards les ravages du champ de bataille que je parcourais; ce n'était rien que les maisons démantelées, les arbres coupés, mais je distinguais parfaitement, non loin de la grande route, quelques cadavres gisant encore, tristes restes des combats récemment livrés dans les plaines.

La nuit s'épaississait : M. Verger, silencieux et préoccupé, portait sans cesse des regards inquiets d'un côté à l'autre de la route. Je ne retrouvais rien de son humeur, habituellement douce et calme. Nous marchions bien et nous avions fini par tomber dans cette espèce de torpeur, causée par le mouvement de la voiture et les ténèbres. Nous arrivions à un relais (c'était Nangis), je pressais de mes vœux l'attelage des chevaux, lorsqu'un homme s'élança vers ma voiture et nous jeta d'une voix grelottante cette question. « Est-ce là la duchesse de Reggio ? — Oui », répondîmes-nous en même temps. Je reconnus M. de Bourcet, aide de camp de mon mari.

« Vous n'irez pas plus loin cette nuit, madame la duchesse. M. le maréchal, ayant appris que des partis de Cosaques infestaient la route depuis hier, m'a envoyé en toute hâte vers vous pour vous faire suspendre votre marche. Je ne sais comment j'ai échappé aux éclaireurs russes qui sont semés partout. »

Jugez de ma désolation à ces terribles paroles ! C'était moins la peur des Cosaques, que je voyais cependant en cauchemar depuis des semaines, que le chagrin d'échouer au port et de manquer cette entrevue si désirée et si nécessaire, qui m'accablait.

« Ne vous découragez pas, reprit M. de Bourcet ; venez, madame la maréchale, vous réchauffer à la poste. Là, je vous expliquerai tout. »

Force était de se soumettre. Nous voilà donc, à onze heures du soir, dans la cuisine de cette maison, serrés autour d'un feu à demi éteint.

« Tout n'est pas perdu, reprit l'aide de camp, en voyant mon profond découragement ; M. le maréchal attend demain, dans la matinée, un régiment qui passe la nuit ici, et il m'a recommandé de mettre votre voiture dans les rangs de cette brave infanterie ; vous marcherez à son pas et vous arriverez en sûreté : ce n'est qu'un retard de quelques heures ; permettez-moi donc de vous faire préparer un lit où vous pourrez dormir jusqu'au premier roulement de la diane. »

Toute remontée par ces paroles, je refusai le lit et je restai près du feu, qu'on avait un peu ranimé.

Bientôt ces messieurs se mirent à ronfler, tandis qu'en regardant les tisons je songeais à la singularité de ma position. Je reviendrai encore ici sur l'étrange similitude qu'elle présentait avec celle où je m'étais trouvée près de deux ans auparavant, à sept cents lieues de Paris, et j'en étais à quinze lieues au moment présent !

Ce qui avait été dit fut fait : nous partîmes de Nangis avec le régiment. Au point du jour, nous avions six lieues à faire : elles nous prirent six heures ; nous ne vîmes pas l'ombre d'un Cosaque. Cette troupe irrégulière craignait trop notre infanterie pour l'aborder en marche, eût-elle été en moindre nombre.

Aux approches de la ville, ces messieurs firent quitter les rangs pour m'éviter le spectacle de l'ébahissement de la ville à la vue de ma voiture faisant une entrée au son du tambour.

Bientôt je pus embrasser votre père, que je trouvai en parfaite santé, malgré les fatigues, les privations et le chagrin qui ne lui avaient pas fait défaut depuis notre séparation. Je ne remarquai rien de ces alternatives d'accablement et d'irritation qui m'avaient tant affligée lors de la retraite de Russie ; mais c'est qu'alors il était réduit, par sa blessure, à enregistrer nos malheurs sans y porter sa part de remède, et qu'ici il fallait agir sans répit; c'était ce qui convenait à cette énergique nature. D'ailleurs il était bien loin de regarder la partie de l'Empereur comme perdue; il admettait la chance de l'occupation de Paris par l'ennemi, mais il pensait que l'Empereur, passant la Loire, s'y maintiendrait assez redoutable pour obtenir des conditions acceptables et conserver la couronne; il espérait que la nation, d'abord démoralisée, finirait par se réveiller d'une apathie qui, jusqu'alors, avait laissé tout faire à l'armée et que, se lassant enfin de subir les maux de la guerre, le réveil du pays serait celui du lion; en un mot, il avait encore foi dans l'avenir.

Mon mari avait souri, non seulement à ma personne, mais au déballage de ma voiture; j'avais dévalisé le magasin du célèbre Chevet, et bientôt pâtés, jambons, poulardes, furent présentés en triomphe à l'état-major que l'on convia à partager cette aubaine. « Il faut que j'appelle aussi un affamé de mes voisins, me dit le maréchal. C'est Macdonald; espérons que le prince de Schwartzenberg nous laissera encore dîner tranquilles aujourd'hui. » Il en fut ainsi; cinq jours se passèrent, pendant lesquels l'ennemi fit le mort, au grand étonnement de l'armée des deux maréchaux. Ce fut au profit de ma halte à Provins; je me fis alors un ami qui me resta fidèle jusqu'au delà du tombeau; je veux parler de l'excellent maréchal Macdonald, qui vint presque tous les jours, de son quartier général, partager notre dîner.

Vous pensez bien que mes riches provisions ne purent alimenter longtemps les nombreux meurt-de-faim qui avaient d'abord été alléchés par les premiers repas, et bientôt je pus m'apercevoir moi-même de la pénurie dans laquelle, à mon grand chagrin, allait retomber le maréchal.

Il m'enjoignit de suivre, de loin, le gouvernement de la régente et de passer la Loire, si telle était la marche adoptée ; il fut convenu que, dans ce cas, j'irais retrouver ma sœur à Poitiers. Ces bases posées, nous en vînmes aux mille détails qu'un ménage uni doit toujours traiter avec cet accord qui, après la grâce de Dieu, fait la force et le bonheur du mariage.

A peine ma cinquième journée avait-elle commencé à Provins que, sans attendre une attaque de l'ennemi, le maréchal décida mon départ, sans écouter aucune de mes supplications tendant à prolonger mon séjour. Par une sorte de prescience il précipita les apprêts, fit mettre M. de Bourcet sur le siège de ma voiture, me fit escorter durant les premières lieues par un peloton de cavalerie, m'escorta lui-même, à cheval, à ma portière, pendant une demi-heure, puis, sans me prévenir, sans adieux, il tourna bride, prit le galop, et arriva juste pour apprendre que l'ennemi semblait se préparer à un mouvement. Pendant ce temps j'étais rapidement emportée vers Paris.

J'arrivai rue de Bourgogne avant la nuit sombre; je pus encore distinguer, dans la cour, une calèche couverte de boue et qui venait de faire, évidemment, comme moi, un voyage précipité. « Qu'est-ce donc ? » demandai-je tout émue au concierge. Il hésitait à me répondre. « Eh bien ? — C'est M. le comte qui est arrivé blessé. » M. le comte était Victor. Je monte et j'arrive dans la chambre où il s'était établi; il était calme ; il commença par me rassurer sur les suites de l'événement ; c'était, me dit-il, une balle qui lui avait ouvert la cuisse et la lui avait labourée assez profondément dans une grande longueur, mais sans rien fracturer. Il avait reçu cette blessure dans la chaude affaire de Craonne, où la garde impériale avait donné avec son ardeur ordinaire. Rassurée sur les suites de l'événement, je surpris en moi-même une sorte de satisfaction, que je ne témoignai pas, de voir qu'il mettait l'un des nôtres à l'abri des chances terribles de la fin de cette campagne.

J'étais encore près de Victor lorsque arriva un autre mutilé de notre famille ; c'était le général Pajol ; il avait eu un cheval tué sous lui au pont de Montereau ; la chute avait rouvert ses graves blessures de Leipzig et l'avait obligé à venir se soigner à Paris. Quoique bien abîmé, il pouvait circuler, parce qu'il n'avait été atteint qu'au bras et à la main ; le général était accompagné de sa femme ; celle-ci avait quitté forcément, au moment de l'invasion, la Franche-Comté, où son mari avait ses propriétés.

Je n'avais plus de nouvelles du maréchal ; je savais vaguement qu'il avait quitté la Seine pour rejoindre l'Empereur sur l'Aube, où s'était livrée, le 21 mars, le rude combat d'Arcis, dont je n'avais pas les détails.

Après le combat d'Arcis, l'Empereur, soit qu'il ait été trompé un moment sur la marche d'un corps ennemi (Wintzingerode), soit qu'il ait eu une vague pensée de couper aux alliés la ligne du Rhin, s'était reporté vers Saint-Dizier, où il arriva le 28 ; mais, ayant appris là que le gros de l'armée se portait en masse sur Paris, il changea brusquement ses dispositions pour courir au secours.

Ce fut à Saint-Dizier que, résumant (le 28) cette pensée d'intercepter la ligne du Rhin à l'ennemi, le maréchal soumit à l'Empereur la proposition que voici : il demandait d'être chargé avec son seul corps d'armée, faute de pouvoir disposer de forces plus considérables, de marcher sur le Rhin en prenant, dans chacune de nos places fortes qui se trouveraient sur son chemin, autant d'hommes et de munitions qu'elles pourraient en fournir, sans trop nuire à leur sûreté, de suivre le même plan pour toutes les places que nous avions encore outre Rhin dans la direction de Vienne.

Cette disposition qui présentait, certes, des difficultés immenses et une grande incertitude quant au résultat, aurait au moins l'avantage de déconcerter un instant l'ennemi, de retarder, d'empêcher peut-être sa marche sur Paris, et en outre pouvait, en relevant le moral des populations, les soulever en masse contre l'invasion. L'Empereur fut un moment saisi par cette pensée; mais, outre qu'il était bien tard, il ne croyait pas pouvoir se priver du corps d'armée du maréchal; il lui demanda s'il voulait tenter cet essai avec la cavalerie seulement. « Non, Sire, lui répondit le maréchal, ce serait alors une guerre de partisans. Je ne puis accepter cette mission. » Mais les heures volaient; on partit pour Troyes à marches forcées, et l'on y arriva le 29... Vains efforts! On sait ce qui se passa le 30 à Paris!! La France était épuisée de longue main, moins peut-être d'argent, car nos pays conquis en fournissaient encore, que d'hommes. Cette dernière pénurie, à laquelle on cherchait à remédier par tous les moyens possibles de recrutement, mettait les familles dans l'abandon et le désespoir. Elles étaient vraiment saignées au cœur. Le pauvre donnait son dernier fils avec le regret de perdre en lui son soutien, et dans les champs c'étaient souvent les femmes et les jeunes filles qui conduisaient la charrue. La culture en souffrait comme les individus. Même désastre dans les villes! Combien de familles se condamnèrent à une gêne éternelle pour sauver le jeune homme que d'autres mesures finiraient par atteindre ! Les grands noms, les grandes fortunes, enfin, tout ce qui pouvait espérer l'indépendance, fut contraint de céder à l'organisation des gardes d'honneur.

Toutefois, le jeune homme sous les drapeaux, quelque éloignement que ses antécédents eussent pu lui inspirer pour le gouvernement, ne voyait plus que l'honneur, et servait avec bravoure et loyauté ; mais l'inquiétude, la désolation, le ressentiment n'en restaient pas moins dans les familles ; les crêpes dont les campagnes de Russie et Leipzig avaient couvert la France n'avaient pas disparu ; des larmes amères coulaient encore... On savait qu'en cédant, les années précédentes, quelques-unes de ses conquêtes, l'Empereur aurait évité à la France la guerre d'invasion, qu'un peu plus tard on lui eût laissé la ligne du Rhin, qu'enfin, au moment même où nous sommes arrivés, s'il voulait donner au duc de Vicence (son chargé de pouvoirs au congrès de Châtillon) autant de latitude que ce zélé serviteur en demandait, il obtiendrait encore des conditions supportables pour la paix, la paix ! ce cri de tous les cœurs, car, de la gloire, cette nourriture habituelle du pays, la France en avait sa part suffisante.

A Paris, tout prenait un aspect de plus en plus sombre ; chacun faisait ses dispositions définitives pour mettre en sûreté personnel et matériel. La plupart de ceux qui tenaient au gouvernement, soit par attachement, soit par devoir, étaient décidés, comme je l'étais moi-même, à suivre les mouvements de la régente ; on faisait épier, du matin au soir, la cour des Tuileries, afin d'y saisir au besoin les premiers préparatifs de départ ; bien certaine d'en être informée des premières par la famille de Sainte-Aulaire, à laquelle je devais m'associer, quoi qu'il arrivât, je me tenais prête, en déplorant toutefois l'abandon forcé des deux enfants en pension et du fils aîné blessé et intransportable. La seule chose qui me rassura pour ce dernier, ce fut la promesse qu'il me fit de se retirer plus tard chez son ami M. Houcard. Nos adieux furent bien tristes!!!...

Enfin, le 29 mars, je fus avertie que les fourgons et les voitures de l'Impératrice remplissaient la cour des Tuileries, que c'était probablement sur Blois qu'allaient se diriger Marie-Louise, le roi de Rome et le Conseil de régence. Je m'entendis immédiatement avec la famille de Sainte-Aulaire, et nous arrêtâmes notre départ pour le soir même.

A ce sujet, je ne peux renfermer la réflexion que je fis plus tard avec bien d'autres, c'est que la face du monde entier eût peut-être changé, si la régente, usant alors du pouvoir dont elle était investie et résistant aux têtes perdues qui la dirigeaient, eût attendu l'événement à Paris; en retrouvant au siège du gouvernement la fille de l'empereur d'Autriche, qui donc, parmi les coalisés, eût voulu la chasser, quand ils avouaient que leur plan s'arrêtait à la seule résolution de détrôner l'Empereur, sans paraître penser à un successeur? Ils eussent probablement soutenu la régente; mais elle abandonna la partie et la perdit ainsi sans retour.

On raconta avec maints détails alors la résistance qu'on nomma instinctive du roi de Rome, qui jeta les hauts cris et se cramponna à tous les rideaux du palais des Tuileries, pour ne point entreprendre, cedit jour, ce qu'on lui présentait comme une promenade, caprice naturel à un enfant de trois ans; l'on en fit un pressentiment.

L'on savait que c'étaient les corps des maréchaux,

duc de Trévise et duc de Raguse seuls, qui, des hauteurs de Romainville, devaient défendre la ligne de Meaux ; tandis que le roi Joseph remplissait, à Paris, le rôle de généralissime. La route de Versailles était libre, la famille de Sainte-Aulaire était prête ; nous laissâmes partir l'Impératrice, sa suite et son escorte, et, vers quatre heures du soir, nous partîmes nous-mêmes pour Versailles, qui devait être notre première station.

Il était nuit lorsque nous y arrivâmes. Nous prîmes possession de deux chambres contiguës dans une auberge déjà fort encombrée, rue de l'Orangerie ; un triste souper, une nuit agitée, précédèrent pour nous la fatale journée de l'occupation de Paris.

Un bruit incessant et confus annonça, durant toute la nuit, le passage d'un grand nombre d'hommes, de chevaux et de voitures, et bientôt le jour éclaira le plus étonnant spectacle que l'on ait jamais pu avoir sous les yeux. Il nous fixa immobiles à nos croisées ; ce que nous voyions passer, mes enfants... c'était l'Empire ! l'Empire ! qui s'en allait avec ses pompes et ses splendeurs ; c'étaient les ministres, tous dans leurs carrosses à six chevaux, emportant, avec leur portefeuille, femme, enfants, bijoux, livrée ; c'était le Conseil d'État tout entier, les archives, — les diamants de la couronne, — les administrations, etc. Et ces parcelles de pouvoir et de magnificence étaient entremêlées, sur la route, de pauvres ménages ayant entassé sur une charrette tout ce qu'ils avaient pu enlever des maisons abandonnées par eux au pillage (présumé) qui allait fondre sur la contrée ! Dès le point du jour, le canon avait grondé !

M. de Sainte-Aulaire allait et venait sans cesse ; souvent il arrêtait quelques-unes de ces voitures armoriées, remplies de gens qu'il connaissait ; mais eux, pour la plupart, mornes, effarés, ne savaient rien de plus que nous; l'on se battait, nous disaient-ils, aux barrières de Paris; hélas! ne l'entendions-nous pas?

Vers quatre heures et demie parut la fameuse proclamation du roi Joseph. M. de Sainte-Aulaire s'empressa de nous l'apporter; elle tendait à encourager la défense et finissait par ces mots : « Parisiens, je reste avec vous. » Nous finissions à peine la lecture de cette pièce inexplicable, ainsi que vous allez le voir, qu'au milieu du tumulte, toujours croissant, nous vîmes se faire place, non sans peine, un état-major nombreux. Il s'avança lentement, et lorsqu'il fut à notre portée, nous distinguâmes qui?... l'Empereur!... Je le crus du moins.... Je poussai un cri perçant de : « Vive l'Empereur! » en étendant les bras, pensant découvrir votre père dans chacun des officiers généraux qui suivaient. Il fallait que j'eusse perdu la tête pour croire, même pendant un instant, qu'à ce moment suprême je voyais l'Empereur tourner le dos à Paris; mes compagnons de voyage, qui avaient partagé un moment mon hallucination, reprirent plus vite que moi leur présence d'esprit, et me tirèrent promptement d'erreur : ce n'était point l'Empereur, mais bien son frère Joseph, qui lui ressemblait, et qui abandonnait la ville presque au moment où il venait d'y proclamer sa présence fidèle; il quittait, lui, après avoir dit : « Battez-vous. »

M. de Sainte-Aulaire recueillit l'ensemble de la capitulation; elle venait d'être signée par le duc de Raguse, qui avait fait une vigoureuse défense. Hélas! pauvre maréchal! Pourquoi son histoire ne s'est-elle pas arrêtée là?

Il était huit heures, lorsque, quittant l'auberge où nous venions de passer une si affreuse journée, nous nous joignîmes à la colonne interminable dont j'ai parlé. Le pêle-mêle sur la route, par une obscurité complète, était effrayant. Nous atteignîmes Rambouillet vers deux heures du matin; force était de faire souffler nos chevaux et de les faire manger si nous le pouvions; mais l'agglomération était telle qu'on ne s'y reconnaissait pas. Cependant M. de Sainte-Aulaire parvint à se frayer un passage pour gagner le château et s'informer qui, parmi les puissances en retraite, pouvait s'y être arrêté, et bientôt il vint nous dire que la reine Hortense s'y était réfugiée depuis la veille, que déjà elle se préparait à partir, et il nous proposa de nous conduire de suite près d'elle. Faute de tout autre gîte, nous étions restés dans nos voitures, au milieu d'une foule compacte de gens et de chevaux; ce ne fut pas sans grand'peine que notre guide put nous frayer la voie; mais enfin nous atteignîmes les portes du château, et bientôt celles de l'appartement de la princesse. Je la connaissais peu, mais en de telles circonstances, l'on était en dehors de toutes les coutumes. Nous entrâmes d'abord chez Mlle Cochelet, sa lectrice et sa confidente; elle se levait et nous reçut à moitié vêtue. A peine étions-nous entrés qu'elle se mit à pousser les hauts cris, non seulement sur la situation générale, mais sur quelques actes particuliers, et notamment sur la retraite du roi Joseph. « Le croiriez-vous? disait-elle, il est venu tranquillement souper ici. Souper, après une telle journée ! »

Nous passâmes ensuite chez la Reine; moins expansive que Mlle Cochelet, elle laissait cependant deviner toutes les craintes, les amertumes et les reproches de son cœur. Ses deux fils, âgés de quatre et six ans environ, déjà éveillés et habillés, jouaient autour d'elle; c'était pour les soustraire aux événements de Paris qu'elle avait quitté l'impératrice Joséphine, sa mère, dont elle était vivement inquiète, surtout depuis qu'elle venait d'apprendre que, sans la prévenir, l'on avait fait sauter le pont de Neuilly, dans l'intérêt de la défense de Paris. « Elle est donc seule à la Malmaison ! » disait la Reine au désespoir.

Pendant cet entretien, qui avait lieu dans une grande chambre mal éclairée par le jour qui se levait à peine et des bougies qui s'éteignaient, on voyait des femmes de chambre éplorées hâter les apprêts de la fuite de cette princesse, que je ne devais plus revoir.

Nous regagnâmes, non sans peine, la ville ; le jour qui était levé éclaira la scène la plus tumultueuse.

Bientôt chacun se remit en voyage ; l'on ne se dit ni adieu, ni au revoir ; c'était une déroute, hélas ! Chacun pour soi. J'avais perdu, dans la bagarre et l'obscurité, mon piqueur et sa monture ; en vain je fis chercher appeler ; rien. Je m'éloignai d'autant plus désolée de cet incident que, résolue à suivre dans ces premiers moments les plans et la marche des Sainte-Aulaire, j'allais me jeter avec eux dans les terres, et enlever ainsi à mon domestique la chance de retrouver ma trace. Que faire, pourtant? Il fallait marcher !

Nous arrivâmes dans la journée à Liouville, vieux château appartenant à mes compagnons de voyage ; la partie de la Beauce où il se trouvait n'avait encore été troublée par aucune nouvelle des événements que nous venons de narrer.

Nous fûmes reçus à Liouville par la comtesse Victor de Juigné, sœur de Mme de Sainte-Aulaire ; quoique n'ayant pas ses opinions politiques, elle ne nous en reçut pas moins avec une exquise politesse, mais froide: La chute de l'Empire, il faut le dire, était pour le moment l'objet de tous les vœux, mais on n'était pas obligé de s'expliquer, et chacun resta sur la réserve. Après un dîner maigre (nous étions dans la semaine sainte) on se retira dans ses appartements, assommé sous le double poids des fatigues morales et physiques subies durant les vingt-quatre heures qui venaient de s'écouler.

J'étais jeune, je dormis jusqu'au moment où un radieux soleil vint frapper mes yeux. Je me levai, ne sachant quelle heure il était. Mes croisées donnaient sur un vieux parterre, mal tenu, borné par d'anciennes et mousseuses charmilles. L'on n'entendait que le chant des oiseaux; le printemps commençait. Ce calme apparent tranchait si vivement avec l'orage intérieur qui s'était réveillé avec moi, qu'il augmenta ma désolation. Quand la tempête est dans le cœur, il la faudrait partout.

Aucune nouvelle politique ne vint diminuer la pesanteur de cette journée. Quelques fuyards, amis ou parents de la famille de Sainte-Aulaire, vinrent leur demander asile, mais ils n'en savaient pas plus que nous.

Il était impossible de prolonger notre séjour à Liouville; nous avions donné là un jour de repos à nos chevaux, et le 1er avril, notre caravane prit la traverse pour gagner la grande route de Chartres.

Nous arrivâmes dans cette ville vers le milieu de la journée et nous fûmes frappés d'étonnement de voir toutes les portes et fenêtres fermées et l'absence totale d'habitants dans les rues. Une auberge de rouliers seule était ouverte; nos voitures y pénétrèrent, et bientôt nous fûmes réunis dans une grande chambre, que je verrai toute ma vie. M. de Sainte-Aulaire nous y enferma et fut de nouveau aux informations. L'on venait de nous dire, dans la maison, qu'on se battait à peu de distance de la ville, et que bientôt on saurait à quoi s'en tenir sur la disposition des troupes, parce qu'on était en observation sur le clocher de la cathédrale, point très culminant, comme chacun sait. Si notre anxiété fut vive, elle ne fut pas de longue durée; c'était une fausse alerte causée, nous dit-on, par l'explosion d'un convoi de poudre qui avait sauté à quelques lieues de là. La terreur répandue partout en avait fait une bataille rangée. Nous n'eûmes jamais une explication bien catégorique de cet incident, mais je ne pouvais plus tenir à ces alternatives; assurément, je n'espérais dans un tel moment le calme ni du corps ni de l'esprit; mais ce que je voulais, c'était rassurer ma conscience en me plaçant, le plus tôt possible, dans la situation qui m'avait été indiquée par le maréchal, c'est-à-dire mettre la Loire derrière moi. Je voyais la famille de Sainte-Aulaire hésitante dans sa marche; par mille motifs, j'étais désolée de me séparer d'elle; mais, dès le même soir, je lui fis mes adieux et continuai ma route sur Tours.

Cependant, je cheminais craintive, n'ayant d'autre secours masculin que mon cocher, lequel était depuis trois mois seulement à mon service.

Ces pensées et tant d'autres rendirent bien terrible cette première marche; mais, entre tous les périls que j'entrevoyais, il fallait choisir; je suivis donc mon chemin. Vers deux heures du matin, le cocher m'annonça que les chevaux ne pouvaient aller plus loin. Nous étions dans un village; je l'autorisai à frapper à la première enseigne. L'on m'ouvrit bientôt une chambre quelconque et je grimpai sur un lit qui touchait au plafond. Au jour, j'étais prête; mais quand l'on me demanda pour ce temps d'arrêt soixante-douze francs, je m'arrêtai tout court, et, regardant en face la vieille sorcière qui voulait m'écorcher ainsi, je lui demandai la note détaillée : « Nia pas besoin de note, vous paierez trois louis, comme vient de le faire la princesse de Neuchâtel. — Soit, mais j'ai la fantaisie de savoir le prix des denrées dans ce pays et je veux une note; quand je l'aurai, j'irai faire une petite visite à votre juge de paix. » Cette note, elle me l'apporta, elle montait à vingt-sept francs; là-dessus, je partis heureuse de m'en être tirée ainsi, tout en me reconnaissant encore volée.

Par compensation, j'ai à vous parler immédiatement de ma bonne Mme Raymond, hôtesse des Trois Monarques à Châteaudun. Je descendis chez elle vers midi, et, en dételant ses chevaux, le cocher me déclara qu'ils ne pourraient faire un pas de plus dans cette journée. C'était désespérant; mais qu'aurais-je gagné à les tuer, alors que tout autre moyen de transport pouvait me manquer entièrement? Il était évident que j'étais la dernière fugitive qui osât se hasarder sur un terrain qu'on s'attendait à voir envahir d'heure en heure par les alliés. Tous les passages semblaient avoir cessé depuis la veille. « Ah! mon Dieu, dis-je à la bonne hôtesse, qui, les poings sur les côtés, me regardait avec tristesse en me donnant ces renseignements, et si l'ennemi arrive pendant que je serai chez vous? — Eh bien, je vous cacherai; fiez-vous à moi, petite dame, et commencez par me remettre toutes ces boîtes rouges qu'il ne faut laisser voir à personne. » Elle m'installa dans la meilleure de ses chambres, fut renfermer mes écrins et revint chercher à me consoler. « J'en ai bien vu des chagrins depuis trois jours, reprit-elle ; pourquoi donc êtes-vous si en retard sur cette route? » Je compris alors le tort que j'avais eu de passer vingt-quatre heures à Liouville; mais que l'on se reporte à mes habitudes d'entourage, de patronage, et l'on comprendra peut-être que, dans mon ignorance des événements, j'aie hésité à quitter mes amis de Sainte-Aulaire pour me livrer seule, ainsi que je l'étais alors, aux chances de cette fuite.

Le lendemain matin un grand tumulte venait de se faire entendre sous mes fenêtres; il y avait du nouveau et bientôt je vis entrer chez moi un officier de dragons visiblement ému; je ne le connaissais pas. Son détachement, qui venait d'entrer dans Châteaudun, parcourait les rues au galop. « Je viens, me dit-il, d'apprendre à l'instant qu'un parti ennemi allait tomber sur cette ville, et que la femme du maréchal Oudinot était dans cette auberge, seule et sans défense; je suis venu me mettre à sa disposition. »

L'affreuse terreur qui s'était emparée de moi ne paralysa pas ma reconnaissance; mais l'officier ne me donna pas le temps de l'exprimer. « Si vous m'en croyez, madame, me dit-il, vous partirez sans délai; devant vous, la route est encore libre, c'est évident, et nous saurons bien ici arrêter l'ennemi assez de temps pour vous faciliter le moyen de gagner une retraite plus sûre. »

A l'obligeance, au dévouement de cet homme, se mêlait une exaltation prodigieuse, qui finit par éclater en ces mots prononcés avec rage : « Ah! madame la maréchale, tout est fini pour l'Empereur et pour l'armée, c'est un roi en jupons qui vient nous gouverner... »

J'étais stupéfaite, j'ignorais qu'en effet une croyance, aussi absurde qu'elle était peu répandue, avait ainsi revêtu, dans les imaginations, le roi Louis XVIII. « Mais, partez, partez! » me dit l'officier. Éperdue, je montai en voiture en le remerciant de mon mieux. J'ai su son nom et je l'ai oublié ! Je suis confuse d'avoir à faire cet aveu.

Dans des dispositions que vous pouvez deviner, je continuai ma route sur Vendôme, où j'arrivai le même soir. J'allais me coucher dans une auberge qui me semblait assez calme, lorsque le comte de Sainte-Aulaire, forçant ma porte, me confirma que la route qu'il venait de suivre derrière moi était encore libre et que mes bons dragons n'avaient pas eu à tirer leurs sabres.

Le voyageur m'apprit, avec une émotion bien partagée par moi, l'entrée à Paris de l'armée coalisée ! Les détails manquaient encore, cependant le nom des Bourbons était déjà prononcé, et l'on savait l'Empereur à Fontainebleau avec sa garde. L'alternative qui résultait de ces événements était de nature à confondre un jugement plus expérimenté que le mien. L'Empereur vaincu et détrôné, ceci révoltait ma croyance ; l'Empereur soumis me semblait plus impossible encore, et du chaos de mes pensées, ce qui sortait le plus clair et le plus probable était toujours sa retraite derrière la Loire et, par suite, une défense à laquelle j'associais naturellement le maréchal. Donc je devais continuer ma route et passer sur l'autre rive. Ma sœur m'attendait à Poitiers, dans la famille de son mari ; mais je résolus de m'arrêter préalablement à Tours, pour y attendre quelques détails. J'y arrivai le lendemain et descendis à l'hôtel du Faisan, situé au milieu de la Grande Rue.

Il était fort tard, je me couchai remplie d'émotions, mais je pensais, avec une sorte de consolation, qu'au moins pour le moment on ne devait pas se battre. Toutefois, ce n'était qu'une conjecture, et ma première action du lendemain fut d'écrire au préfet, qui était alors le comte de Kergorlay, pour lui demander en confiance, quoique je ne le connusse pas, la communication des événements, que lui devait connaître. J'implorais sa compassion pour mes angoisses relatives au maréchal; je ne reçus aucune réponse.

L'hôtel où j'étais descendue représentait le bruit et le mouvement d'une ruche d'abeilles. J'écoutais avec tristesse ce bourdonnement, lorsque ma femme de chambre vint m'annoncer qu'un chasseur, galonné d'or, venait au nom de son maître me demander un moment d'entretien. Quel était ce maître ? Rien moins que Fouché, que je n'avais jamais vu ! Sans avoir eu le temps de me préparer à une rencontre si prochaine, je le vis entrer. Quelle étonnante figure ! Cheveux, sourcils, teint, yeux, tout me sembla de la même nuance. A peine assis, il me demanda des nouvelles de mon mari. « Hélas ! lui dis-je, j'en attends de tous ceux que je vois, de vous, monsieur le duc. — Eh ! quoi, madame, vous arrivez et vous n'êtes pas plus instruite que nous tous, refugiés ici depuis deux ou trois jours ? » Je lui expliquai alors les causes de mon retard. Désappointé de ce que la dernière arrivée ne lui apprenait rien, il sembla accablé. Son étrange regard se promenait inquiet dans l'étendue de ma chambre. Enfin, reprenant la parole, il me demanda en hésitant ce que ferait le maréchal dans les circonstances du moment. « Suivra-t-il la fortune de l'Empereur, le pensez-vous, madame? ou, si l'Empire s'écroule, se rattachera-t-il à un nouvel ordre de choses ? » La question était ardue; ma réponse fut bien simple : « Comme toujours, lui dis-je, sans que je connaisse les événements accomplis, ni que je puisse lire dans l'avenir, je sais que le maréchal, partant d'un principe immuable, se laissera guider uniquement par l'honneur, le devoir et l'amour de son pays; je ne puis vous en dire davantage. » Là-dessus, il me salua très profondément et se retira. Je ne l'ai jamais revu.

Cependant, je sentais la nécessité de communiquer avec les refugiés qui se trouvaient dans ma situation à Tours, et je me rendis d'abord chez la maréchale Masséna, envers laquelle mon mari m'avait toujours obligée à être prévenante, comme étant ma très ancienne. Elle m'accueillit au mieux, s'identifiant à ma situation et gémissant beaucoup pour moi et surtout pour elle de la crise du moment. Puis, tout à coup, elle me dit : « Savez-vous que nous pourrions bien errer des mois entiers à la suite de l'Empereur et de l'armée, avant que la crise soit décidée? Je l'ai prévu et me suis précautionnée; combien avez-vous pris d'argent? Moi j'ai soixante mille francs en or dans la cave de ma voiture. » J'éludai la question, ne me trouvant point obligée d'établir que je ne possédais juste que l'intérêt d'une année de soixante mille francs.

Je vis aussi Mme de Marescot, puis Mme Marchand, femme de cet intendant militaire dont je vous ai parlé. L'hospitalité de cette dernière fut charmante. Nous étions dans la semaine sainte; c'est vous dire que l'église m'était de ressource, et néanmoins je succombais parfois sous le lourd fardeau de l'incertitude la plus complète. Je sentais que d'immenses événements s'accomplissaient, qu'ils devaient être, pour mon mari et pour mon pays, d'une importance fondamentale, et rien de positif n'arrivait jusqu'à moi.

Nous avions ainsi passé plus d'une longue semaine, lorsqu'enfin, un matin, le préfet fit tout à coup l'émission d'une nuée de journaux, matière inconnue depuis longtemps. Ils étaient imprimés sous le règne du gouvernement provisoire et livraient à nos esprits avides le détail des événements qui s'étaient accomplis depuis le 30 mars !

En lisant, à tant d'années de distance, cette période de notre histoire, mes enfants, vous vous étonnez de la rapidité et de l'importance des catastrophes qui y sont renfermées ; jugez donc ce que dut produire cette révélation sur les contemporains et particulièrement sur ceux dont les intérêts les plus chers et les plus directs étaient en jeu !

Le nom de votre père n'était pas encore prononcé, mais il me semblait indubitable que son ralliement au nouveau gouvernement serait la conséquence de la liberté qui lui était rendue par l'abdication de l'Empereur.

Dans ce dédale d'étonnements, de regrets et d'espérances de la réalisation d'une paix si vivement souhaitée, je restais interdite, confondue ; mes opinions se combattaient entre le culte traditionnel qui m'avait été inculqué dans mon enfance pour la famille des Bourbons et mon enthousiasme de jeune fille et de jeune femme pour l'Empire. D'ailleurs, mes tendances personnelles devant être soumises à celles de mon mari, ma tête était en feu entre tant d'agitations et d'incertitudes. La journée se passa dans cette fièvre morale ; mon inexpérience paralysait chez moi l'action du moment ; mais bien d'autres que moi restaient confondus et indécis. Je ne sais dans quelle résolution je me couchai ; dans aucune, je crois ; mais ce que je me rappelle, c'est qu'au point du jour on frappa vivement à ma porte et, avant que ma femme de chambre eût été arrivée, il s'établit entre l'homme du corridor et moi le colloque suivant :

« Qui êtes-vous ? m'écriai-je. — Vergé, me répondit-on. — Oh ! monsieur Vergé, où donc avez-vous laissé mon mari ? Parlez, parlez ! — M. le maréchal est revenu de Fontainebleau à Paris, après l'abdication de l'Empereur ; il a reconnu le gouvernement des Bourbons, représenté par le gouvernement provisoire. La paix est faite, tout est fini; M. le maréchal, bien inquiet de vous, madame, m'a ordonné de suivre cette ligne-ci, sur laquelle il vous supposait, jusqu'à ce que j'aie eu le bonheur de vous retrouver. »

D'après l'exaltation de mes idées, vous devez vous attendre à l'impression que me firent ces paroles. Je partis aussitôt.

En descendant de voiture, toute haletante, rue de Bourgogne, je fus bien désappointée de ne pas y trouver mon mari, qui était allé à la rencontre de M. le comte d'Artois. Nous étions en effet au 12 avril 1814.

Objet des adorations de son parti, ce prince était, dans l'imagination de tous ceux qui le composaient, comme un de ces héros, beaux et bons, des romans et des contes de fées. Ma mère et mes tantes, qui cependant ne l'avaient jamais vu, m'en avaient toujours parlé sous cette impression. On pleurait en prononçant les noms de Louis XVI, de Marie-Antoinette, du malheureux petit Dauphin, de Mme Élisabeth, tous morts sous la hache ou sous l'affreux régime de la Terreur; l'on vantait tout ce que l'on savait de Monsieur (depuis Louis XVIII), mais, quand on parlait de M. le comte d'Artois, c'était toujours pour ajouter à ce nom quelque gracieux souvenir. Toutes ces réminiscences, endormies par le temps et éclipsées d'ailleurs par la brillante période qui finissait, se réveillaient en moi; je pensais à la joie de ma mère, à celle de toute ma famille, et je n'en attendis que plus impatiemment le maréchal, pressée que j'étais d'asseoir enfin mes idées sur sa position personnelle et la manière dont il la prenait. Il revint enfin, gagné par le charme de celui qu'il aima sincèrement et servit non seulement d'action, mais autant que possible de son expérience des choses en France.

Ainsi que je l'ai dit, il revint satisfait du frère et de l'héritier présomptif de Louis XVIII. Ce prince avait été très bien accueilli et parfaitement accueillant généralement ; la réception qu'il fit personnellement au maréchal fut charmante, et celui-ci, qui n'avait quitté l'Empereur à Fontainebleau qu'après son abdication et après avoir reçu, ainsi que ses collègues et frères d'armes, l'invitation de se rallier, pour le bien du pays, au nouveau gouvernement, le maréchal, dis-je, agissait avec liberté de conscience et dégagé de toute arrière-pensée en acceptant les avances du nouveau pouvoir. Oui, car il était resté dévoué corps et âme et jusqu'au dernier moment à celui qui venait de finir ; militairement parlant, il lui donna d'amers regrets et, comme l'un des lieutenants les mieux traités par l'Empereur, il ne cessa de lui conserver hautement des souvenirs de reconnaissance pour ce qui lui était personnel, et d'admiration pour ses hauts faits ; et ceci à travers les ingrates clameurs qui rarement, mais parfois cependant, se sont élevées de l'armée et dans le plus fort des récriminations passionnées.

Votre père fut immédiatement nommé, par Monsieur, ministre d'État faisant partie du Conseil. Il passait beaucoup de temps aux Tuileries et ne rentrait que pour être assailli par d'interminables audiences ; il était le point central d'intérêts bien divers qu'il cherchait à servir. C'étaient ceux de l'armée, ceux du parti royal et ceux des émigrés. Ceux-ci s'adressaient à lui avec une confiance appuyée sur un passé bien honorable. Dans les victoires de l'armée républicaine sur l'armée de Condé, votre père, tout en agissant selon son devoir, n'oubliait pas qu'il combattait des Français et adoucissait, par des procédés exceptionnels peut-être, les rigueurs de la situation. Je ne citerai qu'un seul fait à l'appui : deux cents prisonniers furent envoyés par lui au terrible pouvoir qui pesait alors sur la France pendant les luttes lamentables.

Le maréchal les fit partir, parce qu'il le fallait, mais sous l'escorte de quatre soldats et d'un caporal.

Vous devinez la suite. Ainsi, comme je crois vous l'avoir dit, les émigrés, à commencer par les membres de la famille royale, avaient dans le maréchal une confiance particulière, confiance que d'autre part l'armée inquiète sur son sort, dans ces premiers moments, conservait à celui qu'elle s'était plu à nommer le Bayard moderne. Il en résulta que notre petit hôtel de la rue de Bourgogne ne désemplissait pas.

Les événements et les obligations s'accumulaient pour mon ménage. Il était question d'aller faire une visite aux Tuileries au lieutenant général du royaume, Monsieur. Toutes les têtes féminines de Paris se préoccupèrent immédiatement de cette démarche à faire et de la toilette qu'on adopterait. Le prince avait fait annoncer qu'il recevrait toutes les dames; la chose fut prise tellement à la lettre qu'il y avait une confusion inconcevable dans cette réunion, où l'on vit, dit-on, jusqu'à la Montansier, celle qui donna son nom à l'un des petits théâtres de cette époque.

La marquise du Roure nous avait confié que, devançant l'entrevue qui allait avoir lieu, elle était allée, avec quelques autres de ses contemporaines, se placer je ne sais où, sur le passage de Monsieur, lequel frappé de leurs démonstrations, les avait accueillies avec sa grâce habituelle; si bien que chacune s'était dit : Il me reconnaît.

Le soir du cercle de Monsieur, elle pilota très bien la troupe de jeunes femmes qui s'étaient placées sous sa direction.

Je me sentais émue ; je pensai beaucoup à ma mère...

Les agitations des dames royalistes de cette époque sont indescriptibles, et elles eussent été bien touchantes, si, à côté de leur joie, elles n'eussent laissé percer parfois de l'acrimonie contre le parti vaincu ; mais ce ne furent pas Mmes du Roure et de Sainte-Aulaire qui en agirent jamais ainsi. Cependant la chaleur, le bruit et l'agitation semblaient être arrivés à leur comble dans les salons que nous remplissions, lorsqu'un redoublement de clameurs nous apprit que le prince s'approchait. Je me haussai sur la pointe des pieds et j'aperçus cette tête très noble, s'inclinant sans cesse gracieusement. Enfin, le voilà devant nous. Il fut parfaitement aimable pour Mme du Roure qui me nomma. A mon nom, il marqua un prompt mouvement d'intérêt, s'approcha vivement de moi et me dit sur la réputation du maréchal de telles paroles que ma voix, remplie de larmes, put à peine se faire entendre. Mais le bon prince me comprit, et il m'a dit bien des fois depuis que mon émotion était venue ajouter à l'effet favorable que lui causait ce nom nouveau, si marquant et si pur. Quant à moi, je sentis pour Charles X, dès cette époque, le commencement de cette vénération et de cette confiance qui s'accrurent naturellement par la connaissance que, plus tard, je pris de son caractère, lorsque j'eus à remplir ma sérieuse mission près de sa belle fille.

Dans ce moment où nos devoirs se compliquaient de toutes parts, il en fut un qu'une mort bien regrettable me laissa juste le temps de remplir. Je voulais voir l'impératrice Joséphine, restée à la Malmaison, où l'on avait su la faire respecter à travers la tourmente. J'y fus un matin avec Mme de Sainte-Aulaire. On nous introduisit dans le salon attenant à la galerie où la princesse était renfermée, nous dit-on, avec Mme de Staël. L'ennemie personnelle de l'Empereur avait probablement trouvé de bon goût de faire acte de présence en ce moment à la Malmaison. L'action était bonne en elle-même, si la femme de génie n'eût trop voulu l'exploiter au profit de son étude du cœur humain, et vous en jugerez peut-être ainsi par ce qui va suivre.

Quand l'Impératrice et Mme de Staël parurent, nous trouvâmes à la première un air très agité et très ému. Mme de Staël traversa rapidement le salon, salua et sortit. Il faut vous dire que, pendant la conférence, on avait introduit dans le salon, entre Mme de Sainte-Aulaire et moi, une troisième personne qui n'était rien moins que la comtesse Waleska, cette Polonaise à laquelle, disait-on, l'Empereur s'était si tendrement attaché durant la campagne de 1806. Ces deux femmes, dont l'une avait détesté l'Empereur, que l'autre avait peut-être trop aimé, entraînées par la même impulsion près de l'épouse répudiée, c'était, vous en conviendrez, ou un étrange rapprochement, ou un étrange contraste; mais la bizarrerie et la force des événements expliquaient tout. Joséphine, d'ailleurs, ne nous laissa pas le temps de méditer sur cette singulière rencontre; après avoir répondu au salut d'adieu de Mme de Staël, elle s'approcha rapidement de la cheminée où nous étions toutes trois réunies en silence, et sans préambule nous dit : « Je sors d'un bien pénible entretien; croiriez-vous qu'entre autres questions qu'il a convenu à Mme de Staël de m'adresser, elle m'a demandé si j'aimais encore l'Empereur ? Elle semblait vouloir analyser l'état de mon âme en présence de cette grande infortune... Moi,... qui n'ai jamais cessé d'aimer l'Empereur à travers son bonheur... serait-ce aujourd'hui que je me refroidirais pour lui ? »

Si telles ne sont pas à la lettre les paroles de l'Impératrice, c'est au moins bien exactement le sens de ce qu'un sentiment vif et profond lui faisait dire; elle parlait d'abondance et comme sûre de nous; elle était pourtant en présence d'une ancienne rivale. Celle-ci s'exprima peu. Était-ce embarras ou indifférence? Je ne le sais; elle alla, dit-on, à l'île d'Elbe, mais elle finit par épouser le général Ornano.

Déjà l'Impératrice était bien souffrante; la tête entortillée dans un grand schal d'Angleterre, elle était rouge, oppressée et se plaignait d'un catarrhe. On le voyait, le corps et l'âme souffraient à la fois. Ce fut presque toujours elle qui parla avec un abandon que lui inspira probablement la sympathie qu'elle put lire tant sur le visage de Mme de Sainte-Aulaire que sur le mien, et, quand elle se retira, ce fut en nous faisant promettre de revenir dîner avec elle le dimanche suivant. Hélas! alors elle était morte!.. Elle emporta bien des regrets. J'ai entendu dire au roi Charles X, qui était allé lui faire une visite, qu'il aurait continué avec un grand intérêt des relations fréquentes avec cette excellente princesse.

Les impressions de tous les genres, je l'ai dit, se succédaient sans interruption. Peu de jours après, le maréchal rentra un soir en me disant que j'eusse à me préparer pour le lendemain à recevoir l'empereur de Russie, qui s'était annoncé.

Les souverains étrangers que le maréchal avait vus à Paris lui avaient tous témoigné le souvenir qu'ils gardaient de sa loyale et humaine conduite dans leurs États, lorsque nous les avions occupés en conquérants; mais il y avait une tendance particulière qui rapprochait Alexandre d'Oudinot.

Grande fut mon agitation à cette nouvelle. Mon mari

fit convoquer son état-major et tout ce qu'il put réunir d'éclopés par la guerre, dans ses intimes, et, à bien dire, la plupart de ceux qui se rangèrent avec lui au haut de l'escalier, pour recevoir l'Empereur, étaient plus ou moins mutilés. Ainsi, depuis Montereau, le général Pajol avait le bras en écharpe; depuis Craonne, Victor marchait avec des béquilles; M. de Xaintrailles était plié en deux par suite d'un coup de lance dans les reins; M. Jacqueminot boitait encore fortement, ainsi que le général Pactold, (l'un de nos convoqués); en un mot, l'assemblage était frappant; aussi produisit-il son effet.

Avec une grâce exquise, qui ne le quittait jamais, l'Empereur m'offrit la main pour me ramener au salon, où tous les estropiés nous accompagnèrent. Bientôt ils se formèrent en cercle et le maréchal les nomma successivement. A chacun furent alors adressées des questions de détail, pleines d'un intérêt visible. « Messieurs, leur dit l'Empereur en finissant, cette guerre vous a bien maltraités; mais si de notre côté nous avons acquis quelque habileté, à qui le devons-nous ? Oui, les terribles leçons que vous nous avez données nous ont à la fin profité. » En prononçant ces charmantes paroles, l'Empereur s'était assis, en invitant chacun à en faire autant.

Il continua sur le même ton, en reprenant les choses aux dernières campagnes, nous faisant toujours une large part de gloire, et nous fascinant à tel point, par sa parole élégante et chevaleresque à la fois, que nous, vaincus et mutilés, nous nous sentions sous le charme du vainqueur. C'est qu'il était magnanime et sincère, ce prince, et que l'accord parfait de son langage avec sa belle physionomie et les inflexions de sa voix portaient la conviction dans les esprits.

Cette mémorable visite, qui s'était prolongée pendant

environ une heure, laissa à chacun de précieux souvenirs. Quand l'Empereur se retira, il trouva pour escorte un peloton que le maréchal avait fait demander à la première division militaire; le premier aide de camp du maréchal avait ordre de le commander en restant à la portière de l'Empereur.

Les Bourbons se présentaient véritablement comme un gage de paix; c'est à ce titre qu'ils furent acceptés par la généralité, qui, ne les connaissant pas, les accueillit comme la branche d'olivier, symbole qui éloignait toute idée de guerre.

Ils furent reçus par la minorité avec l'enthousiasme de cœurs ayant conservé religieusement le souvenir du passé. Ces sentiments étaient le partage particulier de certaines provinces de France, et plus particulièrement encore de certaines familles; au total, c'est un mensonge de l'esprit de parti d'avoir présenté les Bourbons comme ayant été imposés par l'étranger. Cette phrase perfide, répétée à satiété depuis tant d'années, est donc dénuée de sens et de vérité.

La bonne grâce, si influente partout et notamment dans notre impressionnable pays, la bonne grâce, dis-je, du lieutenant général, à son arrivée, avait commencé d'abord à bien disposer les esprits. Bientôt après courut le bruit de la promulgation d'une charte, qui aurait été longuement méditée par Louis XVIII, d'après les constitutions anglaises et dont ce prince apporterait les bases. De ce moment, chacun tourna ses idées, ses combinaisons et ses espérances vers cet horizon, et l'on attendit impatiemment l'arrivée du Roi.

L'on venait aussi d'annoncer, comme prochaine, l'entrée de M. le duc de Berry. Devançant le Roi son oncle, il avait débarqué à Cherbourg, d'où il venait à petites journées, recueillant, de ce côté, les hommages de la population.

Le général de Lorencez commandait à Cherbourg; ce fut la première autorité militaire qui reçut le prince. Il l'accompagna à Paris, et nous parut subjugué par la franchise, la bonté, l'esprit et jusqu'à l'extrême vivacité de M. le duc de Berry, lequel, de son côté, n'avait pas voulu se séparer du général durant le trajet. Ils avaient voyagé de fête en fête; le prince avait la tête réellement perdue de bonheur; aucun pressentiment ne venait arrêter les élans de ce cœur confiant, qui devait être percé par un assassin à quelques années de là.

Bientôt mon mari fit à son tour connaissance avec M. le duc de Berry, et ils se prirent l'un et l'autre d'une affection mutuelle, résultat d'une nature franche et entraînante.

Cependant, le Roi venait de débarquer à Calais avec Mme la duchesse d'Angoulême. Les intentions libérales (c'est de ce moment que ce mot prit de la vogue) que l'on prêtait au nouveau monarque avaient atténué, si ce n'est peut-être dans l'armée, les bruits malveillants qui avaient d'abord circulé sur son compte. Il restait avéré qu'il était fort impotent, mais chacun s'accordait à dire qu'il était rempli d'expérience, de lumières et d'érudition. Quant à la princesse, sans rien connaître de son extérieur ni de ses habitudes, on s'en occupait beaucoup, et, comme l'on aime à donner une forme aux personnes que l'on n'a jamais vues, il s'était établi que l'orpheline de Louis XVI, l'auguste prisonnière du Temple, devait être craintive, triste et douce; qu'elle devait avoir un pâle visage, une taille flexible, une voix faible et basse. L'on s'arrangeait de cet ensemble, dans la pensée (bonne au fond) qu'il appartiendrait à la France de relever cette plante si violemment arrachée du sol natal, et de la dédommager, autant que possible, de tout ce qu'elle y avait souffert au début de sa vie. Mais, disons-le de suite, à son apparition la princesse déjoua toutes ces conjectures et on ne le lui pardonna guère.

Mme la duchesse d'Angoulême, en effet, était forte de constitution, avait le teint coloré; ses yeux avaient été enflammés par les larmes de sa jeunesse; mais son regard, prompt, vif et franc, n'était point abattu. Son organe qui était, dit-on, celui du Roi son père, était un peu mâle, saccadé et positif. Ses mouvements étaient presque toujours précipités; il n'y avait rien d'arrangé dans tout cet extérieur, pas plus que dans ce noble cœur qui n'avait jamais rien eu à cacher!

L'un des premiers actes du Roi fut la promulgation de la Charte constitutionnelle.

Le Roi avait converti en Chambre des pairs le Sénat de l'Empire, après avoir ajouté à la liste des noms de son choix dont mon mari faisait partie. Cette solennelle séance de la lecture de la Charte se tint au Corps législatif. J'y assistai avec une foule de femmes, aussi avides que moi de recueillir, de juger de l'effet des importantes paroles qui allaient être prononcées. Après le cérémonial d'usage, le chancelier de France, comte Dambray, fit à très haute voix la lecture de cet acte capital, qui fut accueilli avec transport, séance tenante. S'il y eut des détracteurs, ils ne se montrèrent pas alors.

Peu de jours après, l'on annonça une représentation officielle et splendide à l'Opéra; voilà toutes les têtes à l'envers pour avoir des places.

Jamais la salle de la rue de Richelieu n'avait dû offrir un plus beau coup d'œil. Éclairée comme par le soleil, elle était remplie, du premier au dernier rang, de femmes toutes vêtues de blanc qui agitaient, avec une vivacité vraiment fébrile, leurs mouchoirs et des branches de lis. Quand le Roi parut, il y eut un cri, un seul... Cette impulsion fut saisissante. Le parterre, en masse, se tourna les bras tendus vers la loge royale, et bien longtemps se prolongea cette émotion vive et profonde.

Enfin, quand on put obtenir un peu de calme, le spectacle commença. On jouait l'opéra d'*Œdipe à Colonne;* mais, à la plus petite allusion, les cris et les trépignements recommençaient; les acteurs et l'orchestre s'arrêtaient, saisis eux-mêmes par le sentiment général. Oui, ces milliers de personnes dirigeaient ensemble leurs regards vers ce vieillard, qui répondait par des gestes expressifs à ces brûlantes acclamations. Elles furent à leur apogée lorsque Œdipe, se tournant vers Antigone, dit :

> Elle m'a prodigué sa tendresse et ses soins;
> Son zèle dans mes maux m'a fait trouver des charmes.
> Elle les partageait, elle essuyait mes larmes;
> Son amour attentif prévenait mes besoins.
> Viens, ô mon digne sang ; viens, mon guide fidèle,
> Que ton père attendri te presse sur son cœur!

Cette allusion au dévouement de l'orpheline de Louis XVI pour le Roi fut certainement saisie avec tout le tact qui distingue, à Paris, toutes les classes des spectateurs. Vous pouvez juger de la manière dont elle fut particulièrement appréciée par ceux que réunissait cette solennité.

Bientôt il fut question d'aller se faire présenter au Roi et à son auguste nièce. Ils fixèrent leur jour, et la discussion sur le costume à adopter commença aussitôt. Il faut des manteaux de cour, disaient les uns; non, disaient les autres; la Cour proprement dite n'est pas encore organisée. Cette grande question se résuma par des robes à longue queue; les fleurs de lis reparurent.

La réception chez le Roi fut, comme la précédente, très nombreuse et très agitée. Sa Majesté, qui se tenait encore debout alors, faisait oublier, par son accueil aimable et digne, ce qu'il y avait d'énorme dans sa tournure. Elle me reçut avec une bonne grâce extrême, mais j'avoue que je fus toujours un peu intimidée en sa présence.

Je n'ai rien dit encore de M. le duc d'Angoulême, de ce prince méconnu, type de vertu, que Dieu seul aura récompensé. Quoiqu'il rappelât un peu le prince son père, extérieurement, il n'était pas bien. Sa taille était grêle, ses mouvements étaient précipités, sa vue très basse. Cet ensemble ne prévenait pas d'abord en sa faveur; mais, quand on le voyait dans un salon, l'expression de sa figure loyale et bienveillante vous captivait aussitôt.

D'une piété exemplaire, M. le duc d'Angoulême était, et il est resté jusqu'à la fin, l'esclave de ses devoirs de fils, de mari, de sujet.

S'il tenait fortement aux prérogatives de son rang, c'était parce qu'il s'en regardait comme dépositaire, car, personnellement, il n'y attachait aucun prix.

Sa bravoure innée était encore soutenue par une parfaite résignation aux événements qui pourraient résulter des devoirs accomplis.

Inflexible dans les questions qu'il croyait justes, rien alors ne le faisait changer de résolution. En un mot, c'était le gentilhomme antique, dans sa foi, sa loyauté, et peut-être même dans la rudesse de sa parole.

En même temps que la famille royale étaient successivement revenus en France tous les princes du sang. L'un de ceux qui étaient le plus connus, par son nom et son influence sur l'émigration, était M. le prince de Condé.

Cet auguste chef de l'armée à laquelle il avait donné son nom, avait perdu une partie de ses facultés intellectuelles lors de sa rentrée en France, ce qui n'empêcha pas une infinité de personnes de se présenter chez lui. Il recevait avec une extrême politesse. Il avait tous les anciens noms très présents à son souvenir, mais il ne faisait pas toujours la part du temps ni des événements ; ainsi, une fois il répondit à une solliciteuse : « Je parlerai de vos intérêts à Mme de Polignac, qui expliquera votre affaire à la Reine », mettant ainsi en oubli une période terrible qui s'effaçait, par moments, de sa tête fatiguée.

Lorsque mon mari lui fut nommé, frappé du nom : « Oudinot ! Oh ! dit-il, c'est mon antagoniste à Constance (octobre 1799). » Ses souvenirs alors devinrent pour un moment en partie lucides, et, après avoir échangé quelques paroles sur ce fait militaire avec mon mari : « Vous êtes un brave, lui dit-il, et je parlerai au Roi pour qu'il vous nomme général. »

Je me rappelle un dîner qu'il nous donna au Palais-Bourbon, dans lequel il était rentré. Victor était de la partie. Il venait d'être nommé colonel des hussards du Roi (4ᵉ régiment) ; on l'avait placé en face du vieux prince, lequel m'avait mise à côté de lui, tandis que la princesse de Wagram occupait l'autre côté. Le prince était presque aveugle et très sourd. Bientôt une conversation laborieuse s'entama. Il confondit ses deux voisines, leurs maris ; c'étaient des propos interrompus, des explications d'autant plus gênantes qu'il fallait les crier à tue-tête au milieu d'une table immense, où chaque convive gardait un silence plein de respect pour l'auguste vieillard.

J'en étais tuée ; mais après un intervalle pendant lequel j'avais respiré, le prince avisa mon beau-fils.

« Quel est, me demanda-t-il, cet officier autrichien? — Mais, Monseigneur, c'est mon beau-fils. — Votre fils? » Se soulevant alors, il me regarda; j'avais vingt-deux ans.

« Mais à quel âge vous êtes-vous donc mariée? — Mais, Monseigneur, c'est mon *beau*-fils. — Ah! j'entends! sa mère... Je le vois, il jouit de sa fortune! Où sont situées ses terres? » Alors, les terres de Victor étaient peu connues, mes enfants; mais comme je ne voulais pas établir un état de situation devant les nombreux témoins qui nous écoutaient, je répondis : « A Bar-sur-Ornain, Monseigneur. — Qu'est-ce? me dit le prince. Ce nom m'est inconnu. » Poussée à bout, je repris : « Bar-le-Duc. — Expliquez-vous donc, madame; à présent je m'y reconnais. » Pourquoi avais-je, en effet, désigné sous sa dénomination révolutionnaire la capitale des ducs de Bar? Je suais à grosses goutes de ce rude entretien.

Nous fûmes aussi chez les princesses, Mme la duchesse d'Orléans, douairière, et Mme la duchesse de Bourbon; la première, née Penthièvre, mère de Louis-Philippe; la seconde, mère de M. le duc d'Enghien.

M. le duc d'Orléans, sa femme, fille du roi de Naples, sa sœur, Mlle d'Orléans, deux ou trois de ses enfants, très jeunes encore, rentrèrent un peu plus tard que la famille royale. Nous avons aussi à parler de M. le duc de Bourbon, fils du prince de Condé. Il était grand, distingué et triste. Il y avait dans tout son aspect quelque chose qui semblait bien aller au père de M. le duc d'Enghien.

Pendant que les princes reprenaient ainsi place dans leur patrie, les étrangers, qui, pour le moment, en étaient à peu près les maîtres, voulurent bientôt en faire les honneurs. Ils donnèrent des fêtes; on s'y rendit en assez grand nombre. L'esprit de parti s'y déchaîna.

Nous ne prenions naturellement pas part à des manifestations qui ne pouvaient être ni dans nos goûts, ni dans nos idées, jusqu'à un certain bal donné par le ministre de Prusse. Je crois que les souverains étrangers devaient s'y trouver réunis : je cherche en vain dans ma mémoire le motif qui détermina le maréchal à accepter, par exception, l'appel qui nous fut fait.

Mon mari me remit aux soins de la marquise du Roure, en promettant de venir promptement, de son côté, me rejoindre à cette fête, où, dans tous les cas, nous ne devions passer que peu d'instants.

Les salons étaient éblouissants de lumière, remplis de femmes parées et d'uniformes de toutes les nations, sauf d'uniformes français ; j'avais à peine jeté un coup d'œil attristé sur cet ensemble, lorsque je vis que le maréchal, fidèle à sa promesse, m'avait suivie de près. Il donnait le bras à Mme de Staël, et me dit de suite qu'il l'avait rencontrée montant l'escalier, et qu'elle avait réclamé le secours de son bras. Il la fit placer et disparut un instant à mes yeux, mais il revint aussitôt, et il avait son air terrible.

« Partons ! » me dit-il. Ce mot fut prononcé avec un tel accent, que je ne perdis pas une seconde, même pour chercher mon plus beau cachemire, que j'abandonnai derrière moi (on me l'a renvoyé du reste), et je suivis à pas précipités votre père, qui ne comprenait pas lui-même comment il avait pu céder à un motif quelconque pour assister, à Paris, à une fête où l'uniforme français était en minorité.

Ce fut dans la nuit qui suivit cette soirée néfaste que Mme de Lorencez mit au monde, rue de Bourgogne, son fils Ferdinand : il reçut ce nom de M. le duc de Berry, son parrain. Les événements privés et les intérêts généraux auxquels mon mari prenait une part incessante de cœur et d'action, nous tenaient sans cesse en haleine. Aux belles et satisfaisantes réceptions qui avaient été faites le 12 avril au lieutenant général du royaume, et le 3 mai au Roi, à la promulgation si bien accueillie de la charte constitutionnelle, à ce bien-être que donne la paix suivant de si longues guerres, avaient déjà succédé quelques petits nuages qui occupaient le maréchal et ceux qui, avec et comme lui, désiraient le solide établissement du gouvernement nouveau. Se livrant sans mesure et jusqu'alors sans répression à tout l'attrait de la nouveauté, la liberté de la presse étonnait tout le monde et effrayait quelques-uns. Ce n'est pas sous ma plume que vous vous attendez à retrouver une profession de foi sur cette grave question de la presse; mais je dois vous dire quelques-uns des faits qui prêtèrent, peut-être, à l'acrimonie des écrits et des propos de ce temps.

Dieu me garde d'accuser ce pouvoir nouveau, plein de bon vouloir, mais qui, à la suite d'une tempête dont les flots n'étaient pas entièrement apaisés, se trouvait ballotté entre des intérêts souvent opposés et toujours passionnés. Ainsi le Roi venait de mettre à la tête du ministère de la guerre un général qu'il avait envoyé chercher au fort de Joux, où il était retenu par suite d'un jugement que lui avait fait subir l'Empereur, en raison de la capitulation de Baylen. Ceci fait partie de l'histoire, et je ne rappelle ce fait que pour rapporter un propos que j'ai entendu répéter au maréchal, c'est que le général Dupont était brave et habile, ce qui rendait incompréhensible sa conduite en Espagne.

Quoi qu'il en soit, l'armée prit mal ce choix du représentant naturel de ses intérêts.

Un fait secondaire, qui ne fut peut-être pas généralement connu, mais qui eut cependant un certain retentissement[1], fut le titre de maréchale de France donné à la veuve du général Moreau, tué dans les rangs des Russes.

Une question plus grave encore se débattit alors au conseil des ministres, où votre père assistait en sa qualité de ministre d'État sans portefeuille. Il s'agissait de statuer sur la situation de l'ex-garde impériale. Vainement, dans l'intérêt de la dynastie et dans celui de cette troupe d'élite, votre père essayait d'user de tout le crédit qu'il avait alors pour qu'on ne changeât qu'un mot, et que l'on fît une garde royale de tous ces valeureux soldats; il trouva de vives sympathies chez les princes; il en trouva aussi dans la minorité du conseil des ministres, et put compter, au nombre de ses plus éloquents adeptes, M. l'abbé de Montesquiou, ministre de l'intérieur ; mais ils furent combattus et malheureusemennt vaincus par des hommes dont le dévouement à la cause des Bourbons a été estimable par sa fidélité, mais bien regrettable par ses résultats. Ce furent eux qui l'emportèrent, et l'on se borna à désigner, sous la qualification de grenadiers et chasseurs royaux, l'infanterie de la garde impériale dont on donna le commandement en chef au maréchal Oudinot, avec l'ordre d'aller installer cette troupe, qui avait perdu sa haute paye, dans deux garnisons éloignées de Paris, où elle avait toujours rempli un service de confiance. Metz fut désigné aux grenadiers, et Nancy aux chasseurs. N'ayant pu obtenir aucun des avantages du passé pour ces magnifiques régiments, le maréchal demanda et obtint qu'au moins un des princes viendrait avec lui les passer en revue avant qu'on les éloignât de Fontainebleau.

Oui, c'était dans ce lieu, tout retentissant encore du

dernier adieu de l'Empereur, qu'on avait laissé sa garde pendant plusieurs mois.

On décida que M. le duc de Berry remplirait cette mission. Pour la rendre fructueuse autant qu'il serait en son pouvoir, le maréchal le devança, et il fit tant et si bien qu'il ne craignit pas d'engager le prince à presser sa visite.

En montrant à ces vieilles moustaches son visage si bien connu, le maréchal les avait disposées aussi favorablement que possible. De son côté, M. le duc de Berry mit tant de bonne grâce dans ses paroles et ses actions, que le maréchal n'eut qu'à le féliciter et à lui demander de marcher constamment dans la même voie.

Le prince revint à Paris charmé de l'ex-garde impériale, trop charmé peut-être, car il la crut de ce moment acquise à sa cause ; mais ce n'était pas par si peu que l'on pouvait faire une telle conquête ! Le maréchal le savait et le répétait sans cesse ; mais M. le duc de Berry, vif, impressionnable, excellent et ayant encore à trente-six ans les illusions, les goûts et l'ardeur du jeune âge, avait pris, à sa première rentrée en France, tout en confiance. S'il eût été le maître, on eût adopté probablement les tendances du maréchal. C'était bien le moyen de gagner la nation.

Mais l'on ne prit généralement que des demi-mesures, et bientôt commencèrent de sourds mécontentements et des murmures mal contenus. Ils partaient des deux camps.

J'en étais souvent fort attristée. Je trouvais que tout le monde avait raison ou que tout le monde avait tort, comme vous voudrez. J'avais voulu, comme le faisait mon mari, travailler à tout concilier. En effet, point de mire de l'armée parce qu'il en fut l'idole, des émigrés parce qu'il les avait appuyés dans certaines occasions malheureuses, le maréchal passait sa vie à sermonner l'un, à consoler l'autre, à plaider pour les intérêts de tous, tantôt près des princes, chez qui il avait accès à toute heure, tantôt près des ministres. Sa vie était tellement partagée entre tous ces intérêts divers, que je le voyais à peine.

Le maréchal avait conservé une partie de son état-major et notamment son premier aide de camp, M. Jacqueminot. Ce dernier était encore fort jeune et fit, lui troisième, je crois, une plaisanterie dont son patron fut très mécontent.

Pour vous en expliquer l'origine, il faut vous dire qu'au début de la Restauration surgirent de vieux gentilshommes qui, pour la plupart, avaient servi sous l'ancien régime et s'étaient renfermés depuis dans leurs retraites et leurs souvenirs. Ils avaient vécu ainsi inoffensifs pendant la période de l'Empire. Le retour des Bourbons réveilla chez eux de vives et naturelles réminiscences qui, pour la plupart, étaient désintéressées, mais qui, chez quelques-uns, suscitèrent des ambitions dont on s'amusa ridiculement.

Il était assez naturel que des hommes longtemps éloignés des événements aient été pour la plupart envahis par une rouille qui s'était étendue à la fois sur leurs idées et sur leur personne. Ici le tout paya pour la partie ; l'on ne s'attacha qu'à l'exception ; bientôt on voulut établir que non seulement les émigrés, mais en général la noblesse de province, voulaient faire rétrograder les habitudes de la Cour de plus d'un siècle ; de là vient le sobriquet bien connu de *voltigeurs de Louis XIV* appliqué par l'opposition aux hommes de l'ancien régime.

Or donc, un matin, l'on vit arriver chez Tortoni trois

soi-disant vieillards revêtus d'uniformes surannés, poudrés à blanc, etc. Trois caricatures enfin. « Une bavaroise! » dirent-ils, ne tenant compte du rire des garçons de café, rire qui bientôt gagna tous les assistants. Ils s'étaient froidement établis à une table pour partager la bavaroise. Ils se retirèrent bientôt en gardant leur impassibilité, au milieu d'un bruit et d'un tumulte qui ne tardèrent pas à être connus de l'autorité.

Cette plaisanterie était inexcusable : elle blessait l'âge et la pauvreté d'une classe qui avait assez souffert pour qu'on lui passât une joie fort légitime et même quelques prétentions, eussent-elles été absurdes. Que pouvait-on craindre en effet? La Charte n'était-elle pas là pour garantir les droits de chacun?

Ces trois étourdis, qui étaient alors jeunes, élégants et beaux, croyaient-ils ne jamais vieillir ?

Ceci fit un triste effet. Les royalistes en furent justement blessés ; on parla de mettre les trois jeunes gens à l'Abbaye. Leurs amis crièrent alors à l'arbitraire, au bon plaisir, etc. Votre père, qui, en tout état de cause, eût trouvé cet acte de fort mauvais goût, en fut doublement affligé, par suite de l'active participation qu'y avait prise son premier aide de camp.

Vous imaginez bien qu'au milieu de ce chaos d'un empire qui s'écroulait et d'un autre à recomposer, ayant eu une position active et considérable dans le premier, et étant non moins important dans le travail dont le deuxième était l'objet, le maréchal était obligé de n'accorder qu'une place secondaire à ses affections et à ses intérêts particuliers, sacrifice qui m'était également imposé. Ainsi, nous aurions voulu accourir, lui pour embrasser son père, moi pour revoir ma mère et tant d'autres parents et d'amis dont nous avions été séparés par la tourmente ; mais il fallait remettre de jour en jour ce voyage. Les regrets personnels du maréchal étaient peut-être un peu diminués par la présence de l'ennemi en Lorraine.

Vainement les alliés avaient-ils fait respecter, par des sauvegardes sans cesse renouvelées, les propriétés de Bar et de Jeand'heurs ; le maréchal tenait compte du procédé, mais rien n'adoucissait chez lui l'amertume de cette occupation.

La ville de Paris donna une fête au Roi ; or, c'est une grande et puissante dame que la ville de Paris, et, quand elle se met en frais, ce n'est pas pour peu, je vous jure.

Je faillis ne point prendre part à cette solennité, parce que je venais d'éprouver une nouvelle déception dans mes espérances maternelles.

Cependant, ma forte constitution m'amena promptement à un rétablissement de santé qui me permit de donner satisfaction au maréchal, lequel désirait beaucoup me conduire à cette fête. Figurez-vous qu'elle commençait dès deux heures de l'après-midi. Sept salles immenses étaient préparées à l'Hôtel de ville, et, dans chacune d'elles, devait se trouver un spectacle différent, de deux à neuf heures du soir. L'on avait distribué sept catégories de billets, sur lesquels tout Paris s'était jeté avec l'avidité qui le distingue et qui le distinguera toujours dans ces sortes d'occasions.

Les maréchaux et leurs femmes étaient de tout. Je ne puis vous rendre un compte bien exact de cette fête splendide, d'abord parce que la fatigue m'empêchait de juger, et puis j'en ai vu tant d'autres que celle-ci se confond dans le passé. C'étaient, sommairement, des harangues, des réponses, cantates, intermèdes de circonstance, musique, repas somptueux, magnifique éclairage ; et enfin, bals composés de quadrilles officiels, dont je ne vis pas même achever le premier. A ce premier repas de l'Hôtel de ville de Paris, comme à tous ceux auxquels j'ai assisté depuis, ce qui me frappa, ce fut de voir les douze maires de la ville, revêtus de leurs uniformes, se placer derrière la chaise du Roi et le servir à table, tandis que nous tous, à sa suite, recevions aussi des assiettes de MM. les membres du conseil municipal, tous gradés et également en uniforme.

Ce fut à ce dîner que je fis plus particulièrement la connaissance de la maréchale duchesse d'Albufera. Qu'elle était alors jolie et parfaitement heureuse ! Nos maris étaient intimes, nos positions analogues, et dès ce temps-là nous nous entendîmes très bien.

Peu après, M. le duc de Berry donna une fête à Bagatelle. Je n'exagérerai rien en disant qu'on s'y précipita ; car, si les Parisiens, ainsi que je viens de le dire, aiment les fêtes en général, quand elles sont données par des personnages qui joignent au prestige de la puissance l'attrait de la nouveauté, le besoin de s'amuser devient de la rage.

C'est ici le moment de vous tracer, comme je l'ai fait pour les autres membres de sa famille, quelques traits du caractère et de l'extérieur de M. le duc de Berry. Petit de taille, un peu engoncé, il n'avait, au premier abord, rien qui prévînt beaucoup en sa faveur ; mais sa physionomie était fine et gracieuse. Son désir de plaire était secondé par un esprit charmant. Très instruit, parlant facilement plusieurs langues, aimant tous les arts et les encourageant avec discernement et générosité, il était très aimé des artistes. Il était bon, sincère, mais bouillant quelquefois jusqu'à l'emportement ; cette dernière disposition était très regrettable, parce que les princes, toujours placés sur le parvis, point de mire de la multitude, sont obligés de poser de bonne heure. Il est donc du devoir de ceux qui les élèvent de les habituer à la contrainte (ne confondez pas avec l'hypocrisie) et de les amener, dès le berceau, à prendre sur eux tout l'empire nécessaire à leur devoir de prince. Celui-ci, élevé dans l'exil de 1791 à 1814, était resté livré à sa propre nature, qui se montra quelquefois violente, plus souvent généreuse, et qui se révéla sublime lorsque sa dernière heure eût sonné.

On avait envoyé, à Metz et à Nancy, l'ex-garde impériale, sous le titre de grenadiers et chasseurs royaux, qualification erronée, puisque, en même temps qu'elle la recevait, on l'envoyait à quatre-vingts lieues du Roi... Le commandement en chef, que le maréchal exerçait par correspondance sur ces troupes, augmentait naturellement son travail. L'été de 1814 se passa ainsi, sans donner un moment de répit à votre père.

L'on parlait d'un voyage de M. le duc de Berry dans l'Est. En septembre, le maréchal reçut l'ordre d'aller y préparer les voies, et ce fut à cette disposition que je dus enfin le bonheur d'aller revoir ma mère et ma famille. Joie rapide, car les moments étaient comptés.

Cependant, on peut dire et entendre beaucoup en peu d'instants, et je recueillis là maints détails sur les terribles mois que nous venions de traverser. Nous n'eûmes pas plus de temps à donner à Jeand'heurs et à Bar qu'à Vitry. Il fallait, au plus vite, gagner Metz, Nancy, Thionville, car le maréchal avait affaire, et beaucoup, dans chacune de ces localités.

Vous imaginez bien que nous avions fait une triste pause à Bar, d'où cependant les alliés s'étaient éloignés ; mais la perte récente de mon beau-père avait profondément assombri notre passage... Le général de Lorencez et sa femme, qui nous y avaient devancés, la famille Poriquet et tant d'autres amis firent de leur mieux pour adoucir notre épreuve.

Enfin, nous voilà partis pour Pont-à-Mousson, où le maréchal devait trouver le commandant de la division de Nancy, le général Pacthod. Il lui avait donné l'ordre de l'attendre à un hôtel formant le point central des routes de Metz à Nancy. Nous y arrivâmes vers quatre heures; il faisait un soleil magnifique qui brillait non seulement sur l'uniforme du général, dont la grande taille attirait tout d'abord les yeux, mais aussi sur une foule d'officiers dont il était entouré.

Ils acclamèrent l'arrivée du maréchal auquel le général avait fait préparer un splendide repas de corps. Force me fut d'y prendre place, et je vous assure que c'était chaud de température, de vin de Champagne et d'élans militaires !

Convenez que c'était un peu étourdissant pour mes vingt-deux ans! Mais j'étais une intruse; l'on n'attendait que mon mari : ces messieurs étaient dans leurs droits, la faute retombait seule sur le maréchal qui là, comme toujours, était ma boussole; or, comme je le voyais rire de la situation, j'en pris vite mon parti.

Une belle soirée de septembre couronna la journée; la nuit commençait à tomber quand nous remontâmes en voiture au milieu du groupe animé, et bientôt six chevaux nous emportèrent rapidement vers Metz.

Nous arrivâmes bientôt sous les voûtes retentissantes des portes de la ville.

C'était à la préfecture qu'il nous fallait descendre ! Je n'entrerai point ici dans les détails qui décidèrent votre père à prendre ce parti; mais il me fut démontré de suite que j'arriverais là comme un accident. Il n'y avait pas à reculer, et bientôt, à la lueur des flambeaux portés par les gens du comte de Vaublanc, qui lui-même se présenta presque aussitôt, nous pénétrâmes à l'hôtel de la préfecture.

Là, tout était bouleversé par l'attente de M. le duc de Berry qui avait annoncé devoir y descendre. Mme la comtesse de Vaublanc était impressionnée au delà des bornes, peut-être, de tous les détails qui pesaient sur elle, et cette disposition aggravait mes remords d'ajouter ma part d'embarras à tous ceux dont on était préoccupé. Vainement je cherchais à m'annuler le plus possible; on n'acceptait pas mon désir de disparaître et l'on augmentait, par les honneurs ostensibles qu'on me rendait, la gêne extrême de cette situation. Je m'en prenais sans cesse au maréchal qui, lorsqu'il avait le temps de m'écouter, me répondait gaiement. Mais, que je vous dise de suite que nos rapports avec Mme de Vaublanc, si contraints au début, s'harmonisèrent : il n'y eut donc que quelques instants difficiles à passer.

Notre excellent ami M. Gouy, qui habitait Metz alors, me fut d'un grand secours. Il me promenait dans cette charmante contrée pendant les excursions militaires qui appelaient mon mari ici et là.

La dernière l'avait conduit à Thionville, je crois; mais ce dont je suis sûre, c'est qu'il revint avec le prince, et alors commença le vacarme des fêtes étourdissantes.

Dans une ville de guerre, renfermant une garnison de dix à douze mille hommes de toutes armes, écoles, polygones, etc., le tout, sous le gouvernement du maréchal Oudinot, si actif et si entraînant, les démonstrations militaires ne pouvaient manquer. C'étaient, le matin, des revues, des manœuvres; le soir, des spectacles, bals et feux d'artifice. Je me souviens que pour jouir de ce dernier coup d'œil, me trouvant sur le balcon de la préfecture au milieu de beaucoup de monde, nous fûmes assaillis par la chute des baguettes. Le prince, alors, ôtant son casque (il portait toujours l'uniforme de chasseur), vint l'élever au-dessus de ma tête pour me préserver, ce que je ne souffris pas ; mais vous conviendrez que l'intention était chevaleresque !

J'éprouvais tout le temps la contrariété d'occuper la place d'honneur. C'était une nécessité inévitable du rang de mon mari.

Je vous entends d'ici, mes filles, me faire cette question : « Quel était votre costume au bal ? » J'étais en blanc, mais le choix des fleurs qui accompagnaient ma toilette pouvait-il être mis en doute ? Votre père lui-même l'avait indiqué : c'étaient des grenades.

Je ne dansai pas, et je restai avec une infinité de dames : nous étions placées dans les loges de la salle de spectacle où se donnait la fête. Le coup d'œil était animé, charmant ; et quand M. le duc de Berry voulut faire le tour de la salle, les officiers, par un mouvement simultané, se mettant sur deux rangs, l'un regardant l'autre, tirèrent leurs épées et les croisèrent au-dessus de la tête du prince, qui passa sous cette voûte d'acier avec une profonde sensation de bonheur, vivement manifestée.

Qui n'eût vu en ce moment que ces démonstrations, d'une part, et cette satisfaction, de l'autre, eût pu croire à un accord parfait. Le prince était alors en pleine confiance ; beaucoup, dans l'armée, s'étaient franchement ralliés ; plusieurs attendaient ; d'autres, enfin, restaient en méfiance.

Il faut le dire, le bruit de quelques épisodes du voyage

de M. le duc de Berry, l'ayant précédé à Metz, expliquait peut-être un peu ce dernier sentiment.

Je ne vous rapporterai pas ici ces faits divers ; je me bornerai à vous dire en gros ce qui se passa à la visite du prince à l'École d'artillerie et du génie.

Tout ce personnel avait la réputation de donner de vifs regrets à l'Empire et de les manifester en toute occasion. Les élèves, dit-on, affectaient de rappeler dans leur maintien les attitudes et les gestes de l'Empereur. Le prince, mécontent, s'adressa à l'un d'eux qui le regardait fièrement et la tête haute, et il lui fit, trop vivement, un reproche public de son air provocateur. Cela n'arrangea rien, et, de ce côté, les impressions réciproques furent regrettables.

De Metz, le prince allait à Nancy, où le maréchal le précéda.

Nous descendîmes, mon mari et moi, chez Mgr d'Osmond, prélat rempli d'esprit et de bonne grâce, soit dit sans préjudice de ses qualités d'état.

Les honneurs de l'évêché étaient admirablement bien faits par la comtesse d'Argout, sœur de l'évêque. Je citerai dans cette circonstance l'aimable accueil que fit la comtesse à mon frère, Gustave de Coucy, alors âgé de seize ans, qui venait de s'engager dans un des régiments d'élite.

La journée que nous avions à passer à Nancy fut bien employée.

Nous repartions le lendemain pour Bar. Le maréchal laissait M. le duc de Berry terminer sa tournée de l'Est, n'ayant plus mission d'en influencer les effets en dehors de son gouvernement.

Le prince avait annoncé au maréchal qu'il terminerait son voyage par une visite au chef-lieu du département de la Meuse, et qu'il prendrait gîte sous notre toit ; mais ce toit était à peine reconstruit, tout manquait encore dans l'arrangement intérieur du bâtiment, et le mobilier, décomposé dans ce qui en restait, ne suffisait pas pour meubler les deux étages qui avaient été ravagés par le feu ; ce fut à grand'peine que nous parvînmes à y pourvoir dans les deux jours que nous avions à l'avance. Heureusement, le salon et la chambre dite de l'Empereur n'avaient été que fanés dans leur ameublement. Nous fûmes donc en sécurité pour le bon établissement du prince durant les vingt-quatre heures promises.

Nous arrangeâmes en façon de campement les logements de sa suite ; cette tâche rentrait dans mes domaines, et je m'en occupai de mon mieux. Celle de mon mari était d'une nature plus sérieuse, et, avant de continuer sur ce chapitre, un mot sur le département de la Meuse et sur Bar-le-Duc en particulier.

Vous savez combien j'aime cette contrée, et c'est parce que je la connais bien que je l'aime. Il est de notoriété que, dans aucune autre partie de la France, l'on ne trouve plus de soumission pour supporter les charges de l'État. La Lorraine proprement dite, et le Barrois notamment, ont fourni d'innombrables défenseurs au pays, et, de leurs rangs pressés, combien se sont élevés aux grades supérieurs !

Chaque année, chaque jour voit disparaître les débris de ces hommes belliqueux ; mais lorsque la paix fut faite, on put compter, dans Bar et dans ses environs, un nombre exceptionnel d'officiers en retraite ; les villages mêmes s'enorgueillissaient presque tous d'en avoir produit qui, sortis de leur centre, revenaient y jouir du prix de leur sang. Combien j'en ai vus venir saluer en mon mari leur ancien chef, leur infatigable protecteur ! Ils aimaient, ils aimeraient encore les armes, nos Lorrains, mais pour s'en servir loin des frontières ; l'invasion dont ils s'étaient ressentis les premiers les avait irrités plus que d'autres, peut-être.

Restés bonapartistes au fond, ils avaient adopté dès son origine, je le répète ici, la croyance que c'étaient les Bourbons qui nous avaient amené l'ennemi. Stupide assertion, que beaucoup accueillaient comme pour passer en quelque sorte leur courroux sur quelqu'un !

Et cependant, quand on veut être de bonne foi, ne reconnaît-on pas que l'invasion et le renversement du trône impérial étaient la conséquence des deux dernières campagnes et de la persistance de l'Empereur à rejeter tous les traités de paix ?

Ce fut en désespoir de cause que les Bourbons s'interposèrent entre l'ennemi et nous, et qui peut dire ce qu'on aurait fait de la France si cette famille, qui lui avait donné tant de rois, ne s'était pas présentée, alors, pour reconstruire un trône ?

Car enfin l'Empereur en était expatrié par force majeure, et personne n'avait adopté les conditions auxquelles il avait assujetti d'abord son abdication, c'est-à-dire la régence de Marie-Louise pendant la minorité de son fils.

On fit donc supporter aux Bourbons les conséquences d'une situation qui était arrivée à l'extrême avant que leur nom eût été prononcé.

La Charte avait cependant causé dès l'abord, dans nos contrées, une satisfaction générale ; mais déjà, vous avez pu le voir, diverses mesures qui semblaient devoir en paralyser les effets avaient jeté quelque trouble dans les esprits.

A Bar-le-Duc, où se rendait M. le duc de Berry, il fallait préparer un peu les esprits ; mais qui sut jamais mieux que le maréchal amener chacun à ses désirs? Il avait alors pour auxiliaire le comte de Sainte-Aulaire, revenu à ses fonctions de préfet de la Meuse. Sa femme et moi nous nous entendîmes pour les détails secondaires. Les autorités de Verdun furent convoquées : c'était justice, à titre de seconde ville du département. On demanda une députation de jeunes filles de Verdun. Cette qualification de jeunes filles de Verdun dut être sentie, mais cela n'alla pas plus loin. Elles étaient chargées d'offrir leurs dragées, tandis que celles de Bar-le-Duc présentaient nos confitures de groseille. Ce fut Mlle Frankline Pérard, fille du président du tribunal, qui adressa le compliment inévitable; M. le duc de Berry l'écouta, et y répondit avec une grâce toute française.

Le maréchal avait mandé de Metz cent grenadiers pour composer la garde du prince; ils logèrent en ville et furent défrayés par nous. Bientôt ils se mirent à l'œuvre pour préparer nos illuminations et notre feu d'artifice.

De son côté, la ville organisa un bal, et nous commençâmes à espérer que tout se passerait convenablement.

Le maréchal avait engagé ma mère, ma tante Clotilde de Coucy et sa fille Zoëlie (qui fut depuis Mme de Beaufort) à se trouver chez nous lors de l'arrivée du prince. La pensée de voir un Bourbon et de m'aider à le recevoir sous notre toit avait fait partir les têtes de mes trois royalistes.

Les rues présentaient un mouvement satisfaisant, lequel refluait dans la cour et dans tout l'hôtel; c'étaient les autorités croisant les demoiselles à corbeilles, lesquelles étaient naturellement escortées de leurs parents empressés; c'était ma famille; c'étaient nos amis;

c'étaient les grenadiers cherchant, selon leur consigne, à mettre de l'ordre ; c'était enfin les vieux émigrés, les chevaliers de Saint-Louis, voulant disputer à ces derniers l'honneur de garder Monseigneur.

Ils avaient surgi de tous côtés, ces pauvres vieillards ; ils avaient revêtu un à peu près d'uniforme et, encouragés par le maréchal, s'étaient réunis dans sa maison.

Certes, il y avait quelque chose de bien légitime et de bien touchant dans l'empressement de ces bons gentilshommes, et toutefois on pouvait peut-être sourire à la vue de leur attitude, l'épée nue à l'épaule, se relayant à la porte extérieure du salon pour garder, disaient-ils, leur prince.

Ces vieilles lames rouillées, ces uniformes surannés, ces figures antiques, mêlés, confondus avec les cent grenadiers de la vieille garde, les brillants aides de camp du maréchal, ceux non moins élégants de M. le duc de Berry (parmi lesquels se faisaient remarquer le général de Montélégier et le prince de Léon) et grand nombre d'officiers accourus des garnisons environnantes, personnifiaient cette époque de transition, peut-être unique dans l'histoire.

Cependant, le prince, qui avait fait son entrée entre quatre et cinq heures, au milieu du mouvement dont j'ai parlé, reçut de suite, et avec une grâce parfaite, tout ce qui remplissait l'hôtel. Peu à peu, on se mit à une table où toutes les premières autorités étaient convoquées.

La nuit était complète lorsque le maréchal engagea Monseigneur à passer sur le perron pour y voir nos illuminations. Celles de la pelouse et des bosquets étaient bien réussies ; mais nous comptions principalement sur celles de la montagne de Farémond : elles ne paraissaient pas encore ; enfin, quelques lampions surgirent, et l'on vit se former, gigantesque et resplendissante, la croix de la Légion d'honneur. A côté et simultanément devait briller, dans les mêmes dimensions, la croix de Saint-Louis ; on l'attendit en vain ; quelques fragments incomplets vinrent seulement en constater le projet. Inutile de vous dire pourquoi votre père et moi fûmes réellement désolés de cette mésaventure.

J'ai oublié de vous dire que le maréchal, avec une autorité qui n'était jamais méconnue, parce qu'elle était toujours exercée avec des formes à lui appartenant, avait donné à M. Jacqueminot, personnellement, la haute main sur tous les détails de la réception à faire au prince. « Ayez l'œil à tout, lui avait-il dit, mettez-y votre zèle et votre activité, je compte sur vous. »

Je vous ai dit que tout ce qui composa plus tard l'arsenal de Jeand'heurs, tout ce qui se déploya si magnifiquement dans les longues galeries que vous avez connues, était encore entassé pêle-mêle dans l'hôtel de Bar. M. Jacqueminot y avait puisé les éléments d'un magnifique trophée dont il avait décoré toute la façade sur la cour. L'effet avait eu tant de succès qu'il conçut lui-même la pensée de le reproduire à Jeand'heurs. Il passa la nuit, à la tête des ouvriers, à démonter, emporter et remonter, sur la belle et large façade du château de Jeand'heurs, ces mêmes attributs militaires, groupés avec un goût extrême. Tout était terminé entre neuf et dix heures du matin, et il eut encore le temps de faire dresser, sur chacun des côtés de la grande cour d'honneur, une immense table sur laquelle furent étalés, vins, gigots et jambons à profusion. Ceci était en l'honneur du détachement des grenadiers, qui avaient précédé le prince et qui devaient recommencer à la campagne le service qu'ils avaient fait la veille à la ville.

J'étais partie de Bar, à la sortie du bal, accompagnée de Mme de Sainte-Aulaire et des dames de ma famille, et certes je n'avais pas eu trop de cette nuit et d'une partie de la matinée pour expédier et faire fonctionner tout mon personnel de cuisine et autres services.

Le maréchal était resté près du prince, dont il dirigea le départ, en lui faisant traverser, avec intention et discernement, plusieurs quartiers, et notamment la ville haute, par laquelle ils gagnèrent la route de Jeand'heurs, où l'on arriva vers onze heures.

On déjeuna de suite dans le château comme dans la cour. Un tumulte joyeux animait tout. A la fin de son repas, le prince eut une idée charmante : accompagné du maréchal et de l'état-major, il sortit de table et s'avançant sur le perron, entre les tables des grenadiers, un verre plein à la main, il but à leur santé. Il partit alors de ces voix formidables un hourra qui nous sembla d'un bien bon augure. Un beau soleil d'automne éclairait le parc, qui était radieux. La flottille pavoisée était rangée devant le chêne; les rameurs étaient à leur poste, et l'on s'embarqua immédiatement; Monseigneur, sur la barque amirale, réclama près de lui toutes les dames; nous avions M. Jacqueminot pour pilote. La seconde barque était occupée par le maréchal, le préfet, etc. Les cinq autres suivaient, toutes également remplies de monde. Le canon, la musique, tout contribuait à animer cette scène; mais elle fut tout à coup troublée par un double incident qui vint nous remplir d'effroi. M. Jacqueminot, par un mouvement rapide comme la pensée, quittant le gouvernail, détache son épée et sans tenir compte de son uniforme, du reste, saute de notre barque dans la rivière, tandis que, simultanément, mon beau-fils Auguste en fait autant, du haut de la barque de son père. L'uniforme écarlate de chevau-légers brillait sous l'eau et ne gênait en rien les mouvements de votre frère; il exécutait gracieusement toutes les évolutions d'un nageur consommé, n'écoutant ou ne pouvant entendre les paroles tonnantes de M. le duc de Berry, qui criait aux deux téméraires : « Je vous ordonne de remonter à bord. » Mais l'un des deux n'était plus en état d'obéir; d'une voix affaiblie, M. Jacqueminot, saisi par le froid, venait d'articuler péniblement ces paroles : « A moi une rame, j'enfonce ! » Glacés de terreur, nous tous, qui étions dans la barque, faillîmes la faire chavirer, par suite du mouvement qui nous porta du côté du noyé. Un seul garda sa présence d'esprit, nous fit reprendre nos places, ce fut M. le duc de Berry; il tendit une rame à M. Jacqueminot, à qui il restait à peine la force de la saisir, le rapprocha ainsi de la barque et, le prenant par le collet de son habit, grâce à la force de ses deux vigoureux poignets, le hissa dans la barque où il l'étendit mourant.

De son côté, Auguste était remonté, mais plein de vie et d'animation; il ne s'aperçut de la terreur dont il avait été l'objet qu'à la physionomie bouleversée de son père. L'on fit force de rames, et bientôt un lit chaud et des soins bien entendus ramenèrent la vie chez le seul malade des deux imprudents, si bien que deux heures plus tard il était, avec ses camarades, à la portière du prince pour prendre congé de lui.

La catastrophe des immersions intempestives qui venait de nous bouleverser mit fin à la promenade dans le parc; d'ailleurs, les heures s'écoulaient et Monseigneur avait encore à distribuer, dans le grand nombre d'officiers venus, ainsi que je l'ai dit, de tous côtés pour fêter son passage plusieurs croix de Saint-Louis et de la Légion d'honneur. Il leur donna l'accolade, sous les belles voûtes du salon de Jeand'heurs ; c'était imposant : tous en gardèrent le souvenir. Le général de Castelbajac, l'un des élus, ne parlait jamais de sang-froid de cette solennité, que sa belle et noble figure ne déparait point. Mon oncle, alors sous-préfet de Vitry, fut également décoré et reçu, sous les yeux de sa famille; j'en fus, pour ma part, bien heureuse.

M. le duc de Berry nous avait annoncé que Monsieur, comte d'Artois, son père, qui aussi faisait une tournée en Franche-Comté, je crois, recommencerait en partie celle qu'il venait lui-même de terminer. Peu de semaines devaient s'écouler entre ces deux représentations, et je n'eus pas beaucoup de temps pour me reposer de la première. Nous avions quitté l'hôtel de Bar, qui n'était que provisoirement habitable, vous le savez, pour revenir à Jeand'heurs, où l'affluence de nos parents, amis et connaissances était continue. Le maréchal n'avait rien de mieux à faire, pour l'auguste père, que ce qui avait été fait pour le fils. On rappela pour la garde du prince les grenadiers de Metz. Nous nous transportâmes de nos personnes, lui et moi, pour le 4 novembre, jour fixé pour notre seconde réception.

Tout se passa à peu près comme précédemment, sauf cet épisode, que j'abordai Monsieur avec un énorme bouquet de Saint-Charles. Présentation chez moi et dîner aux autorités, bal officiel, etc. ; le prince fut charmant, tout sembla bien marcher de part et d'autre. Il y eut bien quelques scènes risibles, quelques figures de l'autre siècle, mais rien ne fit événement.

Beaucoup de visites succédèrent encore à celle-là; je citerai en particulier celle du chevalier de Boufflers, dont le nom est connu sous bien des rapports et notamment par ses poésies, très légères, dit-on : c'était un vieillard charmant, vrai type de l'homme de cour d'autrefois. Il avait épousé fort tard la veuve du marquis de Sabran, mère d'Elzéar de Sabran, poète aussi, et compositeur particulièrement de fables délicieuses. Mais ne vous en ai-je pas déjà parlé, en vous faisant le récit de mon voyage à Plombières (année 1813)? Quoi qu'il en soit, je reviendrai sur les deux semaines que cet aimable trio passa dans notre intérieur. Hélas! le courageux septuagénaire (il avait 78 ans) ne devait pas survivre au delà d'un mois à son retour à Paris, après nous avoir quittés! Déjà bien malade de l'hydropisie de poitrine qui l'enleva, il faisait des efforts inouïs, non seulement pour ne point troubler nos dispositions à la gaieté, mais il voulait encore y contribuer, et je n'oublierai jamais que, le maréchal lui parlant de ses anciennes prouesses de page du roi Stanislas et autres, il voulut monter un petit poney, fort doux, sur lequel il fit bravement et avec grâce le tour de la grande cour. Souvent à table près de moi, il s'endormait d'un sommeil insurmontable qui nous jetait tous dans l'inquiétude, mais, par un effort puissant de sa volonté, il en sortait tout à coup, et c'était pour nous lancer de ces étincelles d'esprit qui ne s'éteignent qu'avec la vie. Ses nuits étaient sans sommeil, il étouffait; alors sa femme et son beau-fils se relayaient pour le soutenir et même pour l'égayer, ce qu'il acceptait encore. De ces pénibles nuits, je n'eus le détail que plus tard; car nos hôtes ne voulaient nous montrer que bonne humeur et bon visage. Tous les soirs, à la nuit tombante, Mme de Boufflers, qui contait comme personne, nous rassemblait et nous fixait près d'elle par des histoires de revenants les plus émouvantes. Son fils nous récitait ses fables.

Peu de semaines après, nous revînmes à Paris, et cet hiver fut mon véritable début dans le grand monde. Les visites, les obligations, les fêtes pleuvaient. Le maréchal commença bien un peu à m'accompagner, mais il s'en fatigua vite et exigea que je me présentasse seule partout. Je n'avais personne à consulter, je ne pouvais m'appuyer que sur mon bon vouloir et sur les principes et les exemples que j'avais reçus de ma bonne mère.

Ce qui m'aidait encore puissamment, c'était mon sentiment de fierté d'être la femme de votre père, qui portait si haut et si bien son bâton de maréchal de France ! J'étais fière aussi de mon titre d'un duché étranger, et acquis au loin à la pointe de l'épée. Je trouvais que Reggio figurait bien au milieu de Montmorency, de Crillon, de Noailles, de Périgord, etc. Imbue de ces pensées, je fis peu à peu la place à la femme de votre père dans ce monde brillant et nouveau, et cette situation, qui devança celle que j'occupai un peu plus tard à la cour, me resta, je crois.

CHAPITRE VIII

Le retour de l'île d'Elbe. — Attitude d'Oudinot. — Il reste fidèle à Louis XVIII, mais ses soldats se donnent à l'Empereur. — Il reçoit l'ordre de rester dans ses terres, puis il est rappelé à Paris. — Échange de lettres avec le maréchal Davout. — Oudinot refuse de servir pendant les Cent-jours. — Après Waterloo il est nommé commandant en chef de la garde nationale. — Retour de Louis XVIII. — Efforts d'Oudinot pour protéger l'armée contre la réaction royaliste. — Sa tentative pour sauver le maréchal Ney. — Sa douleur en apprenant l'exécution. — La duchesse de Reggio dame d'honneur de la duchesse de Berry. — Son départ pour aller au-devant de la princesse. — Passage à Avignon. — Souvenir sur le maréchal Brune. — Portrait de la duchesse de Berry. — La présentation. — Le retour. — Entrevue du duc et de la duchesse de Berry dans la forêt de Fontainebleau. — Cérémonie à Notre-Dame.

L'on était au plus fort de l'hiver (1814), lorsque le maréchal Soult, duc de Dalmatie, alors ministre de la guerre, ordonna à tous les gouverneurs d'aller résider au centre de leurs commandements respectifs. Celui de votre père, qui avait Metz pour siège, était un des plus préoccupants tant par sa situation géographique que par la présence de l'ex-garde impériale, qui se partageait les garnisons de Metz et de Nancy. L'on nous donna à peine le temps de faire nos paquets à Paris et nos dispositions à Metz.

Nous descendîmes à Metz, à ce grand hôtel de la Princerie, destiné, nous dit-on, aux commandants en chef, et où ne se trouvait pas une chaise avant les dispositions prises en toute hâte par M. Gouy. Le maréchal voulait recevoir de suite les habitants, la garnison, la province enfin, et je ne saurais vous dire à quel point il fallut précipiter l'emménagement, qui fut incomplet et ruineux. Enfin, en achetant beaucoup et en louant d'autre part, nous fûmes en état de tenir table ouverte presque aussitôt notre installation.

Indépendamment des uniformes, qui, naturellement, fourmillaient chez nous, les autorités et les notabilités du pays y abondaient de tous côtés. J'étais rentrée en relation avec le préfet, M. de Vaublanc, et avec sa femme. Mon intimité avec M. et Mme Gouy se resserrait ; ils m'étaient fort utiles pour m'initier aux détails des localités et surtout du personnel de la ville de Metz. Je ne savais si nous étions là pour peu ou pour beaucoup de temps, et mes réceptions continuelles dans cet état provisoire étaient vraiment étourdissantes. Le reste de février et les premiers jours de mars se passèrent ainsi. Le maréchal s'était décidé à donner un grand bal, qui avait redoublé mes occupations de maîtresse de maison.

Ce jour étant arrivé, je fus donner un dernier coup d'œil aux apprêts, et j'allais m'habiller, lorsqu'on m'annonça une nouvelle inouïe. L'Empereur, disait-on, venait de débarquer à Cannes et marchait sur Paris, au milieu du noyau de sa garde de l'île d'Elbe, laquelle avait fait la boule de neige et offrait déjà une force positive. Je doutais encore, lorsque le maréchal monta chez moi et vint me confirmer toutes ces nouvelles, qu'il recevait à l'instant par un courrier du ministre de la guerre. Un courrier! quand le télégraphe aurait pu l'instruire vingt-quatre heures plus tôt! Un courrier, qui avait marché moins vite que les émissaires de l'Empereur, car son ex-garde avait connu la nouvelle avant mon mari! A qui la faute? C'est ce que nous demandons encore aujourd'hui. Toujours est-il que les résolutions s'arrêtèrent, que les plans d'une révolte calme et méthodique se dressèrent avant que votre père eût eu le temps de se reconnaître.

Cependant, l'heure du bal avait sonné. « Vous danserez cette fois, ma chère, me dit le maréchal, vous ferez bonne contenance, vous ne saurez rien et vous ne devrez permettre à personne devant vous de rien savoir ; j'ai besoin d'un bal animé, car, pendant sa durée, j'aurai dans mon cabinet un conseil extraordinaire, composé des généraux et colonels de la garnison et des notables de la contrée. »

Au nombre des colonels était Victor, votre frère, qui faisait partie de la garnison, avec son beau régiment du premier de hussards.

L'on arrivait en foule, la musique et les danses s'arrêtaient peu ou pas. Des rafraîchissements de toutes sortes et particulièrement des tonnes de punch circulaient sans relâche. Le vœu du maréchal était accompli, le bal était animé ; il ne finit que vers le milieu de la nuit.

Remplie d'émotion de ce que le maréchal n'avait point reparu, fatiguée, moulue de corps, d'âme et d'esprit, je me retirai sans savoir ce qui s'était passé en bas ; mais le temps manqua à votre père pour me donner de longs détails, car il venait de recevoir des ordres bien tardifs, mais qui ne lui laissaient aucune incertitude sur la marche qu'il avait à suivre. Il lui fallait porter, sur Langres, partie des grenadiers et des chasseurs royaux, à l'effet de s'opposer, lui disait-on, à la marche de l'Empereur, qui, de Grenoble, où il était arrivé triomphant, marchait à grands pas dans la direction de Paris.

Je ne me charge pas de vous faire ici l'histoire de cette fameuse période, appelée les Cent-jours ; je ne vous parlerai que du point sur lequel je me trouvais.

Le maréchal ne s'illusionnait guère sur les sentiments et les projets des troupes ; toutefois il prit immédiatement ses mesures, tant pour ce qu'il devait laisser dans Metz, la plus importante de nos places frontières, que pour sa marche du lendemain.

Si le premier avis du débarquement de l'Empereur avait été en retard, les nouvelles de sa marche triomphale se succédaient rapidement. Le trouble et l'épouvante, chez les ministres, avaient succédé à l'espèce de sécurité présomptueuse qui avait accueilli l'annonce de ce retour ; les ordres se ressentaient de ces agitations.

Ce fut, je crois, dans cette journée que mon mari reçut du maréchal Ney une lettre qu'il fut heureux d'avoir à produire plus tard, à la décharge de l'illustre accusé, dans son désolant procès. Sans la savoir par cœur, il me semble encore lire ces paroles : « Unissons nos efforts, écrivait-il au maréchal Oudinot, contre les entreprises de l'ennemi commun. » Si ce n'est pas textuel, c'est au moins le sens de ce message, qui était daté de la Franche-Comté, à la veille du jour où Ney tourna, à la tête de ses troupes, du Roi à l'Empereur.

Cependant, un tumulte incroyable régnait à la Princerie. Tandis que le maréchal venait d'expédier sur Toul une colonne de ses grenadiers (qu'il devait y rejoindre le même soir), tandis qu'il multipliait ses dispositions pour ce qu'il laissait à faire et à empêcher dans la ville de Metz, je donnai en toute hâte mes clefs à Mme Gouy, en lui abandonnant sans réserve les soins de ma maison, et me préparai à accompagner le maréchal, qui devait me déposer à Bar en passant.

Au moment où nous étions sur le marchepied de notre voiture, un courrier du Roi remit à mon mari un message pressé, dont il était porteur. Cette lettre était tout entière de la main de Mgr le duc de Berry, qui autorisait le maréchal, au nom de Sa Majesté, à proclamer les grenadiers et chasseurs royaux garde du Roi, dès ce moment; tardive et inutile mesure, vainement sollicitée par le maréchal en temps opportun.

« Marchons vers Toul », dit le maréchal.

Il faisait nuit quand nous descendîmes à un hôtel situé sur la place d'Armes de cette ville. Il était rempli d'officiers; on nous avait réservé la plus grande pièce, mais elle était unique; pas un coin pour m'y retirer.

Bientôt les généraux arrivèrent à l'ordre. Sans s'expliquer précisément sur ce qu'il aurait à dire à la troupe, mon mari demanda à ces messieurs dans quelles dispositions elle recevrait une allocution qui se terminerait par un « Vive le Roi ». « Essayez, monsieur le maréchal, essayez », lui dit le général Roguet; les autres se turent. « Eh bien, transmettez mes ordres, reprit le maréchal; demain, au point du jour, je passerai la revue et je parlerai. »

A peine ces messieurs furent-ils sortis, que rentra isolément le général Trommelin, lequel venait de voir et entendre dans les cafés de la ville les émissaires de l'Empereur, et d'y recueillir des preuves, non équivoques, des plans arrêtés par des officiers de tous grades. « Mais ma revue de demain! dit votre père. Et mon cri de « vive le Roi » qui doit la terminer, je ne peux le compromettre; allons, je veux éclaircir cette question directement et tout de suite. Allez dire aux généraux de m'envoyer sur l'heure tous les officiers, depuis le sous-lieutenant jusqu'au colonel; je veux leur parler, il faut en finir avec cette position. »

Peu d'instants après, un triple rang de ces messieurs se serrait dans notre chambre, en un cercle ayant le maréchal dans son centre. Il les laissa tous se placer en silence, puis il s'exprima à peu près en ces termes : « Messieurs, dans les circonstances actuelles, je viens en appeler à votre loyauté ; nous marchons avec la cocarde blanche ; je dois vous passer en revue demain avant notre départ ; par quel cri, vous et la troupe, répondrez-vous à mon : Vive le Roi ? »

Un silence absolu suivit ces paroles. Jamais rien de plus saisissant ne se passa sous mes yeux. Cachée derrière un rideau, j'étais restée témoin forcé de cette scène unique. Deux flambeaux d'auberge l'éclairaient assez pour qu'on n'en perdît rien ; mais leurs pâles reflets sur ces mâles et sombres visages étaient d'un effet indescriptible. Ce silence, tout expressif qu'il était, ne pouvait être adopté par le maréchal comme une réponse ; je voyais l'orage prêt à éclater ; chaque seconde était un siècle... Enfin, ces mots s'échappèrent de la poitrine du maréchal. « Eh bien ! messieurs ? » Alors s'avança un jeune officier d'un grade inférieur et il dit : « Monsieur le maréchal, oui, il faut vous répondre, personne ici ne me démentira ; à votre cri de « Vive le Roi », la troupe et nous tous répondrons : Vive l'Empereur ! — Je vous remercie, monsieur », répondit le maréchal ; puis il les salua et ils s'écoulèrent jusqu'au dernier sans qu'un mot de plus fût prononcé.

Jamais rien de cette scène ne s'effacera de mon souvenir ; j'en frissonne encore et je la retrouve sous ma plume bien loin de sa réalité saisissante.

Dans la même journée, le maréchal vint jusqu'à Jeand'heurs, où il me déposa, et reprit le lendemain la marche de ses troupes, qui portaient encore les mêmes couleurs que lui ; car si l'insurrection était, à n'en pouvoir douter, dans tous les cœurs, pas un signe extérieur, pas une marque d'indiscipline n'avait donné jusqu'ici au commandant en chef le droit de croire ses soldats dans un camp opposé. Mais avec quelle amertume, avec quelle anxiété, le maréchal se rapprochait de la crise ! Ce fut à Chaumont qu'elle éclata. Là, pendant que mon mari recevait à la préfecture, où il était descendu, l'annonce et les détails positifs de la défection du maréchal Ney, ses grenadiers, déjà arrivés, lui faisaient dire que si, par respect pour sa personne, ils avaient jusqu'alors conservé la cocarde blanche, ils devaient le prévenir qu'ils allaient arborer la cocarde tricolore et marcher sous ces couleurs vers l'Empereur, non pour le combattre, mais pour le soutenir ; qu'ils le suppliaient de ne pas les quitter, etc.

A ceci, le maréchal ne répondit qu'en reprenant la poste pour venir me rechercher à Jeand'heurs, d'où, sans s'arrêter, il m'emmena à Metz. Dès son arrivée il déclara la ville en état de siège. Oui, il fallait la garder d'abord à la patrie, cette place frontière. L'agitation que nous y avions laissée s'était naturellement accrue, par suite des nouvelles qui s'y étaient succédé sans relâche. Le siège des délibérations était naturellement la Princerie, où le maréchal était entouré par le préfet, les généraux, les officiers supérieurs et tous les notables du pays. La proclamation qui déclarait la ville en état de siège était au nom du Roi ; elle fut affichée à tous les coins de rue, et ne tarda point à porter au comble le mouvement des esprits. Partie de la ville et partie de la garnison bouillonnaient. Quelle vie je menai durant ces longues heures, qui coïncidaient avec la rentrée de l'Empereur à Paris !

Mon appartement était au premier, donnant sur la place d'Armes, tandis que tout le rez-de-chaussée appartenait au maréchal et à son service. Je ne descendais que pour les repas, et encore prenais-je à peine le temps de les finir, tant ils étaient tumultueux et interrompus. Je venais de remonter le soir du second jour de notre arrivée, et seule, au coin de ma cheminée, je rêvais tristement aux événements du jour et à ceux qu'ils devaient amener, lorsqu'un bruit sourd, dont je ne me rendis pas bien compte d'abord, se fit entendre; puis il s'enfla tellement en approchant que je me mis à ma fenêtre, d'où je vis la place d'Armes littéralement couverte de monde. Ce qui ne m'avait d'abord paru qu'un bourdonnement me sembla bien vite tourner au murmure. Éperdue, je descendis chez mon mari, que je trouvai écoutant le rapport des gens effarés qui lui annonçaient l'émeute la plus compacte et la plus décidée. « Eh bien ! disait le maréchal, que croient-ils ? Que veulent-ils ? — Les uns disent que M. le duc de Berry est ici, et que c'est pour lui conserver un refuge que vous avez déclaré la ville en état de siège; les autres disent qu'on va ouvrir les portes aux Prussiens. » Ces paroles furent accueillies par un froid dédain; le maréchal me dit seulement : « Montez, ma chère, et restez chez vous. » Le visage collé à ma croisée, l'oreille bien ouverte, je vis et j'entendis l'émeute, qui montait comme le flot de la mer. On voulait forcer les portes de l'hôtel; ce fut alors que le maréchal sortit et fut se mêler à la masse. Il parla et fut écouté. Pendant ce temps, l'on avait pris quelques mesures pour diviser doucement et faire écouler la foule; mais qu'il était difficile d'obtenir des troupes de faire taire les cris qui exprimaient leurs sentiments !

Le régiment du colonel Oudinot, modèle de discipline, était encore tout à fait dans la main de son chef, et l'on peut dire qu'il eut une large part à la pacification de cette soirée néfaste. Toutes les mesures prises furent aussi un peu secondées par le mauvais temps et l'heure avancée. L'on tripla la garde du maréchal ; sa nuit entière se passa à recevoir des rapports de toute nature et à donner des ordres multipliés. Le jour montra la ville encore agitée, mais moins menaçante. Je ne quittai pas ma fenêtre ; c'était le lieu le plus propre à suivre de l'œil les événements, dont je faisais rendre compte au maréchal, qui, sans cesse retenu à son quartier général d'en bas (opposé à la place d'Armes), n'avait pas le temps de jeter un coup d'œil sur ce qui s'y passait.

A la fin de la matinée, j'entendis un redoublement de bruit, mais cette fois c'étaient des cris de joie : toutes les têtes étaient levées ; je suivis la direction générale, et je vis qu'on arborait en face de moi, sur la plus haute des tours de la cathédrale, le drapeau tricolore... Tout était consommé ! L'autorité du maréchal était méconnue, il n'avait plus qu'à se retirer ; d'ailleurs, le Roi avait quitté le siège du gouvernement sans donner une direction, quelle qu'elle fût, à votre père. Non, depuis la lettre tardive et inutile du duc de Berry, relative aux grenadiers, il n'avait plus reçu aucun ordre émanant des Bourbons. Tout ce qu'il avait fait, il l'avait pris dans la seule conviction de son devoir envers eux ; ce devoir, il l'avait loyalement accompli. Ainsi, lorsqu'il eut reconnu, de ses yeux, ces trois couleurs qui lui avaient été si chères et qu'il ne pouvait saluer, il ordonna son départ immédiat. Quelque célérité qu'on mît à ce deuxième déménagement, suivant l'autre de huit jours, les voitures ne furent prêtes qu'à la nuit tombante. Le colonel Oudinot, préoccupé de la traversée de la ville, l'éclaira par une escorte, et nous conduisit ainsi marchant au petit pas, près de la voiture, jusqu'en dehors des glacis. Aucune démonstration hostile ne vint, à notre connaissance, ajouter à la tristesse de cette marche nouvelle.

C'était, en effet, une étrange contradiction que celle où se trouvait placé votre père ; obligé de faire taire ses premières tendances, de refouler les élans puissants de ses anciens souvenirs, afin que les plus récents, devenus à leur tour chers et sacrés, dominassent la situation, obligé enfin de se retirer devant ce brillant drapeau pour lequel il s'était battu victorieusement pendant vingt ans, ah ! c'était cruel ! Mais il avait été relevé, par la première abdication de l'Empereur, de son serment aux trois couleurs ; mais c'était sous le drapeau blanc qu'il était venu prendre le commandement de Metz ; il ne devait en sortir que sous cet emblème.

En quittant Metz, Oudinot écrivit la lettre suivante au nouveau ministre de la guerre, son vieux camarade le maréchal Davout :

Metz, le   mars 1815.

Ne voulant et ne pouvant jouer un rôle double, je quitte Metz pour me rendre à Bar-sur-Ornain, mon domicile ; je laisserai au général Duruth le commandement de la 3ᵉ division. Cet officier général remplira ce poste avec la capacité d'un homme digne de confiance.

Je ne te recommande qu'une chose, mon cher ministre, c'est de ne pas t'informer qui fournit à ma subsistance. Je vendrai le peu que j'ai pour payer la portion de mes dettes la plus délicate. Surtout empêche qu'on espionne mon régime, et réponds qu'Oudinot, dans sa misère, est incapable d'un trait de perfidie.

Ton ami,
Le maréchal OUDINOT.

La lettre précédente s'était probablement croisée avec l'appel envoyé par Davout et dont voici le texte :

Ministère de la guerre.

Paris, le 21 mars 1815.

Mon cher maréchal, tu dois connaître et tu as pu juger, par les pièces publiées, les événements et leurs résultats.

Il faut que tous les Français se rallient pour prévenir la guerre civile et repousser l'étranger. Ce n'est pas dans le cœur d'Oudinot qu'il est besoin de rappeler ces sentiments. Je suis informé par un général que nous estimons l'un et l'autre que, séparé de la garde à Chaumont, ton unique dessein était de reporter sur les places frontières, déjà menacées et convoitées par l'étranger, les troupes que tu avais déjà mises en mouvement sur une autre direction. J'ai reconnu, dans ta résolution de ne souffrir sous aucun prétexte une invasion du territoire, ton dévouement à l'intérêt commun de la patrie. Les ordres que je te transmettrai de la part de l'Empereur n'auront d'autre motif ni d'autre but. Il me tardera, et comme ton ami et comme ministre, d'en pouvoir donner, je dirai mieux, d'en réitérer l'assurance.

Amitié,

Signé : le maréchal, prince D'ECKMUHL.

Oudinot répondit à cet appel :

Metz, mars 1815.

Mon cher maréchal, en retournant sur mes places fortes, je n'ai eu, ainsi que tu le juges bien, d'autre but que celui de les conserver à la France et d'employer tous mes moyens pour que l'étranger n'y pénètre sous aucun prétexte, même en petite portion. Ses menaces sur la frontière viennent de me porter à les déclarer en état de siège, et ce, après avoir pris l'avis des notables, civils et militaires, qui, en assemblée, ont arrêté unanimement qu'il y avait urgence.

Me voilà donc bloqué au milieu des partis, et dans une situation pénible à soutenir par la divergence des opinions. La Providence et leur confiance me sauveront, j'espère, de ce pas. Quant à mes principes, tu les connais, mon ami, et tu ne te compromettras jamais en en répondant; car ils sont aussi purs que les actions de toute ma vie.

A propos de cela, je reçois du général Loison une lettre curieuse : il me mande, entre autres choses, que l'Empereur, se souvenant de mes vieux et loyaux services, oublie le passé.

Oh! je me demande ce que l'Empereur aurait à me reprocher; car, outre ma conduite entière pendant son règne, ma fidélité constante ne lui a rien laissé à désirer de moi. Depuis, je suis fidèle à mon nouveau maître. Il n'y a donc pas lieu à me faire entrevoir une grâce dont d'ailleurs je ne voudrais jamais, si j'avais été un instant coupable; car l'existence me serait à charge, si elle était entachée d'une faute déshonorante. D'un autre côté, mon ami, je ne ferai jamais une bassesse pour recouvrer une estime qu'on me doit; songe à cela, et dussè-je traîner ma vie dans la misère, je resterai le grenadier Oudinot, titre qui m'enchanta toujours.

Dans tous les cas, mon cher ministre, écris-moi, et crois que, quels que soient les événements que me réserve l'avenir, je saurai mourir comme j'ai vécu.

Ton vieil ami,

Signé : le maréchal OUDINOT.

Nous marchâmes toute la nuit dans la direction de Paris ; c'était là que le maréchal voulait aller, sans s'arrêter, pour expliquer à l'Empereur sa position, le prier de la comprendre et de le laisser, sur sa bonne foi, au repos des champs. Nous avions dépassé la Ferté-sous-Jouarre, lorsque nous vîmes un officier général en uniforme, montant en bidet de poste, venir à notre voiture qui s'arrêta. « Ah ! c'est vous, Trommelin ? lui dit le maréchal. — Oui, monseigneur ; je vous apporte une dépêche du ministre de la guerre impérial. — Davout ? — J'ai voulu en être le porteur. — C'est, reprit le maréchal, un ordre d'exil ? — Oui, et c'est pour vous en expliquer les motifs et vous les présenter sous des couleurs moins dures que j'ai demandé et obtenu d'en être le porteur. »

Une baraque se trouvait à portée sur la route. « Descendons là », dit le maréchal, et nous voilà en effet écoutant les commentaires du pauvre général Trommelin, qui ne pouvait rien changer au fait capital : c'était l'ordre de se rendre dans ses terres, adressé au maréchal par le ministre de la guerre au nom de l'Empereur.

Voici le texte de la lettre écrite par Davout :

Ministère de la guerre.

Paris, le 26 mars 1815.

Monsieur le maréchal,

Je suis chargé de vous témoigner le mécontentement de l'Empereur pour tout ce qui a été fait à Metz pour empêcher que les habitants ne connussent ce qui se passait en France, et pour comprimer l'élan du patriotisme du peuple et du soldat, et aussi de ce que vous avez souffert que le préfet fasse publier dans toute la ville des déclarations du congrès.

L'intention de Sa Majesté est que vous vous retiriez dans vos terres en Lorraine jusqu'à nouvel ordre.

J'ai l'honneur de vous saluer avec une haute considération.

Signé : le maréchal, ministre de la guerre, prince d'Eckmuhl.

« Il m'en veut sans doute beaucoup? dit le maréchal. — Oui, oui, mais il s'apaisera. — Il m'a devancé, car j'allais lui dire que je ne lui demandais rien, reprit votre père; n'importe, adieu, Trommelin, partons. » Les postillons firent volte-face, nous prîmes quelques heures de repos à la Ferté-sous-Jouarre, et le lendemain nous étions à Jeand'heurs.

Ainsi que dans toutes les épreuves de sa vie, mon mari avait montré, durant ces premiers moments, une force morale et une rectitude de jugement bien remarquables; mais il ne me fallut pas longtemps pour voir que cette situation, si nouvelle, de suspect au pouvoir qui régissait son pays, lui serait difficile à subir. Alors la tristesse ne lui était pas familière; si quelques nuages passagers venaient obscurcir son front, il acceptait vite la distraction, et chacun reprenait sa sérénité lorsqu'il retrouvait la sienne. Mais, cette fois, il restait sous le poids de ses préoccupations, et ce poids, que je portais avec lui sans l'en délivrer, était bien lourd pour moi.

Cependant tout bouillonnait en France, l'on savait que le Roi, Monsieur et M. le duc de Berry étaient passés en Belgique après avoir licencié leurs maisons militaires. On savait que M. le duc d'Angoulême cherchait à défendre vaillamment sa cause dans la province dont il portait le nom, et que sa femme courageuse, qui se trouvait à Bordeaux lors du débarquement de l'Empereur, n'avait quitté cette ville qu'après y avoir déployé, dans l'intérêt de sa dynastie, un noble et beau caractère.

Dans l'Est, on ne jurait que par l'Empereur. La majorité, s'illusionnant sur tous les malheurs que son retour inopiné pouvait amener, se souvenant à peine des maux de la guerre si récemment subis, était retombée sous l'empire du prestige attaché à ce grand nom ; mais notre contrée, toute militaire et généralement impérialiste, ne pouvait donner une juste idée de l'opinion des masses, qui entrevoyaient de nouveau une guerre étrangère. Le congrès de Vienne était encore assemblé ; nous y étions représentés par M. le prince de Talleyrand ; certes, ce n'était pas lui, intermédiaire des Bourbons en 1814, qui atténuerait les exigences des coalisés envers l'Empereur en 1815.

Cependant, cinq ou six jours après l'exil du maréchal à Jeand'heurs, on y vit arriver en courrier M. Jacqueminot. Parti de Metz aide de camp du maréchal, il revenait, huit jours après, de par l'Empereur, colonel d'un régiment de lanciers ; mais hâtons-nous de dire que sa première pensée, dans cette nouvelle situation, l'avait portée vers son ancien patron et que, sachant que l'Empereur désirait le revoir, il avait demandé à être porteur d'un ordre de rappel que, pour le moment, il regardait comme un grand bonheur.

Le maréchal partit pour Paris, me laissant provisoirement à Jeand'heurs avec son fils Auguste. Bien des fatalités avaient déjà entravé cette jeune carrière. Désigné pour être page de l'Empereur, Auguste vit renverser ce plan par 1814. Entré dans les chevau-légers en 1815, il venait de voir licencier sa compagnie. Il n'avait, pour le moment, d'autre souvenir de son état qu'un ordre d'exil émanant de l'Empereur, contre tout ce qui composait la maison du Roi, laquelle ne devait point approcher de Paris de moins de trente lieues.

Mon mari venait de nous donner de ses nouvelles. Peu d'instants après son arrivée rue de Bourgogne, il avait vu paraître le général Bertrand, lequel venait le chercher de la part de l'Empereur. Celui-ci, en voyant entrer votre père, s'avança vers lui et, d'un ton à moitié ironique et à moitié sévère, lui adressa à peu près ces paroles : « Eh bien ! monsieur le duc de Reggio, qu'est-ce donc que les Bourbons ont fait pour vous de plus que moi pour que vous ayez voulu si bien les défendre de mon approche ? » La réponse du maréchal était facile, elle était prête : il n'avait rien à renier et rien à excuser ; elle fut bien accueillie, ainsi que la prière d'une inaction dont les causes furent comprises. « Je ne servirai personne, puisque je ne vous servirai pas, Sire, dit le maréchal ; je resterai dans ma retraite ; mais fiez-vous assez à moi pour ne point m'y faire épier par votre police ; sauvez-moi d'elle, je n'en supporterais pas l'action. » Là se termina l'entretien.

Quelques jours plus tard le maréchal dîna avec l'Empereur, mais ils ne se revirent plus sans témoins.

Cependant tout prenait un aspect terrible, et même, dans notre paisible vallée de la Saulx, la population se montrait à la fois méfiante et hostile. Je suppliai le maréchal de nous rappeler, Auguste et moi, près de lui ; il y consentit, et, après avoir pris quelques mesures de sûreté pour nos habitations de Bar et de Jeand'heurs, nous partîmes pour Paris. L'effervescence était grande sur toute notre route, qui était couverte par les levées extraordinaires que l'Empereur se pressait d'opérer. Je n'osai affronter ce mouvement, la nuit, et je ne fus guère plus rassurée dans ma chambre d'auberge. Ce ne fut pas l'aspect de Paris qui me calma. Les fédérés des faubourgs venaient, le matin même, d'être passés en revue par l'Empereur, ce qui avait activé la fermentation générale. Nous trouvâmes le maréchal en compagnie de Victor, lequel venait d'être remplacé dans le commandement du premier régiment de hussards. Ainsi, mon mari et ses deux fils se trouvaient dans une inaction obligée lorsque tout était à la guerre ! C'était, pour de semblables organisations, une terrible épreuve.

Que de divisions dans les partis et même dans les familles ! Le général comte Pajol avait embrassé le parti de l'Empire. Le général comte de Lorencez était resté, comme le maréchal et ses fils, fidèle à la Restauration.

La situation avait amené un grand déchirement dans les opinions. L'armée en général était dévouée à l'Empereur ; c'était une grande puissance, car, si elle avait perdu de son pouvoir positif, elle avait repris sur les masses le prestige qu'elle exerçait naguère. L'armée, donc, avait d'innombrables racines dans le sol : sur elle, par-dessus tout, s'appuyait le nouveau pouvoir de l'Empereur. Mais cette force était puissamment contre-balancée par la terreur qu'inspiraient, de tous côtés, les approches de la guerre européenne qui allait fondre sur la France. Elle venait d'apprendre, l'année précédente, ce que valait pareille épreuve. Le manifeste des coalisés, en montrant comme unique cause de cette nouvelle guerre le retour de Napoléon, excitait naturellement contre lui toutes les récriminations possibles. « Nous avions, disait-on, acheté assez cher la paix ; que nous veut-il encore ? Il était à l'île d'Elbe par suite d'un traité accepté par lui ; il n'avait pas le droit d'en sortir pour revenir sans être appelé par la nation. »

Le maréchal, qui avait repris la cocarde tricolore à l'avènement du seul pouvoir capable de contenir l'anarchie, avait aussi assisté à l'assemblée du Champ de mai. Ce fut peu après cet événement que nous nous décidâmes à louer une petite retraite dans la vallée de Montmorency. Nous avions besoin d'air et de silence ; ces préparatifs, ces bruits de guerre, d'une guerre menaçant le sol natal qui, d'un autre côté, semblait devoir être déchiré par la guerre civile dans l'Ouest, étaient accablants pour les trois Oudinot, contraints, je l'ai dit, devant de tels intérêts, à rester inactifs. Le présent était presque insoutenable, l'avenir n'offrait pas de dédommagement probable. Malgré la réforme de notre maison, la vente des équipages, celle d'une partie de mes diamants, etc., nous avions peine à suffire au moment actuel.

Élisa, restée jusqu'alors en pension à Paris chez Mlle Sauran, venait de faire pieusement et solennellement sa première communion. J'y avais assisté avec une grande émotion. Stéphanie, alors âgée d'environ sept ans, avait été confiée, d'après les conseils de ma sainte tante Clotilde de Coucy, au couvent de la Visitation de Troyes, où elle avait fait élever sa propre fille.

Au milieu de ces vives préoccupations et de ces tristesses, nous étions arrivés à la fin de mai ; ce fut donc alors que nous allâmes nous installer, mon mari, ses fils et moi, dans le village de Montmorency.

Nous nous promenions presque toute la journée, beaucoup à pied, quelquefois sur des ânes. Cette monture était une nouveauté pour le maréchal, et parfois elle lui arrachait un sourire. C'était le temps des cerises ; nous allions souvent dépouiller, en payant, les jolis arbres de cette vallée. En somme, nous étions jeunes, et cette vie si nouvelle avait eu, pendant les premiers jours, quelques charmes pour chacun de nous.

Cependant, l'Empereur était parti pour prendre le commandement de l'armée qu'il avait si promptement organisée. C'était en Belgique que l'on devait porter les premiers coups ; et, du moment où nous pûmes calculer qu'on était prêt à en venir aux mains, nos préoccupations reprirent le dessus. Sans cesse l'œil et l'oreille au guet, nous attendions les premières nouvelles de la lutte engagée. Elles furent d'abord favorables dans le premier combat de Fleurus. Deux jours se passèrent et, le troisième, comme nous nous mettions à table pour déjeuner nous vîmes apparaître d'abord M. de Bourcet, puis M. du Plessy, qui nous apprirent en quelques mots Waterloo !

Les terribles conséquences de cet événement se présentèrent de suite au maréchal, qui, sans se rendre compte encore de ce qu'il aurait à faire, partit immédiatement pour Paris avec ses deux fils et ses officiers, me laissant le soin de régler nos comptes et notre déménagement. Il était nuit quand je rentrai à Paris, une nuit de juin. Rien ne semblait augmenter le mouvement habituel de la ville en cette saison, et j'appris, à mon arrivée rue de Bourgogne, que l'agitation s'était concentrée à la Chambre des députés, laquelle venait de se constituer en permanence. J'appris encore que l'Empereur venait d'arriver, non aux Tuileries, mais à l'Élysée-Bourbon, qu'il parlait d'une nouvelle abdication mais en faveur du roi de Rome, demandant pour lui commander, comme général en chef, les débris de l'armée qu'il fallait opposer sans retard à l'ennemi victorieux s'avançant sur Paris.

L'Empereur ne dut pas s'illusionner longtemps su

les chances de pouvoir qui lui restaient, parce que, en 1815, c'était bien moins le vœu de la nation que celui de l'armée qui l'avait ramené de l'île d'Elbe.

Oh ! qu'il devait être malheureux ! Bien plus malheureux qu'à Fontainebleau quinze mois plus tôt, parce qu'alors il avait été dominé par la force des événements, à la suite d'une admirable lutte ; parce qu'alors il avait abdiqué avec grandeur, car il aurait pu se défendre encore, les armes à la main, et, sinon rester victorieux, du moins prolonger la crise. Mais en 1815 il était venu au-devant de cette défaite si cruelle pour lui et si fatale pour la France. Les divisions, je pourrais presque dire les haines, se révélèrent alors. Elles étaient alimentées par la liberté de la presse, que l'Empereur n'avait pu retirer pendant ses trois mois de règne. Les Chambres, toutes fièvreuses, se prononçaient généralement pour les Bourbons, mais plutôt comme une nécessité à subir que par sympathie. Ce dernier sentiment était le partage du petit nombre. Pourquoi ? Mais je ne puis résoudre cette question, je constate le fait.

Durant ces jours d'agitation qui précédèrent la rentrée du Roi, le maréchal avait envoyé Victor en Belgique. Sa mission avait pour but de savoir, de Sa Majesté, si la proposition faite à la Chambre des députés de confier au maréchal Oudinot le commandement des gardes nationales de la Seine serait agréée par elle. Cette proposition fut accueillie, mais elle ne reçut son exécution qu'en octobre. Ce fut cette troupe, pleine de sagesse et de dévouement, qui seule, en regard des armées qui envahissaient Paris, y maintint ordre et dignité. Elle eut fort à faire, notamment aux barrières de Clichy, que les plus zélés royalistes voulaient forcer pour aller à Saint-Denis pendant le séjour qu'y fit le Roi, séjour consacré à traiter paisiblement, si on le pouvait. En qualité de chevau-léger, Auguste était parvenu, après quelques difficultés, à entrer à Saint-Denis et à s'y présenter au Roi. Du consentement de mon mari, associé à la marquise du Roure, je suivis la même voie, et bientôt Louis XVIII nous reçut avec une affabilité vraiment paternelle. Tout son entourage m'accueillit avec la plus vive prévenance.

Le maréchal avait précédemment fait sa visite à Saint-Denis. Il avait été parfaitement accueilli par le Roi. C'était justice.

Cependant, le 8 juillet fut fixé pour la rentrée du Roi à Paris. A midi, le maréchal en uniforme et suivi de ses aides de camp partit à cheval de la rue de Bourgogne pour Saint-Denis. Il y avait, dans cette longue traversée, une sorte de tranquillité morne qui, au moment d'un événement significatif prêt à s'accomplir dans ce Paris si remuant, donnait à penser. Le maréchal m'a dit depuis qu'il n'était pas alors sans inquiétudes sur la marche du cortège. Lorsque le Roi parut, chacun put remarquer qu'il se montrait tranquille et souriant, comme par le passé. Le soir, des fêtes publiques s'organisèrent.

Mais je m'aperçois que j'ai omis de vous entretenir en son temps du départ de l'Empereur.

Il s'était retiré à la Malmaison, où il vivait désarmé et annulé par la force des choses. Quelles devaient être ses souffrances morales! Mais, il faut le dire, dans ce moment de réaction, et alors que tous les intérêts personnels étaient en jeu, l'attention générale s'était pour un moment détournée de lui. Son départ, son voyage, et même son embarquement sur le bâtiment anglais *l. Bellérophon*, n'attirèrent pas d'abord l'attention publique; ce ne fut que plus tard, lorsqu'on eut pris connais sance de sa magnifique lettre au gouvernement anglais, et qu'on eut vu la manière dont ce gouvernement avait usé de la confiance d'un ennemi désarmé, que les souvenirs de beaucoup, les sympathies de quelques-uns revinrent à l'illustre exilé.

Il était donc parti pour ne plus revenir vivant. Qui aurait pu croire, alors, à l'enthousiasme frénétique qui accueillit ses cendres, vingt-cinq ans plus tard ?

Les coalisés rentrèrent à Paris, peu après le Roi, et s'emparèrent du commandement militaire de la place comme en temps de guerre. Ainsi, j'ai vu un bivouac de Prussiens sur le Carroussel ; j'ai vu les Anglais aux Champs-Élysées et au bois de Boulogne, qui fut en partie détruit pour entretenir le feu de leurs bivouacs. On ne rencontrait pas un uniforme français dans Paris. La garde nationale seule faisait le service, conjointement avec l'étranger. Celui-ci, quoi qu'ait pu tenter l'empereur Alexandre, dans un sens modéré, ne tarda pas à montrer qu'il était revenu, cette fois, dans l'intention d'user sans ménagements du droit du plus fort. Je ne vous entretiendrai pas ici de l'histoire générale ; vous la trouverez partout. Je reviens seulement aux particularités de l'époque et aux acrimonies qui la signalèrent.

Je commencerai par une des plus anodines : ce fut la lutte du lis contre la violette. Cette dernière fleur, d'habitude si modeste, avait dû à la saison qui la fait éclore (mars) d'être le point de ralliement et de reconnaissance des bonapartistes, et la célébrité dont elle jouit en ce temps survécut encore au départ de l'Empereur. Le lis triomphant reparut alors avec tout son éclat. Rien n'eût été plus naturel et plus innocent, si, dans cette petite guerre, on n'eût pas montré l'aigreur qui régnait au fond des opinions.

Le gouvernement tout entier était à recréer, et ce qui rendait ce travail formidable, c'était la méfiance qui s'étendait sur tous les employés, du petit au grand. Par-dessus tout, hélas! l'on craignait l'armée. La discorde s'étendait; l'Ouest et le Midi s'étaient soulevés; l'on s'y tuait de parti à parti.

Le maréchal avait repris sa place de ministre d'État, et son cabinet continuait à être assiégé chaque matin, tant par ceux qui étaient occupés, comme lui, des intérêts du gouvernement, que par les individualités qui avaient à l'entretenir de leurs demandes ou de leurs plaintes. Ma mère, qui s'était réunie à nous au moment de la deuxième invasion, s'était depuis fixée à Versailles avec les enfants de la Guérivière.

Ce fut dans cette période que l'on renouvela la Chambre des députés. Votre père fut nommé président du collège électoral de la Meuse. Ce qui nous troublait parfois bien péniblement, au milieu de nos satisfactions personnelles, c'était l'état des esprits, qui semblaient plutôt s'exalter que se calmer depuis la réorganisation du gouvernement royal. Je ne sais si le malheureux colonel de la Bédoyère fut plus pâle que moi, lorsque j'appris sa condamnation. Je savais qu'il laissait une jeune femme qu'il adorait, un fils au berceau, une famille au désespoir. J'appris, plus tard, qu'arrivé sur le lieu de l'exécution, il commanda le feu en ordonnant de le viser au cœur, et que ce fut sur ce point directement atteint qu'on retrouva brisé le portrait de sa femme.

A son retour des élections, le maréchal reprit à Paris sa vie occupée. A peine hors de table, il rentrait chaque matin chez lui pour y recevoir, comme je l'ai dit, les plaintes et les réclamations de chaque parti. Il cherchait à user de son influence sur les princes, en faveur de la clémence ; il trouvait toujours de l'écho dans leur cœur, mais trop d'éléments divers se mêlaient au pouvoir pour que le travail du maréchal restât toujours fructueux. Jamais l'on n'a su, jamais l'on ne saura tout ce que votre père a dit particulièrement en faveur de l'armée ; mais Dieu le sait, et c'est là une immense consolation. C'était donc avec une douleur profonde qu'il voyait se succéder les listes de proscriptions.

A la fin de l'été l'on avait éloigné de Paris les armées coalisées pour les porter sur divers points. Dans cette répartition, notre pauvre Lorraine ne fut pas épargnée. Elle supporta pendant environ trois ans cette énorme charge, dont mon mari avait pu prendre une idée dans le court séjour qu'il venait d'y passer.

Chaque jour les coalisés nous donnaient de nouvelles preuves de leur mauvais vouloir. Tantôt ils dépouillaient nos musées, tantôt ils cherchaient le moyen de détruire quelques-uns des monuments qui leur rappelaient nos victoires sur eux. Un jour entre autres, je vis venir du conseil le maréchal très ému. Je ne sais quelle mouche plus méchante avait aiguillonné le farouche Blücher, qui commandait en chef à Paris, mais on vint tout à coup interrompre le Roi au milieu de son travail, pour l'avertir que, de sa pleine autorité, le général prussien se préparait à faire sauter le pont d'Iéna ! « Allez lui dire, répondit Louis XVIII, que je le prie seulement de me donner le temps d'aller me placer sur ce monument avant que de le détruire. » Le pont fut respecté.

Le maréchal Oudinot subit sa part d'injustice dans ce temps de réaction. Ainsi, tel suspect, dont il avait essayé en vain de plaider la cause, prenait pour de l'abandon l'insuccès sur lequel le maréchal gardait le silence. « Je ne fais rien que pour ma conscience, disait-il toujours ; peu m'importe qu'on me tienne compte de mes démarches, si elles sont suivies d'un échec dont la révélation aigrirait encore celui qui en est l'objet : mieux vaut qu'il m'accuse d'indifférence que de s'en prendre à un pouvoir si violemment et si souvent attaqué. »

Dans une seconde visite que nous fit l'empereur Alexandre, nous pûmes juger que, s'il avait conservé au maréchal les sentiments de l'année précédente, il voyait la France sous une autre couleur. Oh ! comme il s'était refroidi sur les intérêts de notre pauvre patrie ! Ce fut cependant à ce prince qu'elle dut encore de ne pas être plus maltraitée et peut-être, selon l'opinion de beaucoup, partagée... Peu s'en était fallu, dit-on. J'aime à croire, si l'on en fût arrivé là, qu'elle se serait ralliée assez vite pour briser de si odieux liens. Enfin, l'on n'entreprit pas, l'on n'essaya pas ce démembrement, et l'honneur en revient au czar.

Il ne s'était pas fait annoncer cette fois, et il trouva le maréchal et moi en tête à tête. C'est de cet entretien intime et plein d'abandon que nous avons pris l'opinion que je viens d'émettre ci-dessus.

Vers la mi-octobre, je vis un jour arriver rue de Bourgogne l'ancien préfet de Metz, M. de Vaublanc, devenu ministre de l'intérieur. Après quelques mots échangés dans mon salon, il demanda à entretenir le maréchal, seul, dans son cabinet. Il était entré et il ressortit, sans avoir déposé son air solennel dont j'eus bientôt le mot. Au nom du Roi, le ministre venait proposer à votre père le commandement en chef de la garde nationale de Paris et de la banlieue. Votre père hésitait ; ce poste ne lui semblait point compatible avec ses habitudes et ses goûts ; cependant la situation était superbe. La garde nationale avait déployé et montrait encore des mérites de tous les genres dans la tâche qui lui avait été dévolue de contenir les troupes étrangères, sans les froisser. La position pécuniaire, honorable et belle, n'était pas à dédaigner à la suite de celle que j'ai dépeinte plus haut, et qui vous a montré nos embarras multipliés. Le Roi, les ministres, le genre humain enfin insista : « Ne refusez pas au dévouement de ces citoyens, armés pour le bien public, la satisfaction d'être placés sous les ordres de l'un des braves de l'Empire, disait-on ; ils ont déjà été très bien commandés par vos devanciers et ils seront fiers de vos nombreuses blessures, et heureux de jouir de la popularité attachée à votre nom. »

Le maréchal céda, et vers la fin d'octobre, disant adieu pour toujours à notre chère petite demeure de la rue de Bourgogne, nous fûmes nous installer à l'état-major de la garde nationale, situé rue Grange-Batelière, qui avait été l'hôtel du duc de Choiseul, l'ancien ministre de Louis XV. C'était splendide de dimension et de mobilier. Un nombreux personnel, défrayé comme le reste par la ville de Paris, occupait en qualité de concierges (il y avait deux entrées), d'huissiers de la chambre, de gens de bureaux, etc., les pièces de l'entrée, tandis qu'un nombreux et très brillant état major, toujours de service, par séries, remplissait les premiers salons. Deux postes de garde, jour et nuit, animaient les cours. L'un de ces postes était pour la porte principale, l'autre pour la rue le Pelletier. Ils communiquaient, pour l'entente du service et le jour comme la nuit, par une galerie souterraine qui passait sous mes appartements particuliers. C'était un mouvement perpétuel.

Tont ce qui avait pu se rallier utilement au service exclusif de la garde nationale s'y était précipité ; dans son état-major et parmi les aides de camp portant cet uniforme, le maréchal comptait des noms célèbres dans toutes les catégories. Celle du faubourg Saint-Germain y figurait en majorité. Parmi les douze légions d'infanterie, plusieurs étaient commandées qui par un Montmorency, qui par un La Rochefoucauld, etc. La cavalerie avait pour chef le fier et noble duc de Fitz-James, serviteur dévoué et éclairé entre tous. Il avait sous ses ordres des Boisgelin, des Caumont et autres noms analogues. Dès son arrivée, mon mari invita à sa table de fondation, pour le déjeuner et le dîner, les officiers qui commandaient les postes, et ceci, indépendamment des aides de camp, etc. Onze années se passèrent pour moi dans cette compagnie ; et ce n'est point ici une récrimination, parce que, indépendamment du bien que cette fusion incessante opérait nécessairement, je passais ainsi en revue à ma table un grand nombre d'individualités bonnes à connaître. Magistrats, financiers, artistes, auteurs, poètes, acteurs célèbres, tout le Paris de ce temps passa sous mes yeux ; et comme, au total, je n'étais point habituée aux tête-à-tête de l'intérieur, ce surplus de convives, dont le maréchal ne semblait jamais fatigué, ne m'importunait nullement.

MM. les aides de camp de la ligne n'avaient pas été mis de côté par leur patron, comme bien vous le pensez. Ils se mêlaient de bonne grâce à ceux de la milice parisienne. Ceux-ci portaient des épaulettes d'argent, on les appelait les femelles ; tandis que les premiers, qui avaient gardé leurs uniformes de guerre (or), s'étaient intitulés les mâles ; mais ces deux qualifications, données et acceptées de bon aloi, n'amenèrent, que je sache, aucun trouble dans ce double état-major, généralement si bien composé.

Comme, durant ces longues années, le maréchal sut

amener au profit du gouvernement l'influence qu'il avait acquise dans cette véritable représentation des habitants de Paris! Hélas! pourquoi, après avoir écouté si longtemps son avis sur l'utilité de la garde nationale (qu'on chercha bien vite à saper, quand on n'en eut plus besoin), pourquoi, dis-je, ne lui donna-t-on pas force et raison au moment de la fatale dissolution? Comme le Roi fut trompé dans cette circonstance! Mais nous en sommes bien loin encore.

Il était fort question d'établir une garde royale; il fallait en prendre le premier élément dans nos vieux et braves débris, si fâcheusement exilés derrière la Loire au début de la seconde Restauration. Naturellement le maréchal prit dans ce projet une part de préoccupation d'autant plus sérieuse qu'il était question de lui pour un des quatre commandements qu'on allait créer, et qui devaient se succéder par quartiers, à la tête de ces troupes d'élite. Ils furent en effet bientôt désignés; c'étaient les maréchaux Oudinot, Macdonald, Victor et Marmont.

Mais pendant que le gouvernement, avec raison, cherchait à se réorganiser fortement, des faits bien lamentables continuaient à se produire et à se préparer.

Tous les jours, des procès politiques! Je m'étais couchée, un soir, navrée par l'arrêt de mort du comte de La Valette, qui devait être guillotiné le lendemain en place de Grève, pour avoir travaillé activement contre la Restauration et livré les secrets de l'État à la conspiration de l'île d'Elbe; je ne le connaissais nullement, mais je pensais à sa femme et à ses enfants; quel fut donc mon soulagement en apprenant dès le matin son évasion!

Nous fûmes moins heureux pour la question du maréchal Ney, affaire à jamais déplorable!!

Je vous ai parlé de la lettre qu'il avait écrite au maréchal, la veille de sa défection. Si les termes prouvaient sa versatilité, ils le justifiaient du moins sur la préméditation. Plein d'espoir dans l'utilité dont ce document pourrait être au procès, mon mari s'était empressé de le livrer à la maréchale, et se félicitait de toutes ses forces d'être ainsi devenu un témoin à décharge pour son malheureux compagnon d'armes. Il n'aurait pas supporté d'aller le voir sur le banc des accusés d'abord, et d'être ensuite son juge. Mais, même de loin, la durée de ce procès fut pour le maréchal une agonie. Le dernier de ces jours malheureux s'était traîné, sans qu'aucune nouvelle nous arrivât du Luxembourg; le jugement n'avait été prononcé que dans la nuit; nuit sans sommeil, hélas! Nous n'espérions que dans la clémence du Roi; mais, avant le point du jour, votre frère Victor, uni à tous nos sentiments, vint dans sa douleur nous dire que tout allait finir, que le maréchal serait fusillé sur la place de l'Observatoire.

C'est à ne pas y croire, mes enfants! Mais il y eut parmi un grand nombre de gens honnêtes au fond, qui jusque-là avaient été humains et bons, un accord fatal pour violenter la tendance du Roi et lui persuader qu'il y allait de sa couronne et des obligations qu'elle lui imposait envers le pays d'être, en cette occasion, sans miséricorde... Un acte de clémence eût été l'acte le plus politique de ce renouvellement de règne, et, dans ma famille, nous n'avons pas attendu les longues années qui se sont passées depuis cette catastrophe pour la juger à ce point de vue.

Je voudrais effacer de mon souvenir les propos que j'entendis, tant sur cet événement, le plus marquant de tous, que sur bien d'autres de la même époque. Les femmes, surtout, les femmes, si politiques malheureusement alors, disaient parfois des mots féroces. J'en étais indignée, navrée, et ce fut de ce moment que je pris en horreur l'esprit de parti.

Je vous l'ai dit, le courage me manque pour vous narrer ici un plus grand nombre de ces catastrophes qui assombrirent partie de 1815 et de 1816. Je reviendrai plus tard sur celle qui fit d'un autre maréchal de France l'une des grandes victimes de l'époque (Brune). Mais, du reste, je m'arrêterai là dans cette désolante nomenclature.

Le Roi venait de promettre avec effusion au maréchal d'être parrain de l'enfant que nous attendions. Le duc de Choiseul, alors chef d'état-major de la garde nationale de la Seine, sous les ordres de mon mari, apprenant cette nouvelle, me dit en dînant chez moi un jour : « C'est à merveille, mais il faudrait pour marraine la ville de Paris, c'est indiqué ; ne riez pas, madame la duchesse, la chose serait convenable et charmante. » Ceci n'eut aucune suite, et le choix que le Roi fit de Mme la duchesse d'Angoulême pour marraine ne me laissa rien à regretter. Le baptême de Louise fut célébré dans la chapelle des Tuileries, où son royal parrain, Louis XVIII, et sa sainte marraine, Mme la duchesse d'Angoulême, représentèrent en personne.

L'administration du sacrement fut confiée au grand aumônier de France, S. Ém. le cardinal de Talleyrand-Périgord.

Au duc de Choiseul, comme chef d'état-major, succéda le duc de Mortemart, brave et digne ami, noble cœur dont tous les battements furent aussi honorables que le comportait sa haute naissance. Il sut toujours tout comprendre dans les intérêts de son pays, et se lia d'amitié et de pensée avec le maréchal, pour lequel il a gardé et garde encore aujourd'hui un véritable culte.

Cependant la garde royale en projet venait d'être organisée. Dans le cours de l'hiver on décida que le Roi la passerait en revue au Carrousel et dans la cour des Tuileries; mais l'on pensa que la garde nationale, sur laquelle avait reposé jusqu'alors le service de Paris depuis la dernière occupation par l'ennemi, devait aussi recevoir dans la même journée, de la part du souverain, une marque de gratitude et de souvenir.

Ce fut vers le milieu de l'hiver que la garde nationale voulut offrir une fête au Roi, dans la salle de l'Odéon. On devait commencer par une pièce de circonstance, où tous les acteurs des grands théâtres de Paris réclamaient un rôle. Un grand bal devait ensuite être ouvert par M. le duc de Berry et Mme la duchesse de Mortemart. On se rappellera que j'étais hors d'état de figurer comme danseuse. Grands furent les préparatifs de toutes sortes que nécessitait ce double projet. Votre père s'y prêta avec un entrain charmant. Il vit, pour la composition de la pièce, Alissan de Chazet, poète, zélé royaliste, officier de la garde nationale et l'un de nos habitués; puis Désaugiers, le célèbre chansonnier du temps, et d'autres encore. Comme presque toutes les pièces de circonstance, celle-ci ne devait pas laisser une trace ineffaçable, mais elle fut spirituelle et d'à propos. Lorsqu'il y eut de l'ensemble dans les répétitions, le maréchal désira que l'on en fît une devant lui, dans les salons de l'état-major, et il fit prier à déjeuner les artistes des deux sexes qui, des Français, de l'Opéra-Comique, des Variétés, etc., composaient la mise en scène.

J'aurais bien voulu faire partie de ce déjeuner, mais je n'obtins pas pour moi cette excentricité. « Vous viendrez à la répétition, me dit le maréchal, elle aura lieu dans votre salon. » Force fut bien de m'en contenter, et je n'eus rien à regretter. Le déjeuner gagna, à mon absence, une liberté dont il usa gaiement, dit-on, et j'eus une grande part du plaisir à recevoir ensuite, individuellement, les acteurs et les actrices, à qui je trouvai une tenue parfaite.

Je voudrais vous citer bon nombre des noms marquants qui reparurent alors et réveillèrent le souvenir d'une époque récente. Parlons d'abord de Mlle de Sombreuil (devenue la vicomtesse de Villehume); M. de Sèze, le défenseur du Roi, que j'avais rencontré avec un vif intérêt; M. Chauveau-Lagarde, qui avait essayé de défendre la Reine, que mon mari aimait beaucoup. Je recevais tous les samedis soirs et, une ou deux fois dans la semaine, nous donnions un dîner de trente personnes. Les listes, soigneusement composées par le maréchal, comprenaient, indépendemment du fond habituel des plus gradés dans la garde nationale, tous les officiers supérieurs de la garde royale nouvellement organisée, et dont mon mari devait prendre le commandement en chef pendant ses trois mois de quartier. A ces convives, le maréchal ajoutait habituellement les ministres, les maréchaux, les pairs de France, des ambassadeurs. Je vous nommerai encore la comtesse Charlotte de Rohan, fiancée de M. le duc d'Enghien, qu'on rencontrait souvent dans les salons, accompagnée de la princesse de Vaudémont, sa sœur.

Cependant nous étions arrivés à la fin de mars; un soir, je m'étais retirée dans le cabinet du maréchal, où, tête à tête avec lui, je goûtais un de ces moments d'épanchement qui nous étaient si précieux à l'un et à l'autre, et que les occupations rendaient si rares. Nous avions fermé notre porte, lorsque tout à coup elle fut forcée par deux de nos familiers. C'étaient le duc de Fitz-James et le comte de la Ferronnays. Ce dernier, à peine entré, prend mon mari par le bras et l'emmène dans sa chambre, tandis que l'autre, s'établissant avec moi au coin du feu, se met à plaisanter sur toutes choses comme de coutume. Je riais de bon cœur, lorsque ces messieurs rentrèrent. « Vous ne devineriez pas, me dit mon mari, ce que M. de la Ferronnays vient de me proposer pour vous ? — Tout ce qui passe par lui doit être bon à prendre, répondis-je, sans pouvoir deviner assurément ce qu'on voulait de moi. — Contez-lui tout, dit M. de la Ferronnays. » Là-dessus, ils se retirèrent tous deux. « Eh bien ! me dit mon mari, M. le duc de Berry, qui va épouser une princesse de Naples âgée de dix-sept ans, vous fait proposer la place de dame d'honneur. » Je restai pétrifiée et je pleurai. « Mais songez, reprit le maréchal, qu'à votre âge il est beau, il est exceptionnel de recevoir une telle marque de confiance et d'estime. — Qu'ai-je donc à désirer de plus, comme satisfaction d'orgueil, que d'être votre femme? repris-je. Je vous l'avoue, je vois avec effroi notre liberté enchaînée, mon intérieur abandonné ; en un mot, je vois là une servitude dorée, mais une servitude. Enfin, mon ami, est-ce que cela vous convient ? — Impossible de refuser, reprit mon mari. » J'acceptai donc, mes enfants ; il le fallut bien, mais ce fut avec terreur, avec regrets, regrets qui s'augmentaient à la pensée du nouveau lien qui allait m'attacher plus que jamais à mon intérieur. Les moments passaient ; d'un jour à l'autre je pouvais être retenue chez moi, et le maréchal voulut que j'allasse de suite remercier d'abord le Roi. « J'ai approuvé ce choix, me dit Sa Majesté, mais ce n'est pas moi qui l'ai fait ; mon neveu seul a nommé la maison de sa future. C'est une grande affaire que d'être dame d'honneur », continua-t-il. Je le regardai ; il avait l'air si pénétré de l'importance de ces fonctions qu'il mit le comble à mon émoi. Ce fut dans cette disposition que je descendis chez M. le duc de Berry. Il me remercia avec effusion d'avoir accepté. Ses termes étaient pleins de reconnaissance et presque respectueux. Je lui demandai vers quelle époque il attendait la princesse. « Hélas! me dit-il, je n'ai plus que deux mois de liberté. » Je le regardai avec surprise. « Ne vous étonnez pas de ma tristesse, madame la duchesse, me dit-il. Je ne me marie que par obligation ; je ne connais ma fiancée que par un portrait qui me la présente fort laide ; n'importe, le sort en est jeté, et la chère enfant ne s'apercevra jamais de ce qu'il m'en coûte pour m'enchaîner. »

Peu de jours, je dirai presque peu d'heures après ces émouvantes visites, tu commenças à me donner de tes nouvelles, ma chère Louise.

Il faut avoir passé de ce purgatoire à ce paradis terrestre de la maternité pour en comprendre les joies.

J'eus à recevoir, bien avant d'avoir repris mes forces, les visites successives des personnes qui composaient, avec moi, la maison de la jeune princesse. En voici la liste par ordre hiérarchique. Je dois me nommer la première :

Dame d'honneur, la maréchale duchesse de Reggio ; dame d'atour, la comtesse de la Ferronnays ; six dames pour accompagner : la vicomtesse de Gontaut-Biron ; la comtesse François de Bouillé ; la marquise de Béthisy ; la comtesse d'Hautefort ; la marquise de Gourgues ; la comtesse de Lauriston.

Venaient ensuite comme chevaliers d'honneur :

Le duc de Lévis (auteur des *Maximes,* etc.) ; le comte de Mesnard (premier écuyer) ; le marquis de Sassenay, secrétaire des commandements.

Première femme de chambre, Mme de Wathaire. Je

ne vous nommerai pas ici les femmes de chambre en service ordinaire, ni le reste du personnel dans le troisième ordre.

Selon le cérémonial qui fut adopté lors du mariage de Mme la duchesse de Bourgogne, il était censé que l'impulsion générale était imprimée dans la maison de la princesse par la dame d'honneur, éditeur responsable de tout ce qui s'y passait d'ostensible. C'était bien ce qu'avait voulu me faire comprendre le Roi lorsque, me regardant entre les deux yeux, durant ma récente audience, il m'avait dit : « C'est une grande affaire que d'être dame d'honneur. » Peu après, la pancarte de mes instructions à ce sujet, dressée et envoyée par le marquis de Dreux-Brézé, grand maître des cérémonies, vint me confirmer l'étendue et les détails de ma tâche. Je n'ai jamais pu retrouver, à mon grand regret, cette pièce officielle et fort curieuse dont je biffai, de mon autorité, maints articles surannés qu'il eût été plus qu'inutile de représenter de nos jours; mais il en restait bien assez pour m'occuper dans la partie essentielle dont je ne retranchai rien.

Il me fut conseillé, et je trouvai de bon goût, d'aller visiter Mme la duchesse de Duras, qui avait été la dame d'honneur de la reine Marie Leczinska.

Son âge très avancé la tenait éloignée du monde. Elle me reçut très bien. De taille très élevée, enveloppée dans une grande coiffe noire, elle portait sur moi un regard non malveillant, mais très investigateur. Mme la duchesse de la Vauguyon, qui avait été attachée à Madame Élisabeth, me donna, comme Mme la duchesse de Duras, sur le pouvoir et les attributions de la dame d'honneur, des indications sur des choses que le temps a modifiées.

Vous imaginez bien que ma nomination à cette place de cour, marque d'une si haute confiance, avait fait du bruit dans Paris. L'on nous assura qu'elle avait été bien accueillie par tous les partis. Le faubourg Saint-Germain, qui appréciait l'importance de cette charge, avait cependant très bien compris que, politiquement, la légitimité devait donner une preuve de confiance à la noblesse de l'Empire. Je me trouvais y joindre, par ma naissance, une condition qui lui plaisait. On aimait mieux là le maréchal Oudinot que la plupart des autres grands dignitaires du régime précédent. Les félicitations furent donc sincères de ce côté. Ne croyez pas pour cela que je me sois appliqué rien de personnel dans les témoignages qui me furent adressés; je les attribuai à leur véritable cause. Et puis, je vous l'ai déjà dit, si j'étais profondément touchée de ma nomination, je n'en ressentais aucun orgueil. Je trouvais même, s'il faut vous l'avouer, que la cour se donnait (en ce qui concernait mon mari, comprenez-moi bien) une force de plus en rapprochant de ses intérêts particuliers ce nom si national.

N'ayant pu prendre le repos indiqué généralement dans ma situation, je fus longtemps à me remettre, et pourtant les événements se pressaient. Déjà le mariage de M. le duc de Berry avait été célébré à Naples par procuration. La jeune princesse avait été mariée par procuration à son oncle paternel, le prince de Salerne, et l'on entrevoyait l'époque du départ de Naples pour Marseille, où nous devions nous trouver pour le débarquement et ce que l'on appelait la remise, c'est-à-dire le dépôt que devait faire l'ambassadeur de Naples de la jeune princesse à l'ambassadeur de France qui, à notre tête, se présenterait pour remplir sa mission.

A l'avance, l'on fit partir Mmes de la Ferronnays, de

Gontaut et de Bouillé ; MM. de Lévis et de Mesnard, deux officiers des gardes du corps, un maître des cérémonies, un aumônier ; tous devaient attendre indéfiniment à Marseille. Ils étaient venus prendre congé de moi. J'avais eu aussi des ordres à donner à toutes les femmes de chambre qui se succédaient dans mon appartement lequel était le plus encombré par une infinité de marchands, qui m'apportaient des objets de toilette dont j'étais obligée de me pourvoir, afin que tout fût prêt lorsqu'au dernier de tous les moments il me faudrait aussi partir.

Pour la première fois de ma vie j'allais prendre, loin de mon mari et sans son appui et ses conseils, une vie nouvelle toute d'initiative semée d'écueils. J'allais essayer de soumettre à ma volonté, à mes conseils, une personne inconnue, laquelle, de son côté, me montrerait peut-être des caprices auxquels je ne saurais me plier et c'était à toutes ces éventualités que j'allais sacrifier mes joies intérieures, si augmentées depuis quelques semaines ! Il le fallait, cependant, et, le 11 mai 1816 mon mari me mit en voiture. J'étais tout en pleurs. Près de moi était la bonne Mme Cossa, ma nouvelle femme de chambre ; sur mon siège deux de nos gens, et devant la voiture, un courrier à la livrée du Roi pour commander les chevaux de poste. Bien nerveuse, bien faible encore, je devais coucher toutes les nuits. Il n'y eut rien de significatif dans mon voyage jusqu'à Nevers. Aux approches de cette ville j'aperçus un officier de garde nationale à cheval qui s'approcha de ma voiture, me salua avec une extrême courtoisie en me disant que mon logis pour la nuit était préparé chez lui, si je voulais bien accepter son offre et celle de sa famille. C'était le comte de Bouillé, frère d'Arthur de Bouillé, aide de camp de mon mari. Vivement touchée de cette démarche, j'acceptai cette hospitalité avec entraînement et, guidée par le comte à travers les rues de Nevers déjà obscurcies par la pluie et la nuit tombante, je me trouvai bientôt au centre d'un intérieur parfait, dans lequel je me sentis aussi à l'aise que si la connaissance eût daté de loin.

Unis par tant d'intérêts communs, l'entretien le plus intime s'établit immédiatement. Le comte de Bouillé ressemblait à son frère, dont il était l'aîné; tous deux étaient beaux et bons. Nous sortions à peine de la table où l'on avait bien voulu m'admettre en robe de voyage, chaude et fourrée parce qu'il faisait froid et que je me soignais encore beaucoup, qu'on introduisit au salon un jeune officier de chasseurs qui, ayant forcé la consigne, arriva à moi tout ému. C'était Jules de Montendre, l'un des compagnons de mes jeux d'enfance, de Vitry, de Hancourt et de la Doutre. Malgré l'obstacle que lui avait fait son extrême surdité, Jules, fortement appuyé par mon mari, avait été incorporé dans le régiment du comte de Fontenilles, en garnison à Nevers dans ce moment. Instruit de mon passage, rien n'avait pu arrêter l'élan de ce jeune homme. Non seulement il voulait me voir, me parler de sa sœur Pauline dont j'étais la meilleure amie, mais il espérait me décider à assister ce soir même à un bal que ses officiers donnaient aux dames de la ville. Oubliant cinq ou six ans de mon existence et tous les événements qui les avaient remplis, le bon Jules ne se rappelait que la rieuse jeune fille qu'il avait toujours vue prête à danser; et, sans conserver de ressentiment sur mon refus, il me quitta, ne comprenant pas très bien ce qui avait modifié à ce point mes habitudes. J'espère que ceci ne troubla en rien les charmes de sa soirée, mais il ne dormit pas longtemps, car au point du jour je le trouvai sur ma route; il galopa quelque temps auprès de ma voiture; puis, un signe amical s'étant échangé de part et d'autre, il disparut.

Cette rencontre d'un ami d'enfance et les connaissances nouvelles que je venais de faire à Nevers avaient un peu remonté mon moral. Le temps, glacé lors de mon départ, s'était un peu réchauffé, mais un air de printemps s'étendait sur toutes choses, et finalement j'arrivai à Lyon dans de bonnes dispositions.

J'avais à peine eu le temps de terminer ma correspondance que m'arrivèrent visites sur visites.

Ce furent Mmes de Béthizy et d'Hautefort, établies à Lyon, par ordre du Roi, pour y attendre Mme la duchesse de Berry, et prendre leur service à la place des deux dames qui avaient été jusqu'à Marseille. Ces dames étaient jeunes, belles, élégantes; elles m'éblouirent, dans ce premier moment, mais il ne me fallut pas longtemps pour apprécier ce qu'elles avaient de bon, de noble et de solide. Avec la jeune princesse était arrivée sa gouvernante, la comtesse de La Tour, accompagnée de sa fille Suzette, qui devint comtesse de Meffrays, fut attachée à la maison de Mme la duchesse de Berry, et vécut aimable et bonne dans le grand monde durant toute la Restauration. Vinrent ensuite le comte Roger de Damas, gouverneur de Lyon, puis le comte de Chabrol, préfet du Rhône, et quelques autres.

Tout en ayant cherché à éviter une partie du mouvement que me présentait la ville de Lyon, je fus très fatiguée des deux jours que j'y passai. J'en partis fort touchée de l'accueil qui m'y avait été fait, et, après avoir couché une nuit à Montélimar, j'arrivai un dimanche soir à Avignon. Le trajet m'avait intéressée et j'admirai beaucoup les ruines du palais des Papes, qui dominent la ville, et les jolis remparts qui l'entourent. La vue du Rhône ne m'avait pas laissée froide non plus.

Toujours précédée par le courrier royal, voyageant ainsi d'une manière officielle, mon arrivée était bientôt connue dans les villes où je prenais gîte; je vis donc de suite apparaître le colonel Auguste de Lauriston, depuis général; ensuite l'excellent comte de Vilhume, commandant, si on se le rappelle, la succursale des Invalides, et enfin le comte de Saint-Chamans, préfet de Vaucluse. Ce dernier était accompagné de la comtesse de Lambertye, sa sœur, qui faisait les honneurs de chez lui. Comme à Lyon, c'était à qui insisterait pour me fêter. Après m'être défendue des diverses offres tout aimables, je finis par accepter un déjeuner à Vaucluse, Vaucluse, la fontaine merveilleuse.

Dans le cours de sa visite, le préfet, que je questionnai sur la catastrophe, récente encore, de la mort de Brune, me donna là-dessus des détails terribles. « J'étais arrivé le matin même, me dit-il, pour prendre possession de ma place, mais mon uniforme n'était point déballé. Averti du tumulte et de sa cause, je me précipitai au milieu de la foule, cherchant vainement à y faire reconnaître mon autorité. Hélas! en eussè-je porté les insignes, qu'elle eût été, je crois, méconnue; je ne pus rien empêcher. Quelle inauguration m'était réservée! »

Le préfet et sa sœur s'étant retirés, M. de Vilhume, me proposa son bras pour monter, pendant qu'il faisait encore jour, aux ruines du château des Papes. On ne les avait pas encore utilisées; elles présentaient toute la sévérité qui vient de l'abandon. Je ne fus pas jusqu'aux bords de la trop célèbre glacière, j'en avais assez de son terrible souvenir. La nuit tombait; le bruit et le tumulte des rues étaient excessifs; ils devinrent tels pour un moment, que j'étais toute tremblante au bras du bo[n] vieux chevalier. « Que veut donc ce peuple effaré ? lu[i] dis-je. — Je vais d'abord vous remettre chez vous, m[e] répondit-il, je reviendrai bientôt. » En rentrant il me dit [:] « La foule avait aperçu voguant sur le Rhône un batea[u] portant pavillon rouge, et sans savoir, ou sans se rappe[-] ler, que tel est le signe distinctif que l'on pose sur le[s] chargements de poudre à canon dans le but de les pré[-] server de tout contact, cette population, ivre de roya[-] lisme, et croyant voir, dans ce drapeau rouge, un[e] insulte préméditée au drapeau blanc, se ruait sur le qua[i] en hurlant; c'est une fraction de cette foule que vou[s] venez de traverser; tout est expliqué, c'est fini. »

Ce sont de stériles et poudreuses contrées que celle[s] qui séparent Avignon d'Aix. Je venais à peine de dépas[-] ser cette dernière ville, triste et solennelle, que j'aperçu[s] arrivant au grand galop un courrier chamarré de ruban[s] blancs. Il faisait claquer son fouet et me parut tout e[n] nage. Il s'arrêta devant ma voiture en me disant qu'i[l] annonçait le débarquement de Mme la duchesse de Berry [,] laquelle était arrivée à bon port ce matin et venait d[e] s'installer au Lazaret. Je fus alors vivement contrarié[e] du retard qu'avait apporté à ma marche mon excursio[n] de Vaucluse. Cette fantaisie exceptionnelle, que je m'é[-] tais passée, prit la couleur d'un petit remords et assom[-] brit mes dispositions au point que je ne donnai pa[s] toute l'admiration qui lui est due à la Vista; c'est ains[i] que l'on nomme le superbe panorama dont on joui[t] quand, arrivé en face de Marseille, on voit cette ville coquettement placée entre une mer et un ciel d'azur.

M. le comte de Villeneuve, l'aîné des cinq frère[s] préfets portant ce nom, vint me recevoir et m'installe[r] dans l'appartement qui m'était destiné. Il touchait [à] celui que devait occuper la princesse à la préfecture. Il me confirma le dire du courrier. « Nous avons reçu, ajouta-t-il, Son Altesse Royale d'aussi près que le permettaient les coutumes inexorables de la quarantaine. Nos canots ont été au-devant de la frégate qui la portait et l'ont accompagnée jusqu'au pied de l'escalier du Lazaret, où elle est entrée avec sa suite napolitaine exclusivement, sauf Mme la comtesse de la Ferronnays, qui s'est enfermée avec elle.

— Mais, repris-je, est-ce que je ne peux aussi me faire ouvrir les portes du Lazaret ? — Il est trop tard, madame, répondit le préfet, vous seriez obligée de n'en sortir que vingt-quatre heures après les autres, puisqu'il est de rigueur que chacun doit y compléter les dix jours prescrits. »

Force fut d'attendre, et, dès le lendemain matin, je me fis annoncer à la jeune princesse, que je vis bientôt apparaître derrière la grille qui séparait les deux pièces où nous venions d'entrer chacune de notre côté. Nous avions de part et d'autre des gardiens appartenant au service du Lazaret. Leurs tristes figures et leurs sombres costumes me reportèrent involontairement à la peste de 1720 et 1721. Ce souvenir contrastait étrangement avec la mission de joie que j'avais à remplir; mais, prenant aussitôt le dessus, je me préparais à remettre aux mains de la jeune fiancée, qui m'apparaissait toute blanche et rose, les lettres dont la famille royale de France m'avait chargée, lorsque tout à coup, arrêtée dans mon élan par l'un des sévères surveillants dont j'ai parlé, je fus obligée de déposer mes dépêches de l'autre côté de la grille, sur une table, où la princesse les prit. C'était, on le voit, pour éviter tout contact entre elle et moi.

Elle lut vite, et, me jetant ensuite un coup d'œil moitié bienveillant et moitié craintif, elle m'adressa quelques paroles qui me mirent en mesure de lier avec elle un premier entretien. Devant tant de témoins, il ne pouvait être très significatif; néanmoins j'emportai une bonne impression de cette entrevue.

Mme la duchesse de Berry n'était point jolie, mais elle avait un ensemble d'extrême jeunesse dans toute sa personne, qui disposait en sa faveur; elle avait dix-sept ans, on lui en eût donné quinze; ceci expliqua, aux yeux des populations françaises qu'elle dut traverser, le silence timide avec lequel elle reçut les harangues et les démonstrations qui l'accueillirent de Marseille à Paris.

Nous organisâmes mes visites quotidiennes au Lazaret, et le temps qu'elles me laissaient à passer à la préfecture fut employé à mille préliminaires concernant mes fonctions.

Enfin, le jour de la remise sonna. Revêtue d'un habit de cour élégant, suivie de Mmes de Gontaut et de Bouillé, précédée des ducs d'Avray, ambassadeur du roi de France, de Lévis, chevalier d'honneur, des comte de Mesnard, marquis de Rochefort, etc., nous partîmes en voiture de gala pour nous rendre de la préfecture à l'hôtel de ville, tandis que la princesse, sa suite de Naples, et l'ambassadeur du Roi, son grand-père, descendaient du Lazaret en mer, où les attendaient le canot et la marine royale de France. Dans son enthousiasme, la population de Marseille s'était divisée pour fêter partout la royale fiancée. Une partie la suivait en canots, l'autre s'était massée aux abords de l'hôtel de ville et dans les rues que devait, de là, parcourir le cortège.

Installée à son poste à l'heure dite, dans la plus grande salle de l'hôtel de ville, la cour française, ayant à sa tête son ambassadeur et autour d'elle une masse de personnes admises par droit d'emploi ou par faveur, attendait en silence l'entrée de la cour napolitaine. Le point intermédiaire était une table immense, destinée à recevoir les pièces qui devaient être signées par les deux diplomates.

Je l'ai dit, tout le cérémonial avait été calqué sur celui qui remontait à la duchesse de Bourgogne. C'était une sorte de mise en scène qui, sans antécédents pour nous, ne laissait pas que d'intimider un peu chacun des acteurs.

Enfin, les deux battants de la porte en face de nous s'ouvrirent et laissèrent passage au prince de Scylla, qui accompagnait sa princesse vers laquelle le duc d'Avray s'avança, et, la saluant avec respect, lui déclina la mission qu'il avait reçue à la fois du Roi son maître et de son royal époux. L'ambassadeur napolitain, aidant à l'embarras de la position, répondit aussitôt; ses paroles furent immédiatement suivies d'une pantomime que voici : le duc d'Avray, fort de la ratification qui venait de s'échanger, amena de notre côté celle qu'il venait de saluer comme duchesse de Berry; et, tandis que la cour de Naples restait immobile à sa place, ainsi que cela avait été convenu à l'avance, nous prenions chacun nos nouvelles fonctions. Les miennes consistaient à me faire d'abord nommer officiellement, avec mes noms et mes qualités, par le duc d'Avray; mais, cette formalité remplie, celui-ci rentrait pour ainsi dire dans ma dépendance de dame d'honneur, et de ce moment il ne dut rien faire en dehors de ma participation et de ma connaissance.

M'approchant de Mme la duchesse de Berry, je lui présentai à mon tour toute la petite cour de France, en commençant par le même duc d'Avray, qui, ses fonctions d'ambassadeur accomplies, reprenait rang simplement parmi nous. Tous les spectateurs de ces divers mouvements ne durent pas y comprendre grand'chose; moi-même je les trouvais étranges, mais je suivais un programme et, généralement, je ne m'en éloignai que le moins possible et quand j'en trouvai certaines parties par trop surannées.

Bientôt, la dame d'atour, comtesse de la Ferronnays, prenant ses fonctions personnelles, fit passer Mme la duchesse de Berry dans un appartement où tous ses vêtements français étaient préparés. On lui fit quitter, jusqu'à sa chemise, tous ceux dont elle était revêtue. La chose terminée, elle reparut dans la grande salle de l'hôtel de ville, où l'attendaient toutes les autorités civiles et militaires.

Ce fut d'abord dans les rangs de la garde nationale, assemblée *ad hoc,* que l'on dirigea à pas comptés la voiture de la princesse; là, elle n'eut à répondre aux immenses vivats qui l'acclamèrent que par des saluts timides, auxquels son air d'extrême jeunesse donnait du prix. Malgré cette inexpérience bien naturelle à son âge et à sa qualité d'étrangère, je crois que sa physionomie et sa petite pantomime furent généralement prises avec faveur, et que, si l'on ne put rien enregistrer de ses réponses durant cette longue traversée de la France, elle y laissa néanmoins un ensemble de sentiments d'intérêt et de confiance dans l'avenir qu'elle ouvrait devant elle.

Si tous les discours qui lui furent si sérieusement et si pompeusement débités avaient ressemblé à celui du comte de Bastard, qui se trouvait à la tête de la Cour royale de Lyon, elle eût évité les alternatives de la riposte.

« Fille de Saint-Louis », lui dit-il à la tête de sa compagnie et après s'être incliné profondément devant elle, « donnez-nous des fils qui lui ressemblent. » Il n'y avait rien à répondre à cette espèce de commande.

L'une des premières démarches de Mme la duchesse de Berry devait être, naturellement, le pèlerinage à Notre-Dame de la Garde. Ce fut à pied que, le lendemain, nous gravîmes la montagne sous un soleil brûlant et suivies des autorités ecclésiastiques, civiles, militaires, et d'une foule immense. L'évêque avait précédé Son Altesse Royale. En entrant dans la chapelle, qui n'avait alors pour ornements que l'innombrable quantité de ses ex-voto, nous suivîmes l'évêque, qui, s'avançant sur le bord du rocher, bénit solennellement la population entière, prosternée au pied de l'escarpement qui portait la sainte patronne de la ville et du port. Tous les bâtiments étaient pavoisés, le bruit du canon se mêlait aux vivats; le ciel, d'un bleu magnifique, semblait protéger cette mémorable matinée; elle se termina par une promenade en mer qui nous fit voir le joli château Borelli, tout bâti en marbre blanc.

Pressée de vous ramener à Paris, j'abrégerai les détails de notre marche qui, toute triomphale qu'elle était, offrait, dans son mouvement perpétuel, un ensemble assez monotone.

Après une excursion à Toulon, nous revînmes à Marseille d'où nous partîmes pour Aix, où était marquée notre première couchée. Ici recommencèrent les réceptions, etc. Il en fut de même à Avignon, Montélimar et enfin Lyon.

Là nous attendaient encore des fêtes splendides. Des présents magnifiques étaient accumulés chez Son Altesse Royale qui logeait à l'archevêché, et je trouvai à mon adresse particulière des pièces de velours et des bouquets de magnifiques roses artificielles, produits renommés de cette cité. Ces gracieux présents étaient renfermés dans une immense corbeille de satin vert brodé en argent. Je partageai les étoffes avec Mme de la Ferronnays, mais je gardai longtemps à Paris la corbeille en question, qui orna une des pièces de mon appartement.

Passons sur toutes les réceptions et fêtes de cette grande ville. Je vous dirai seulement que jamais l'attitude et l'exigence du parterre ne m'imposèrent tant qu'au spectacle de circonstance, obligatoire là comme à Marseille. Il faut avoir passé par les représentations officielles pour apprécier l'embarras d'une telle situation.

M. le duc de Berry avait envoyé Garneray, son peintre favori du moment, pour prendre et lui rapporter à la hâte une esquisse de la princesse.

EUGÉNIE DE COUCY
MARÉCHALE OUDINOT, DUCHESSE DE REGGIO

CHAPITRE IX

Nouvelle existence de la duchesse de Berry. — Le prince de Condé. — Les fêtes, le bal Greffulhe. — Le 13 février 1820. — Assassinat du duc de Berry. — Scènes émouvantes à l'Opéra. — Les derniers moments. — Les circonstances du crime. — Détails sur Louvel. — Son arrestation. — Son procès. — La duchesse de Berry à Saint-Cloud, puis au pavillon de Marsan. — Le deuil. — La grossesse de la duchesse de Berry. — Naissance du comte de Chambord. — Détails sur cette naissance. — Les témoins. — La mort de Napoléon. — Rôle de la duchesse de Reggio auprès de la princesse. — La guerre d'Espagne. — Oudinot, commandant du 1er corps d'armée, fait une campagne toute politique. — Voyage à Dieppe. — Maladie de Louis XVIII, sa mort.

De Lyon, je vous amènerai de suite à la petite ville de Nemours, dernière couchée précédant l'arrivée à Fontainebleau, où le Roi, le marié et toute la Cour venaient attendre la royale voyageuse.

La fin de la journée de Nemours devait être consacrée au recueillement. Son Altesse Royale, toujours suivie de son aumônier dans le cours de cette longue route, eut avec lui des rapports plus particuliers encore, en ce moment. Elle était naturellement fort émue à la pensée de la prochaine entrevue.

Après la messe du lendemain, où Son Altesse communia, et après un déjeuner intime, chacun procéda à sa toilette de Cour, car, c'était dans cet attirail que nous devions franchir les six lieues qui nous séparaient de Fontainebleau.

Le point de réunion était au carrefour de la Croix de

Saint-Hérem, qui se trouve au centre de la forêt. La voiture du Roi et celle de la mariée devaient entrer en même temps, venant chacune d'un côté opposé, dans cette immense enceinte de verdure, laquelle pouvait contenir à l'aise équipages, chevaux d'escorte et de cortège, etc. Des signaux étaient établis sur les routes, afin de faire accéler ou ralentir la marche respective des voitures, qui devaient, selon l'ordre de la cérémonie, arriver au point donné simultanément. Les choses se passèrent ainsi. Nous suivîmes notre princesse, à laquelle le Roi, descendu de son côté, tendit les bras à propos pour l'empêcher de se mettre à genoux devant lui, ainsi que le portait le cérémonial. Sans prendre le temps de lire les lettres du roi de Naples, qui lui étaient présentées par la princesse, il remonta avec elle dans le carrosse royal, tout à glaces et de dimension à recevoir toute la famille. Nous suivîmes dans notre voiture, et ce fut ainsi que l'on rentra à Fontainebleau.

Malgré ce que l'étiquette suivie en cette occasion aurait pu mettre de froid dans la solennité, les sentiments s'étaient fait jour, et M. le duc de Berry avait pu saisir le moment de nous dire, à Mme de la Ferronnays et à moi : « Ah! vous me ramenez une personne incomparablement mieux que je ne me la représentais. » Il semblait délivré d'un cauchemar, et dans sa joie il nous remerciait comme si nous eussions pétri de nos mains cette jeune arrivante.

Le dîner, la soirée furent solennels. Une partie de jeu au loto-dauphin, laquelle était présidée par le Roi, entrait dans le programme et c'était, je vous assure, fort imposant d'avoir à son tour à crier les numéros au milieu d'un profond silence. Lorsque j'eus rempli cette tâche, je me crus quitte ; alors, le Roi, me regardant en face, me dit :

« Vous avez fini, madame la duchesse? — Oui, Sire, le casier est rempli. — Mais, au dernier numéro, il fallait dire « et », ce qui explique à chacun la fin de votre appel des numéros. » Je m'en souvins pour l'avenir.

L'on se retira de bonne heure et le lendemain, en robe de ville, l'on monta en voiture pour gagner Paris, où l'on devait faire une entrée officielle.

Puis se leva le jour de la cérémonie du mariage à Notre-Dame. La marche et la solennité religieuse furent très imposantes et très belles. Tous les corps de l'État y étaient représentés. La garnison tout entière sous les armes et la garde nationale avaient peine à contenir les flots de population, qui roulaient, comme des vagues, des Tuileries à la cathédrale. Un temps magnifique avait favorisé cette fête, et ce fut peut-être une des dernières belles journées de cet été, pendant lequel des pluies continuelles et désastreuses pourrirent les récoltes et nous amenèrent presque la famine de 1806 à 1807.

On poursuivit le programme remontant à Louis XIV jusqu'à sa dernière limite, puisque, après la fête qui termina la soirée du mariage, le Roi, suivi de toute la Cour, hommes et femmes, fut reconduire les mariés, et quand ils furent couchés, il leur dit bonsoir publiquement. Ce fut après avoir tenu ma place dans cet étrange cérémonial que je pus enfin rentrer chez moi.

Inutile de vous dire notre joie de nous retrouver, inutile de vous dire mes délices en prenant ma fille sur mes genoux.

Comme je me réserve de vous faire suivre pas à pas une série de fêtes princières, lorsque Mme la duchesse de Berry en sera l'objet principal, je passerai sous silence le plus grand nombre des réjouissances publiques données lors de son mariage.

Ma charge de dame d'honneur, qui se compliquait de beaucoup de détails, ne m'obligeait pas à suivre, dans toutes ses phases, le service extérieur, qui se partageait entre les huit jeunes dames pour accompagner dont vous connaissez les noms. J'organisais leur service et, rigoureusement, je n'aurais été obligée de prendre le mien que tous les dimanches, d'abord pour la messe du Roi, pour les réceptions des ambassadeurs, lesquelles étaient périodiques, et à la présentation des étrangers marquants, qui ne pouvaient être nommés que par moi à Son Altesse Royale, puis enfin dans quelques autres circonstances exceptionnelles.

Mais j'aurais eu bien mauvaise grâce à me raidir contre les appels si affectueux qui m'étaient faits en dehors de mes obligations, surtout en remarquant le prix qu'on voulait bien mettre à ma présence et le soin avec lequel on choisissait les à-propos qui pouvaient me gêner le moins ou m'être le plus agréables.

Parmi les excursions dont je fis partie vers cette époque, je compte celle de Chantilly comme une des plus intéressantes. J'ai dit que le vieux prince de Condé, qui passa là les deux ou trois étés qui lui restaient à vivre, n'avait plus toutes ses facultés; mais la visite de noces du couple royal sembla les lui rendre. Il ne restait de la magnifique résidence du grand Condé que les écuries monumentales et les communs du grand château. Ce fut dans cette dernière partie des bâtiments que le prince s'était créé une demeure d'été, encore très confortable. Il y reçut avec une politesse exquise le prince et la princesse, qui s'étaient fait suivre d'une portion de leur petite cour. Ce fut gai, et d'autre part ce fut touchant. Ainsi, nous ne pûmes voir sans intérêt ce vieillard appuyer ses pas chancelants sur les bras vigoureux du prince, qui, alors, semblait être le pilier le plus solide de sa royale dynastie. Nous parcourûmes à leur suite plusieurs salles ornées de tableaux historiques ayant généralement pour objet les hauts faits du grand Condé. L'un d'eux représentait notamment sa victoire sur les troupes royales. L'on n'avait rien voulu perdre, dans cette famille auguste, des triomphes guerriers de ce grand homme; mais, par un soin particulier, l'on avait posé dans le coin dudit tableau une figure symbolique représentant l'Histoire. Elle tenait un livre, dont elle avait arraché divers feuillets sur lesquels on lisait distinctement les détails de cette lutte, coupable dans son principe, mais toujours glorieuse comme fait d'armes.

Mme la duchesse de Berry était aussi en très bons rapports avec Mme la duchesse d'Orléans, sa tante, qui habitait Neuilly, avec son mari, ses enfants déjà nombreux, et Mlle d'Orléans. L'on voyait aussi avec grand plaisir la duchesse douairière d'Orléans, qui avait une petite cour particulière; c'était la veuve d'Égalité; elle était née de Penthièvre. Sa réputation de parfaite bonté était si bien établie, que les opinions, quelque diverses qu'elles fussent, ne prouvèrent que des sentiments et des paroles de sympathie pour cette princesse. Elle venait de se casser la cuisse lorsque l'Empereur rentra à Paris, le 20 mars. Il s'empressa, dit-on, de lui envoyer des sauvegardes, accompagnées de paroles pleines d'intérêt. Elle habitait, l'été, une petite campagne très simple, à Ivry. Nous y dînions souvent particulièrement; elle échangeait avec le maréchal soit des plantes, soit des arbustes, ou des oiseaux d'eau. Cette conformité dans leurs goûts les avait rapprochés.

La Cour passait ses étés à Saint-Cloud, et dans l'automne on faisait ordinairement un petit séjour dans une des autres résidences royales, telles que Fontainebleau, Compiègne et Rambouillet. Rien n'était moins champêtre que cette vie, toujours officielle, dans ces beaux palais; seulement, tous les services de ce qu'on appelait les grandes charges déjeunaient avec le Roi, lequel se renfermait pour le dîner dans un cercle de famille, tandis qu'alors nous prenions ce repas chez son premier maître d'hôtel, emploi de faveur qui fut rempli dans tout le cours de la Restauration, successivement par MM. le duc des Cars et, après sa mort, le comte de Cossé-Brissac. Leurs sympathiques femmes faisaient admirablement bien les honneurs de cette table, en tout parfaitement soignée. De très grands personnages venaient y prendre part quelquefois à Paris, où, par parenthèse, mon mari et moi y avions toujours notre couvert, par suite de nos charges. C'était un privilège dont j'appréciais la valeur, mais dont je n'usais pour ma part que selon les obligations de mon service.

A Paris, nous avions, trois fois dans l'année, l'honneur de déjeuner avec le Roi. C'était au 1er janvier, à sa fête et à l'anniversaire de sa rentrée.

Parmi les cérémonies en usage chez les rois de France, dont quelques détails ont déjà passé sous vos yeux, et que l'Empereur lui-même avait adoptées lors de la naissance de son fils, il en était une qui allait recevoir une nouvelle application. Mme la duchesse de Berry donnait des espérances de maternité qui mettaient tous les esprits en mouvement, et je ne tardai pas à recevoir du grand maître des cérémonies des instructions à ce sujet.

Il était établi que la mère des Enfants de France devait leur donner le jour en public. C'était un public choisi, j'en conviens : c'était le Roi, la famille royale, les princes du sang, les ministres, le chancelier de France, etc., le gouvernement enfin. Et ce monde devait être convoqué par moi à point nommé, c'est-à-dire ni beaucoup avant, ni surtout après le moment décisif. Toute cette affaire, me semblait, par bien des motifs, formidable ; mais avant d'être arrivée au temps précis concernant Son Altesse Royale, j'avais à m'occuper pour mon compte de la naissance de ma seconde fille Caroline. Ce furent Monsieur, frère du Roi, et Mme la duchesse de Berry qui tinrent en personne cette enfant sur les fonts de baptême.

Elle était arrivée brillante de santé, par un beau soleil du 2 juin 1817. Je fus vivement émue au chiffre de cette sixième fille du maréchal.

Je me tenais sur le qui-vive, lorsque, quelques mois après cette naissance, je fus appelée en toute hâte à l'Élysée-Bourbon, pour y procéder aux appels dont j'étais chargée. Déjà Louis XVIII et partie des membres du gouvernement avaient été avertis et se trouvaient à leur poste. J'expédiai le plus vite possible les avis qui avaient été attardés, et ce ne fut qu'après ces formalités que je pus m'occuper de ma pauvre jeune princesse, dont l'on entendait les cris dans tous les salons remplis de monde en grande tenue.

Elle donna le jour à une fille qui semblait bien constituée, mais qui, par son sexe, désappointa singulièrement sa famille. Néanmoins, le soir de cette naissance, j'étais rentrée rassurée, sinon très satisfaite, chez moi ; je n'en sortis que le lendemain de très bonne heure, et je ne m'attendais pas à trouver, en rentrant à l'Élysée, le palais sens dessus dessous. L'enfant venait d'être atteinte de convulsions internes qui menaçaient ses jours. Vainement la Faculté réunie lui prodigua ses soins ; vainement nous priâmes auprès de ce petit berceau : il ne contint bientôt plus qu'un cadavre.

La jeune mère prit cette douleur avec une résignation chrétienne qui m'édifia beaucoup.

Une consolation sembla devoir suivre d'assez près le malheur dont je viens de parler, mais il y eut encore déception. Mme la duchesse de Berry donna le jour à un garçon, mais il arriva avant terme et vécut juste assez pour être ondoyé, comme l'avait été sa sœur.

Nous arrivâmes ainsi à l'année 1819.

Je mis au monde mon fils Charles. L'arrivée d'un garçon apporta la joie dans mon ménage. Hélas! que Dieu est bon de nous voiler l'avenir, quand il a mis dans ses décrets que la mère survivrait à l'enfant!

Une troisième grossesse consolait alors les Tuileries et l'Élysée-Bourbon, et le 27 septembre suivant naquit, au milieu du cérémonial dont j'ai parlé plus haut, Louise de France, qu'on désigna sous le titre de Mademoiselle...

Je me rappelle très bien que, en voyant passer Mme la duchesse de Gontaut (nommée gouvernante des Enfants de France), laquelle portait sur un immense oreiller la petite fille, ne pesant pas trois livres, qu'on allait installer dans les vastes appartements préparés pour elle; en voyant l'imposant auditoire se lever en masse au cri de « Mademoiselle », qu'avait prononcé l'huissier de la chambre, j'éprouvai un étrange sentiment. Vivra-t-elle? me demandai-je. Sera-ce en France? Quelle situation l'avenir réserve-t-il à ce petit être? Quelle influence pourra-t-il jamais exercer, si Dieu lui conserve une vie si délicate?

Cette enfant devint la digne et noble duchesse de Parme dont l'Europe entière admira les vertus et le pur et magnanime caractère.

Peu après la naissance de Mademoiselle et jusqu'à la cérémonie de son baptême, dont M. le duc de Berry nous dit qu'il nous préviendrait à temps, nous prîmes, le maréchal et moi, un petit congé, que nous partageâmes entre Bar et Jeand'heurs.

M. le duc de Berry donna plusieurs fêtes à l'Élysée-Bourbon. C'étaient, si j'ose m'exprimer ainsi, de vrais casse-tête tant pour moi que pour le premier gentilhomme du prince, comte de la Ferronnays, qui procédions aux préparatifs et aux honneurs qu'il fallait faire, de notre mieux, aux invités.

Je crois que nous étions tout aux premiers jours de janvier 1820, lorsque, durant les préparatifs d'un grand bal qui devait se donner à l'Élysée-Bourbon, les tapissiers et tout le service furent saisis d'effroi par la chute foudroyante de tout un panneau en glaces qui remplissait un des côtés de la grande galerie du palais. Rien n'expliqua cette catastrophe, qui ne fut, pour le moment, qu'une avarie contrariante; elle fut vite réparée; mais peu de temps après, elle put donner lieu aux gens superstitieux de s'appuyer sur certains signes annonçant un sinistre prochain.

Rien de marquant, dans les semaines qui suivirent, n'est de nature à retarder le récit du terrible événement que j'ai à vous raconter.

Le vendredi 11 février 1820, j'étais allée, pour mon propre compte, souper chez le grand référendaire, marquis de Sémonville, au Luxembourg. Plusieurs personnes, sortant d'un bal déguisé que donnait ce même soir la comtesse Greffulhe, me dirent y avoir reconnu sous leurs dominos M. le duc et Mme la duchesse de Berry. Ce bal était, disait-on, charmant. Lorsque, le lendemain, je demandai à Son Altesse Royale si elle y avait pris grande part : « Je m'y suis fort amusée, me répondit-elle ; les déguisements étaient variés et ingénieux, j'ai particulièrement beaucoup ri du duc de Fitz-James, dans le rôle de Potier (le plus célèbre acteur de l'époque) représentant le père sournois dans les *Petites Danaïdes*. »

Cette pièce de la Porte-Saint-Martin faisait courir tout Paris. C'était la parodie du grand opéra des *Danaïdes*, très en vogue alors. « Oh ! que le bon duc était drôle, reprit la princesse, aiguisant d'un air féroce les cinquante petits couteaux qu'il tirait de toutes ses poches ; son visage imperturbable au milieu de cette besogne, qu'il continuait à travers toutes les salles, était d'un parfait comique. »

Hélas ! ce zélé serviteur de la dynastie ne se doutait guère, alors, qu'un vrai couteau s'aiguisait dans la cour même de l'hôtel Greffulhe, et que, sans une averse qui bouleversa tous les projets de l'assassin, il eût mis, ce soir même, à exécution celui qu'il méditait depuis longtemps. Oui, ce fut la pluie qui fit ajourner à Louvel le crime dont il repaissait son esprit !

Pour en finir avec le bal Greffulhe, je dois dire, dès ce moment, que, demandant à Mme la duchesse de Berry pourquoi elle n'y avait pas dansé, elle me répondit en baissant la voix : « Je vous le confie, c'est parce que j'ai de nouvelles espérances ; mais elles sont si vagues, chère duchesse, que je n'en parle pas. » Vous devinez avec quelle satisfaction je recueillis ces paroles.

Enfin se leva le triste soleil du dimanche gras, 13 février 1820.

Je me rendis, comme de coutume, pour le déjeuner, à l'Élysée-Bourbon. Ces repas étaient toujours gais. L'on nous appelait, non sans raison, la jeune cour. Notre princesse n'avait que vingt ans ; aucune de ses dames, si ce n'est la duchesse de Gontaut, n'en n'avait guère que trente, et quelques-unes moins. M. le duc de Berry, alors âgé de trente-neuf ans, avait choisi la plupart de ses aides de camp dans les jeunes braves qui avaient figuré aux dernières guerres de l'Empire; et si, parmi ce monde plein de vie, se trouvaient quelques vieux dévoués de l'émigration, ils n'y gâtaient rien, parce que, indépendamment de ce que chacun pensait que c'était leur droit, il s'en rencontrait de très gais et aimables. En tête de ceux-ci, je nommerai le duc de Lévis, qui était le bienvenu partout. Comme de coutume, Monseigneur avait mis à l'épreuve la dextérité de ses plus élégants officiers, en leur jetant, à travers la table, des œufs frais qui, lancés ainsi de sa main, s'ils n'eussent été attrapés par les leurs, se fussent écrasés sur leurs brillants uniformes.

Mais nous étions arrivés au dernier de tous ces repas... Le 13 février, on se leva précipitamment de table, craignant d'être en retard pour la messe du Roi. Enveloppés de fourrures, nous montâmes, le prince, sa femme et moi, en voiture, et, à travers les rues glacées de Paris, nous arrivâmes aux Tuileries juste à temps.

Je venais de prendre congé du royal ménage de l'Élysée, lorsque je me rappelai que Mme de Sainte-Aulaire m'avait écrit, le matin, dans le but de lui obtenir, pour le soir même, la loge de M. le duc de Berry, au théâtre des Variétés. « C'est pour voir *l'Ours et le Pacha*, me mandait-elle, j'en meurs d'envie et l'on ne peut avoir de place. » Je me mis à courir et je rejoignis le prince au bout de la galerie. « Votre loge des Variétés, Monseigneur? lui dis-je. — Pour qui? » J'hésitai en souriant; le ménage de Sainte-Aulaire s'était mis dans une légère opposition, depuis que la fameuse proclamation de Toulouse l'avait fait sévèrement juger. Je ne voulais point surprendre le prince, et j'articulai le nom en question. Il sourit à son tour et, après une seconde d'hésitation, il me jeta ce mot : « Oui ». Ce fut le dernier qu'il m'adressa. C'était encore un acte de bonne grâce, et c'est par ce motif que je suis entrée dans tous ces minutieux détails.

J'usai de la pleine liberté de ma soirée pour conduire au bal de la duchesse d'Albuféra, mon amie, ma belle-fille Élisa. Aucune digression ne serait ici à sa place. Comment observer de l'ordre, quand les détails se représentent irrégulièrement à mes esprits épouvantés ?

Le bal était superbe, je m'y amusais et je causais gaiement avec une amie, quand tout à coup je remarquai deux personnes qui, avec une préoccupation visible, se parlaient bas en me regardant. C'étaient Casimir Périer et le général Pamphile de la Croix. L'un d'eux se détacha et vint droit à moi, et se penchant à mon oreille : « Nous venons de nous décider, dit-il, à vous prévenir d'un événement funeste; M. le duc de Berry vient d'être frappé, à l'Opéra, d'un coup de stylet. — Ah! mon Dieu! — L'assassin est arrêté, reprit le général, et l'on ne dit pas que le coup soit mortel. — Je vous en prie, général, retrouvez-moi ma belle-fille qui danse dans le salon voisin et mettez-nous l'une et l'autre en voiture. »

L'hôtel d'Albuféra touchait à l'Élysée-Bourbon, j'entrai de suite dans la cour, où d'autres voitures circulaient déjà. Je pénétrais à peine dans le premier vestibule, qu'une femme effarée se précipitant vers moi me cria : « D'où venez-vous? Que savez-vous? » J'eus peine à reconnaître en elle la duchesse de Gontaut. Plusieurs personnes nous rejoignirent, hommes et femmes de notre société, les unes en robe du soir, les autres en dominos, sortant chacun, éperdu, des diverses réunions qu'amène ordinairement avec lui le dimanche gras. Alors, seulement, j'appris que le prince, intransportable, gisait sur le lieu du crime. « A l'Opéra donc ! » criai-je à mon cocher. Deux personnes montèrent dans ma voiture ; c'étaient le général comte Belliard et le comte de Saint-Cricq. « Nous ne voulons pas vous laisser seule en ce moment, me dit le premier, on ne sait ce qui peut être préparé. » J'avais envoyé ma belle-fille s'enfermer dans ma chambre de l'Élysée.

Plongés dans une commune stupeur, mes compagnons et moi, nous arrivâmes cependant sans encombre dans cette rue Rameau, qui fut détruite avec la salle de l'Opéra. Nous descendîmes sous ce petit vestibule qui donnait une entrée particulière à la loge de Leurs Altesses Royales. Là, je perdis de vue toute autre chose et montai devant moi un escalier raide et étroit, obstrué par beaucoup de personnes dont une seule était assise sur une des marches, la dernière, celle qui touchait, je crois, à la porte fatale.

A la lumière qui éclairait faiblement cet ensemble, je crus cependant reconnaître dans la personne assise Mme la duchesse d'Orléans. C'était elle, en effet. Entourée de sa famille, elle était accourue et, sans pénétrer, elle attendait au plus près les nouvelles de cette chambre. « Passez, passez, me dit-elle en se serrant, votre place est là » ; et elle me montrait la porte. Je la franchis cette porte... Sur quelques matelas assemblés à la hâte était étendue la victime. Son teint, ses lèvres étaient livides. Déjà les ombres de la mort étaient répandues sur son front, et cependant ces yeux mourants avaient encore une expression prodigieuse. A sa tête était sa femme, vêtue d'un peignoir ensanglanté déjà, qui avait remplacé la robe de soie aussi ensanglantée, dont on venait de la débarrasser. D'une main elle tenait celle du prince ;

de l'autre, elle me fit signe d'approcher. « Parlez bas, me
dit-elle avec une sorte d'égarement, car il entend tout. »
Je ne parlai ni bas ni autrement; Dupuytren seul se fit
entendre pour déclarer qu'il allait élargir la blessure,
qui ne saignait plus. En effet, c'était des masses de
sangsues qu'on avait jetées par poignées sur cette large
poitrine découverte que venaient les traînées de sang
qui effrayaient nos regards; mais la blessure proprement
dite, produite par une fine lame, semblait refermée et
l'épanchement intérieur était imminent.

Au même instant, ajoutant par cette opération cons-
ciencieuse et indispensable au martyre du blessé, Dupuytren lui arracha de tels cris que, tombant à genoux en
bouchant mes oreilles et me pressant contre Mme de
Noailles qui était dans la même attitude que moi, je me
sentis paralysée d'horreur. Si M. le duc de Berry eût pu
être sauvé, il l'eût été par l'habile praticien, qui, ne pouvant
mieux, obtint au moins un effet momentané qui rendit à
l'agonisant des facultés dont il usa pour sanctifier sa fin.

Le premier usage que le prince fit de la parole, qui
venait de lui être rendue par l'écoulement du sang, fut
de demander un prêtre, ce qui avait été l'objet de son
premier cri. Mgr de Latil, archevêque de Reims, était
là; penchant son oreille sur les lèvres du mourant, il
recueillit une confession que chacun pouvait craindre
d'entendre, tant le hoquet saccadait cette navrante
parole. L'on finit par mettre, avec autant de précautions
que possible, les matelas à terre, afin que le prêtre,
presque couché sur le malade, eût plus de chances de
l'entendre seul. Par suite des vomissements, l'on ne pouvait administrer le viatique, mais aussitôt après l'absolu-
tion, le prince, régénéré, s'écria d'une voix forte : « Je
voudrais voir tous mes enfants... »

...Jusqu'alors, nous ne lui connaissions d'enfants que Mademoiselle, âgée de quatre mois. « Ah! que dit-il là? » me glissa tout bas Mme la duchesse d'Angoulême, en me saisissant la main. Cette princesse connaissait, ainsi que toute la famille royale, la liaison d'Angleterre. Une stupeur générale avait saisi chacun ; mais le prince, devinant et comprenant tout, reprit la parole et, regardant Mme la duchesse de Berry : « Ma femme, je vous l'avoue, j'ai plusieurs enfants! — Charles, répondit-elle, pourquoi ne me l'avoir pas dit plus tôt? Je les aurais adoptés ; qu'on les fasse venir » ; puis, se tournant vers le duc de Coigny, l'un des aides de camp du prince : « Allez aussi chercher ma fille, lui dit-elle, je vous donne cette mission. »

Les deux petites Anglaises devancèrent l'enfant royal ; elles s'approchèrent du lit, s'agenouillèrent et reçurent en pleurant la bénédiction de leur père, qui leur parla en anglais. L'infortunée princesse les embrassa ; mais les minutes étaient comptées et son propre enfant n'arrivait pas. Dupuytren ne quittait pas le pouls du prince, qui lui disait : « Ne me trompez pas, avertissez-moi, j'ai encore à faire ici-bas. » Enfin, la duchesse de Gontaut apporta l'auguste petit maillot, qui reçut aussi cette précieuse bénédiction.

Succombant alors à tant d'émotion, la princesse se jeta vivement à genoux contre le lit : « Prenez garde, lui dit alors son mari, ménagez l'enfant que vous portez. » A cette solennelle révélation, dont l'importance n'échappait à personne, chacun fut profondément saisi ; l'instant était suprême, mais les forces décroissaient. Plusieurs fois, le prince avait sollicité la présence du Roi : « C'est surtout pour lui demander la grâce de l'*homme* », disait le prince, car il ne désigna jamais autrement l'assassin.

Toujours on lui répondait : « Le Roi va venir. » La volonté ne manquait point à Sa Majesté, mais ses infirmités croissantes rendaient son lever et son trajet de nuit bien difficiles. L'on se demandait comment on pourrait l'amener au haut de l'espèce d'échelle que nous avions gravie. Il y arriva pourtant.

Mais cette longue attente ne fut pas perdue ; ce fut alors que le mourant, regardant son père, lui recommanda d'une voix distincte tous ses serviteurs ; puis, se tournant vers M. le duc d'Angoulême, il lui dit bas quelques mots qui furent pieusement recueillis.

Tous ces devoirs accomplis, le malheureux prince se demanda, tout à coup, ce qu'il avait pu faire pour s'attirer un tel traitement ; puis, comme pour expier cette pensée accusatrice, il dit : « Peut-être sans le vouloir l'avais-je blessé. »

Déjà la pâle lueur de cinq heures et demie se montrait à travers l'éclairage de cette chambre funèbre, la poitrine du prince s'embarrassait, ses paroles devenaient de plus en plus rares, une stupeur mortelle pesait sur les nombreux témoins de cette agonie, quand le mourant, semblant se ranimer à un faible bruit qu'il entendit le premier, dit d'une voix forte : « C'est l'escorte du Roi ! »

En effet, et bientôt l'on distingua le travail difficile qui amena le Roi de la première à la dernière marche de l'escalier. Voilà Sa Majesté devant le lit mortuaire de cet héritier de sa race, hier encore si rempli d'espérance et de vie ; mais le mourant ne laissa pas perdre une des secondes qui lui restaient pour arriver à son but : « Sire, dit-il d'une voix suppliante, je vous attendais pour vous demander, comme dernière grâce à m'accorder en ce monde, la vie de l'homme... »

Et comme le saisissement du Roi ne lui permit pas répondre de suite : « Ah ! mon oncle, hâtez-vous, la vie de l'homme !...

— Parlons de vous, mon fils », dit alors Sa Majesté.

Une troisième supplication dans les mêmes termes sortit encore de ses lèvres qui blêmissaient de plus en plus; mais ce fut tout ce que nous entendîmes, parce qu'en ce moment Mme la duchesse de Berry ayant pris une espèce d'attaque de nerfs, on fut forcé de l'emporter. Je la suivis, mais je n'eus ni le pouvoir ni la volonté de l'empêcher de rentrer, et alors... tout était fini...

La tête immmobile du défunt était soutenue par Dupuytren, qui de son autre main tenait une glace devant une bouche qui n'exhalait plus aucune respiration. Le Roi, le malheureux père, le frère, la sœur, cet entourage navré contenait à la fois tous les sentiments qui l'étouffaient et en exprimaient toutes les manifestations extérieures. Oui, c'étaient, dans ce premier moment, la mort et son silence !...

Mais la jeune veuve, faisant invasion devant ce corps immobile et au milieu de cette scène muette, vint se jeter à genoux et s'écria avec toute l'effervescence de son âge et de sa nationalité italienne : « Charles est mort, je veux retourner dans mon pays. Sire, laissez-moi partir. » Une pitié tendre, profonde, accueillit ces véhémentes paroles, et le Roi, profitant de l'épuisement qui les suivit, nous fit signe d'enlever la malheureuse jeune femme dans une voiture qui nous ramena à l'Élysée-Bourbon.

A peine arrivée, la princesse se précipita avec désespoir dans l'appartement de son mari, puis, rentrant chez elle sans s'occuper encore de son pauvre petit enfant, on la vit saisir sur la toilette une grande paire de ciseaux avec laquelle elle coupa, à ras la tête, les deux longues tresses de cheveux blonds que le prince aimait tant, disait-elle. « L'une sera pour lui, on la placera dans son cercueil ; je réserve l'autre pour ma fille. »

Nous obtînmes enfin que cette infortunée jeune femme se couchât. On ne l'y décida qu'en lui rappelant les espérances auxquelles son avenir, celui de la famille royale et celui de la France pouvaient encore se rattacher. Ce fut à ce moment que le maréchal me fit appeler dans ma chambre de l'Élysée, où je le rejoignis dans cette robe de bal qui ajoutait, s'il était possible, à notre saisissement.

J'eus peu de temps pour m'épancher avec votre père sur les terribles événements accomplis et sur l'avenir incertain qu'ils venaient d'ouvrir. Réveillé sur la première nouvelle de la catastrophe, le maréchal, revêtant aussitôt son uniforme, était accouru sur le lieu du crime. Il suivit, avec désolation et horreur, l'agonie du prince et l'interrogatoire de l'assassin. Je l'avais aperçu toute la nuit.

Il faut vous dire que les deux drames n'étaient séparés que par une cloison.

Pour vous expliquer ce fait, abandonnant pour un moment Mme la duchesse de Berry, je reviendrai au meurtrier et à ce qui le concerne.

Le vendredi, après avoir renoncé à tuer le prince à l'hôtel Greffulhe, il fixa l'exécution de son projet au dimanche soir, ne doutant point que sa victime ne vînt à l'Opéra, car il avait étudié ses habitudes depuis plusieurs mois. Il se posta donc vers huit heures du soir sur le trottoir de la rue Rameau, allant et venant pour ne pas fixer l'attention. Il ne s'arrêta qu'un instant près du vestibule dont j'ai parlé déjà, pour y recueillir l'ordre donné au cocher. « A onze heures », avait dit le prince ; puis il était entré avec sa femme, la marquise de Béthisy, le comte de Mesnard et les comtes César de Choiseul et de Clermont-Lodève. Le prince ne permettait jamais que les six grenadiers qui composaient le poste de son petit vestibule sortissent, ni à son arrivée, ni à son départ ; la sentinelle seule était en dehors et portait les armes, et Louvel, qui savait tout cela, s'achemina du côté où il savait que la sentinelle tournait le dos. A l'heure dite, il vint de la rue Richelieu et guetta, en se promenant, l'arrivée de la voiture dont les maîtres ne se firent pas attendre. Le groupe de la loge s'était avancé sur le trottoir, et tandis que la sentinelle portait les armes, tournant le dos au meurtrier, que les deux valets de pied, dans la même situation, baissaient le marchepied, que le prince disait adieu à sa femme en la mettant en voiture, qu'enfin ses trois officiers faisaient leur salut, en un clin d'œil, agile comme une panthère, l'assassin, franchissant d'un bond le dos des six hommes, saisit d'une main vigoureuse le septième par l'épaule droite, le soutient et lui enfonce, jusqu'à la garde, une lame longue et fine dans la région du cœur ; et, par un autre bond aussi spontané, il se soustrait immédiatement aux témoins de cette scène qui fut si rapide que, dans la première minute, personne ne s'en rendit compte. Un sourd gémissement du prince lui fit adresser, sur le coup, cette parole par le comte de Mesnard : « Est-ce que vous êtes frappé ? — Je suis mort », répondit-il en retirant lui-même le poignard de la plaie. Un autre cri se fit entendre de la voiture, d'où s'élança la malheureuse jeune femme qui devina tout. Elle arriva comme on posait le prince sur la banquette du corps de garde, et se mit à aider les témoins de cette horrible scène qui, les uns ouvraient précipitamment les vêtements qui couvraient la poitrine du prince, déjà suffoquant et presque évanoui, les autres s'élançaient dans les rues en criant à l'assassin.

Restons d'abord sous ce funèbre vestibule. « Un prêtre, ma femme... », avait articulé le blessé. « Un médecin », ajoutait-on de toutes parts. Le secours matériel arriva d'abord. Le docteur Blancheton se trouva à portée et fit le premier examen, sans pouvoir dissimuler aux cœurs palpitants, qui cherchaient à le deviner, la gravité de la situation. « La blessure ne saigne pas assez », dit-il. Aussitôt, le docteur Bougon, attaché à Monsieur, recueillant, au moment où il arrivait, les paroles de son confrère, dit : « Je vais sucer la plaie. — Prenez garde, Bougon, dit le mourant, peut-être elle est empoisonnée. » Le fidèle serviteur ne tint compte de ceci, mais son courageux essai échoua !

De tous côtés arrivaient des gens de l'art, des pharmaciens, des matelas, etc. On se décida enfin, ne pouvant mieux, à monter la victime dans cette chambre d'acteurs où se termina cette tragédie.

La famille éplorée, les amis, les dévoués de toutes les catégories, étaient accourus et remplissaient ce local dans lequel je pénétrai presque aussitôt que Dupuytren. Tous les praticiens lui avaient cédé la place, et vous avez vu, au commencement de ce triste récit, qu'il ne l'abandonna qu'à la mort de l'illustre victime.

Revenons maintenant au meurtrier.

Il courait vers l'arcade Colbert, espérant, non sans raison, que s'il pouvait en atteindre la noire profondeur, il y disparaîtrait avant qu'on le rejoignît. Ce calcul aurait pu lui réussir, sans un incident qui le retarda de quelques secondes. Il heurta violemment un garçon de café, venant en sens inverse, portant un plateau de glaces. La chute du jeune homme et de son bagage causa un bruit auquel se mêla, en même temps, le cri formidable de la sentinelle qui, ayant jeté son fusil pour courir plus vite, avait devancé les autres grenadiers en répétant toujours : « Arrêtez ! arrêtez l'assassin ! » Ce fut pendant la lutte du garçon de café cherchant à se relever pour arrêter Louvel, qui se débattait, que la sentinelle saisit le misérable par le collet. Les camarades vinrent à son aide, et l'on ramena cet homme, tout garrotté, sur le lieu du crime.

Faute de tout autre local, il fut forcément déposé dans une espèce de cabinet dépendant de la chambre mortuaire. De là, il entendait distinctement tout ce qui s'y passait, et quand, dans le cours de l'interrogatoire auquel on procéda le plus vite possible, le chancelier ou les ministres lui demandaient, en frissonnant, si les cris de sa victime ne le troublaient pas, il répondait : « Non ; je ne me suis senti ému que par le cri de sa femme. »

Son féroce sang-froid ne se démentit pas durant ces longues heures d'investigations, qui durèrent presque autant que la vie du prince. Vainement on chercha à savoir s'il avait des complices ; rien, durant ce premier interrogatoire, ni pendant les cinq mois de l'instruction de ce procès, ne vint démentir, à cet égard, les dénégations de Louvel.

La physionomie de cet homme était, dit-on, repoussante. Une de mes compagnes de chagrin et de terreur, durant cette nuit néfaste, me dit tout bas : « Ne voulez-vous pas voir l'assassin, dont une seule porte nous sépare ? » Elle ne tint compte de mon avis, et revint épouvantée par cette hideuse image.

On avait trouvé un second poignard sur Louvel, mais l'on ne put jamais obtenir un mot sur l'usage qu'il comptait en faire. Il se renferma dans cette seule réponse : « Je n'ai tué M. le duc de Berry que comme destiné à propager une famille que je voulais anéantir; personnellement, je n'en veux ni à lui, ni aux siens; mais leur règne sur mon pays n'allait pas avec mes idées. » Je ne sais plus qui lui dit : « Par suite d'une révélation de Monseigneur, votre crime sera peut-être inutile dans votre projet de destruction de cette race royale. » Ces paroles semblèrent fixer particulièrement son attention, et il répondit : « Je suis fâché de n'avoir pas été instruit de ce fait. » Jamais on ne put le faire expliquer sur ces paroles.

Pendant quelques instants, il était devenu d'une pâleur livide : on crut au remords; mais, questionné de nouveau sur le malaise qui se révélait en lui, il dit simplement : « Ce sont les poucettes qui me serrent trop. » On le mit plus à l'aise, et la pâleur disparut.

Comme ce procès ressortissait, naturellement, à la Cour des pairs, ce fut dans la prison du Luxembourg qu'on écroua Louvel.

Je ne passerai pas sous silence un des contrastes les plus frappants de cette nuit funèbre. C'était pour jouir du dernier acte de ce joli ballet (*le Carnaval de Venise*) que M. le duc de Berry était venu mettre sa femme en voiture, avec le projet de rentrer pour son compte dans sa loge et d'y voir finir le spectacle, qui devait avoir encore une demi-heure de durée. En effet le spectacle continua. Rien, dans l'intérieur de la salle de l'Opéra, n'indiqua la tragédie qui se passait au dehors, et ce fut au son de la musique la plus joyeuse, la plus entraînante, que se passèrent les tristes scènes que vous venez de lire.

Une première rumeur arriva aux princes d'Orléans, au moment où ils quittaient leur loge, et vous les avez vus échelonnés sur l'escalier lorsque j'y arrivai moi-même : mais, en général, la nouvelle ne fut connue dans Paris que le 14 au matin.

Je reviens à l'Elysée-Bourbon, où la famille royale était arrivée, où bientôt se succédèrent une quantité innombrable de personnages tenant à la Cour ou au gouvernement, que sais-je? tout Paris. Je ne quittai ma triste princesse que pour faire face, autant que je le pouvais, à tout ce qui se présentait. Je savais que l'on délibérait en famille sur la résidence qu'on allait provisoirement fixer à la jeune veuve. Il fut d'abord décidé qu'elle quitterait le même soir l'Elysée-Bourbon, devenu inhabitable pour elle, du jour au lendemain. Des ordres furent donnés à Saint-Cloud, et ce fut là que notre lugubre cortège arriva à la nuit tombante et par un froid glacial. C'était à ne pas reconnaître ce riant palais, à peine éclairé, et qu'on n'abordait jamais que dans la belle saison, lorsqu'il était préparé pour la résidence royale.

Quel départ de l'Elysée! Quel trajet! Quelle arrivée! On comprendra que, nonobstant les dénégations de Louvel, on pouvait, dans ces premiers moments, lui supposer des complices; aussi puis-je dire que je ne passais point une porte sans regarder derrière en frissonnant. Cette impression se prolongea longtemps.

La princesse, allongée dans une voiture, fut portée dans un des appartements, le plus vaste et le plus commode du château royal. Je fis dresser mon lit près du sien et ne perdis rien de ses sanglots durant cette seconde nuit, si terrible aussi.

Avant de quitter l'Elysée, j'avais appris d'une

manière assez certaine que la délibération relative à la résidence définitive de Son Altesse Royale l'avait fixée, suivant mon plus vif désir, au palais des Tuileries.

Notre séjour à Saint-Cloud ne devait se prolonger que le temps nécessaire pour préparer le pavillon Marsan, dont on consacra le rez-de-chaussée tout entier à Mme la duchesse de Berry et à Mademoiselle.

Rien, en effet, ne pouvait être plus digne, plus convenable que cette mesure, qui plaçait une veuve de vingt ans et un enfant au maillot sous le toit royal et paternel des Tuileries; et, en ce qui me regardait personnellement, je ne pouvais assez me féliciter d'être ainsi allégée de ma responsabilité. Les quelques heures d'incertitude qui pesèrent sur moi, à cette occasion, ne peuvent se décrire.

Pendant ce temps on se portait en foule, d'autre part, dans une salle du Louvre que l'on avait transformée en chapelle ardente. Le corps de M. le duc de Berry y était gardé par ses officiers, qui se relayaient du matin au soir dans leurs douloureuses fonctions. Les hommages qui furent rendus au défunt se prolongèrent, je crois, environ une semaine, après laquelle eut lieu le convoi, qui fut solennel. Le prince fut déposé dans les caveaux de Saint-Denis.

Nous revînmes alors avec la jeune veuve occuper, au pavillon Marsan, les appartements tenturés, du parquet au plafond, de drap noir. Plus de glaces, plus de dorures; rien!... Telle était l'étiquette en ces circonstances. Les grandes et nombreuses croisées de ces pièces immenses donnaient, en plein jour, à peine assez de lumière pour les obligations de la vie, tant les noirs reflets du drap diminuaient la clarté. Mais l'épreuve du soir était pire encore. Vainement de nombreuses bougies étaient placées çà et là ; nous n'en étions pas moins dans un tombeau. Par concession, l'on n'avait tenturé qu'en drap gris la chambre à coucher de Son Altesse Royale. Le deuil du personnel de sa maison fut pris avec la plus entière rigueur ; ainsi, outre les vêtements de laine que je portai pendant plus d'un an, j'avais dû faire aussi draper ma voiture, c'est-à-dire en faire envelopper les panneaux de drap, lequel recouvrait même mes armes ; mes gens étaient également en grand deuil.

Malgré les tristes conditions dans lesquelles je venais de voir rentrer Mme la duchesse de Berry aux Tuileries, j'éprouvai un allègement immense quand je la vis installée sous ce toit protecteur. Je pus alors retourner au moins momentanément à mon mari et à mes enfants, que j'avais complètement abandonnés depuis la catastrophe du 13. Ma présence y était d'autant plus nécessaire que le mariage de mon beau-fils Victor avec Mlle Eulalie Minguet était décidé depuis les premiers jours de février. Le pauvre prince en avait été instruit par moi le dimanche matin...

Lorsque la grossesse put être annoncée officiellement, la rigidité de la veuve dut céder à la situation, qui présentait à cette princesse la chance d'offrir un héritier au trône. Elle se montra peu, mais assez pour confirmer, aux yeux de tous, son état. Nous l'entourions sans relâche, soit chez elle, soit dans les courtes sorties qu'exigeait sa santé, ayant sans cesse l'œil au guet, par suite d'un souvenir facile à deviner.

Pendant ce temps, on instruisait le procès du monstre, qui n'accepta pas même un avocat d'office, ayant voulu se défendre lui-même. Il parla beaucoup pour ne rien dire et fut exécuté en place de Grève dans le cours de juin 1820.

Beaucoup de rassemblements frisant l'émeute avaient agité Paris, particulièrement en juin ; mais aucun de ces attroupements, quelque tumultueux et révoltés qu'ils parussent, ne se rattacha au procès de Louvel : celui-ci fut jugé et mourut comme un criminel entièrement isolé.

Ce triste été s'avançait péniblement. Cependant la santé de Mme la duchesse de Berry se soutenait à travers tant d'épreuves, mais ce n'était pas sans émotion que nous la voyions approcher de son terme. Depuis quelques semaines, je couchais aux Tuileries, quittant à peine cette résidence, pour aller, de loin en loin, voir mon mari, mes enfants et ma maison, ainsi que je vous l'ai dit.

Le 28 septembre, nous avions déjeuné avec Son Altesse Royale, dans un petit pavillon qui se dissimulait au milieu des ombrages situés à l'extrémité de la terrasse de l'eau sur la place Louis XV. Le visage de la princesse était reposé ; s'il n'annonçait pas de gaieté, il respirait au moins, dans cette matinée, une sorte de sérénité. Elle marcha lestement sur la terrasse, suivant avec intérêt le pas d'un régiment qui passait en même temps sur le quai. Elle ne se plaignit de rien durant la journée, et lorsque, vers onze heures du soir, M. Deneux, son accoucheur, établi au château, vint, comme de coutume, prendre de ses nouvelles avant de se coucher, elle le congédia tranquillement et nous dit bonsoir à tous. Je montai dans mon appartement situé au-dessus de celui de Monsieur ; c'était au second, mais je n'en avais pas moins cent marches à monter. J'étais à la fin d'une affreuse migraine et je venais de m'endormir avec la lourdeur qui résulte de cet état, lorsque je fus réveillée en sursaut par trois coups violents frappés à ma porte, à travers laquelle un valet de pied me cria de descendre au plus vite chez Son Altesse Royale. Je ne pris que le temps de passer une robe, de jeter un grand cachemire sur mes épaules et de descendre cet immense escalier, sur lequel régnait déjà un mouvement inusité ; il était deux heures du matin. Ce mouvement devint de l'encombrement au fur et à mesure que j'approchai de la chambre à coucher, dans laquelle j'eus peine à pénétrer. Entre autres personnes me disputant le passage était la duchesse de Gontaut, en peignoir et bonnet de nuit, traînant par la main un jeune garde national. « Venez, lui disait-elle, ne perdons pas de temps. » Stupéfaite, je les suivis. Je vis confusément plusieurs autres personnes s'agiter autour du lit de Mme la duchesse de Berry, qui, assise sur son séant, et se soutenant à peine sur un des coudes, s'écria en m'apercevant : « C'est un Henri, voyez ! » Elle me montra un enfant qui venait de naître, posé contre elle, sur ses couvertures. Je tournai alors un regard éperdu sur l'entourage ; pas un individu officiel n'en faisait partie. « Où sont les témoins, madame, m'écriai-je? Où se trouvent le Roi et la famille royale? — Personne n'a pu être averti, me dit-elle, je n'ai eu que deux douleurs ; la première m'a fait appeler ma femme de chambre ; à la seconde, elle a reçu mon enfant, mais rien n'est terminé entre lui et moi, et j'attends les témoins nommés par le Roi ; ils viendront en plus de tous ceux que vous voyez ici. »

Je ne pris pas le temps de me réjouir de l'événement, comprenant l'importance énorme qu'il y avait de le rendre le plus public et le plus officiel possible. En un clin d'œil, je fus à la porte de Monsieur. Le baron de Saint-Aubin, son premier valet de chambre, en uniforme, semblait attendre quelqu'un. « Avertissez Monsieur, lui dis-je, que Mme la duchesse de Berry est accouchée d'un garçon, vite et vite. — Mais, madame, je n'ai pas le droit d'entrer chez Monsieur à une telle heure ; je n'ai pu que faire prévenir son premier gentilhomme, le duc de Maillé, et il va arriver. — N'attendons personne, lui dis-je ; si vous ne voulez pas prévenir Monsieur, laissez-moi passer, je le préviendrai, c'est d'urgence. »

Je parlais d'autorité ; il me précéda, et nous voilà devant le lit du bon prince, qui dormait profondément. « Réveillez le prince », dis-je à M. de Saint-Aubin, qui se mit alors à crier : « Monsieur, Monsieur ! » Rien. « Eh ! secouez donc le prince », dis-je impatientée au brave serviteur, qui n'osait mettre la main sur son maître. Il finit cependant par le prendre fortement par l'épaule en continuant à crier : « Monsieur, Monsieur ! » Le prince alors d'un bond se mit sur son séant et, se frottant les yeux, me regarda d'un air effaré. Je lui dis le fait. « Eh, quoi ! me dit-il, c'est quand tout est accompli que je suis prévenu ! — L'accoucheur même n'y était pas, Monseigneur », repris-je. En ce moment entra le duc de Maillé. « Et que faisiez-vous donc ? lui dit Monseigneur. Nous sommes en retard, allez de suite prévenir le Roi de ma part. » Sans autre explication, le duc de Maillé se précipita chez Louis XVIII, qu'on habillait. De par Monsieur il se fait ouvrir la porte et dit au Roi qu'il venait le prévenir que Mme la duchesse de Berry est dans les maux, car le bon duc n'avait compris que cela. Louis XVIII, mieux informé, accueillit cette nouvelle par un fin sourire et dit : « Je suis bien aise d'être le premier à vous annoncer que ma nièce est heureusement accouchée d'un garçon, et que la mère et l'enfant se portent bien. » En rentrant dans la chambre de l'auguste accouchée, je trouvai les témoins officiels, le maréchal duc de Coigny et le maréchal duc d'Albuféra, qui, avec bien d'autres que le hasard ou, pour mieux dire, la Providence avait amenés, venaient d'assister à la délivrance de Son Altesse Royale. Le Roi, Monsieur, M. le duc et Mme la duchesse d'Angoulême arrivaient dans cette chambre où l'on étouffait. Une pâleur effrayante avait succédé sur le visage de la princesse à l'animation du premier moment. L'accoucheur s'en alarma et supplia tout le monde de sortir. De l'air et quelques soins rendirent la vie à la courageuse femme, pour laquelle j'avais réellement tremblé pendant un instant. Durant ce pénible moment dont je fus seule témoin, si j'en excepte l'accoucheur et la garde (Mme Lemoine), chacun, à commencer par le Roi, s'était empressé autour du nouveau-né qui était petit, mais très vivace. Les princes d'Orléans, prévenus très vite, faisaient partie du groupe qui entourait encore l'enfant, quand, à mon tour, je fus le voir et le bénir intérieurement, pour ma part, d'être enfin arrivé au port à la suite de tant d'orages!

Tout le reste de la nuit, le palais des Tuileries ne désemplit pas. Les premiers rayons du jour (du 30 septembre 1820) éclairèrent une joie qui sembla générale. Les cent un coups de canon qui avaient annoncé le sexe du nouveau-né expliquèrent les joies bruyantes de la grande ville. Mon mari était de service, comme major général de la garde royale. Je l'avais vu accourir l'un des premiers, pour féliciter la famille royale de l'immense consolation qui venait de lui être accordée. Voulant que la troupe qu'il commandait pût témoigner ses sentiments, il fit distribuer aux soldats un grand nombre de cartouches devant lancer chacune son étoile. Mme la duchesse de Berry, apprenant cette disposition qui devait avoir son effet dans le jardin des Tuileries, le soir même, fit traîner son lit près de ses croisées, afin de prendre part à ce spectacle; c'est vous dire que, grâce à Dieu, so[n] état était redevenu satisfaisant.

Je vous ai parlé d'un jeune garde national que [la] duchesse de Gontaut avait amené dans la chambre d[e] Mme la duchesse de Berry. Pour expliquer cette ci[r]constance et quelques autres particularités de l'heu[re] mémorable qui vit naître M. le duc de Bordeaux, [je] remonte à la première douleur qui réveilla sa mère pe[u] après qu'elle se fut endormie, et lui fit appeler la femm[e] de chambre de service, laquelle couchait près d'elle. D'u[n] bond Mme Bourgeois s'élança près du lit, et au secon[d] cri elle reçut l'enfant... Il fallait en même temps appel[er] du secours. Quel embarras!! Par son énergie, Son Altes[se] Royale facilita tout. Un seul appel, qui fut du valet [de] pied couchant dans l'antichambre au valet de chamb[re] logeant très à portée, se propagea vite, d'abord dans to[ut] le château et ensuite dans les divers postes des gard[es] du corps, de la garde royale et de la garde nationale. [Je] ne sais d'où vint l'heureuse idée qui inspira à M. Sauto[n] le valet de chambre, de s'adresser à la sentinelle de cet[te] dernière arme pour la prier de lui confier son fusil, pe[n]dant que lui, garde national, irait remplir une missi[on] importante dans les appartements de Son Altesse Royal[e]. C'est au moment où la duchesse de Gontaut, instruite [de] cette chance et la saisissant avec vivacité, pressait l[e] pas du jeune homme qui fut un des témoins légaux de [la] naissance du prince, que vous m'avez vue arriver mo[i-]même. M. Laisné, c'était son nom, apposa donc sa sign[a]ture près de celles des deux maréchaux de Fran[ce] ci-dessus nommés. Je crois être sûre qu'un grenadier [de] la même compagnie, arrivé en même temps que M. Laisn[é] signa en quatrième; mais je ne suis pas certaine du fa[it] et ne me rappelle pas le nom de ce dernier. Au rest[e,] cette chambre, quand j'y entrai, était remplie par nombre de personnes très diverses que je ne pris pas, vous le savez, le temps d'envisager; mais j'ai su depuis, par Son Altesse Royale, qu'elle les employa indistinctement à plusieurs soins pressants. « Allumez les bougies », dit-elle à l'un ; à un autre : « Détachez, je vous prie, et renvoyez mon chien ». (C'était un énorme barbet qui couchait au pied de son lit; il était blanc comme neige et tout frisé ; on l'appelait Chicorée.)

Je fus appelée en temps opportun à signer le procès-verbal de la naissance de cet héritier présomptif du trône de France, c'est-à-dire que je signai le récit que je fis de ce qui s'était passé à ma connaissance et de ma participation personnelle à l'événement. Je ne fus pas peu surprise de trouver, quelques semaines après, dans un journal anglais, mon véridique et loyal témoignage présenté, avec une intention aussi gauche que perfide, comme une marque douteuse de l'authenticité de cette naissance. Selon l'Anglais, j'étais arrivée après l'acouchement et, obligée par ma charge d'appeler la famille royale, j'avais immédiatement quitté la princesse et n'étais rentrée qu'après la constatation des témoins ; donc je n'avais rien vu ! ! Malgré l'absurdité et le peu de valeur d'un semblable article émanant de nos amis d'outre-mer, j'en éprouvai quelque impatience, mais je fus amplement consolée par la joie générale que causa l'événement. Les témoignages en furent chaudement exprimés de tous côtés, et la France sembla réellement reprendre haleine en ce moment.

Grâce à Dieu, qui semblait protéger visiblement alors la famille royale, la mère, l'enfant, c'est le cas de le dire cette fois, se portaient bien. L'hiver de 1820 à 1821 se passa sans que j'aie rien de marquant à signaler. On avait ajourné au printemps le baptême du petit prince, qui n'avait été qu'ondoyé. On avait décidé qu'à cette occasion, le rôle de mère dominant celui de veuve, Son Altesse Royale quitterait le deuil. Il faut, pour que Paris célèbre bien les solennités, lui donner des fêtes. Il sent vivement, mais il n'aime pas à s'attrister longtemps.

Durant sa grossesse, Mme la duchesse de Berry avait fait le vœu d'aller, après son rétablissement, à Notre-Dame de Liesse, mais l'on remit l'exécution de ce projet après le baptême. Il se fit à Notre-Dame avec toute la pompe possible, en mai 1821. La Cour et la ville de Paris se signalèrent par des fêtes brillantes, tout se passa bien.

J'étais alors bien fatiguée et bien souffrante. J'obtins un congé d'un mois, mais à la condition que j'accompagnerais auparavant Son Altesse Royale au pèlerinage dont j'ai parlé. A la suite de la cérémonie si touchante et de la communion de Madame à Liesse, nous fîmes diverses excursions dans le département de l'Aisne.

Dans le nombre, je distingue la visite faite au château de Coucy. Madame venait de recevoir les hommages de la population et des autorités du pays, au centre de cette tour gigantesque, l'une des plus belles ruines de ce monde. A peine eut-elle remercié chacun dans la personne du maire de la ville de Coucy, que celui-ci, se tournant vers moi, en dépit des usages établis qui interdisent, en présence des princes, tout hommage qui ne leur serait pas destiné, le maire, dis-je, m'adressa sur mon nom quelques paroles qui, certes, m'allèrent au cœur, mais me causèrent une sorte d'embarras que ne me laissa pas ongtemps la princesse.

Avec une figure radieuse, elle remercia le magistrat de sa bonne pensée à mon endroit, et je n'oublierai jamais la manière dont elle accueillit cet incident.

Nous visitâmes ensuite l'intéressante manufacture de glaces de Saint-Gobain. Nous fûmes accompagnées dans l'examen de cette fabrication périlleuse par le duc de Montmorency, qui fit à Son Altesse Royale les honneurs de l'établissement, dans lequel cette illustre famille avait de grands intérêts.

Ensuite nous fîmes une halte intéressante au château de Folembray, chez le baron de Poilly.

Nous avions été accompagnées pendant toute la durée du pèlerinage par M. de Bombelles, évêque d'Amiens, premier aumônier de Mme la duchesse de Berry, aussi pieux qu'aimable. Je lui ai voué un culte de respect et d'affection.

Sa vie avait été brillamment accidentée. Resté veuf de bonne heure, il était entré dans les Ordres. Vous avez connu sa fille, la comtesse de Castéja, que Mme la duchesse de Berry attacha à sa maison.

Une circonstance providentielle mit en mesure le général Pajol de lui sauver la vie. Ce fut par ce récit reconnaissant que le prélat me salua lorsque je le vis pour la première fois chez la marquise d'Harcourt.

Peu après le retour du pèlerinage de Liesse, étant de plus en plus mal en train, j'obtins un congé plus long que je ne l'espérais d'abord, et nous voilà à Jeand'heurs à peu près pour l'été. Ce fut dans son cours que nous apprîmes la mort de l'Empereur.

Par une juste représaille du silence gardé sur leur famille durant son exil, les Bourbons étaient en droit de donner à cet événement le moins de retentissement possible. Absents de Paris, nous ignorâmes les détails du moment. Si je me le rappelle bien, il ne nous en revint rien de saillant, ce qui ne prouve pas que les masses aient accueilli indifféremment la nouvelle, et la preuve de l'impression qu'elle dut faire alors ne s'est-elle pas produite lorsque, dix-neuf ans après, les cendres du grand homme mirent tout Paris dans un mouvement indescriptible?

Le général Rapp, aide de camp de l'Empereur, ayant reçu de lui des missions de confiance bien bravement remplies, tout en étant resté dévoué à sa mémoire, n'en avait pas moins accepté une place à la cour de Louis XVIII. Il était de service près de la personne de Sa Majesté au moment où elle reçut la nouvelle. Un cri de regret se fit entendre à Louis XVIII qui, se retournant, vit le mâle visage de Rapp couvert de larmes. « Pleurez sans contrainte, mon cher général, lui dit le Roi ; je comprends et je plains votre juste douleur. »

La position politique de Mme la duchesse de Berry prenait une importance croissante à mesure que son fils prospérait et que, de sa personne, elle se faisait mieux connaître. Bonne, facile, accessible, aimant les arts, elle révélait des qualités qui lui attiraient les sympathies générales. Je m'en réjouissais de tout mon cœur, mais mes obligations s'augmentaient naturellement de cet état de choses. L'on m'avait d'abord accordé un secrétaire, et bientôt il en fallut deux. J'avais choisi le premier dans les bureaux de mon mari ; c'était le fils de Mme Morel, cette femme de chambre qui m'avait suivie en Russie, et à qui nous avions donné, comme retraite, la place de femme de charge à Paris. Son fils avait été très bien élevé, il était intelligent, plein de finesse et de tact ; ses qualités étaient vraiment appropriées aux fonctions qu'il avait à remplir, car souvent je le mettais en contact avec Son Altesse Royale et, particulièrement durant mes courtes absences, il était appelé à travailler directement avec elle. Ce travail se divisait en plusieurs parties : d'abord la comptabilité du budget dont la dame d'honneur disposait ; ensuite la correspondance, qui s'étendait à toutes choses, puisque, ainsi que je l'ai dit, l'on avait recours à Son Altesse Royale pour tâcher d'obtenir tous les genres de bienfaits et de faveurs dont on est si avide en France.

Je n'entrerai pas dans le détail de la comptabilité ; je me résumerai en disant que, chaque mois, je visais mes comptes et les présentais à Son Altesse Royale, qui ne prenait pas toujours la peine de les lire.

Je ne pense pas exagérer le nombre des lettres que j'avais à décacheter, en les portant en terme moyen à dix ou quinze par jour. J'avais fini par prendre l'habitude du style pétitionnaire, et je tombais vite sur le point principal de la question. Si c'était une demande de secours individuel, à moins qu'elle ne présentât un intérêt particulier, je la renvoyais au premier aumônier, l'évêque d'Amiens, ou bien au secrétaire des commandements, le marquis de Sassenay. S'il s'agissait de demandes de secours pour des églises et autres établissements publics, je les plaçais dans mon portefeuille de va-et-vient, qui renfermait toutes les autres demandes ayant plus ou moins d'importance. Je faisais une liste du tout et je partais pour les Tuileries, aux jours et heures convenues pour ce travail. Je revenais avec les réponses verbales de la princesse ; je les mettais immédiatement à l'angle de la lettre même ; ce soin pris, j'appelais M. Morel, j'ajoutais aux pièces que je lui remettais quelques explications nécessaires, le chargeant de me rapporter à heure fixe les réponses qu'il avait faites d'après mes notes ; inutile de vous dire que je ne signais pas ces réponses sans les avoir lues attentivement, et je dois ajouter que, bien rarement, j'avais à retoucher ce travail, qui, cependant, demandait des formes délicates que je n'aurais pas trouvées chez tous les secrétaires. Et, en effet, c'était par exception que j'avais à annoncer, de la part de Son Altesse Royale, la promesse de son appui ou l'obtention de quelque faveur; on lui en demandait tant! J'avais donc beaucoup de refus à faire accepter, et c'est alors que l'on a besoin d'employer toutes les ressources du langage pour adoucir les déceptions. Il faut avoir passé des années à décacheter et à lire le pétitionnaire de toutes les classes pour juger de l'aveuglement et de l'indiscrétion que lui inspire son intérêt personnel. Il ne voit que lui et croit encore être modéré quand il se borne à vous demander un mot de recommandation. Il se forme, sur la puissance du personnage auquel il s'adresse, un idéal dont on ne peut le faire revenir. C'est à Paris un feu roulant qui marche quotidiennement à peu près dans les mêmes proportions; mais c'est pendant les voyages en province qu'il devient comme un ruisseau de lave qui vous envahit. J'ai compté, dans quelques-unes des grandes villes de France où stationnait Son Altesse Royale, jusqu'à environ cent pétitions par jour. Il y en avait dans le nombre de bien touchantes, comme aussi de bien grotesques. Je dois dire que, pour les premières, le cœur de Son Altesse Royale était toujours largement ouvert et qu'elle ne s'y épargnait pas, quand elle voyait une chance de réussite.

Le 3 février 1822, je mis au monde mon fils Henry. Cette naissance d'un quatrième fils fut acclamée dans la maison. Je vois encore le maréchal partir tout content pour annoncer aux Tuileries cette satisfaction paternelle et m'apporter, au retour, les bonnes paroles qu'il avait recueillies.

A cette époque, je perdis ma chère tante Clotilde de

Coucy. Peu après ce grand malheur, j'en subis un plus cruel encore. Mon éminente et sainte mère me fut enlevée.

J'avais eu la déchirante douceur de la soigner à Jean-d'heurs, et puis à Bar-le-Duc, où elle mourut entre mes bras le jour de la Toussaint (1822), entourée et pleurée de mon mari et de tous les siens.

Malgré les nombreux liens chers et sacrés qui me restaient, malgré ma confiance sans bornes dans le bonheur éternel qu'une vie et une mort chrétienne et admirable assuraient à la mère adorable que je perdais, j'étais désespérée, anéantie.

A notre retour à Paris, nous reçûmes de tous les princes de la famille royale les témoignages les plus précieux.

Je ne repris d'abord, à Paris, qu'un service incomplet, à cause de mon grand deuil.

L'hiver de 1822 à 1823 vit naître la chance d'une guerre pour la France. Il s'agissait d'aller peser sur les révolutionnaires d'Espagne.

Les Cortès venaient de transporter l'assemblée à Cadix, où elles tenaient Ferdinand VII en leur dépendance. C'était d'abord une grande question politique dont on allait se mêler. Les avis étaient partagés et violemment défendus sur ce point controversé. Un fait capital allait résulter de cette prise d'armes, la première qui mit en mouvement l'armée française, depuis qu'elle avait arboré le drapeau blanc. Tout bouillonnait donc dans les esprits. J'entrevoyais déjà un commandement pour le maréchal, et par conséquent une séparation illimitée. Je me rappelais la lutte des Espagnols en 1808, et cette réminiscence ne relevait pas mes esprits. Tout se décida promptement. Divers corps d'armée, commandés par des maréchaux de France, furent organisés dans le cours de l'hiver; on nomma M. le duc d'Angoulême généralissime, et mon mari reçut l'ordre de marcher, à la tête du 1er corps, dans la direction de Madrid. Il réorganisa son état-major, qu'il prit tant parmi ses anciens officiers que dans ceux qui vinrent en foule lui demander d'être désignés pour ce service, qui les rapprochait de sa personne.

Triste de mon récent malheur, désolée d'une séparation sans terme appréciable, je vis partir mon mari, le 12 mars 1823, profondément découragée. Je le vois encore ; il entra, avant le jour, chez moi et chez ses petits enfants, qui tous pleuraient. Il nous embrassa en silence, puis, pressant les adieux, il s'éloigna et au même instant nous entendîmes rouler la fatale voiture du départ.

Cette campagne fut toute politique pour votre père; je me hâte de vous rappeler qu'il n'y fut pas blessé, parce qu'il ne se battit point; mais si, physiquement, il fut épargné, il eut bien à souffrir moralement, par suite de la mission difficile qui lui fut donnée. Contenir une capitale désertée par le gouvernement, dans un pays où les haines politiques sont si ardentes, était une tâche digne de lui; elle offrait, plus qu'aucune autre occasion analogue, au maréchal l'à-propos de déployer son tact habile et d'exercer son humanité; il eut beaucoup à penser et à faire, mais ses peines ne furent pas perdues; son esprit de conciliation et de générosité était du reste soutenu par la volonté et les tendances du prince généralissime. L'on avait réservé à celui-ci la place d'honneur, celle où l'on devait tirer infailliblement le canon ; il l'avait réclamée, et c'était justice. Ce fut lui, en effet, qui, en attaquant le Trocadéro, délivra le roi d'Espagne de la pression de ses Chambres.

Ferdinand VII usa-t-il bien du pouvoir que nous lui rendîmes? C'est une question que je laisserai en dehors de ces pages; ce que je dirai, c'est que le prince français, après avoir humainement et vaillamment rempli la tâche que lui avait donnée le Roi son oncle, n'attendit pas les remerciements du souverain qu'il venait de sauver et rentra en France sans avoir vu Ferdinand VII.

Notre armée, qui avait été admirable de discipline, fut ramenée promptement et en bon ordre par chacun de ses chefs.

Ce fut vers le commencement de novembre que je vis arriver votre père. Il semblait délivré d'un grand poids.

Il retrouva l'état-major de la garde nationale transporté dans le bel hôtel appartenant au duc de Padoue, qui venait de le louer à la ville de Paris. Je m'y étais installée en son absence.

Nous avions soigné avec bonheur les appartements particuliers du maréchal, qui parut très satisfait de ce nouveau local, soit dit en passant; mais je n'étais pas là quand il descendit de voiture! Il ne s'était point annoncé à heure fixe, et il fallut venir me chercher aux Tuileries, où je passais mes soirées quotidiennes.

Je ne vous ai pas dit quelle bonne réception le Roi avait faite à votre père; je crois vraiment que Sa Majesté, comme chacun, tenait un compte particulier au maréchal d'avoir fait une guerre de plume et de diplomatie au lieu du coup de fusil. A ce sujet, je dirai cependant que ce fut la division du général Wallin, du 1er corps d'armée, commandé par le maréchal, qui tira sur la Bidassoa le premier coup de canon de la campagne; mais, depuis lors et jusqu'à Madrid, ce ne fut plus qu'une marche ferme et imposante.

Peu de semaines après notre retour, Élisa fut mariée

à M. Chevalier, baron de Caunan. Il avait été longtemps préfet du Var. Ce fut lui qui fit revivre le pèlerinage à la grotte de la Sainte-Baume, où vint mourir Marie-Madeleine. La cérémonie nuptiale se célébra à la chapelle de l'Élysée-Bourbon ; le mariage fut bénit par M. l'abbé Feutrier, qui devint plus tard ministre des cultes.

Vers la même époque, mon frère, Gustave de Coucy, épousa la gracieuse Mlle de La Bigne.

Mais je n'eus pas beaucoup de temps à donner aux joies de la famille. Mme la duchesse de Berry avait obtenu du Roi la permission de visiter une partie de la Normandie en finissant par Dieppe, où elle devait prendre les bains de mer.

Ce ne fut pas sans quelque préoccupation sur la santé de Sa Majesté que sa nièce la quitta à Saint-Cloud. En effet, malgré son courage, le Roi semblait un peu s'affaiblir physiquement depuis quelque temps.

Nous partîmes donc. Notre première station était Rouen, ville populeuse, manufacturière et remuante, disait-on ; il s'agissait d'y faire une entrée solennelle, et chacun s'y prépara.

Le baron de Vanssay, préfet de la Seine-Inférieure, était l'homme par excellence pour disposer et amener à bien toutes choses. Comme je me réserve, ainsi que je vous l'ai dit, de vous faire un récit très détaillé de ce que l'on appelle *un voyage de prince,* que celui-ci ne devait être ni complet, ni de longue durée, je me bornerai à ne vous citer de celui-ci que quelques épisodes.

Dès le dernier relai, Son Altesse Royale avait échangé sa voiture de voyage contre un landau découvert ; elle put ainsi voir la population et se montrer à elle, ce qui d'abord disposa très bien les masses. La foule devint innombrable aux approches de la ville, et, quand bien même l'ordre n'eût pas été donné de marcher au plus petit pas des chevaux, force eût été d'en agir ainsi ; mais bientôt ce fut à bras d'hommes que la voiture continua d'avancer. Impossible d'empêcher cette démonstration, toujours redoutable, à mon avis.

Deux jours de réceptions, de pétitions, terminés chaque soir par des fêtes, tel fut le programme très abrégé ici de notre station à Rouen.

Je vous amènerai promptement à Dieppe, où la princesse fut reçue comme on reçoit un rayon d'espérance. En effet, elle amena pour un temps toutes les prospérités possibles sur cette plage, jusqu'alors assez abandonnée. Elle y encouragea, par de nombreux achats et des commandes, la fabrication de l'ivoire et ranima celle des petites dentelles, laquelle a aussi son importance dans cette localité ; enfin elle y attira, dès cette première année, les gens à la mode.

Les bains de mer, que nous prîmes ensemble, nous furent à l'une et à l'autre très favorables, et notre séjour eût été en tout satisfaisant et agréable, si les nouvelles de la santé du Roi n'y eussent pas semé des inquiétudes qui devinrent de nature à presser le retour à Paris, où l'on avait jugé prudent de ramener sous peu Sa Majesté, pour qu'elle fût plus rapprochée de tous les médecins.

Le Roi, de Saint-Cloud, était donc revenu à Paris. La Saint-Louis approchait et l'on se demandait si Sa Majesté paraîtrait.

L'on a dit dans ce temps que son entourage aurait voulu lui épargner les fatigues de cette journée, mais que Louis XVIII aurait répondu : « J'irai jusqu'à la fin ; un souverain doit mourir, mais il ne doit jamais être malade. » Il parut en effet. Je ne l'avais pas vu depuis longtemps, et, lorsqu'on le roula dans son fauteuil vers la salle à manger, où tous debout nous l'attendions, suivant la règle établie pour cette solennité, je fus péniblement saisie de son amaigrissement. Son habit devenu trop large, ses épaulettes tombant de ses épaules amoindries, tout dans cet ensemble était effrayant. A l'apparition du Roi, la musique éclatante des gardes du corps avait fait entendre ses plus joyeuses fanfares. Nos habits de cour, brodés d'or ou d'argent, les brillants uniformes de tous ceux qui, avec nous, étaient admis, ce jour-là, à la table du Roi, les fleurs amoncelées et le plus brillant soleil, formaient un ensemble de fête rendant plus frappante la menace rapprochée, écrite sur ce front, qui pliait évidemment sous le poids de la couronne.

L'on se mit à table dans le plus profond silence; la musique seule se faisait entendre. Après un salut général, le Roi s'était placé, comme de coutume, au centre de la table; mais, au lieu d'offrir, une fois à chacun, l'option entre les deux plats qu'il avait devant lui, et cela avec une bonne grâce qui eût servi d'exemple à tous les maîtres de maison, succombant sous l'effort qu'il venait de faire, sa tête tomba lourdement sur la table, et le Roi dans cette position resta dans une immobilité complète; et la musique, à qui l'on n'avait pas donné contre-ordre, allait toujours!...

Tâchez de vous représenter cette scène, mes enfants. J'étais à la droite de Monsieur, frère du Roi, de cet héritier du trône, si peu pressé d'y monter. « Regardez, me dit-il avec une terreur mal contenue, voyez ce que ceci nous présage! »

Je n'avais rien à répondre.

Cependant le Roi, sortant de lui-même de cet assoupissement ou faiblesse, comme on voudra l'appeler, se releva peu à peu et se fit reconduire chez lui sans autre accident. Je ne le revis plus debout. On savait cependant qu'il continuait à travailler avec ses ministres ; il en agit ainsi à peu près jusqu'à la semaine qui précéda sa fin.

Durant ces derniers jours, je quittai peu ma princesse, qui avait même désiré que je couchasse aux Tuileries. Nous y menions, vous le pensez, une bien triste vie. Bientôt commencèrent dans la chapelle les prières des quarante heures, auxquelles assistait régulièrement la famille royale avec nous. C'était bien solennel et bien lugubre. De fréquents bulletins étaient distribués à la population de Paris, dont de nombreuses fractions stationnaient incessamment sur la place du Carrousel. Ce fut, je crois, le 16 septembre qu'après le déjeuner de Son Altesse Royale, rentrée pour un moment dans mon appartement, je fus appelée en toute hâte pour accompagner la princesse, qui se rendait près du Roi, auquel on allait administrer les derniers sacrements. Je pénétrai, comme c'était mon devoir et mon droit, dans la chambre à coucher du malade, et, tandis que sa famille était à genoux rangée à sa vue devant son lit, je m'agenouillai au pied, derrière le rideau de taffetas vert qui le dérobait un peu à ma vue, mais je ne perdis rien de la scène imposante et sainte qui s'accomplit sous mes yeux. Plusieurs de ceux qui étaient pourvus de ce qu'on appelait les grandes charges de la couronne étaient là présents, mais leurs fonctions inertes disparaissaient en ce moment devant celle du grand aumônier de France. Le Roi, qui s'était préparé, reçut l'Extrême-Onction et répondit très distinctement à tout ce que l'obligation du sacrement exige. L'on n'entendait naturellement dans cette vaste pièce que le prêtre et lui. « Maintenant, dit-il à son successeur tout en larmes, approchez-vous de moi, mon frère, avec vos enfants. » — A ces paroles, chacun se retira. A la suite de ce dernier entretien intime, dont personne n'avait le droit ni la pensée de recueillir les paroles, l'on sut que le Roi avait dit à sa famille : « Maintenant que ma mission terrestre est terminée, je vous dis adieu ; laissez-moi à tous mes devoirs envers le ciel. »

Ils sortirent tous pénétrés, et restèrent, ainsi que nous, enfermés aux Tuileries dans un va-et-vient perpétuel. Les médecins et les valets de chambre, seuls, restèrent dans l'intérieur du Roi, que ne quitta point le premier gentilhomme de la chambre ; c'était le duc de Duras qui se trouvait être de quartier. L'agonie commença vers le soir ; la connaissance et la parole étaient perdues : alors toute la famille royale rentra près du mourant ; la porte se referma sur la grande galerie de Diane, où tous les services du Roi et des princes se trouvaient réunis, ce qui formait un grand nombre de personnes, mais rien n'interrompait le morne silence de chacun. La soirée tout entière se passa ainsi et partie de la nuit.

Environ vers deux heures du matin, cette porte immobile de la chambre du Roi s'ouvrit pour donner passage à un valet de chambre, qui tout aussitôt y rentra portant un grand crucifix ; puis tout retomba dans le silence et l'immobilité. Ce fut seulement vers quatre heures du matin que, cette même porte se rouvrant cette fois avec bruit et précipitation, l'on vit sortir tout en pleurs le duc de Duras, qui prononça à haute voix ces paroles sacramentelles : « Messieurs, le Roi est mort..... Vive le Roi ! »

Un frisson suivit les premières paroles, mais aussitôt il y eut un cri d'ensemble de « Vive le Roi ! » A ce moment même, le nouveau Roi sortait de la chambre mortuaire ; il avait la figure couverte de larmes ; il fit un geste expressif pour qu'on ne recommençât pas le vivat qu'il venait d'entendre, et, se dirigeant précipitamment vers le pavillon Marsan, sans tenir aucun compte de notre foule qui le suivait, il courut s'enfermer chez lui.

Peu d'heures après, des ordres furent donnés par celui que nous nommerons désormais Charles X; à dater de ce jour aussi, M. le duc d'Angoulême porta le titre de Dauphin, Mme la duchesse d'Angoulême celui de Dauphine, et Mme la duchesse de Berry devint *Madame, duchesse de Berry;* il fut décidé que lui, sa famille et tout le service immédiat partiraient dans la matinée pour Saint-Cloud. J'ai dit que le maréchal était de service pour la garde royale ; il prit en conséquence ses dispositions militaires, et je fus heureuse de savoir que nous serions pour ces premiers moments d'un nouveau règne, moments toujours si importants, sous le même toit et à même de nous entretenir particulièrement de tant d'intérêts majeurs.

Plusieurs voitures de la Cour, en tête desquelles marchait celle du Roi, prirent bientôt la direction de Saint-Cloud. L'on allait grand train, lorsque tout à coup l'un des chevaux de la voiture du Roi s'abattit et suspendit naturellement la marche de tout le convoi. Cet incident, qui n'avait en lui-même aucune importance, ne laissa pas que de m'impressionner un peu ; mais, par suite de mes principes, je repoussai toute idée de pressentiment, me gardant bien de communiquer à personne la légère émotion dont j'avais été atteinte.

Le hasard me fit adjuger, par le maréchal des logis, un appartement qui se trouvait précisément au-dessus de celui du Roi. Je crois que Charles X avait provisoirement choisi ce local, au rez-de-chaussée, parce qu'il donnait sur un petit jardin particulier, hors de vue. J'ignorais complètement la distribution de cette partie du château, et lorsque, après m'être installée pour mon compte, je mis la tête à ma croisée, je m'en retirai vivement, en voyant le Roi se promener seul dans ce petit parterre. Je n'oublierai jamais son attitude ; c'était celle du chagrin et d'une profonde préoccupation. Les yeux à terre et la tête baissée, il semblait déjà fatigué du poids qui lui incombait. Je défendis à ma femme de chambre de se livrer à aucun des actes de curiosité que le voisinage royal imprévu pouvait lui inspirer, et je fus rejoindre ma princesse.

CHAPITRE X

Passage à Jeand'heurs. — Sacre de Charles X. — La cérémonie. — Nouveau voyage à Dieppe. — Le vicomte d'Arlincourt. — Un mot du ministre Corbières. — Impertinence de l'ambassadeur d'Autriche qui prétend ne pas donner à Oudinot le titre de duc de Reggio. — Impopularité du ministère Villèle. — Revue de la garde nationale. — Manifestations hostiles au pouvoir. — Dissolution de la garde nationale. — Voyage de la duchesse de Berry dans le Midi. — Séjour à Jeand'heurs. — Large hospitalité d'Oudinot. — Voyage en Dauphiné. — L'infant d'Espagne. — Visite à la Grande-Chartreuse. — Détails sur le couvent. — Le roi de Naples. — Symptômes hostiles contre Charles X. — La garde royale passée en revue par Oudinot. — Fête au Palais-Royal en l'honneur de la cour de Naples. — Aveuglement du Roi sur la situation politique. — Le langage de Marmont. — Chute de Charles X. — Lettre de la duchesse de Reggio à la duchesse de Berry. — Réponse de celle-ci. — Le procès de Polignac. — Établissement de la famille Oudinot à Bar-le-Duc. — Arrestation de la duchesse de Berry et offre généreuse de la duchesse de Reggio. — A ce propos, premiers rapports d'Oudinot avec la famille de Louis-Philippe. — Passage du duc d'Orléans à Jeand'heurs. — Mort héroïque du colonel Auguste Oudinot en Algérie. — Profond désespoir du maréchal. — Cérémonie en l'honneur d'Auguste Oudinot à l'endroit où il est tombé. — Deuils de famille. — Mariage de la fille du maréchal Oudinot avec le comte de Vesins. — Maladie d'Oudinot. — Une lettre de Louis-Napoléon. — Charles Oudinot. — Mariage de la deuxième fille du maréchal avec M. Joseph Perron. — Oudinot grand chancelier de la Légion d'honneur. — Oudinot gouverneur des Invalides. — Mort d'Oudinot.

Ce fut dans cette situation qu'on atteignit le mois de mai 1825, époque fixée pour le sacre. Il devait avoir lieu à Reims.

Dans les premiers jours dudit mois, Madame, duchesse

de Berry, m'annonça qu'elle partirait à l'avance et nous donnerait quelques jours, tant à Jeand'heurs qu'à Bar. Le maréchal et moi, nous nous hâtâmes alors de partir pour lui préparer dans nos deux maisons une réception convenable.

Une partie des enfants du maréchal, les miens (qui étaient alors bien petits), l'état-major, garde royale et garde nationale, et plusieurs amis vinrent à l'avance nous aider dans nos soins divers. Le spirituel Alissan de Chazet nous offrit aussi son concours pour composer une pièce de circonstance à laquelle chacun travailla d'élan. Non loin du château, on établit, dans un local appartenant à la papeterie, une salle provisoire pouvant contenir plusieurs centaines de personnes. On prépara des lampions pour illuminer tout le parc, où les habitants de Bar et des environs étaient conviés. Je pris mes mesures pour fournir aux trois ou quatre tables nécessitées par les catégories diverses qui suivaient la princesse. J'étais au plus fort de ces dispositions, auxquelles le maréchal se prêtait avec empressement, lorsque, par suite de sa témérité habituelle, ayant voulu dompter un cheval espagnol dont personne ne venait à bout, il tomba avec l'animal qui, se relevant furieux, lui marcha sur le corps. On le rapporta presque évanoui chez lui.

C'était un dimanche, je revenais de la messe du village avec mes enfants, lorsque je vis, sur le perron du château, tous mes convives réunis ; l'un d'eux se détacha pour me préparer à l'événement. Déjà le docteur voisin avait donné les premiers secours, et bientôt le docteur Champion vint pratiquer une saignée qui rendit la respiration au maréchal. Le danger fut écarté ; mais j'étais encore bien troublée lorsque, deux jours après, il me fallut aller de ma personne attendre Madame, duchesse de Berry, à

Châlons-sur-Marne, pour y assister à la réception officielle qu'on allait lui faire. Tout s'y passa selon le programme ordinaire, et, dès le lendemain, nous partîmes pour Jeand'heurs, avec la suite nombreuse et brillante dont Son Altesse Royale devait être entourée au sacre. Tout était bien préparé aussi à Saint-Dizier et dans les villages environnant Jeand'heurs. A la porte du parc, nous trouvâmes le maréchal entouré de sa famille et de son état-major. Mon mari avait fait un effort digne de son courage pour se mettre sur pied. Toutes les autorités et les notabilités de Bar et des environs étaient aussi présentes. Le parc, orné de sa propre beauté et émaillé par des femmes en grand nombre et en toilette, offrait un aspect charmant qui frappa la princesse; elle fut naturelle et plut à chacun.

L'illumination produisit d'abord son effet; lorsqu'on alla à la salle de spectacle et lorsqu'on en revint, elle était dans tout son éclat. La petite pièce, pleine de verve et d'à-propos, avait de plus le mérite d'avoir été représentée par ceux qui venaient de partager le dîner de Son Altesse Royale, qui s'en était amusée autant que possible. En rentrant au salon, parfaitement éclairé, l'un des acteurs se mit au piano, et la princesse voulut danser avec le général de Verdière. Il avait conservé son costume du rôle de cantinière, dans lequel il venait de s'illustrer. Cet homme, distingué par son cœur, son goût et son esprit, mettait à toutes choses une animation et une grâce particulières. Après la contredanse, l'heure du coucher ayant enfin sonné, il offrit son bras à Madame pour regagner ses appartements. Chacun suivit, et ce fut chose inouïe que de voir la mignonne princesse, posant sa petite main sur l'énorme bras de la cantinière en question, remonter ainsi le grand et majestueux escalier de

Jeand'heurs. Tout était gai, car le général de Verdière savait allier le grotesque au bon ton, et rien ne lui enlevait le cachet de bonne compagnie qui le distinguait.

Malgré sa grande fatigue et sa faiblesse, le maréchal avait supporté mieux que je ne l'espérais les obligations que lui imposait la circonstance ; il se trouva donc de force à partir de son côté pour Reims, au moment où nous prenions, Son Altesse Royale et moi, cette même direction.

J'avais un petit appartement très haut monté sous le même toit que ma princesse, c'est-à-dire à l'archevêché. Si j'osais me servir, en parlant de cet édifice, d'une comparaison vulgaire, je dirais qu'alors il ressemblait assez à une ruche à miel, tant le service du Roi et des membres de sa famille y prenait de place.

L'on avait déguisé l'intérieur de la cathédrale d'une manière affligeante pour les amateurs de l'architecture. Mais, d'une part, cela avait fait gagner beaucoup d'ouvriers, et, de l'autre, on avait pensé qu'il fallait un peu revenir aux usages et coutumes des anciens sacres de Reims. Le Roi n'arriva que vingt-quatre heures après nous. Nous fûmes, soi-disant incognito, avec Madame duchesse de Berry, Mme la dauphine et toutes leurs maisons, nous placer à des fenêtres privilégiées pour voir passer le cortège. Il était magnifique ; mais notre attention fut soudainement troublée par un bruit sinistre qui circula aussitôt et vint frapper de stupeur personnellement la duchesse de Damas. Une des voitures du cortège manquait à son rang, et l'on dit que c'était par suite d'un grave accident qui aurait précipité l'équipage dans une berme profonde.

Ce n'était que trop vrai : à Fismes, je crois, le canon fit emporter les seize chevaux de deux voitures ; ceux du Roi, courageusement retenus et gouvernés par le cocher, continuèrent, sans dévier, leur course effrénée et finirent par se calmer en vue de Reims ; mais la voiture qui suivait, moins bien dirigée, fut précipitée d'une hauteur effrayante, et les personnes qu'elle contenait furent plus ou moins blessées. Cet événement, triste en lui-même, jeta comme un crêpe sur le reste de cette journée et sur celles qui suivirent. La plus jeune des quatre victimes, le comte de Cossé-Brissac, maître de l'hôtel du Roi, put seule prendre ses fonctions dans le cérémonial ; il y apporta un visage marbré de contusions et l'œil gauche caché sous un bandeau noir qu'il ne put quitter de plusieurs jours. Le duc de Damas, le duc d'Avaray et le comte Curial ne parurent à rien. Ce dernier mourut peu de mois après, par suite, dit-on alors, de ses blessures.

Je ne vous décrirai pas ici les splendeurs de cette cérémonie, pendant laquelle Charles X parut en divers costumes avant de revêtir le manteau fleurdelisé, qu'il porta avec une majesté et une grâce infinies, que rehaussait encore l'éclat de la magnifique couronne qui ornait son noble front. Non, je ne vous redirai point ces détails, vous les trouverez ailleurs ; je veux seulement vous parler de mon impression, lorsque le nouveau Roi, revêtu ainsi que je viens de vous le dire, et sans tenir compte du poids énorme des richesses qui devaient l'écraser, monta librement et majestueusement l'immense escalier qui avait été dressé au milieu de la nef, et, du siège où il s'assit, ouvrit une cage immense, placée sous sa main, et donna ainsi la liberté à une masse d'oiseaux qui s'envolèrent en tous sens sous les voûtes magnifiques de la cathédrale.

C'était un symbole, et l'on voulait, par là, faire com

prendre que du serment devaient résulter la liberté et le bien-être du peuple, gracieuse image qui, je crois, remontait bien haut dans les temps.

Vers cinq heures eut lieu le banquet. Les princesses n'avaient nulle place assignée dans cette journée ; on ne leur en dressa pas moins une estrade dans un coin de la grande salle, où elles étaient censées ne point être présentes. Nous n'en étions pas moins toutes en grand habit lamé d'or et d'argent, et nous portâmes environ de quinze à dix-huit heures ce brillant harnais.

Un trône à deux degrés avait été dressé à l'une des extrémités de la salle immense dont je parle. Sur le premier, une table avec un seul couvert était servi ; sur le second, même service. Au bas de ce double trône s'étendait une table de prodigieuse longueur, destinée aux grands dignitaires français et étrangers, tels que ministres, maréchaux, ambassadeurs, etc., tous déjà rangés à leur place et attendant debout l'entrée du Roi et de M. le Dauphin. Ce dernier était, comme son père, revêtu d'un manteau fleurdelisé ; seulement, le manteau était moins long et la couronne ouverte. Celle du Roi, qui est ce que j'ai vu de plus beau dans ma vie, était fermée par une énorme fleur de lis. Elle était composée des plus beaux diamants connus ; celui qu'on nomme le régent dominait la branche du milieu. Le Roi, avec la dignité qui lui était propre, arriva lentement au trône, suivi de son fils ; ils y prirent place, chacun à son degré ; alors, tous s'assirent à la grande table et, chose étrange, à l'imitation du Roi et de son héritier présomptif qui mangeaient, la couronne sur la tête, tous se couvrirent et mangèrent ainsi.

Le lendemain de cette solennelle, mais fatigante journée, le Roi fut à Saint-Remi. Il visita ensuite l'hôpital. Pour éviter l'encombrement, la cour des princesses était restée dans les voitures qui se dirigèrent après, suivant toujours celle du Roi, vers la salle d'exposition des produits de cette ville.

Tout se passa là avec la bonne grâce ordinaire, appartenant au premier personnage du moment. Le soir, il reçut de cette même ville un bal magnifique, et, le troisième jour, il fut en dehors de la ville passer la revue des troupes venues *ad hoc* pour le sacre, et donna des décorations.

Toutes ces journées s'écoulèrent avec ordre, sans accident que je sache ; tout offrit un beau et riche coup d'œil. J'étais vraiment pour mon compte un peu ahurie par cette suite de représentations qui ne me laissaient ni paix ni trêve, et ce fut avec délices que je profitai d'un congé de quelques semaines que m'accorda Madame, duchesse de Berry.

A peine revenue à Saint-Cloud, où se trouvait la Cour, j'eus à organiser un second voyage à Dieppe.

Commençons par vous parler du trajet.

Après un déjeûner offert par la ville de Gisors, pendant lequel bien des misères d'une petite ville se révélèrent, nous gagnâmes le château de Saint-Pern, propriété du vicomte d'Arlincourt.

Ici nous était annoncée une fête champêtre qui avait déjà occupé, en sens divers, la ville que nous quittions.

L'auteur du *Solitaire*, ouvrage qui venait d'être lu dans tous les salons et qui avait donné naissance à une pièce fort connue, le vicomte d'Arlincourt, vint, accompagné de sa femme et de ses filles, recevoir Son Altesse Royale avec tout le respect possible. Après lui avoir fait prendre un instant de repos, il proposa la promenade du parc.

Nous étions au 2 août : la chaleur était accablante ; mais, dans le rang suprême, on ne tient compte d'aucun des inconvénients des saisons.

Dès les premiers pas, nous fûmes accueillies par une musique qui se retrouva partout, mais qui partout fit entendre le même air. C'était une ronde qui commençait ainsi : *C'était le solitaire*, air qui reportait tout naturellement à la pièce en faveur.

M. d'Arlincourt, qui présentait un caractère d'honorabilité et de dévouement généralement connus, avait complété cette fête brillante et originale par un dîner, une foire aux flambeaux, un feu d'artifice qui terminèrent la journée, et, le lendemain de bonne heure, Son Altesse Royale, après avoir témoigné sa satisfaction aux aimables maîtres du logis, prit la route de Dieppe, où nous arrivâmes le même soir.

Le cérémonial ne commença, à Dieppe, que le lendemain de l'arrivée. Madame avait organisé sa maison sur un pied à la fois large et modeste. Elle reçut beaucoup de monde, car, outre la ville de Dieppe et les notabilités de la province, toute la fashion de Paris accourait en foule.

Vers le milieu d'août, la princesse mit à exécution une tournée qui avait été convenue avec la famille royale : il s'agissait de visiter quelques villes du Nord.

Cette tournée fut très fêtée par les populations.

Abbeville, Boulogne, Calais, avaient déjà été visités avec intérêt : la tournée devait se terminer par Amiens.

La couchée qui précéda notre séjour en cette dernière ville n'ayant pas entraîné de grandes représentations, chacun s'était retiré de bonne heure dans son appartement ; mais il arrivait très souvent à Son Altesse Royale de quitter le sien pour venir me retrouver quand parfois je la croyais couchée. Et ce jour-là, tout à coup, je la vois arriver en négligé, tandis que j'étais moi-même en robe de chambre. Mais, ô surprise! qui recevais-je en cet instant, et dans ce costume? Un jeune officier de chasseurs! Madame recule stupéfaite, mais revient aussitôt au bruit de mon éclat de rire. Quel était cet intrus? Gustave, mon frère, en garnison à Hesdin avec un détachement de son régiment. A la réception du matin, la princesse l'avait parfaitement accueilli, mais nous nous étions à peine entrevus, et nous avions pu, à voix basse, nous ménager ce petit tête-à-tête. Son Altesse Royale ne l'interrompit pas longtemps : elle dit un gracieux adieu à mon frère, avec lequel je veillai très tard.

Je commençai 1826 sous de bons auspices. La santé du maréchal était parfaite; mes enfants grandissaient. Leur cœur et leur intelligence me laissaient peu à désirer; ma chère belle-fille Stéphanie apportait une part immense de douceur dans notre intérieur. Mes fils, l'un commandant toujours à Saumur, l'autre parfaitement noté à son régiment, marchaient d'un pas ferme vers les plus hauts grades. Mais, si nos intérêts personnels étaient satisfaisants, nous avions souvent, le maréchal et moi, des inquiétudes vagues encore sur l'avenir du gouvernement. Nous, placés si près du Roi et des princes, et qui connaissions si bien leur loyauté et leur bon vouloir pour la prospérité de la France et le bonheur de tous, nous étions parfois inquiets des illusions de leur entourage immédiat. La popularité de Charles X n'avait été que temporaire. J'ai dit que les cérémonies du sacre, à travers leur splendeur, n'avaient pu nous dissimuler ce refroidissement. Le ministère Villèle, composé d'hommes intègres, mais ignorant les formes qui dissimulent ce que le pouvoir a quelquefois de sévère, ou les dédaignant, froissait souvent l'opinion publique. Pour donner une idée de l'absence d'étiquette qui se faisait remarquer chez quelques-uns des ministres, je vous dirai que le comte de Corbières, ayant le portefeuille de l'intérieur et travaillant un jour dans le cabinet du Roi (c'était encore sous Louis XVIII, mais tout à la fin de son règne), préoccupé du sujet de ce travail, prenait avec acharnement de fortes prises de tabac et posait sa tabatière sur le bureau du Roi, qui regardait cette familiarité du coin de l'œil, mais sans se fâcher cependant, et bientôt ce fut le mouchoir de poche qui vint s'étaler à son tour. « Mais, monsieur de Corbières, dit enfin le Roi, je crois que vous videz vos poches. — Peut-être, Sire, répondit l'autre, mais je crois que cela vaut mieux que de les remplir. » Le mot fit fortune, car celui qui l'avait prononcé était d'une intégrité remarquable.

Vous savez qu'après son deuil, Madame, duchesse de Berry, qui, par son rang sur les marches du trône, passait immédiatement après Mme la Dauphine et qui, par la volonté de celle-ci, devait, comme mère du futur roi de France, se mettre en grande évidence aux yeux de tous, Madame, duchesse de Berry, dis-je, recevait beaucoup de monde chez elle. Tantôt, c'étaient des spectacles, tantôt des bals, pour lesquels on briguait à l'envi des invitations.

Ainsi que je vous l'ai dit, c'était moi qui, au nom de Madame, faisais les invitations. Qui saura jamais la multiplicité des soins et des écritures que me valut l'avidité avec laquelle on recherchait les réunions royales?

Non seulement on voulait être admis aux soirées de Son Altesse Royale, mais y faire introduire parents et amis. Il fallait d'abord avoir été présenté à la Cour, homme ou femme; les jeunes filles, seules, étaient dispensées de cette formalité.

Nous allions souvent au Gymnase, théâtre qui était sous la protection immédiate de la princesse et portait son nom. Ceci ajoutait encore à ma position quelque responsabilité, et, sans avoir la charge officielle de censeur, je n'aurais pu laisser sciemment représenter une pièce qui eût offert quelque côté soit inconvenant, soit politique.

Au mois de mai, nous partîmes pour Jeand'heurs. Au commencement de juillet, je revins seule pour mon service, que je ne pouvais jamais abandonner longtemps. La Cour était à Saint-Cloud; j'y allais et j'en revenais à toutes les heures.

Dans les premiers jours d'août, je partis pour Dieppe avec Madame, duchesse de Berry.

Nous revînmes en septembre et je trouvai le maréchal de service à Saint-Cloud, où je m'installai avec lui; à la fin de son trimestre, nous partîmes pour Jeand'heurs, ayant chacun un congé de trois mois qui nous amena au 25 décembre.

De grandes chasses et un nombreux concours d'amis animèrent beaucoup cette période; mais je n'en jouis pas autant que de coutume, parce que je souffrais dans ma santé.

Du côté gouvernemental, tout semblait menacer pour un peu plus tôt ou un peu plus tard, sinon encore la dynastie régnante, au moins sa sécurité. J'ai dit que le ministère Villèle était impopulaire, malgré son honnêteté avérée et l'intelligence financière du ministre principal.

L'indemnité accordée en compensation de la vente des biens nationaux était, d'une part, une mesure réparatrice; de l'autre, elle était politique, en ce qu'elle assurait la sécurité des acquéreurs, si souvent menacés par les propos du parti contraire; mais, je l'ai dit, on ne mettait aucune forme dans les mesures prises à cette époque : aucun palliatif n'était accordé à l'opposition. Ne l'aurait-on pas fort adoucie, par exemple, en décidant, en même temps que l'indemnité en question, la réintégration des appointements retranchés de moitié à tous les membres de la Légion d'honneur depuis la première invasion? Cette réduction avait été alors de force majeure; on avait déjà commencé à réparer les effets de cette rigueur; mais n'eût-il pas été bon de prendre de suite une mesure définitive en faveur de ces défenseurs du pays, qui n'avaient pas compté avec leur sang? N'eût-ce pas été justice? Quelques-uns ne trouvaient pas cette mesure impossible, et, mise en regard de l'autre disposition, elle l'eût peut-être fait accepter plus facilement, même par l'opposition.

Plusieurs lois impopulaires, rejetées particulièrement par la Chambre des pairs, avaient discrédité le ministère, et cependant il marchait sans avoir l'air de s'inquiéter de rien.

Nous arrivâmes de Jeand'heurs à Paris, à la fin de décembre. A peine descendus de voiture, nous vîmes arriver le comte Charles de Mornay, aimable jeune homme que le maréchal affectionnait et qui faisait partie de son état-major. « Eh bien! quelles nouvelles, Mornay? lui dit le maréchal. — La plus importante, lui répondit-il, c'est qu'on débaptise les maréchaux de France. — Qu'est-ce à dire? — Le nouvel ambassadeur d'Autriche, comte d'Apponyi, a ouvert ses salons, mais il n'entend y admettre les grands dignitaires de l'Empire que sous leur nom de famille, et leur supprime d'autorité ceux des dotations étrangères établies dans les pays que nous avons conquis. — Allons donc! reprit le maréchal, c'est impossible. » On parla d'autre chose et nous fûmes nous coucher.

Le lendemain, pendant que j'étais après dîner dans le cabinet du maréchal qui y fumait sa pipe, l'on nous apporta nos lettres, parmi lesquelles se trouvaient deux invitations de bal dudit ambassadeur pour le maréchal et moi; le nom de Reggio n'y figurait pas. Je me récriai; le maréchal ne me répondit pas. Ce calme m'étonna, mais tout me fut expliqué, lorsque je le vis revenir le lendemain matin d'une course qu'il avait été faire après déjeuner. « Je viens, me dit-il, de chez le ministre des affaires étrangères (brave et excellent homme, plein de bon vouloir, mais vivant comme ses collègues de portefeuilles, un peu étranger aux idées actuelles de la majorité); je l'ai mis dans ses petits souliers en lui disant que je comptais provoquer son ambassadeur d'Autriche, s'il persistait à vouloir faire le maître chez nous. Damas me connaît, et tout tremblant, tout ému, il m'a prié de ne rien faire, ni rien écrire, qu'il n'ait été communiquer la situation au Roi; j'ai consenti à patienter. »

Ce fut une longue histoire, mes enfants; mais je vais vous en faire l'analyse.

Tous les maréchaux ayant des titres autrichiens s'émurent et s'adressèrent au Roi. Le public s'empara de la question, et le mécontentement dont vous avez pu voir plus haut les débuts s'en augmenta. L'on portait votre père aux nues, et l'on vint l'avertir que, s'il était reconnu aux spectacles, où il allait souvent passer une heure, il serait applaudi! Vous comprenez qu'il s'abstint de ce plaisir pendant quelque temps. De leur côté, le comte et la comtesse d'Apponyi cherchaient à apaiser l'orage qu'ils avaient soulevé.

Tout n'en resta pas là; l'opinion de la société de Paris se partagea à l'occasion de cet incident. Une faible minorité était pour l'Autrichien, qui cependant voulut tenter la fortune en donnant, à quelques jours de là, un nouveau bal. Mal lui en prit; l'armée et notamment les gardes du corps s'abstinrent; le plus grand nombre des notabilités suivirent cette impulsion, fort approuvée par M. le Dauphin, qui s'était prononcé très vivement en faveur de la question française. Aucun Oudinot ne mit jamais les pieds à l'hôtel de l'ambassade autrichienne, quoique l'ambassadeur eût déclaré s'être trompé en refusant le titre de Reggio au maréchal Oudinot; mais comme il avait ajouté que ce titre provenait du Reggio de Calabre et non du Reggio autrichien (ce qui était vrai), la question resta la même pour le maréchal et sa famille, car c'était le principe, plus que le fait personnel, que combattait le maréchal.

Le discrédit du ministère allait croissant et réagissait d'une manière visible sur les sentiments de la généralité pour la famille royale. Le maréchal, plus qu'aucun autre, pouvait le remarquer, lui qui était à la tête de la milice bourgeoise de Paris, pour laquelle le pouvoir semblait s'être de plus en plus refroidi. « Sire, disait-il parfois à Charles X, la garde nationale, qui aujourd'hui ne se sent plus nécessaire, comme dans les jours néfastes où elle seule maintenait le repos dans Paris, n'est soutenue, dans son service d'aujourd'hui, que par la confiance qu'elle croyait avoir inspirée et qui lui a valu, pendant un temps, les bonnes grâces de Votre Majesté. Ces bonnes grâces semblent lui échapper peu à peu; le Roi ne la réunit plus comme par le passé, alors qu'elle était si fière d'être inspectée par son général en chef revêtu de son uniforme, et je ne sais jusqu'où irait son découragement si elle n'était ranimée, tous les ans, par la journée qui met sous sa responsabilité exclusive le Roi et sa famille!! »

Pour expliquer ce discours, je dois revenir sur un fait qui remontait au 12 avril 1814, jour de l'entrée de M. le comte d'Artois à Paris. Comme lieutenant général du royaume, il s'était engagé vis-à-vis de la garde nationale, la seule force armée du moment, à lui accorder chaque année, à pareil jour, le privilège de garder le souverain, en mémoire de cette journée où elle exerçait ce glorieux service. Et en effet, la garde royale pour l'extérieur, les gardes du corps pour l'intérieur des Tuileries, malgré la contrariété que peut-être ils en éprouvaient, étaient obligés de céder leurs postes au jour dit à la garde nationale. C'était son commandant en chef qui posait partout les sentinelles, donnait le mot d'ordre et remplissait la charge de capitaine des gardes. En un mot le Roi, sa famille, sa résidence étaient entièrement livrés, pendant vingt-quatre heures, à la milice parisienne.

Rien n'avait fait pressentir jusqu'ici qu'on pût lui retirer cette marque d'insigne confiance, et c'était, vis-à-vis des officiers que le maréchal recevait depuis douze ans à sa table chaque jour, le seul argument puissant dont il eût à se servir, depuis longtemps, pour relever un peu les esprits de son monde.

On en était arrivé ainsi jusqu'au mois d'avril 1827, lorsqu'un matin le Roi dit au maréchal, qui était encore revenu sur tout ce qui précède : « Eh bien! sortons de cette situation, mon cher maréchal. Vous me reprochez de ne point avoir réuni votre troupe depuis longtemps?
— Oui, Sire; je trouve qu'il faut, ou nous remercier en nous renvoyant poliment chacun chez nous, ou nous con-

tinuer les marques de confiance que nous n'avons cessé, si je ne me trompe, de mériter. — Eh bien, préparez une revue au Champ de Mars pour le 29 avril. »

De suite le maréchal donna ses ordres aux officiers, bien choisis et plein de zèle, qui composaient son état-major. Les chefs des treize légions de la garde nationale, y compris celle de cavalerie, commandée par le duc de Fitz-James, furent prévenus de cette disposition dont chacun sentit l'importance.

L'anniversaire du 12 avril suivit de près la décision du Roi et précéda de quinze jours le grand événement.

Jamais le Roi ne fut plus aimable pour tout le service de la garde nationale qu'il ne le fut ce 12 avril : on parut charmé les uns des autres, et votre père revint chez lui satisfait de sa nuit blanche. Jamais il ne dormait durant les vingt-quatre heures de sa responsabilité.

Avec la facilité ordinaire de son caractère, Madame, duchesse de Berry, me dispensait le plus possible de mes obligations près d'elle; mais je tenais essentiellement à être témoin de cette revue, à laquelle les princesses se préparaient depuis quelques jours avec une inquiétude croissante dont je ne me rendais compte que par la mine effarée et les demi-mots que je saisissais, çà et là, chez les habitués. Il était évident pour moi qu'ils cherchaient, dans leur aveuglement, à préparer Leurs Altesses Royales à voir et à entendre des manifestations hostiles de la part de vingt mille hommes réunis en armes au Champ de Mars.

Cependant, l'on partit aux jour et heure dits; je pris place dans la calèche qui suivit celle du Roi et de sa famille.

Les tertres du Champ de Mars étaient littéralement couverts d'un peuple évidemment turbulent et agité.

L'on ne pouvait distinguer clairement les cris qu'il poussait. Le soleil était splendide et faisait briller les baïonnettes nombreuses et immobiles rangées en ligne dans le Champ de Mars. Les calèches s'arrêtèrent sous le balcon de l'École militaire. Le Roi et M. le Dauphin, seuls, en descendirent pour monter à cheval. Le maréchal, saluant de l'épée avec cette grâce militaire qui lui appartenait, était venu recevoir le Roi, et bientôt tout le brillant état-major s'éloigna pour parcourir les rangs des treize légions, qui s'étendaient au loin dans ce vaste parcours.

De nombreux vivats se firent bientôt entendre; mon cœur battait violemment; il eut à subir bien des alternatives, selon les rapports que divers officiers, s'échappant de l'escorte, venaient faire, tantôt à moi, tantôt à ma compagne de voiture. Nous n'étions pas, elle et moi, de la même opinion sur la garde nationale, et comme, parmi ces messieurs, il y avait aussi division, le sens de leurs paroles s'en ressentait.

Tout va généralement bien, me disaient ceux de mon bord; ce que vous entendez en grande majorité, ce sont les cris de : Vive le Roi! — Il y a des cris séditieux, disaient les autres. Ceci me faisait d'autant plus de peine que cette espèce d'accusation ressemblait un peu à ce genre de triomphe qui dit : « Vous voyez bien, j'avais raison. »

Cependant, elle prit fin cette éternelle revue, et, toute palpitante, je vis revenir au galop le Roi, mon mari et toute la troupe dorée. Après avoir été saluer gracieusement les princesses, Sa Majesté poussa son cheval contre la voiture où je me trouvais, et, avec un accent que je n'oublierai jamais : « Eh bien ! chère duchesse, me dit-il, le maréchal est content et moi aussi ; au total, il y a bien plus de bon que de mauvais. » Et, toute remise, je revins au pavillon Marsan, où ma princesse venait de rentrer. Elle m'aborda avec un visage bouleversé et une agitation fébrile. « Quatre-vingt-treize! » me dit-elle. Stupéfaite de ces paroles qui allaient si peu avec ce que je venais de voir et d'entendre, j'allais lui demander une explication, lorsqu'elle me la donna en ces termes : « Nous avons entendu, ma sœur et moi, venant de la population réunie au Champ de Mars, des paroles menaçantes ; elles se sont renouvelées sur notre parcours, et vous savez que, dans les rangs de la garde nationale, le Roi a été insulté, etc. »

J'essayai de calmer cette effervescence ; mais, voyant que mes efforts étaient inutiles, et succombant sous tant d'émotions et de fatigue, je rentrai chez moi, où bientôt me rejoignit mon mari. Voici ce qu'il me dit : « Le Roi, escorté, ainsi que vous l'avez vu, par nous tous qui étions à cheval autour de lui, nous rassembla dans la cour des Tuileries et nous dit, avant de mettre pied à terre et de rentrer : « Eh bien ! messieurs, il y a plus de « bien que de mal dans tout ceci. » Sa figure allait avec ces paroles. Il nous congédia, mais je remontai avec lui pour lui demander instamment de m'autoriser à rédiger et à lui soumettre un ordre du jour à insérer sans retard au *Moniteur*. « Il faut, Sire, dis-je, que justice soit faite « publiquement, comme a été publique la situation d'au- « jourd'hui. Il y a eu beaucoup de bien et peu de mal, « ainsi le reconnaît Votre Majesté ; mais il faut que ce « fait soit proclamé en tous lieux, et que le petit nombre « de factieux qui ont osé mêler leurs voix isolées à la « grande voix qui acclamait le Roi, soit signalé au monde « entier. » Mon avis eut l'air d'être goûté et le Roi me dit : « Revenez ce soir à l'ordre avec votre projet, à « neuf heures. »

« Si je suis écouté, ajouta le maréchal, tout pourra
« encore bien aller. »

Nous causâmes longtemps, votre père et moi ; puis, il
s'occupa de l'affaire en question, et la journée s'écoula
sans que nous fussions instruits de ce qui s'était passé
dans Paris, à la suite de la revue.

Il paraît que, après la rentrée du Roi et de la Cour,
les treize légions de la garde nationale ayant repris,
tambours en tête, les directions de leurs quartiers respectifs, il se produisit un grave incident.

Tout Paris était dehors ; le jardin des Tuileries, notamment, débordait de monde. Le vicomte de Sambucy, homme dévoué entre tous à la dynastie régnante, à la tête de la légion dont il était colonel, la ramenait du Champ de Mars au Marais, et l'avait d'abord dirigée de la place Louis XV vers la rue Royale ; mais, voyant cette rue obstruée par la foule, il conçut la fatale idée de faire un à droite et de porter ainsi sa troupe dans la rue de Rivoli. Le bruit du tambour, joint à l'effervescence qui, dans cette journée, agitait toutes les têtes, fit porter la foule énorme, répandue dans le jardin des Tuileries, sur la terrasse des Feuillants qui longe, comme on le sait, le ministère des finances, alors résidence de M. de Villèle, et qui l'ignorait !

Par un hasard malheureux, un huissier de ce ministère, attiré par le bruit, s'était mis au balcon. On le prit pour le ministre lui-même ; il y avait, dit-on, une certaine ressemblance.

A sa vue, un cri de : « A bas Villèle ! » parti d'on ne sait où, se fit entendre. Hélas ! il ne resta pas isolé et fut répété un peu par la troupe, marchant au pas accéléré, et presque unanimement par la foule du jardin.

Cette démonstration porta au comble le mécontentement du président du conseil. Il accourut chez le Roi en lui dépeignant, dit-on, cette dernière circonstance comme un attentat qui, partant d'une troupe armée pour sa défense, devait amener une répression immédiate et exemplaire. Et il resta cependant dans l'opinion que la masse des cris partait du peuple !

Quoi qu'il en fût, ce rapport, qui suivait de quelques instants la conversation du Roi avec le maréchal, changeait bien des choses, et lorsque le soir, d'après les ordres qu'il avait reçus, votre père se présenta dans le cabinet du Roi, il le trouva dans un trouble extrême, partagé par tout son entourage. Le projet d'ordre du jour, regardé comme si urgent par le maréchal, fut ajourné sans motifs plausibles, et ce dernier rentra chez lui désolé, parce que cet ajournement, détruisant l'à-propos de la mesure, en annulait l'effet; le maréchal n'allait cependant pas jusqu'à prévoir ce qui devait suivre.

J'avais passé une mauvaise nuit; mais d'assez bon matin je sonnai Mme Pils qui, sans préambule, m'aborda par ces paroles : « Madame la duchesse, il n'y a plus de garde nationale dans Paris. »

Je croyais rêver, lorsque le maréchal vint bientôt me révéler cette triste histoire. Il dormait ou ne dormait pas vers minuit, lorsque Pils introduisit chez lui un gendarme porteur d'une lettre du ministre de l'intérieur. Je n'en ai pas l'original, mais je crois me rappeler qu'elle était conçue à peu près en ces termes :

« Monsieur le Maréchal,

« J'ai l'honneur de vous prévenir, de la part du Roi, que la garde nationale de Paris vient d'être dissoute.

« J'ai l'honneur d'être, etc.

« *Signé :* CORBIÈRES. »

Le maréchal fut de nouveau interrompu, et, cette fois, c'était par le lieutenant général comte Coutard, commandant la division de Paris. Celui-ci était visiblement ému. « Je viens vous supplier, monsieur le maréchal, dit-il, de vouloir bien me donner un ordre signé par vous, et qui seul pourra m'aider à exécuter les ordres que moi-même je viens de recevoir. — Que voulez-vous dire, mon cher Coutard? — Ce que je veux dire, reprit celui-ci, c'est que j'ai mission de faire relever par ma troupe de ligne tous les postes occupés par votre garde nationale, et cela, cette nuit même. Or, les premiers postes que j'ai voulu faire remplacer se sont refusés à reconnaître une autorité autre que la vôtre. — Je n'ai qu'une chose à vous répondre, reprit le maréchal, lisez : puisqu'il n'y a plus de garde nationale, il n'y a plus de commandant ni de commandement. Je comprends la difficulté de votre position, mais je n'y peux rien. »

Dès le lendemain matin, l'on enleva, à l'ébahissement des passants, ces mots écrits sur l'hôtel que nous habitions : « État-major de la garde nationale », et nous pensâmes à chercher gîte ailleurs.

Vous dire ce qu'il s'ensuivit de ce grand événement, cela n'est pas possible ; vous saurez seulement que le gouvernement et la Cour, que tous les partisans de la mesure enfin se trompèrent étrangement sur l'effet qu'elle produisit. Les uns prirent le morne silence qui succéda à l'événement du 29 avril pour de la soumission ; les autres se dirent, en se frottant les mains : « Voyez, ils sont enchantés d'être quittes des charges de ce service. » L'on ignora ou l'on ne tint pas compte d'un fait cependant bien significatif; le voici :

L'on nous dit qu'à la Porte de Saint-Denis fut suspendu, je ne sais comment, un grand tableau représentant un uniforme de garde national avec ces mots en grosses lettres :

DÉFROQUE DE GARDE NATIONAL A VENDRE

puis, plus bas, entre deux parenthèses :

MOINS LE FUSIL

On citait en même temps quelques traits d'insolence relatifs à la revue.

En voici un que le maréchal eût réprimé énergiquement, si le Roi ne l'eût retenu à temps ; un grenadier sortit de son rang au moment où Sa Majesté passait devant lui, et dit hardiment à Charles X : « A bas les ministres ! » Avec un noble sang-froid, le Roi répondit : « Monsieur, je suis venu ici pour recevoir des hommages, et non des leçons. »

Lorsque, après quelques moments de retraite, le maréchal reparut aux Tuileries, il était bien résolu à garder un froid silence, et il suivit ce plan malgré tous les témoignages de regrets dont il fut entouré ; mais ces regrets s'adressaient à sa personne, et non à la mesure en question, dont on semblait au contraire se féliciter. Hélas ! c'était bien plus pour la dynastie, que pour lui-même que votre père déplorait l'événement qui venait de s'accomplir, et qui fut certainement le prélude de la Révolution.

Mais je ne fus pas longtemps en état de suivre les effets de ce mouvement. De plus en plus souffrante, je sortais à peine de chez moi, lorsque, le 13 mai, je fus atteinte d'une congestion cérébrale qui me fit passer pour morte pendant un jour entier. Le maréchal, éperdu, appelait en vain son énergie ; les premiers médecins de Paris s'épuisaient inutilement pour rappeler en moi un souffle de vie, quand M. de Caunan, qui m'avait entendu vanter M. Dupuytren entre tous, l'envoya chercher à sa campagne de Courbevoie.

A deux heures du matin, Dupuytren arriva, m'examina, et dit : « Elle n'est pas morte. » Aussitôt il procéda énergiquement, et, sans vous fatiguer de détails pénibles et superflus, je vous dirai que peu d'heures après j'ouvris ces yeux fermés depuis la veille, et je reconnus immédiatement les visages penchés sur le mien. Est-il besoin de vous dire que celui de mon mari se fit jour immédiatement?

Je voulus parler à tous; je croyais articuler, mais on ne m'entendait pas; je fis comprendre que je voulais voir mes enfants.

Je retombai dans un état, sinon mortel, tellement grave encore, qu'on tremblait toujours. Il en fut ainsi jusqu'à l'arrivée de mon dernier enfant, qui était mort avant de naître.

J'eus recours, dans ma douleur maternelle, au digne et suave abbé Busson, mon confesseur, qui me fut d'un grand secours.

Le traitement violent qui m'avait arraché à la mort avait attaqué mon système nerveux à un tel degré qu'il fallut bien du temps pour que je reprisse l'équilibre.

Je demandai un congé indéfini pour aller d'abord à Plombières et ensuite à Jeand'heurs. Le maréchal ne pouvait partir en même temps que moi; j'emmenai ma fille Louise, pauvre chère enfant qui, dans sa tendresse et ses soins de onze ans, faisait tout ce qu'elle pouvait pour sa mère. Elle était bien secondée par Mme Monniot, la gouvernante si dévouée de mes enfants.

Mais je ne gagnai rien au régime des eaux; ce que voyant, notre excellent ami M. Gouy, qui était là bien à moi, comme il le fut en tout temps et partout, écrivit au maréchal de revenir à la hâte pour m'emmener à Jeand'heurs.

Nous rentrâmes à Paris à la fin de l'automne.

Toujours languissante et triste, je repris cependant mon service de cour, en retranchant le plus possible ce qui n'était pas d'obligation absolue.

Ce fut dans le courant de cet hiver, en février, je crois, que tomba le ministère Villèle.

L'hiver politique fut agité. Cependant le choix des nouveaux ministres satisfit généralement l'opinion.

Chargé du portefeuille de l'intérieur, M. de Martignac laissa son nom à ce cabinet où prit place un de nos amis, le comte de La Ferronnays, dont le noble et loyal caractère était bien connu et ne présentait pas une ombre.

Par son adhésion au système modéré qui s'annonçait, le comte de la Ferronnays, ce serviteur dévoué aux Bourbons dans l'exil, apportait une garantie bien appréciée de chacun à la politique nouvelle. On savait qu'il ne faillirait pas à son attachement inaltérable pour la dynastie régnante, mais en même temps qu'il éclairerait sa politique des lumières que son expérience avait acquises depuis sa rentrée en France.

La persistance de l'état languissant de ma santé, durant l'hiver de 1827 à 1828, me fit demander un nouveau congé pour le printemps. Le mois de mai se passa à Jeand'heurs, où je croyais prolonger avec vous mon séjour, lorsque m'arriva une lettre de Madame, duchesse de Berry, qui m'appelait immédiatement à Saint-Cloud, où elle se trouvait avec la Cour; c'était pour organiser, me disait-elle, une longue tournée qu'elle allait faire en France et qui se terminerait par un séjour aux Pyrénées, où certainement ma santé retrouverait ses forces.

Je m'arrête ici, mes enfants, pour quatre mois. Vous trouverez cette période relatée dans le journal de ce voyage officiel aux Pyrénées, qui, selon les prévisions de Son Altesse Royale, me rendit la santé.

Deux chagrins de famille se suivirent de près pour moi à cette époque : je perdis ma jeune et charmante belle-sœur de Coucy et mon excellent beau-frère de La Guérivière.

J'appris, à mon retour des Pyrénées, que le Roi avait accordé au maréchal, pour un avenir indéfini, la disposition du joli hôtel qui appartient à la Couronne, sur la place Vendôme. La proximité des Tuileries et le temps que cela me faisait gagner doublaient le prix de cette faveur.

Ce fut vers ce même temps que notre chère Stéphanie fut demandée en mariage par M. James Hainguerlot, qui réalisa, par quarante années de bonheur, les promesses qu'il avait apportées.

Que de regrets Stéphanie laissa dans la maison paternelle, à moi particulièrement! De quel exemple utile et aimable elle était pour ses jeunes sœurs!

Mme James Hainguerlot fut présentée au Roi et à la famille royale avec le cérémonial que vous connaissez. Mme la Dauphine donna, à l'occasion de ce mariage, un bal dans ses appartements particuliers; c'était une faveur rare dont nous sentîmes le prix.

Je vous l'ai dit, le ministère Martignac avait paru rallier bien des esprits, mais on ne croyait pas qu'il eût les sympathies du Roi, et déjà l'on s'inquiétait sourdement de ce qui pourrait lui succéder. Cependant on avait recueilli la preuve d'un retour éclatant de la popularité de Charles X, qui venait de faire dans l'Est une tournée triomphale.

Aux approches du carnaval, et à la suite de plusieurs

autres fêtes qu'elle avait données, Madame, duchesse de Berry, voulut organiser un grand quadrille historique pour une soirée qui devait avoir lieu dans les appartements de ses enfants. On se permit bien quelques petites irrégularités chronologiques, afin d'augmenter l'intérêt du spectacle par des noms et des costumes remarquables. Son Altesse Royale, malgré tout ce qu'on avait pu lui opposer, avait choisi le rôle de Marie Stuart. Sous aucun rapport cette idée n'était heureuse ; mais à tout ce qu'on put lui objecter, elle répondit qu'elle prenait cette princesse à la fleur de son âge et dans la phase heureuse de sa destinée, lorsqu'elle venait d'épouser François II. Ce fut Mgr le duc de Chartres, alors âgé de dix-neuf ans, qui représenta le roi de France.

Enfin, arriva le beau jour du 21 mai 1829, qui marqua la première communion de mes filles Louise et Caroline. Avec quel attendrissement je conduisis mes deux anges dans la chambre de leur père, pour recevoir sa bénédiction ! Comme il était ému lui-même en étendant sa main sur ces jeunes têtes ! Mgr Dupanloup faisait alors comme simple catéchiste, à l'Assomption, les débuts de son illustre carrière...

La confirmation suivit de près la grande journée : elle fut donnée par l'éminent et saint archevêque Mgr de Quelen.

Je devançai le maréchal afin de remplir, avec mes filles, la promesse faite à mes parents de Champagne, de leur consacrer huit à dix jours. Hélas ! je n'avais plus ma mère ! Je n'avais plus ma chère tante Clotilde pour leur donner leur part des joies qui se préparaient sur ce petit coin de terre, mais elles les bénirent de plus haut !

Nous descendîmes chez ma tante la chanoinesse. Quel remue-ménage dans ce tranquille petit intérieur !

Et comme on se laissait révolutionner de bon cœur par notre présence et par ce que nous apportions de mouvement avec nous !

Sophie, l'immuable Sophie, la dévouée servante que vous avez vue, au commencement de ces notes, aduler mon enfance, était encore là pour soigner la vôtre, et rien n'était plus amusant que son admiration pour les galons dorés des gens qui nous suivaient ordinairement.

Flattés de l'impression qu'ils produisaient et de la déférence avec laquelle Sophie leur parlait, ceux-ci la traitaient avec une bonté protectrice dont elle était pénétrée.

Mon oncle était revenu d'Hancourt à notre rencontre. Il y eut le dimanche soir, chez ma tante, une réunion d'anciens amis auxquels je fus un peu fière, je l'avoue, de présenter mes enfants. Le lendemain matin, nous partîmes en deux voitures pour Hancourt.

Je désirais aussi que mes enfants pussent saluer le berceau de la famille... Lentilles. Nous y consacrâmes une matinée.

L'on nous reçut au son des cloches et je renfonçai en moi-même, et pour ne pas froisser les démonstrations des habitants de ce bon village, les souvenirs qui vinrent m'assaillir.

C'est que, en effet, non seulement les anciens propriétaires avaient disparu, mais aussi la maison paternelle. Elle menaçait de s'écrouler, et mon frère, à qui elle était échue en partage, l'avait fait démolir et remplacer par un pied-à-terre où son service militaire ne lui permettait pas souvent de venir se reposer.

A bien dire, il ne restait à Lentilles, comme souvenirs matériels de mes ascendants, que leurs tombes rangées systématiquement sous le porche de l'église !

Nous consacrâmes ensuite quelques jours, à Frampas, chez nos parents de Beaufort. Ma cousine Zoëlie de Coucy, une aimable sainte comme sa mère, avait épousé, ainsi que je vous l'ai dit, le spirituel et distingué M. Édouard de Beaufort.

Nous passâmes une charmante matinée au château de Puëlle-Montiers, chez le marquis de Meyronnet, et enfin nous reprîmes par Saint-Dizier le chemin de Jeand'heurs, pour y arriver en même temps que le maréchal venant de Paris.

Là, le mouvement et les réceptions reprirent leur cours ordinaire, mais mon mari et moi y fûmes promptement troublés par les nouvelles que nous reçûmes de notre excellent ami M. Gouy. « Ah! je ne le laisserai pas mourir sans aller lui dire adieu », me dit le maréchal; et nous partîmes pour Colmar, résidence de la famille.

C'était un saisissant spectacle que celui qui nous attendait dans cet intérieur. Le caractère et l'esprit du malade luttaient en vain contre la douleur qu'il ressentait en quittant sa femme et ses enfants encore si jeunes!... A la vue de son ami, il y eut une explosion qui fut électrique, et lors de la dernière visite (nous avions passé trois jours à Colmar dans un hôtel), lors de cet adieu qui, dans la conviction des deux amis, était bien le dernier sur terre, mon mari suffoquait tellement qu'en arrivant dans la cour de cette triste maison, il appuya son front sur la muraille pour pleurer pendant quelques instants, ne croyant pas être vu.

Le reste de l'été se passa, comme de coutume, dans ce lieu que votre père appelait avec tant de complaisance son paradis, et dont il était si heureux de faire les honneurs, non seulement à la famille et aux amis, mais aussi à tout ce qui pénétrait dans son enceinte. On a peut-être ailleurs exercé une aussi large hospitalité, mais le maréchal Oudinot n'a pas été dépassé à cet égard. « *Vous êtes chez vous* », disait-il à chacun, et dans son intention c'était vrai. A moi appartenaient les détails. Je cherchais à les faire accorder avec les volontés du maître du logis.

Ce châtelain si hospitalier avait soin de se soustraire le plus possible à ses hôtes; bien souvent, il suivait du coin de l'œil, derrière un arbre, les joyeux promeneurs qui se succédaient tout l'été sous ces beaux ombrages et sur les bords de cette transparente rivière, la Saulx. Il autorisait les repas champêtres qui s'organisaient sur tel ou tel point du parc, et n'exigeait en retour de cette infinie bonté que le respect dû aux massifs de fleurs et d'arbustes qui émaillaient la propriété.

Par exception, il y avait une catégorie de visiteurs que le maréchal abordait volontiers; c'étaient ou MM. les curés en vacances, ou les Sœurs de charité. Il aurait voulu que les uns ou les autres acceptassent toujours quelques rafraîchissements; ils refusaient généralement, mais tous le quittaient si touchés de ses paroles, qu'ils n'auraient désiré ni accepté avec plus de plaisir ce qu'il persistait à leur offrir.

J'espérais ne rentrer à Paris avec mon mari et mes enfants qu'à la fin de l'automne; mais je reçus une dépêche qui me fut apportée de la poste par M. Malingrey. Il arriva un beau matin, tout essoufflé, chargé de cette grosse lettre qui portait la suscription de Son Altesse Royale : « Arrivez le plus tôt possible », me disait-elle, « afin d'arranger un prochain voyage que je vais « entreprendre pour aller au-devant du roi de Naples, « mon père. Il va traverser une portion de la France

« en conduisant en Espagne ma jolie sœur Christine
« qui épouse le roi Ferdinand VII. »

Je partis de suite. Arrivée à Saint-Cloud, où se trouvait la Cour, je reçus aussitôt mes instructions. « Il n'y
« aura rien d'officiel dans ce voyage-ci, me dit le Roi;
« c'est une simple démarche de famille que fait aujour-
« d'hui Madame, duchesse de Berry. Elle descendra
« pour son compte dans les hôtels des villes où elle
« s'arrêtera, et, si son incognito est trahi et que les
« autorités se présentent chez elle, il faudra que ce soit
« sans uniformes et sans discours. »

Ceci nous arrangeait fort, Son Altesse Royale et moi nous étions à peine reposées du voyage précédent, qui si on se le rappelle, nous avait tenues à peu près quatre mois en représentation. C'était d'ailleurs fort sage, dans les circonstances du moment, car il faut vous dire que le ministère Martignac venait d'être remplacé par le ministère Polignac. Cette mesure avait mis toute la France en émoi; des rumeurs sourdes se propageaient sur divers points, et une démonstration très ostensible venait en plus d'exciter l'attention générale. C'était un voyage presque triomphal que venait de faire le général La Fayette, précisément dans les contrées que nous avions à parcourir. Il ne fallait pas élever autel contre autel, et sans chercher à envelopper d'aucun voile une action aussi honorable, aussi simple que celle d'aller au-devant de sa famille, Madame, duchesse de Berry, encore si rapprochée de ses triomphes de 1828, restait dans une parfaite mesure en n'usant pas de son rang royal dans cette circonstance-ci.

A peine avais-je recueilli tous ces premiers documents qu'une de mes bonnes amies, la marquise de Béthisy vint me trouver et me dit confidentiellement : « Je dois à mon amitié pour vous un avertissement qui pourra vous être utile avant de commencer ce voyage. Il paraîtrait que l'ambassadeur de Naples, qui sera de la partie, veut essayer de recommencer à votre sujet l'histoire Apponyi d'Autriche.

— Allons donc ! m'écriai-je.

— Oui, continua la marquise, il s'appuie sur cet antécédent, disant que votre Reggio ayant été proclamé être celui de Calabre, il n'y a pas de raison pour que le Roi, son maître, ne tente pas ce qui fut essayé par l'empereur d'Autriche. »

Aucun motif ne m'eût fait abandonner sciemment le titre acheté par mon mari au prix de ses hauts faits. Je me prononçai d'une manière énergique, et (anticipant ici sur l'arrivée du roi de Naples) je constate que, bien que le titulaire actuel du nom de Reggio, le prince Scilla, fît partie de la cour des princes italiens attendus, le roi François Ier m'aborda ostensiblement sous mon titre de duchesse de Reggio.

Madame, duchesse de Berry, n'était pas encore instruite du jour où le Roi son père atteindrait les frontières de France. Elle ignorait aussi le moment où l'infante Carlotta, sa sœur, mariée au frère du roi d'Espagne, dom François de Paule, arriverait dans le Dauphiné, où les deux princesses devaient se rejoindre pour se porter ensuite ensemble au devant de Leurs Majestés Napolitaines. Profitant de cette latitude, Son Altesse Royale se dirigea d'abord sur Sens, d'où elle gagna le château de M. de Rancogne ; de là, nous fûmes visiter les grottes d'Arcis, fameuses par les stalactites et les stalagmites qui s'y sont agglomérées, depuis des siècles, sous les formes les plus bizarres. L'une d'elles représente la Vierge tenant l'enfant Jésus. Mais, pour parcourir les diverses salles ou, pour mieux dire, cavernes qui renferment ces ténébreuses merveilles, il faut quelquefois se courber en deux et même ramper par moments. Malgré l'humidité qui suinte de tous côtés, l'on se sent suffoqué par cet air renfermé, encore épaissi par la vapeur des flambeaux que chacun tient à la main, et la position n'est point égayée par la vue d'un lac souterrain dont on côtoie les bords et qui semble un abîme sans fond.

Rien ne me saisit comme la vue de l'eau quand il fait nuit, et j'ai conservé cette impression en dépit de l'habitude de traverser, par exemple, le soir, les ponts sur la Seine ; et les mille lumières qui se reflètent là et qui sont, convenons-en, d'un admirable effet, n'ont cessé de m'impressionner péniblement en éclairant le fleuve pour ne m'en montrer que la couleur noire. Or, si j'ai conservé cette sensation toute ma vie en traversant les ponts de Paris, jugez de ce que j'éprouvai en fixant le sombre lac que nous côtoyions sous les voûtes des grottes d'Arcis. C'était du reste une réminiscence de ce que j'avais éprouvé l'année précédente, en pareille occasion, aux Eaux-Chaudes dans les Pyrénées, et comme alors je humai avec avidité, quand il nous fut rendu, un air pur et libre !

De la petite ville d'Avallon, où nous couchâmes dans un hôtel, nous partîmes presque avant le jour pour aller, à travers une contrée accidentée et charmante, déjeuner au féodal et beau château de Chatellux. Les sentiments et les manières des maîtres de ce beau lieu semblent remonter aux temps reculés de la monarchie ; mais leur parfaite courtoisie atténuait tout ce que pouvait avoir d'un peu imposant la solennité de leur réception.

Revenant sur nos pas, nous avons repris, d'Avallon à Autun, la route de poste.

Dès le lendemain Son Altesse Royale, quittant de bonne heure l'hôtel où nous avions couché, fut visiter les remarquables antiquités d'Autun. Elle vit d'abord la porte d'Arroux qui tire son nom de la rivière. C'est un ancien arc de triomphe, assez conservé pour qu'on en juge encore; puis, dans un autre ordre d'architecture, la porte Saint-André; ensuite un reste de temple de Janus et enfin un soi-disant amphithéâtre dont on n'aperçoit quelques vestiges que des yeux de la foi.

Son Altesse Royale avait promis d'accepter à déjeuner chez l'évêque d'Autun. Ce prélat, précédemment homme du monde sous le nom de marquis d'Héricourt, avait suivi la marche contraire à celle de son célèbre prédécesseur de 1789. M. de Talleyrand-Périgord avait abandonné les Ordres pour entrer dans le monde, que le marquis d'Héricourt avait quitté pour prendre les Ordres. Sa vocation datait à peu près de la même époque que celle du prince de Rohan, que j'avais encore vu danser en habit de mousquetaire aux premiers bals sous la Restauration. Tous deux offraient des types parfaits, d'une piété calme et douce, remplie de dignité. Je fus, pour ma part, enchantée de faire la connaissance de Mgr d'Héricourt; Son Altesse Royale le quitta charmée de sa réception.

Nous couchâmes à Chalon le 15 octobre, et le lendemain nous partîmes pour Mâcon. La Saône était tellement débordée que c'était presque une vue de mer que nous avions sous les yeux. Descendue dans un bel hôtel, sur le quai, Son Altesse Royale fut bientôt informée que son incognito, bien respecté jusqu'alors, venait d'être trahi. Les autorités essayèrent d'obtenir des réceptions et voulurent offrir des fêtes; Madame s'en tira par de bonnes paroles; elle consentit seulement à voir, de son balcon, un feu d'artifice préparé par les soldats du 24ᵉ.

Mon appartement était séparé de celui de Son Altesse Royale par un salon, dont je lui laissai, naturellement l'entier usage, ce qui était gênant, parce que l'autre entrée, donnant chez moi, où chacun avait besoin de pénétrer sans cesse, cette entrée, dis-je, était extrêmement étroite.

Nous reçûmes là des nouvelles de l'Infante; elle devait nous attendre à Vienne ou nous y suivre de près ce qui décida Son Altesse Royale à ne point s'arrêter à Lyon. Elle trouva toutes les autorités de cette ville réunies au relai, mais elle ne céda point à leurs instances pour qu'elle s'arrêtât au moins un jour; elle leur promit sa présence au retour, à la condition, *sinè qua non*, qu'on ne lui ferait aucune réception officielle

Nous ne trouvâmes point l'Infante à Vienne; nous poursuivîmes notre chemin jusqu'à Tain, où les deux sœurs, descendant en même temps de voiture, s'embrassèrent tendrement.

Nous retournâmes coucher à Valence à l'hôtel de la Poste. Je passai tout le temps du dîner à observer le ménage royal qui venait de nous rejoindre. Je m'aperçois que je ne vous ai pas dit que l'Infant accompagnait sa femme. Cette princesse, mariée depuis longtemps (elle avait quatorze ans lorsqu'elle épousa l'Infant), exerçait disait-on, beaucoup d'empire sur le roi Ferdinand VII son beau-frère; elle passait pour avoir de l'influence au conseil et on lui attribuait le mariage de la princesse Christine, sa propre sœur. Vous savez que ces deux princesses n'étaient sœurs que par leur père de Madame la duchesse de Berry.

Dona Carlotta était déjà mère de beaucoup d'enfants

Son énorme embonpoint lui ôtait tout air de jeunesse. Elle fut fort accueillante pour moi, mais son ton était positif et tranché.

Nous revînmes coucher à Vienne. La visite de l'hospice et de beaucoup d'antiquités romaines occupa la journée; l'on ne peut, dit-on, remuer cette terre sans y trouver les preuves de l'importance de Vienne durant l'occupation romaine. A peu de distance de la ville on remarque une espèce de pyramide dressée sur quatre petites colonnes; on prétend que c'est un mausolée élevé sur la tombe du trop fameux gouverneur de la Judée, Ponce-Pilate, qui serait venu mourir là.

Le 20 nous rentrâmes à Lyon et descendîmes à l'hôtel de l'Europe, où l'on trouve de vastes appartements et une très bonne table.

Madame, duchesse de Berry, s'était fort occupée de la toilette de la princesse sa sœur; elle avait prévu dès Paris que ce soin serait nécessaire; quand chacun fut prêt, on partit dans les voitures de ville pour aller visiter les fabriques et les magasins et y acheter le plus possible, puis l'hôpital, édifice superbe et immense bâti par Soufflot, architecte de Sainte-Geneviève de Paris.

Le lendemain Son Altesse Royale, toujours sous un soi-disant incognito, et toujours accompagnée des autorités, déguisées en frac, continua son exploration de tout ce que Lyon renferme d'intéressant et de curieux.

En un mot, après avoir consacré à Lyon plusieurs jours qui ne furent pas perdus, je crois, pour la popularité de Son Altesse Royale, elle termina ce temps d'arrêt par un déjeuner qu'elle accepta du comte de Brosse, préfet du Rhône.

En quittant Lyon, nous nous arrêtâmes au château du général Guyot, près d'un lieu qu'on appelle le *pas-*

sage, pour la raison suivante : un bouclier carthaginois trouvé là, il y a cent ans, fit juger qu'Annibal traversa les Alpes non loin de là.

Le général Guyot, qui avait fait toutes les grandes guerres avec mon mari et qui me parla de lui comme on en parle toujours, offrit à Son Altesse Royale une splendide hospitalité. La suite française et la suite espagnole trouvèrent place et soins dans cette belle habitation. Tout le luxe qui fut déployé ne nous préparait guère à la sérieuse entreprise du lendemain ; il ne s'agissait de rien moins que d'aller coucher à la Grande-Chartreuse, que nous prétendions visiter dans une saison où nul voyageur ne songe à l'aborder.

A mon réveil j'examinai le pays ; il était pittoresque, montueux et terminé par les cimes neigeuses qui, probablement, dominaient la Chartreuse. On se réunit de bonne heure, on déjeuna en hâte ; les voitures avancèrent et, après nos adieux faits au chevaleresque maître du château, nous voilà en route pour Beauvoisin. La petite rivière de Guiers sépare, sur ce point, la France de la Savoie, et, à la moitié du pont, nous étions dans un royaume étranger. Ceci avait été autorisé par le roi de France, à la condition que les troupes sardes ne reconnaîtraient pas Madame, duchesse de Berry. Le poste sortit cependant, mais nous passâmes rapidement et, non loin de là, nous commençâmes à monter les échelles de Savoie. C'est une rampe taillée dans le roc. On se voit suspendu sur l'abîme, mais sans terreur, grâce au mur de parapet qui est très bien entretenu. Nous atteignîmes et examinâmes avec intérêt la voûte creusée sous l'Empire et qui abrège de plusieurs lieues les communications entre les deux royaumes. Les mesures furent si bien prises qu'après avoir creusé le rocher des deux côtés, dans une profondeur d'environ mille pieds, les mineurs se retrouvèrent à point nommé face à face. Cette route souterraine n'est éclairée que par le jour d'entrée et celui de sortie ; mais elle est large, belle, et l'on n'a signalé jusqu'à présent aucun accident. Nous n'avions pas à la traverser, du reste, et, après avoir examiné l'immensité de l'entrée, comparée au petit point blanc que nous présentait la sortie, nous descendîmes enfin à Saint-Laurent du Pont, où nous attendaient nos mules et les guides qui devaient nous diriger vers la Grande-Chartreuse.

Un tumulte incroyable régnait dans ce village reculé, où l'arrivée de deux princesses et d'un Infant avait porté une agitation inaccoutumée. L'on se poussait, l'on se battait, et le maire, comme tous les maires ou presque tous les maires, avait perdu la tête. Chacun réclamait sa monture ; bientôt Madame, duchesse de Berry, fut établie dans la sienne ; mais quand vint le tour de l'Infante, ce fut bien une autre affaire. Je l'entendais crier, en espagnol, au général d'Audenarde (commandant le département et que j'avais oublié de mentionner) je ne sais quelles paroles véhémentes qui lui paraissaient péremptoires, car il faisait respectueusement des signes d'adhésion. J'ai su, depuis, qu'elle lui expliquait comme quoi elle ne pouvait entrer dans la selle à fauteuil qui lui avait été préparée. Ce n'était que trop vrai ! Cependant la caravane était en suspens et je voyais avec effroi l'heure s'avancer, surtout en fixant le noir défilé dans lequel nous allions nous enfoncer. Le général prit alors un grand parti ; sur sa demande, le maire fournit un fauteuil ; de vigoureux douaniers passèrent des bâtons sous le siège ; ils soulevèrent l'Infante et la portèrent ainsi hors du village. Ce fut alors qu'elle se décida à reprendre sa mule qu'elle monta, jambe de-ci, jambe de-là, sans autre difficulté.

La nuit arrivait, le froid devenait vif, et bientôt nous atteignîmes une couche de neige qui faisait ressortir plus noirs et plus imposants les rochers et les monstrueux sapins au milieu desquels est tracé, à grand'-peine, ce rude chemin. Enfin je distinguai une masse se dessinant, noire et gigantesque, devant nous ; c'était la Chartreuse. Elle mesure sept cents pieds de longueur, mais, alors, j'étais trop gelée et trop émue pour en prendre les dimensions, même dans mon esprit. Ce fut le lendemain que j'admirai ce miracle de construction dans un lieu presque inaccessible et dont nous venions de parcourir le chemin le plus facile.

Une faible lumière apparut bientôt ; c'était dom Bruno, le supérieur, qui venait à la rencontre des princes. Il les reçut avec un mélange remarquable d'humilité chrétienne et de cet usage du grand monde dont il avait l'habitude. Toute la suite s'arrêta dans une grande maison, en dehors du monastère. Les princes seuls et leur suite immédiate avaient le droit de pénétrer dans l'enceinte des religieux. On nous assura même que les princesses n'y auraient point été admises si l'une d'elles n'avait été la mère de l'héritier du trône de France. Toujours guidées par dom Bruno, nous entrâmes dans une vaste salle dont les murs blancs et la grande cheminée (où pétillait un feu superbe) nous réjouirent tous. Quatre cellules, placées aux quatre angles de cette pièce, furent indiquées, l'une à ma princesse, la seconde au ménage espagnol ; j'eus la troisième et Mme de Bouillé la quatrième. L'on trouva aussi un coin pour nos femmes, et, tandis que le supérieur répondait avec respect et dignité aux nombreuses questions que chacun lui adressait, le Frère Jean-Marie, économe et maître des cérémonies de la maison, s'agitait pour que tout le monde fût content. Bientôt il vint prévenir que le souper était servi.

J'avais eu le bonheur de lui inspirer confiance, et c'était par moi qu'il faisait passer ses paroles. Nous le suivîmes, accompagnés du supérieur, et nous avions marché longtemps, sans avoir parcouru la moitié d'un corridor, dont l'immensité nous était annoncée par un petit point lumineux qui avait été placé à son extrémité ; enfin une porte s'ouvrit et nous donna entrée dans une pièce chauffée, éclairée, et au milieu de laquelle était dressée une table où s'établit un souper, maigre, bien entendu. Le supérieur se retira. La double charge de faire les honneurs du souper et de nous servir à table resta au Frère Jean-Marie, qui s'en acquitta merveilleusement. Quand il éprouvait un moment d'hésitation, il venait me taper doucement sur l'épaule : « Est-ce le moment d'entamer ce plat ? » me disait-il. Il suivait avec anxiété l'effet produit par la cuisine du monastère. Il dut être satisfait ; ne l'aurait-on pas trouvée bonne, on aurait fait tout comme.

A la fin du repas, je le vis revenir triomphant ; son œil brillait ; il apportait une crème au chocolat ! Il me coula dans l'oreille : « Je la crois bien réussie. » C'était le bouquet du repas ; il eut tout le triomphe désirable, et je n'oublierai de ma vie l'air heureux de ce bon religieux qui, voué à des privations éternelles, jouissait, par notre palais, de cette friandise exceptionnelle.

Au dessert, dom Bruno vint nous reprendre pour nous ramener dans la salle commune, où nous retrouvâmes le grand feu et, de plus, une grande table qu'il y avait fait apporter, des plumes, de l'encre et du papier, plus un livre unique ; c'était la vie du fondateur, de saint Bruno.

Les uns écrivirent, d'autres parcoururent le volume ; l'on n'entendait dans cette salle que le sifflement de la bise et le bruit d'un feu pétillant. Nul de nous n'avait envie de parler, car nous attendions le signal des matines, auxquelles nous devions assister secrètement. Vers onze heures, les cloches se firent entendre. Quels sons imposants, à cette heure et dans ce désert ! « Venez, nous dit le Révérend Père en rentrant, mais marchez en silence, je vous en conjure, parce qu'aucun de nos Frères ne sait et ne doit savoir ce qui se passe ici. » Nous le suivîmes dans ce corridor sans pareil, auquel aboutissait chaque cellule. « Hâtons le pas, ajouta dom Bruno, il faut que vous soyez installés dans la partie la plus obscure de la chapelle avant que le second coup, qui va sonner, y réunisse la communauté. »

Nous allégions notre marche le plus possible et respirions à peine, pour ne pas troubler cet éternel silence. Nous pénétrâmes enfin, et notre groupe se rangea, sous la direction du Révérend Père, dans un coin tellement privé de lumière, qu'il était impossible que nous fussions aperçus, car deux cierges seulement étaient allumés sur l'autel ; tout le reste de l'édifice était dans l'ombre. Une porte latérale s'ouvrit dans le chœur ; les Chartreux en sortirent un à un, à pas lents, tenant chacun une lanterne sourde n'éclairant que celui qui la portait. Leurs vêtements blancs, comme on le sait, avec un capuchon rabattu sur le visage, le silence, qui n'était interrompu que par la cloche, m'ont laissé un souvenir éternel. Quand chaque Père eut pris sa place dans sa stalle (ils étaient vingt-six), commença un chant grave et solennel qui se prolongea environ une demi-heure, sans que nous eussions fait un mouvement ; et cela se fût prolongé ainsi, tant nous étions magnétisés par cette scène imposante, si le supérieur, qui a toujours la liberté de ses actions, et qui seul peut se soustraire accidentellement à l'ordre établi, n'eût quitté sa stalle pour venir nous retrouver et nous ramener dans la grande salle, avant que les religieux regagnassent leurs cellules.

J'avais, pour mon compte, rapporté de l'église, non seulement un froid glacial (ceci eût été bien vite oublié devant un grand feu), mais un profond saisissement moral, qui s'augmenta de plusieurs détails que j'obtins de dom Bruno ; ainsi c'était dans leur premier sommeil que les religieux, vieux ou jeunes, étaient réveillés par le coup des premières matines que nous venions d'entendre. Ils se recouchaient, mais pour être appelés de nouveau avant le jour, dans la même chapelle, pour la suite des exercices ; et, malgré la sévérité de leurs autres obligations, dom Bruno nous dit que ces interruptions du sommeil de la nuit étaient ce qui leur coûtait le plus dans leur vie. Ils passent les journées dans le plus complet isolement ; ce que l'on appelle leur cellule est composé de deux pièces, l'une où ils couchent, et l'autre où ils travaillent, soit intellectuellement, soit de leurs doigts ; quelques-uns font de la menuiserie ou des ouvrages de tourneur. A la suite de ces deux pièces, ils ont chacun un petit jardin clos d'une muraille ; ils ne se réunissent qu'à l'église et ne se parlent jamais que durant les promenades, qui ont lieu une fois ou deux par semaine. Ils marchent alors deux à deux, mais jamais l'association n'est à leur choix ; on les change, afin qu'il n'y ait ni habitudes, ni affections particulières. Leur nourriture, toujours maigre, est néanmoins bien plus substantielle que celle des Trappistes, par exemple ; ainsi, ils mangent du poisson, des œufs, etc. Les aliments leur sont portés et déposés à l'extérieur dans une case tournante, qu'ils font mouvoir à volonté pour prendre ce qui leur est destiné et rendre le plat vide. Ces plats leur sont particuliers ; ils forment quatre compartiments que l'on remplit, l'un de soupe, les autres, etc. L'Ordre des Chartreux n'exige pas un jeûne aussi rigoureux que beaucoup d'autres ; ainsi, quand il arrive un nouveau religieux, on examine avec soin ce qui revient dans le plat dont je viens de parler ; s'il le rend entièrement vide, on augmente les portions du lendemain, parce que tous les appétits ne sont point uniformes.

J'étais donc bien impressionnée de tout ce que je venais de voir et d'entendre, et, avant de laisser partir le digne supérieur, qui m'inspirait respect et confiance, je lui demandai, d'un ton craintif, ce que nous autres, gens du monde, pourrions espérer en comparant notre vie à celle de ces saints pénitents. « Rassurez-vous, madame, me dit-il, par cette pensée que nous avons recherché volontairement les épreuves que nous subissons ici ; tandis que celles qui vous sont envoyées, dans le monde où vous vivez, vous sont imposées par la volonté de Dieu ; vous ne les aurez pas choisies, et parfois peut-être elles vous paraîtront bien dures ; subissez-les avec soumission et vous serez aussi avancée que nous. » Là-dessus, il nous salua et se retira en nous souhaitant une bonne nuit, tandis que Frère Jean-Marie, poussant jusqu'aux dernières limites les soins de l'hospitalité, s'occupait, avec une activité surprenante, de bassiner tous nos lits. La tête encore remplie des souvenirs de la veille, je jetai les yeux, en m'éveillant, sur le site qui s'offrait à ma vue, et je frissonnai. C'est au-dessus de toute description, et cet immense bâtiment sembla tellement inaccessible, qu'en 1793 on n'eut la pensée ni de l'utiliser, ni même de le détruire. On y laissa donc vivre et mourir en paix un religieux qui, seul, continua jusqu'à la fin sa vie de Chartreux.

Lorsque, à la Restauration, plusieurs des religieux de cet Ordre essayèrent d'utiliser de nouveau cet immense local, ils ne retrouvèrent rien de ce qui faisait vivre leurs prédécesseurs : bois, étangs, etc. ; tout, ou presque tout ce qui appartenait au monastère, était maintenant le domaine de l'État. On leur rendit ce qui, à la rigueur, pouvait être encore disponible, et, lors de notre visite, on nous assura qu'ils avaient environ quatre ou cinq mille francs de revenu. C'était assurément bien insuffisant pour vingt-six religieux qu'ils étaient alors, et surtout pour l'entretien des bâtiments.

Vous imaginez bien que, ayant à l'avance la connaissance approximative de cette situation, Son Altesse Royale n'avait demandé asile sous ce toit hospitalier qu'à la condition de se charger de tous les frais qu'elle entraînerait, condition qui fut acceptée et largement remplie.

Nous commençâmes la journée, je crois, par assister à une messe basse, dite par l'un des Pères ; mais en plein jour, nous n'avions pas à dissimuler notre présence à l'église. On nous fit visiter ensuite une cellule non habitée, pour nous en donner une idée ; vous en avez vu plus haut la description. On nous mena ensuite aux cuisines, au réfectoire, où tous prennent ensemble un repas tous les dimanches, avec l'ordre de ne pas échanger un mot. Nous finîmes enfin par la bibliothèque, magnifique pièce ornée de nombreux tableaux représentant, tous, les scènes de la vie de saint Bruno. Il s'agissait encore de reprendre les mulets, non pour regagner Saint-Laurent, mais pour monter, aussi haut que possible, la montagne neigeuse sur laquelle nous nous trouvions. En effet, il fallait visiter le point sur lequel la fondation primitive avait été établie. A mesure que nous gravissions, nous trouvions la couche de neige s'épaississant sous nos pas. Nous nous frayions nous-mêmes le chemin, qui était d'autant plus pénible que le froid augmentait naturellement d'intensité ; enfin, nous arrivâmes à la petite chapelle, objet de notre dévotion. Elle est abîmée par l'humidité. Nous y fîmes notre prière en admirant de plus en plus le courage du fondateur ; il voulait fixer là sa demeure et celle de ses frères, et il n'y renonça que par suite des avalanches qui les eussent tous engloutis. Nous fûmes forcés de reconnaître, en regagnant la Grande-Chartreuse, que, comparativement, elle était placée dans une situation tempérée. Les compagnons de voyage que nous avions laissés à l'espèce d'auberge, refuge des voyageurs à qui la couchée dans l'intérieur du monastère n'est pas accordée, nous avaient rejoints et accompagnés pendant l'excursion dont je viens de parler, et bientôt toute la caravane prit le chemin du retour, non sans que Son Altesse Royale eût témoigné, par d'excellentes paroles, au supérieur et même au Frère Jean-Marie, toute sa gratitude pour les soins qu'ils avaient pris, et sa vénération pour leur vie de piété et de privations. Chacun de nous y ajouta son petit mot particulier ; nous emportâmes, avec leurs souhaits de bon voyage, des boules de vulnéraire de leur composition et fort renommées, comme remèdes, dans les chutes et les coups violents. C'était alors leur seule industrie.

La fondation primitive de saint Bruno remonte à l'année 1020.

La descente à dos de mules était encore plus fatigante que la montée. J'étais à bout de forces, pour mon compte, quand j'arrivai à la voiture, et je ne pus juger des sites qui nous séparaient de Grenoble, où nous n'arrivâmes, du reste, qu'à dix heures du soir. La voiture nous déposa dans l'hôtel du marquis de Vaulserre, lequel, avec ses meubles, son argenterie, linge, etc., était mis entièrement à la disposition de Son Altesse Royale. Il nous fallut toute la journée du 26 pour nous reposer.

Sans développer les beautés du voyage, et sans revenir sur l'hospitalité charmante offerte à Son Altesse Royale, sur son parcours, par les familles de Bourcet, de Vaulserre, de Monteynard, je m'arrêterai avec vous devant le château du chevalier Bayard, si vénéré par les Dauphinois qui ont élevé la statue du preux chevalier. Cette statue le représente debout encore, mais chancelant et tenant embrassée la croix de son glaive, comme se préparant à rendre sa belle âme à Dieu.

Le 30, M. le duc, Mme la duchesse d'Orléans, M. le duc de Chartres et la princesse Louise, sa sœur, qui étaient arrivés le 29, au soir, vinrent faire une visite à Madame, duchesse de Berry, et aux Infants. L'on convint de faire ensemble la tournée des établissements publics. Militairement, surtout, ils sont importants. Les princes et les princesses restèrent réunis pour le dîner. M. le duc de Blacas, ambassadeur du roi de France (venant complimenter le roi de Naples), était arrivé en même temps; je m'adressai tout de suite à lui, pour savoir jusqu'à quel point les lois de l'hospitalité m'obligeraient vis-à-vis des dames napolitaines, qui allaient accompagner la reine de Naples. « La première place vous revient, prenez-la toujours », me répondit-il. Durant toute cette rencontre le duc de Blacas se montra très Français, d'une bonne grâce parfaite, en ce qui me concernait particulièrement.

C'était le 31 qu'on attendait le Roi, la Reine, la cour de Naples et enfin la jeune reine d'Espagne. Nous avions trouvé fort simple que les princesses, filles et sœur du roi de Naples, désirassent aller à sa rencontre sans aucune suite. Il était convenu que nous irions attendre le retour général à la Préfecture, destinée au logement de Leurs Majestés. Nous étions, en effet, à notre poste entre trois et quatre heures, lorsqu'on arriva. Après un instant de retraite dans leurs appartements, le Roi et la Reine, suivis de toutes les princesses, entrèrent dans le salon où nous les attendions. Madame, duchesse de Berry, me prenant par la main, me présenta au Roi, son père, et à la Reine, sa belle-mère.

Après de courts instants dans les appartements, on descendit pour le dîner : tout à coup la porte s'ouvrit, et le roi de Naples, suivi de sa famille, sortit et vint à moi. « Madame la duchesse de Reggio, me dit-il, je suis heureux de trouver ici l'occasion de vous dire que je connais votre dévouement à ma fille, la duchesse de Berry, et que j'en suis fort touché. »

Cette avance du souverain m'émut profondément ; j'avais, d'ailleurs, bien à cœur de contribuer au succès d'une réception faite à un roi de la famille des Bourbons, venant visiter les États d'un Bourbon sur le trône de France. Voici un résumé de l'aspect que présentait la cour de Naples : Le Roi, très énergique, était abîmé par un rhumatisme violent. La Reine sa femme, sœur de Ferdinand VII, à qui elle allait marier sa fille, offrait un air de grande bonté. Elle nourrissait encore son douzième enfant, le comte de Trapani. La Reine fiancée, âgée de vingt-quatre ans, était très jolie. Elle se maintenait dans une grande réserve devant le Roi son père, lequel tenait avec autorité son double sceptre de roi et de père de famille. Venait ensuite l'Infant. Parmi les officiers et les dames attachés à la cour de Naples, je citerai le prince Scilla et les duchesses de San Martino et de San Valantino.

Le voyage de retour commença : il fut semé de grandes réceptions et fêtes.

Il y avait une recrudescence de zèle et d'acclamations très prononcées à la vue de Madame, duchesse de Berry, depuis qu'elle avait quitté le Dauphiné ; mais c'était à elle personnellement qu'on voulait rendre hommage.

Cependant, le roi de Naples répondait bien à toutes les harangues qui lui étaient directement adressées ; mais le texte ne prêtait point à la variété des répliques, car, à bien dire, il roulait sur ce fait, qu'on le remerciait d'être *le père de sa fille.*

Je vous l'ait dit en commençant le récit de ce voyage : le ministère Polignac, qui débutait, avait déjà agité, par son seul avènement, l'opinion publique, et le Dauphiné, particulièrement, était décidé à l'opposition avant d'avoir vu commencer l'œuvre du nouveau pouvoir.

A travers le sage incognito qui nous avait été recommandé, et qui sauvait la dignité du rang royal de ma princesse, il avait cependant été impossible de ne point apercevoir les signes par lesquels on prouvait qu'elle était reconnue, et malheureusement nous ne retrouvions plus les transports qui éclataient ordinairement à son aspect. Nous avions quitté les princes napolitains à la frontière d'Espagne.

Le voyage était terminé ! Je ne saurais assez dire avec quel empressement je retrouvai mari, enfants et enfin un repos relatif... L'hiver 1829-1830 ne mit pas trêve à mes occupations... bien au contraire !

Les morts prématurées qui avaient laissé à mon frère et à ma sœur de vives douleurs, oppressaient mon cœur et mes esprits.

Au milieu des préoccupations qui en découlaient pour moi, il fallait suffire aux exigences du monde le plus animé. Le carême seul mit un terme aux plaisirs dont ma princesse avait voulu prendre sa large part. Hélas! n'était-ce pas le chant du cygne pour elle! Que de tristes pensées en effet nous inspirait, au maréchal et à moi, la politique du moment!

Ce qui nous frappait péniblement, votre père et moi, c'était l'imminence d'un danger toujours croissant qui menaçait la dynastie régnante. L'aveuglement de ses amis semblait aider fatalement aux divers partis qui lui étaient opposés; une des grandes préoccupations de la période où nous sommes arrivés était les préparatifs de la campagne d'Alger. Le ministère Polignac avait placé à la guerre le général de Bourmont.

A peine en possession du portefeuille de la guerre, et trouvant, dans le gouvernement auquel il allait prendre une part si active, une chance de guerre immédiate, il sollicita et obtint de suite le commandement en chef de l'armée de terre, résolus, lui et ses quatre fils, de se faire tuer ou de s'illustrer.

Il en résulta pour le ministre de la guerre un intérim dirigé par le comte de Champagny.

Étranges et déplorables résultats de l'esprit de parti! La guerre, cette fois, la guerre si sympathique en général à notre nation, excita, dès les premiers bruits qui en coururent, une improbation majeure.

On était décidé, parmi les masses, à blâmer les actes du ministère avant d'en avoir pesé les motifs. Nonobstant, les préparatifs s'activèrent, et l'on fut prêt à lancer nos armées de terre et de mer contre ce nid de pirates, au printemps de 1830.

Quand je revins à Paris, Madame, duchesse de Berry, était très occupée de la prochaine arrivée du roi et de la reine de Naples. Ils y séjourneraient comme Bourbons et comme souverains ; c'est vous dire que le cérémonial et les fêtes n'allaient pas manquer.

Je l'avoue, j'étais effrayée, pour les couronnes étrangères, du peu de sympathie avec laquelle, peut-être, elles seraient vues. La révolution bouillonnait particulièrement à Paris. J'aurais voulu que cette Cour, que nous avions à cœur et à honneur d'accueillir convenablement, ne se ressentît pas des troubles qui parcouraient sourdement notre capitale.

Au commencement de mai, Madame, duchesse de Berry, obtint du Roi la permission d'aller jusqu'à Blois au-devant du Roi son père. Nous partîmes, ayant dans notre voiture le prince de Salerne, frère de François Ier, et beaucoup plus jeune que lui. Il était gai, avait de l'entrain, et, dans ses précédents voyages à Paris, ses manières avaient été généralement goûtées.

L'on ne fit que coucher à Blois, où eurent lieu les réceptions ordinaires. On s'arrêta ensuite à Châteaudun. Notre troisième station fut au château de Rambouillet, où M. le Dauphin et Mme la Dauphine étaient venus attendre Leurs Majestés Napolitaines, qui rentrèrent avec eux à Paris et s'établirent dans le Palais-Bourbon, où ma pauvre princesse, qui les installa, dut être assaillie souvent par de douloureux souvenirs.

C'est dans les derniers jours d'avril qu'eût lieu la grande revue du Champ de Mars, que le maréchal commanda. Ce fut le dernier jour de fête de la belle garde royale ! Ce fut l'adieu du souverain à cette troupe d'élite qui devait, avant que trois mois fussent écoulés, lutter à son poste d'honneur dans les rues de Paris.

Mes enfants, vous avez un souvenir confus de cette mémorable matinée. Est-ce un pressentiment qui inspira à votre père le désir de vous voir assister, tout jeunes que vous étiez, à cette revue, la dernière que le maréchal Oudinot passa à la tête d'une armée ?

Et vous, mes petits-enfants, vous auriez senti une indéfinissable émotion, si vous aviez jamais vu l'attitude guerrière qui distinguait le maréchal, lorsque à cheval, passant devant le Roi, il le saluait de l'épée avec une grâce chevaleresque que je n'ai vue qu'à lui.

A partir du 1er mai, mon mari remit le commandement de la garde royale à son collègue le maréchal Marmont, par suite de l'ordre établi dans les quatre trimestres entre les quatre maréchaux commandant alternativement la garde : mon mari, dis-je, partit pour se préparer à présider le collège électoral à Verdun, et attendait à Jeand'heurs la réunion dudit collège électoral.

A peine les augustes étrangers furent-ils installés à Paris qu'on s'occupa de leur tout montrer et de les fêter par tous les moyens possibles.

Il y eut jeu chez le Roi, réunions chez Madame, spectacles à tous les théâtres, etc. Le roi de Naples voulut aussi assister à une représentation du Gymnase, qui était si vous vous le rappelez, sous la protection immédiate de Madame.

On fut à Compiègne : il y eut des chasses splendides qui enchantèrent la cour de Naples.. Charles X montait admirablement bien à cheval et suivait la chasse comme eût pu le faire un jeune homme.

Madame, duchesse de Berry, avait demandé et obtenu une faveur inusitée à laquelle elle attachait un prix immense ; c'était de recevoir pour la première fois son fils à Rosny, Rosny, ses amours, où dans le cours de l'année elle faisait, avec délices, des séjours qu'elle cherchait à rendre le plus champêtres possible. Elle y avait emmené une fois sa fille ; mais quant à M. le duc de Bordeaux, pour qui on aurait fait marcher un régiment, etc., elle n'avait encore eu jusqu'ici que l'espérance de le recevoir. L'occasion était bonne, puisque le roi et la reine de Naples se disposaient à séjourner à Rosny. Par une faveur plus spéciale encore, le roi de France déclara qu'il serait du voyage. La famille entière de M. le duc et de Mme la duchesse d'Orléans fut aussi appelée à cette réunion, dont les apprêts et les détails occasionnèrent, comme vous pouvez bien le penser, des soins infinis.

Revenus à Paris, les cours de France et de Naples ne tardèrent pas à être invitées par M. le duc et Mme la duchesse d'Orléans à un bal splendide, dont la composition et les préparatifs occupèrent bientôt tous les esprits.

Fait exceptionnel, le roi de France y fut annoncé. Naturellement, chacun des invités, même la cour de Naples, devança au Palais-Royal l'hôte auguste qu'on y attendait. C'était en plein mois de juin. Tout Paris était dehors et se portait naturellement vers le lieu de la fête, toujours si populeux, et offrant, cette fois, un spectacle rare et curieux. Jamais précautions de police ne furent plus négligées que dans cette circonstance ; c'était avec une peine inouïe que l'on traversait ces flots de population qui, si elle ne montrait pas d'hostilité, ne témoignait pas non plus de plaisir. Une curiosité ardente était tout ce que l'on pouvait distinguer dans les masses.

Nous trouvâmes, à notre arrivée, la famille de M. le duc d'Orléans dans une extrême agitation et une sorte d'inquiétude sur le compte qui lui était rendu de cette foule compacte que le Roi avait à traverser. Tout le monde, et même la cour de Naples, disparaissait à leurs yeux, et il était évident que le parcours et l'arrivée du roi de France absorbaient toutes leurs facultés. Enfin il parut; avec sa grâce et sa sérénité habituelles, il accueillit tous les maîtres du palais et traversa, pour se rendre à la place qui lui était préparée, tous ces magnifiques salons remplis de ce que Paris renfermait de plus marquant et de plus élégant. Dans l'espoir d'apercevoir quelque chose de la fête, la foule, nombreuse partout, était venue, avec un redoublement d'ardeur, s'entasser dans le jardin du Palais-Royal, parfaitement illuminé. On ne voyait absolument que des têtes se touchant sans aucun intervalle. Combien de milliers pouvait-on en compter? je ne le sais; nous pûmes avoir une idée de cette agglomération, lorsque le Roi, cédant à la proposition de M. le duc d'Orléans, fit le tour des galeries extérieures, où, bien entendu, tous les princes et les princesses le suivirent. Le Roi très remarqué en uniforme naturellement, cordon bleu par-dessus, portant tous ses ordres, le Roi, marchant librement, regardait avec sa bienveillance ordinaire cette immense population qui se pressait au-dessous de lui. Il en sortait des acclamations; mais il était impossible d'en distinguer nettement le véritable sens. Il m'est resté l'impression qu'au milieu de beaucoup de curiosité et de peu d'affection peut-être en ce moment, cette foule semblait solliciter quelque chose du Roi. Dans ma pensée, c'était le changement du ministère.

Cette mémorable promenade sur les galeries extérieures terminée, le Roi rentra pour voir commencer les quadrilles officiels; mais, à peine la foule l'eut-elle perdu de vue, que de son sein sortirent de grands cris; un flamme s'éleva tout à coup : elle provenait de toutes les chaises du jardin du Palais-Royal que l'on avait empilées pour donner de la place et qui prirent feu sans qu'on ait pu jamais savoir qui accuser de ce désordre. Je me rappelle le comte de Rumilly, aide de camp de M. le duc d'Orléans, éperdu et me disant : « Ah ! on va nous accuser de ne pas avoir pris toutes les précautions possibles, tandis qu'il n'en est pas une dont nous ne nous soyons assurés par nous-mêmes. »

Je ne sais à qui fut la faute. Le public accusa le préfet de police d'inertie, mais la majorité crut particulièrement, en ce qui concernait l'incendie des chaises, que c'était un bout de cigare qui l'avait causé. Quoi qu'il en soit, ce spectacle fut très émouvant, mais on n'entendit point parler d'accidents graves par suite du feu. La sortie du Roi, au milieu de la même foule, ne souffrit pas de difficultés, et, après sa retraite, le bal commença avec beaucoup d'entrain.

C'était la fin des plaisirs officiels de ma pauvre princesse !... Elle y dansa jusqu'au jour, et je me rappelle qu'un beau soleil levant éclaira ma rentrée chez moi.

Cependant j'étais à bout de forces et je demandai un congé de quelques semaines pour aller rejoindre mon mari à Jeand'heurs, bien résolue, en moi-même, à revenir pour l'ouverture des Chambres, qui était, aux yeux du maréchal comme aux miens, le moment où éclaterait, non une révolution radicale, nous étions loin de le penser, mais une lutte inévitable. Je voulais être présente et j'allais reprendre les forces qui m'étaient nécessaires.

J'ai dit que mon mari, nommé par le Roi président du collège électoral convoqué à Verdun, était parti dans les premiers jours de mai, et je me rappelle que, durant le séjour à Rosny, le Roi, me demandant de ses nouvelles, me dit : « Qu'obtiendra-t-il des élections ? — Sire, des députés de l'opposition. — Bah ! sur quatre il n'y en aura pas un pour le ministère ? — Il ne le croit pas, Sire. »

Le Roi n'eut pas l'air convaincu ; rien ne le sortait de sa sécurité. Vainement on lui parlait du refus de l'impôt, etc. ; toutes ces tristes vérités lui paraissaient l'effet d'une menace de quelques factieux dont les timides voulaient lui faire peur. En se trompant, son entourage le trompait. Vers la même époque je lui ai entendu dire que, dans sa conscience de souverain, il lisait pieusement les journaux des deux couleurs les plus opposées, afin d'être éclairé sur l'opinion des masses. « Eh bien, ajouta-t-il, quand on en vient à connaître le nombre des abonnés, l'on voit, par exemple, que la *Gazette de France* en a six fois plus que le *Constitutionnel*. »

C'était précisément le contraire. Qui donc avait ainsi trompé ce bon prince sur un calcul matériel qu'il ne pouvait aller vérifier lui-même ?

Après la première quinzaine de juin, j'annonçai à Jeand'heurs mon arrivée au maréchal. Je désirais le voir encore avant son départ pour Verdun. Je fis tout doucement mes préparatifs et mes adieux à Paris. Un matin j'avais fermé ma porte, place Vendôme, je vis arriver le maréchal Marmont, duc de Raguse, qui avait forcé ma consigne. Il avait, si vous vous le rappelez, pris son quartier de service, comme major général, le 1er mai. Il arrivait de Saint-Cloud, où déjà le Roi était établi. « L'on m'assure que vous partez pour rejoindre Oudinot, me dit-il ; répétez-lui ce que je lui ai dit souvent, c'est qu'il était le plus heureux des hommes et moi le plus malheureux. J'en trouve une nouvelle preuve dans les événements du jour; votre mari m'a remis le bâton de commandement, juste pour la durée du trimestre où le gouvernement va prendre les plus fatales et les plus dangereuses mesures, et c'est pendant le cours de mon commandement de la garde royale que j'aurai à faire soutenir militairement des résolutions que je déplore autant pour la dynastie que pour le pays. Ah! si j'échappe à la chance presque certaine que j'entrevois comme immédiate, je demanderai un long congé afin de laisser se débattre les questions qui s'agitent et j'irai porter loin de la France la fatalité qui m'a toujours poursuivi. »

J'écoutais tristement le maréchal Marmont, tout en cherchant à combattre un peu ses sombres prédictions. « Non, reprit-il, je ne puis guère m'y tromper depuis que je suis à Saint-Cloud, à portée d'observer ce qui se passe autour du Roi; je ne puis douter qu'un coup d'État n'éclate prochainement. » Là-dessus il me quitta et je ne le revis plus qu'une fois, lorsque je fus moi-même à Saint-Cloud, la veille de mon départ. Là je dînai chez le comte de Cossé-Brissac, un de nos plus aimables amis, avec un grand nombre de convives dont faisait partie le duc de Mortemart, qui se trouvait placé à table près de moi. Il arrivait de Saint-Pétersbourg (où il était ambassadeur), pour jouir d'un congé qu'il venait d'obtenir. « Mais que se passe-t-il donc ici, madame la duchesse? me dit-il, je tombe des nues; tout ce que je vois, tout ce que j'entends, me fait craindre un coup d'État aussi dangereux qu'intempestif. »

Mais ce langage d'hommes dévoués à la France et au Roi me prouvait, de plus en plus, qu'une crise était inévitable; je ne l'entrevoyais que pour la réunion des Chambres en septembre, et je me hâtai d'autant plus d'aller rejoindre mon mari et de profiter, avec lui, de notre commun petit congé. En saluant le Roi, ce jour-là, à Saint-Cloud, je n'eus donc pas le pressentiment que ce serait la dernière fois que je le verrais, ainsi que son auguste famille.

Madame, duchesse de Berry, était restée à Paris pour y jouir de la fin du séjour de la cour de Naples. Ce fut donc au pavillon Marsan que je fus lui faire mes adieux !

Je partis avec mes filles le 25 juin. A peine avions-nous passé les premiers relais de poste que ma voiture cassa. L'accident était léger ; on s'occupait à le réparer lorsqu'un grand tumulte se fit entendre derrière nous. L'on rangea ma voiture sur les bas-côtés de la route, afin de laisser le milieu du pavé à plusieurs équipages attelés de six chevaux. C'était la livrée de M. le duc d'Orléans, lequel, avec sa famille et son service, conduisait la cour de Naples à sa terre de Rency. Mes enfants et moi, qui avions mis pied à terre pendant que l'on réparait notre voiture, reconnûmes chaque figure. Le tout passa devant nous comme une flèche. Ce fut le dernier tableau dont nous emportâmes le souvenir.

Peu après mon arrivée on eut à fêter partout la conquête d'Alger. C'était un beau fait d'armes de terre et de mer ; nous nous en réjouîmes de grand cœur, et je suis encore indignée de ce que l'esprit d'opposition, qui s'était infiltré dans les masses, les ait empêchées de se réjouir, en vrais Français, d'un aussi beau triomphe.

Notre vie de château se ressentait, naturellement, du malaise général ; nous étions ainsi arrivés au 27 juillet. Le maréchal, je le vois encore, faisait son piquet avec le marquis de Montmort ; le reste de la société et moi étions sur le perron de la grande cour, lorsque nous vîmes arriver une estafette envoyée au maréchal par

M. de Caunan devenu, depuis peu, préfet de la Meuse. Il annonçait les Ordonnances...

Plusieurs s'écrièrent : « Ah ! il y aura des coups de fusil. — Peut-être que non, reprit le maréchal qui, avec un calme apparent dont il était doué pour les grandes circonstances surtout, cherchait toujours à maintenir le sang-froid chez les autres ; il faudra voir. »

En ce qui le regardait, il était dans une position bien légale sous la garantie d'un ordre officiel du Roi, qui l'avait envoyé dans la Meuse comme président d'un conseil électoral ; et, durant la période des terribles jours qui suivirent, il eut à se dire : « Je suis à mon poste, où mon souverain sait pouvoir me trouver afin de m'envoyer à mon commandement de Metz au besoin, et je ne puis et je ne dois pas tenter d'accourir sur un autre terrain où je ne suis pas appelé encore et risquer ainsi de croiser les ordres utiles qui me seraient adressés ici. » Il pouvait se dire et il se disait : « En cas de menace d'une nouvelle révolution, on ne recommencerait pas la faute commise en 1815, lorsqu'on négligea de me transmettre des ordres à temps dans ce poste militaire d'une importance incontestable ; j'en suis à vingt-cinq lieues, on le sait, ne brusquons rien par suite d'un zèle intempestif qui pourrait me détourner de la voie légale et utile dans laquelle je me trouve. Dans tous les cas, me dit le maréchal, qui se trouva ainsi parfaitement d'accord avec ma pensée, vous, ma chère, qui êtes dans une position spéciale et particulièrement attachée à la personne de votre princesse, si les événements s'aggravaient pour elle, vous iriez la rejoindre. »

Il faut vous rappeler qu'à cette époque on en était encore réduit aux lents services de la poste ordinaire ; que nous n'étions pas sur la ligne des télégraphes aériens, qu'en un mot les communications subissaient des retards dont on ne peut se faire une idée aujourd'hui, et, malgré la bouillante impatience dans laquelle nous vécûmes, à dater du premier avis des Ordonnances, nous étions forcément en retard des événements de vingt-quatre à trente-six heures. Enfin les nouvelles du 28 juillet, qui ne me parvinrent que du 29 au 30, décidèrent mon départ individuel. Le maréchal me fit accompagner de son premier aide de camp, le comte de Bourcet, et je partis dans le double but de rejoindre mon poste au moment du danger et d'obtenir des ordres et une direction de la part du Roi pour le maréchal, qui se desséchait dans une vaine attente.

Les détails qui déterminèrent mon départ étaient d'une telle nature, que ce fut avec un saisissement extrême que je laissai mes enfants et mon mari derrière moi... Je ne savais jusqu'où je pourrais aller et ce que je trouverais en arrivant. On se tuait dans les rues de Paris, voilà tout ce qui nous paraissait de plus positif. C'est dans cette conviction qu'il fut décidé que, si je pouvais arriver jusqu'en vue de la capitale, afin de savoir s'il était possible de traverser les barricades qui l'emplissaient, je la tournerais pour me rendre d'abord à Stains, qui en est à deux lieues, et me dirigerais ensuite vers mon poste, en mettant par devers moi toutes les chances possibles de l'atteindre.

Tous les services publics étaient suspendus ; plus de diligences sur notre route, que nous suivions le plus vite possible ! A je ne sais quel relai, l'on nous dit que la population de Paris ayant triomphé de l'armée et particulièrement de la garde royale, elle avait chargé des canons avec de la chair humaine et notamment avec le corps du maréchal Marmont... Malgré l'horreur de ce propos, auquel je me refusai de croire, vous comprendrez néanmoins que mes impressions s'assombrissaient au fur et à mesure que nous avancions. A la poste d'Épernay on nous demanda notre passeport. Une garde nationale plus qu'hostile, presque brutale, nous entoura de ses baïonnettes. J'avais pris un de mes prénoms sur ledit passeport qui m'avait été délivré à Bar. M. de Bourcet, qui avait coupé ses moustaches, se dit négociant, et finalement on nous laissa passer après nous avoir regardés de très mauvais œil.

J'abrège les détails et je vous amène avec moi à Stains, où nous arrivâmes accablés par la situation et, de plus, par un chaleur tropicale, ce qui ne m'empêcha pas de presser le départ de M. de Bourcet pour Paris. Il devait d'abord aller avertir M. et Mme de Vatry de ma présence chez M. Hainguerlot leur père, à Stains, puis appeler près de moi immédiatement, si c'était possible, Mme Monniot, gouvernante de mes enfants, et M. Morel, mon secrétaire.

Nous avions enfin appris le plus fort des événements qui venaient de s'accomplir. J'avais lu la proclamation de Louis-Philippe, dans laquelle se trouvaient ces mots : « La charte sera enfin une vérité », etc. Cette pièce avait suivi les abdications successives du Roi et de M. le Dauphin, lesquelles, toutes deux, se résumaient en faveur de M. le duc de Bordeaux dont la minorité était confiée à M. le duc d'Orléans, désigné par Charles X comme régent du royaume. La proclamation de ce prince gardait le silence sur ces derniers faits et, de plus, j'apprenais que la famille royale, tout entière, avait été obligée de quitter sa résidence de Saint-Cloud pour se retirer devant la révolution triomphante.

Où s'était-elle dirigée? Qu'était-ce que le présent?

Que serait l'avenir? Ces immenses événements venaient de m'être appris dans leur ensemble, lors de mon débotté à Stains, par un vieux parent de M. Hainguerlot qui habitait cette terre. Est-il besoin de vous peindre mes angoisses dans l'attente de nouveaux détails? Les minutes étaient des siècles, et cependant chacun mit bien de l'empressement à venir à mon aide.

Le général Pajol avait pris de suite une position éminente dans le gouvernement provisoire, et ce fut sa femme, votre sœur, mes enfants, que je vis apparaître la première. Mettant de côté le triomphe de son opinion, constamment opposée à la Restauration depuis les Cent-jours, elle ne vit plus que mon sort personnel et elle en comprit tous les devoirs et les difficultés. Se mettant à ma merci, elle retourna à Paris pour prier, sur ma demande, son mari de me procurer, par ses nouveaux pouvoirs, le moyen de rejoindre la famille royale dont, en ce moment, on ignorait encore la marche. D'autre part, M. et Mme de Vatry arrivèrent, les poches pleines de billets de banque, les mettant à ma disposition dans le cas où je partirais immédiatement pour un exil inconnu. Les précautions que j'avais prises me dispensèrent de profiter de ces bons procédés.

Mme Monniot et même son mari (qui venait de reprendre du service) arrivèrent avec empressement; cette bonne amie s'installa près de moi, pour la nuit qu'il me fallut passer à Stains, afin d'y attendre les nouvelles qui devaient diriger mes plans du lendemain.

M. de Bourcet était revenu navré, éperdu de l'aspect de Paris qu'il venait de traverser en divers sens. L'excellent M. de Xaintrailles, autre aide de camp de mon mari, était aussi accouru pour se mettre à ma disposition. Dieu m'envoyait bien des secours au milieu du dédale qui résultait, pour moi, de la situation générale. J'en étais pénétrée de reconnaissance, mais mon esprit fiévreux se portant de votre père à vous, mes enfants, et de là à la famille royale, ne savait où se reposer. L'excellente Mme de Vatry (je la vois encore) me servit elle-même un souper improvisé auquel elle avait travaillé, de sa main, à la cuisine. Je me jetai quelques heures sur un lit et le 2 août, dès le matin, je m'éveillai plus brisée que jamais pour attendre mes nouvelles de Paris. Mme Pajol revint avec la réponse du gouvernement provisoire qui était présidé par le maréchal Gérard. J'avais oublié de vous dire que je m'étais adressée à celui-ci par une lettre, dont s'était chargée ma belle-fille et dans laquelle j'exprimais catégoriquement la volonté de rejoindre ma princesse. A ceci me fut répondu, verbalement, par Mme Pajol, qu'aucun pouvoir humain ne pourrait, en ce moment, assurer mon trajet au milieu d'une émeute populaire qui, de Paris, se dirigeait ce même jour sur le château de Rambouillet, où s'étaient réfugiés le Roi et sa famille.

Dans cette position extrême, je n'avais, à mon sens, qu'un parti à prendre; c'était de retourner à mon mari, de lui exposer les faits, de prendre ses ordres avant que de me lancer dans une émigration qui devait résulter de ces mêmes faits, puis, s'il me donnait la liberté d'agir, de mettre mes enfants, encore bien jeunes alors, en sûreté, et de rejoindre aussitôt que possible dans son expatriation la princesse avec laquelle j'avais vécu, alors qu'elle était sur les marches du trône ! Dans cette pensée, voici ce que j'écrivis à Son Altesse Royale :

« Stains, 9 août 1830.

MADAME,

« Aux premiers bruits des troubles affreux de Paris,

je suis partie pour venir vous rejoindre; j'ai pu arriver jusqu'ici, d'où j'espérais gagner Saint-Cloud. Votre Altesse Royale venait de partir... Personne ne peut me dire précisément où vous êtes. Dans mon profond chagrin, ne voulant pas mettre le pied à Paris, je retourne sur le seul coin de terre qui m'appartienne; si j'y retrouve mon mari et mes enfants, si Dieu, que j'implore pour eux et pour vous, Madame, me laisse me réunir à eux, c'est là que j'attendrai vos ordres, prête, au premier mot qui m'arriverait de votre part, à partager votre prison ou votre exil, si telle est votre destinée.

« Adieu, Madame, croyez que mon cœur déchiré vous est fidèle. Je suis, etc. »

Cette lettre écrite, je la remis à M. Morel, qui aussi était arrivé à Stains sur ma demande; il remplit fidèlement son mandat. J'avais laissé ma lettre ouverte, et, toujours par l'intermédiaire du général Pajol, je m'étais de nouveau adressée au gouvernement provisoire pour qu'il protégeât mon messager et le fît arriver le plus vite possible à destination; mais le général Pajol, de sa personne, ne put pas s'occuper de cet intérêt, parce qu'il s'était porté à la tête du mouvement populaire qui se dirigeait sur Rambouillet, dans le but d'accélérer la sortie de France du Roi et de la famille royale. J'ai toujours cru que l'intention du général Pajol, comme celle du colonel Jacqueminot qui l'accompagnait, avait été de contenir cette population qu'on ne pouvait arrêter, et de s'opposer de toutes leurs forces aux attentats qui eussent dépassé la menace. Ce n'en était pas moins un triste commandement pour ces deux brillants militaires.

Ils furent rejoints à Rambouillet, on le sait, par des commissaires de l'espèce de pouvoir du moment, lesquels, devançant l'attroupement, en avertirent le Roi qui voulut bien les admettre en sa présence. Ce furent particulièrement M. le maréchal Maison et M. Odilon Barrot qui portèrent la parole. Il dut leur en coûter !

Le Roi aurait pu se défendre encore avec les troupes qui l'avaient accompagné jusque-là, mais la douleur qu'il ressentait du sang déjà versé, la crainte d'en faire de nouveau couler, le déterminèrent sur-le-champ à reprendre le chemin de l'exil...

On sait le reste.

Dans l'ignorance de tous ces détails et après avoir donné à ma lettre toutes les chances qu'il m'était possible de lui offrir pour qu'elle arrivât vite et bien, je pris congé de tous ceux qui m'avaient secourue, et, sans perdre un instant, je repartis avec M. de Bourcet, dont l'accablement me frappa. Hélas ! il touchait de bien près à la perte de sa raison !

Rien de saillant n'arrêta notre marche de retour, quoiqu'il y eût beaucoup de mouvement sur notre route. Nous remarquâmes particulièrement une foule d'hommes marchant isolément et revêtus de blouses bleues ; presque toutes semblaient neuves, et il ne nous fallut pas longtemps pour deviner que ce devaient être des soldats de la garde qui venait d'être dissoute par la force des choses et qui ne tarda pas à être licenciée. Ainsi, c'était pour avoir fait son devoir que cette brave troupe était obligée de cacher son uniforme devant des Français, des frères !

Victor, qui avait obtenu un congé pour aller aux Pyrénées avec sa femme, revint en toute hâte à son commandement de Saumur, non pour reconnaître un nouveau pouvoir, puisqu'il donna de suite sa démission, mais pour faire respecter l'ordre dans l'intérieur de l'École de cavalerie, jusqu'au moment où il y serait remplacé.

Cependant, je hâtais par tous les moyens ma marche sur Jeand'heurs ; j'y rentrai enfin presque en même temps qu'y arrivait le maréchal Molitor, venant de sa terre pour s'entendre avec mon mari sur ce qu'ils avaient à faire. Je rendis compte de tout ce que j'avais su et vu, mais je ne pouvais encore rien dire des faits qui s'étaient accomplis derrière moi à Rambouillet.

Une pièce importante était enfin arrivée à la connaissance de tous; c'était l'abdication conditionnelle, dont j'ai parlé plus haut, de Charles X en faveur du Dauphin son fils, et de celui-ci en faveur du duc de Bordeaux, remettant le pouvoir à M. le duc d'Orléans, comme régent du royaume pendant toute la minorité de l'enfant. Cette pièce fut déposée dans les archives de l'État, elle doit y être encore; mais M. le duc d'Orléans, en acceptant le pouvoir comme régent, gardait le silence sur le reste. Les Chambres étaient convoquées, les deux maréchaux ne doutèrent pas que les droits d'hérédité de M. le duc de Bordeaux n'y fussent, sinon reconnus, au moins discutés ; et c'est dans cette pensée qu'ils partirent tous deux de Jeand'heurs, le 5 août, pour prendre leurs places à la Chambre des pairs et mettre le poids de leur vote et de leur opinion dans la balance en faveur de M. le duc de Bordeaux.

Je n'entrerai point ici dans les détails qui, à la grande douleur de mon mari, l'obligèrent dans sa conviction de reconnaître le seul pouvoir qui, dans cette épouvantable crise, se présentait pour sauver la France d'une orageuse république avec toutes ses terribles conséquences. En définitive, il envisagea qu'il devait l'appui de sa personne et celui de sa haute position militaire à son pays. Mais, si le parti qu'il prit laissait sa conscience en repos, il affligeait son cœur.

De mon côté, je fléchissais sous le poids de tant d'émotions, attendant d'heure en heure la décision qu'allait prendre Madame, duchesse de Berry, à mon égard. J'avais appris le départ de Rambouillet, et j'avais su qu'on se dirigeait vers la Normandie, et que M. Morel avait pu partir et suivre cette ligne; mais où conduirait-elle la famille royale et mon messager?

Huit grands jours s'écoulèrent dans cette incertitude, lorsque enfin m'arriva, non pas M. Morel en personne, ainsi que je l'attendais, mais une lettre de lui, m'annonçant qu'il avait pu rejoindre Madame, duchesse de Berry, dans le Calvados, et m'envoyant la réponse de Son Altesse Royale, dont voici la copie ;

« Vire (Calvados), le 11 août.

« J'ai reçu, chère duchesse, votre mot et je vous ai bien retrouvée là; comme nous ne savons pas où nous allons, après nous être arrêtés à Cherbourg, je vous conseille d'être tranquille à Jeand'heurs; dès que je serai quelque part, je vous écrirai.

« J'ai envoyé M. Nichols à Paris arranger mes affaires et payer mes dettes et que tout le monde puisse être content dans de pareilles circonstances. Il s'entendra avec Sassenay, Morel, Cuchetet, Mme de Noailles, pour les différents services et caisse.

« Il a une procuration illimitée.

« Mes enfants sont bien, moi, triste de quitter cette belle France que je regardais comme ma patrie. Priez pour nous et faites prier vos enfants que j'embrasse. Vous, croyez que, dans le malheur comme dans la prospérité, vous n'avez pas de meilleure amie que — C.

« MM. de Mesnard, de Brissac, Mmes de Bouillé et Charette me chargent de leurs amitiés. »

Elle me disait d'attendre à Jeand'heurs et d'y rester tranquille; je souscrivis naturellement à la première recommandation; quant à l'autre, il ne dépendait pas de moi de m'y soumettre. La position du maréchal à Paris, l'état général du royaume, les pensées que m'inspiraient les augustes exilés, ne donnaient-ils pas lieu aux tristesses de mes journées et aux insomnies de mes nuits?

J'attendis, mais non sans faire arriver à Madame, d'une manière certaine, mes instances pour la rejoindre, lorsque je la sus établie à Édimbourg. Elle n'accepta pas ma présence, et de ce moment jusqu'à celui où je la sus prisonnière à Blaye, nos relations furent suspendues.

La révolution de 1830, comme celle de 1815, amenait un nouveau bouleversement dans la position et la fortune de mon mari.

Le maréchal était resté à Paris, où tout était effervescent, avec son fils Auguste qui, dépossédé de sa situation dans les hussards de la garde, voyait, à la fleur de l'âge, briser, pour la seconde fois, ses chances d'avancement.

Le maréchal était donc resté à Paris, bien résolu, ainsi que je l'ai dit, à user de sa personne au besoin et, dans tous les cas, de sa voix à la Chambre des pairs, pour empêcher le désordre, autant que possible.

Par une anomalie que l'histoire jugera, la révolution de Juillet, non contente d'avoir dépossédé du trône le Roi et ses successeurs, agissant avec une inconséquence sans nom, voulut en plus faire payer aux ministres, toujours responsables avec une charte constitutionnelle, ce qu'elle reprochait au souverain lui-même. Mais il fallait l'un ou l'autre, au point de vue de la logique, et, du moment où le trône s'était écroulé, avec lui disparaissait la responsabilité du ministère. Et pourtant on se préparait avec violence à mettre ce ministère en jugement. C'était pour apporter le poids de son opinion et de ses efforts en faveur de l'impartialité que le maréchal, menant à Paris une vie de retraite et de sacrifices, restait sur le terrain par conscience.

L'exaspération publique se portait principalement sur le chef du dernier cabinet, le prince Jules de Polignac. Si ce dernier péchait par le jugement, il avait assez de cœur pour en supposer aux autres, et, à travers les cris de mort qui menaçaient sa tête, il eut la noble pensée de confier sa défense à son principal antagoniste, à M. de Martignac, chef du précédent cabinet.

L'appel fut entendu, et ce cœur généreux, dont les battements étaient comptés, accepta sciemment, au péril du reste de sa vie, cette grande tâche.

Il resta à la hauteur de la situation et les derniers accents de cette voix, toujours forte et persuasive, laissèrent un souvenir éternel de ce que fut M. de Martignac. Il ne survécut que peu de mois à son plaidoyer.

Pas plus que dans les pages précédentes, je ne reviendrai sur les événements politiques quand ils ne se lieront pas indispensablement à mon sujet. Je vous ramènerai donc avec votre père, après les premiers mois du gouvernement de Juillet, dans notre Jeand'heurs bien attristé.

J'avais facilement obtenu du maréchal une condition à laquelle je tenais essentiellement ; c'était de nous établir, annuellement, dans notre maison de Bar-le-Duc pour les trois mois d'hiver. Mes sympathies pour cette ville et les ressources qu'elle renfermait et qui pouvaient aider à la bonne volonté de mes enfants dans le complément de leurs études, me rendirent cette détermination précieuse.

Des liens de famille et d'amis pour tous les âges de

notre intérieur étaient des trésors où nous avons toujours puisé avec succès.

L'hiver s'écoula à Bar. Le printemps nous revit à Jeand'heurs.

Le choléra qui éclata, en 1832, foudroya notre famille par la mort de ma belle-fille, la comtesse Pajol, si exceptionnellement douée, qui fut enlevée dans la force de l'âge. Le fléau fit des ravages partout, et particulièrement en Lorraine.

Depuis peu j'avais eu, en plus de tant d'autres agitations, celle que m'avait causée la guerre de Vendée, tentée par Madame, duchesse de Berry.

Quand vous relirez avec attention, mes enfants, les récits des voyages de Son Altesse Royale, en 1828, sur cette terre historique, vous y trouverez le germe de ce projet, que les événements de 1830 développèrent. Cette entreprise était basée sur des illusions, que des gens de bonne foi, mais aveuglés par leurs sentiments politiques, avaient fait partager à ma princesse. Je ne fus étonnée que d'une chose, c'est qu'elle ne se soit pas jetée tout à travers la Vendée, sur le coup même des ordonnances de Juillet.

J'avais suivi de cœur ses destinées, j'avais su qu'elle avait quitté le Roi et la famille royale à Édimbourg, pour aller en Italie, où elle avait passé à peu près toute l'année 1831. Il y avait quelque temps que j'étais tombée dans l'ignorance des actions de Madame, lorsque, au printemps de 1832, se répandit la nouvelle de son arrivée en Provence, suivie bientôt de sa marche en Vendée. Je vis, dans cette résolution hardie, le dévouement d'une mère, mais je n'eus pas un instant la pensée d'un succès. Tout était donc angoisses pour moi, dans cette périlleuse entreprise. Mes alarmes étaient vagues, mais elles se réalisèrent dans les premiers jours de novembre, lorsque nous arriva, avec tous ses navrants détails, la nouvelle officielle de l'arrestation de Son Altesse Royale. incarcérée d'abord au château de Nantes, et envoyée ensuite, par mer, dans une citadelle de Blaye !

A Nantes ! où, deux ans auparavant, je l'avais vue, pour ainsi dire, portée en triomphe ! A Blaye ! où, la même année, elle avait été accueillie avec transports.

Vous imaginez bien que mon premier mouvement fut de réclamer près d'elle, dans sa prison d'État, la place que j'avais autrefois le droit d'occuper près d'elle aux Tuileries. Voici la lettre que j'écrivis de suite à l'auguste recluse :

« Madame,

« Depuis la nouvelle de votre arrestation, je n'ai
« qu'une pensée, celle de partager votre captivité ; je
« l'aurais essayé de suite, si l'on ne m'avait fait obser-
« ver qu'avant tout le consentement de Votre Altesse
« Royale m'était nécessaire ; je l'attends de vos an-
« ciennes bontés pour moi.

« J'ai l'honneur d'être, etc.

« Jeand'heurs, le 11 novembre 1832. »

A cette lettre, que je laissai ouverte, j'en ajoutai une autre.

Appuyée sur la proposition que, à peine appelée à partager les pouvoirs de son mari, la reine Marie-Amélie m'avait fait faire, dans les termes les plus pressants, *d'user de son autorité dans toutes les occasions où j'aurais besoin de la réclamer*, je lui adressai la lettre suivante :

« Madame,

« Je viens solliciter de votre bonté une faveur à
« laquelle j'attache le plus grand prix : c'est de vouloir
« bien lire et faire arriver à Madame, duchesse de
« Berry, la lettre ci-jointe, et, si l'offre qu'elle contient
« est acceptée, j'aurai encore à demander à Votre
« Majesté son secours pour que les portes de la prison
« me soient ouvertes.

« Si ma demande est téméraire, je vous conjure de
« me la pardonner; mais, dans la circonstance, je n'ai
« pu avoir d'autre pensée que celle de m'adresser à
« Votre Majesté, dont je connais les bontés pour moi.

« Persuadée, d'ailleurs, qu'on ne verra rien de poli-
« tique dans ma démarche, je sens, à la confiance qui
« m'anime, que je n'aurai pas à me repentir de mon
« inspiration.

« J'ai l'honneur d'être, etc.

« Jeand'heurs, le 11 novembre 1832. »

Je remis ces deux lettres sous le couvert du général Oudinot, en le priant d'obtenir de suite une audience de la Reine, ce qui lui fut immédiatement accordé. Il trouva cette princesse en pleurs. « Je comptais », lui dit-elle, « sur la démarche de votre belle-mère et tout ce
« que je souhaite, c'est qu'elle arrive près de ma nièce.
« La chose ne dépend pas uniquement de moi; il faut
« qu'elle passe au conseil des ministres; comptez sur
« mes vœux et sur ma bonne volonté, etc. »

Mes lettres furent en effet remises et discutées au conseil des ministres. Une estaffette fut expédiée à Blaye, et voici la réponse qui m'arriva tout ouverte à Jeand'heurs, par les soins du président du conseil, maréchal Soult.

« Du château de Blaye, ce 23 novembre 1832.

« Vous ne pouvez douter, ma chère duchesse, com-
« bien j'ai été touchée de votre lettre, qui m'a été trans-
« mise, par une bien parfaite du marquis Oudinot, que
« je vous prie de bien remercier de ma part. Je n'ac-
« cepte point ce que vous m'offrez ; le sacrifice serait
« trop grand. Je sais combien votre famille a besoin de
« vos soins et je ne me pardonnerais pas de l'en priver.
« Je serais fort aise d'avoir de vos nouvelles et de vos
« enfants.

« Ne doutez pas, ma chère duchesse, de ma recon-
« naissance et de mon amitié.

« Ma santé n'est pas bonne, mais j'ai du courage et
« de la patience.

« *Signé :* MARIE-CAROLINE. »

« M. de Mesnard me prie de vous parler de lui. »

Voici ce que je répondis au refus ci-dessus :

« Bar-le-Duc, 1ᵉʳ décembre 1832.

« En lisant votre refus généreux, motivé sur mes
« sentiments et intérêts de famille, j'ai pensé que je
« devais avoir l'honneur de renouveler ma démarche,
« vous assurant, Madame, que rien ne me coûterait
« pour vous entourer des soins que mon devoir et mon
« respect me commandent, car c'est surtout en pareille
« circonstance qu'il m'appartient de faire acte, près de
« vous, de l'attachement que vos anciennes bontés
« m'ont inspiré. »

Ceci, mes enfants, est le texte que j'ai là, écrit de la main de votre père ; j'ai changé si peu de chose au sens de ses paroles que j'ai préféré sa rédaction à la mienne.

Mais, sur ces entrefaites, le maréchal fut saisi tout à coup d'une indisposition si vive, qu'elle nous rappela le choléra, si près de nous encore! Le général Oudinot, sa femme et son fils, arrivèrent sur le coup : les soins les plus prompts nous délivrèrent de cette mortelle angoisse, et tous nous arrivâmes à Bar, pour y être, dans cette mauvaise saison, plus près des secours. Ce fut de là seulement que, le 14 décembre, je fis partir, sous le couvert du maréchal Soult, président, comme nous l'avons dit, du conseil des ministres, ma seconde lettre à Madame, duchesse de Berry, en adressant au maréchal les lignes suivantes :

« Monsieur le maréchal,

« Une grave et douloureuse maladie de mon mari, en
« absorbant toutes mes facultés et tous mes mouve-
« ments, a retardé jusqu'à aujourd'hui l'envoi de ma
« réponse à la lettre de Madame, duchesse de Berry.
« Je commence à me rassurer et mon premier soin,
« Monsieur le maréchal, est de réclamer encore votre
« obligeance pour faire parvenir à Blaye mes nouvelles
« instances.

« Si, dans le principe, je me suis adressée à la Reine,
« ce n'est point pour me soustraire à votre compétence,
« Monsieur le maréchal, mais pour avoir, de plus, une
« chance puissante de succès ; je savais que cette affaire
« suivrait ensuite sa marche naturelle et viendrait sous
« votre influence, que j'étais loin de redouter.

« Le général Oudinot s'est empressé de me faire con-
« naître toutes vos bonnes dispositions pour moi ; si je
« ne lui confie pas aujourd'hui le soin de vous remettre
« cette lettre, c'est qu'il est retenu ici par la santé de
« son père. »

Voici la réponse du maréchal :

« Paris, le 20 décembre 1832.

« Madame la maréchale,

« J'ai appris avec une vive peine, par la lettre que
« vous m'avez fait l'honneur de m'écrire le 14 de ce
« mois, que M. le maréchal, duc de Reggio, était malade
« et très souffrant; mais, depuis, l'heureuse nouvelle
« que sa santé est rétablie m'est parvenue. Je vous prie
« de lui témoigner la part que j'y prends.

« Votre lettre en renfermait une pour Madame, du-
« chesse de Berry. J'ai l'honneur de vous prévenir que
« je l'ai adressée à M. le colonel Chousserie, comman-
« dant supérieur de la citadelle de Blaye, pour qu'il en
« fasse remise.

« Agréez, Madame la maréchale, etc.

« *Signé :* Maréchal DUC DE DALMATIE. »

Je ne reçus jamais de réponse à ma lettre du 1er décembre, et je fus bien saisie lorsque, dans le cours de
l'hiver de 1832 à 1833, je trouvai dans le *Moniteur* une
déclaration officielle de Madame, duchesse de Berry.
Cette déclaration était de Blaye et annonçait que, en
1831, Son Altesse Royale avait contracté un nouveau
mariage pendant son séjour en Italie.

Ce ne fut qu'un peu plus tard que la princesse déclara
avoir épousé le comte de Lucchesi-Palli dont elle n'avait
pas ajouté le nom à sa première déclaration. Pour taire
ce nom elle avait des motifs politiques qu'elle seule put
apprécier; mais tous ses amis regrettaient cette omis-
sion qui, aux yeux du public, ne s'expliqua pas dans le
premier moment.

Les preuves authentiques de cette union sont incontestables ; mais Madame ne jugea à propos de les fournir que plus tard.

Le premier enfant issu de ce second mariage était une fille. Elle naquit à Blaye, peu de temps avant la mise en liberté de Son Altesse Royale, qui s'embarqua avec cette enfant.

Le comte de Lucchesi était venu au-devant de sa femme. Ils voguèrent vers l'Italie, et l'on fut longtemps ensuite sans connaître les détails de la nouvelle existence adoptée par Son Altesse Royale. On sut seulement qu'elle avait été accueillie fraternellement par le roi de Naples, Ferdinand, son frère.

Après tous ces événements je me renfermai, de plus en plus, dans ma vie de Jeand'heurs.

Mes meilleurs moments étaient ceux des vacances, qui ramenaient mes chers fils au logis.

J'avais toujours à demeure une des trois filles du général de Lorencez. La famille d'Arros, nos chers parents de Beaufort et, de loin en loin, ma sœur et son fils, embellissaient ces réunions.

Mais ma sœur touchait au veuvage, et dans le cours de 1833 nous eûmes à pleurer, elle un mari modèle, et moi un frère profondément affectionné.

Nous étions arrivés en 1834. A cette époque, la santé de l'excellente Mme Poriquet nous donnait de vives inquiétudes, et, en effet, elle nous fut enlevée dans le cours de l'été, laissant dans la famille une lacune vivement sentie.

Pendant ce temps, mon petit Charles avait bien marché dans ses études à Nancy, et il fut décidé qu'il passerait, en automne, son premier examen. A la pensée de cette épreuve, au-devant de laquelle je devais aller à Nancy, j'en avais une autre à subir. M. le duc d'Orléans, allant au camp de Lunéville, passa à Jeand'heurs, où il accepta un déjeuner. Je me trouvai donc obligée de reprendre, dans des conditions toutes nouvelles, des obligations officielles auxquelles j'étais devenue bien étrangère depuis 1830.

Ce prince était charmant ; j'avais connu l'affection, presque maternelle, que lui accordait Madame, duchesse de Berry. J'appuie sur ce mot : *maternelle,* parce que j'étais dans la confidence du désir de la princesse de le marier à Mademoiselle (depuis duchesse de Parme). Que de choses eût pu arranger cette excellente combinaison !

Nous étions en juin 1835. Les lettres d'Auguste, de plus en plus émouvantes et de plus en plus honorables en ce qui concernait son amère et difficile tâche (1) de chef de corps, nous tenaient dans une alternative fiévreuse, lorsque tout à coup il nous annonça, comme une sorte de délivrance pour lui, qu'il allait enfin marcher en guerre contre Abd-el-Kader, qui bravait l'armée française dans la province d'Oran.

« Le général Trézel (nous disait Auguste) prend sur
« lui une énorme responsabilité en allant attaquer
« l'Émir dans les conditions où nous sommes ; mais
« cette question n'étant pas la mienne, je ne vois
« qu'une chose : nous allons enfin à l'ennemi. »

Ici, mes enfants, il me faut du courage pour revenir sur une catastrophe dont les détails navrèrent nos cœurs. Tels furent les pressentiments du jeune colonel,

---

(1) Les subordonnés du colonel Auguste Oudinot manifestaient une certaine hostilité contre lui parce qu'il avait servi dans les hussards de la garde sous la Restauration. V. page 515.

la veille de son départ pour cette campagne, qu'il fit son testament. Hélas! il n'avait eu que trop raison dans ses prévisions; et l'affaire, mal calculée, fût devenue désastreuse pour nos armes, si le régiment d'Auguste (2ᵉ chasseurs d'Afrique), qui formait l'avant-garde, ne s'était jeté au-devant du danger.

« En avant! s'écria le colonel. Pour l'honneur du « régiment! En avant! »

Il était le premier, et il fut le premier atteint d'une balle au front. Il tomba pour ne plus se relever. Les officiers se précipitèrent pour le soustraire aux Arabes. Un homme de cette nation, nommé Abdallah, sous-officier dans son régiment, qui lui était particulièrement dévoué, chargea ses précieux restes en travers de son cheval, avec une telle dextérité, et il fit prendre à l'animal une telle allure qu'il put enlever cette belle proie à l'ennemi.

Bientôt il fallut opérer une retraite. Dès que l'armée put prendre une disposition quelconque, elle fit creuser deux tombes pour y déposer, tel qu'il était dans son uniforme, le colonel Auguste Oudinot, et un jeune sous-officier tué à ses côtés.

On marqua la place où ils furent enterrés, de manière à les retrouver un jour.

Votre père était retenu par la Chambre, à Paris. Son cœur fut percé de part en part. Il y a des sentiments qu'on ne peut exprimer. Un jour qu'on faisait célébrer dans la chapelle de Jeand'heurs une messe pour cette âme d'élite, les sanglots du maréchal révélèrent sa présence à cette cérémonie dont on lui avait caché la connaissance, pour ménager sa sensibilité arrivée à l'extrême.

Bientôt nous arrivèrent d'Afrique les malles d'Auguste,

renfermant ses armes ensanglantées. Quelle vie fut la nôtre, à Jeand'heurs, à la suite de ce malheur! Quel deuil à porter, que celui de cet homme jeune, plein d'avenir, qui toujours avait fait la gloire de sa famille comme il en avait fait le charme à l'intérieur!

Victor, le fils aîné du maréchal, était resté volontairement dans l'inaction depuis la révolution de Juillet; mais il n'avait pas brisé son épée. En apprenant qu'on préparait une expédition pour venger notre désastre de la Macta, il demanda à y prendre un rôle actif, ce qui lui fut immédiatement accordé. Il partit en novembre 1835, avec le titre de commandant de la cavalerie de l'avant-garde d'une armée, qui avait pour général en chef le maréchal Clausel, et dans laquelle armée figurait activement M. le duc d'Orléans.

Non seulement le général Oudinot voulait venger son frère, mais il s'était promis de rechercher sa dépouille mortelle et de nous la rapporter à nous, qui lui préparions une place dans le cimetière de la famille.

L'armée suivit la même direction que celle du général Trézel.

Arrivés sur la place où l'on avait inhumé le colonel Oudinot, son régiment prit les armes et s'avança, ayant en tête le maréchal commandant, M. le duc d'Orléans et le général Oudinot.

Un aumônier suivi d'une bière se préparait à remplir son funèbre ministère. Un silence de mort présidait à cette scène, mais il fut suivi de la plus douloureuse surprise.

Lorsqu'on eut cherché en vain le corps du brave auquel on voulait offrir des prières et des hommages; tandis qu'on retrouvait non loin de sa fosse les restes du sous-officier enterré en même temps que lui, on ne put recueillir le moindre vestige, ni du corps, ni de l'uniforme du colonel.

Ce sombre mystère n'a pu être éclairci, et je n'ai pour consolation que la croyance de la paix accordée dans un meilleur monde à celui qui, ici-bas, n'avait fait que le bien.

Malgré sa cruelle déception, le général Oudinot poursuivit avec l'armée les travaux de la campagne. Il y fut, comme toujours, actif et brillant; mais, grièvement blessé à la cuisse, il dut être transporté à Mascara.

La campagne fut terminée bien avant le rétablissement de votre frère. Toutefois, il ne se laissa pas arrêter; acceptant les plus rudes moyens de transport, il rentra à Oran avec notre armée, et, peu de temps après son arrivée en France, il fut nommé général de division.

Depuis lors, il exerça annuellement les fonctions d'inspecteur général de cavalerie, et bientôt fut élu député de Maine-et-Loire, marque touchante du souvenir que l'on gardait de son commandement de l'école de Saumur.

Nous apprîmes bientôt la nouvelle de l'horrible attentat de Fieschi. Les assassins furent traduits devant la Cour des pairs. Le maréchal alla prendre sa place au Luxembourg, afin qu'il y eût une voix de plus contre les criminels.

Une de leurs victimes, le bon et digne maréchal duc de Trévise, ami de votre père, avait succombé aux premiers coups de la machine infernale. M. de Rieussec, ancien colonel de la garde nationale parisienne, ayant servi en cette qualité pendant douze ans sous les ordres du maréchal Oudinot, duc de Reggio, tombé aussi parmi les morts, emportait tous ses regrets.

J'avais eu récemment la douleur de perdre mon oncle, le chevalier de Coucy. Diverses atteintes cérébrales avaient amené près de lui sa fille, Mme de Beaufort, dont les lettres, de plus en plus alarmantes, m'appelèrent à son chevet. J'arrivai à temps. Le cher malade, qui avait rempli tout ses devoirs religieux, me reçut avec sa bonté et sa grâce ordinaires, et trois jours après nous reçûmes, sa fille et moi, son dernier soupir.

Vous savez trop ce qu'il avait été pour moi, mes enfants, pour qu'il soit nécessaire de vous parler des profonds regrets que je lui donnai.

En août 1837, ma fille Louise fut demandée en mariage par le jeune comte Ludovic de Vesins. Le nom me sourit tout d'abord parce qu'il avait été porté par un ami de mon père, en captivité avec lui, et il était personnellement doué de tous les dons.

Présenté d'abord par le comte de Courchamp, il nous annonça un matin la prochaine arrivée de son père; ce père, vous tous, mes enfants et petits-enfants, vous l'avez connu et honoré.

Le digne et saint abbé de Vesins (1), marié à vingt ans à Mlle de Faramond, resté veuf avec cinq enfants, avait embrassé l'état ecclésiastique depuis dix-huit mois, lorsqu'il fut appelé à bénir l'union de son fils aîné avec ma fille.

La cérémonie nuptiale fut célébrée à Jeand'heurs le

---

(1) Le vicomte Jean-Aimé de Lévezou de Vesins avait épousé Mlle de Faramond, qui mourut après la naissance de son cinquième enfant. A la suite de ce deuil le vicomte entra dans les Ordres; il fut bientôt nommé grand vicaire au diocèse de Bordeaux par Sa Grandeur Mgr Donnet, archevêque et depuis cardinal. Peu de temps après, M. l'abbé de Vesins fut intronisé évêque d'Agen, et il occupa ce siège pendant vingt-six ans, il mourut le 11 avril 1867. (*Note de la famille.*)

4 octobre. De nombreux amis avaient été convoqués pour cette matinée, qu'éclaira un soleil splendide.

Tandis qu'on se groupait dans les salons, le maréchal portait lui-même des fleurs dans la chapelle du château où le mariage allait être bénit.

Cependant, moi et ma fille nous étions prêtes, quand le père ému vint présenter son bras protecteur à cette enfant chérie. Il la conduisit d'abord à la salle d'étude, où le maire de la commune avait apporté les registres.

MM. de Vesins, les témoins et la foule, s'y rendirent à notre suite. Là fut célébré le mariage civil. On passa ensuite à la chapelle, et M. l'abbé de Vesins, réunissant sur sa noble tête le double privilège de célébrant et de père, partageait avec les deux mariés l'intérêt palpitant qui se manifestait sur tous les visages. Mais l'émotion fut à son comble, lorsque le prêtre essaya d'exhorter son fils à rendre heureuse la compagne de sa vie..... Un sanglot arrêta tout à coup sa parole, et l'assemblée entière, s'unissant à un souvenir qui n'avait pas besoin de mots pour être compris, l'assemblée pleura!

Le maréchal lui-même ne pouvait retenir ses larmes. Le général Oudinot s'efforçait en vain de contenir les siennes. Lorsqu'on passa à table après la cérémonie, on eut un beau coup d'œil. C'était dans la grande galerie formant arsenal que le maréchal, seul ordonnateur de toutes choses, avait fait dresser le couvert. Et, tandis qu'au dehors tonnait le célèbre *Mincio*, les mariés si jeunes et, pourquoi ne le dirais-je pas? si beaux, encadrés par les vieilles armures, gardés par les hommes de fer du temps passé, se souriaient, et, à leur imitation, parents et amis jouissaient pleinement de cette touchante matinée.

Mais, bientôt, il fallut qu'individuellement chacun

quittât Jeand'heurs. M. l'abbé de Vesins partit avec le comte de Vesins, son frère aîné, et son second fils Ladislas, alors âgé de dix-sept ans ; M. de Courchamp s'en alla en même temps. Mon fils Charles entra à Saint-Cyr, mon fils Henry au collège de Nancy. Les Reggio regagnèrent Paris et, peu après, le maréchal, appelé par la Chambre des pairs, fut rejoindre son poste, après nous avoir installés à Bar-le-Duc pour l'hiver. Mais l'homme propose et Dieu dispose.

Fidèle à un ancien souvenir dont il se fit un devoir, votre père assista à un service anniversaire qui fut célébré pour la reine Hortense. Le froid était rigoureux, et mon mari rapporta de l'église une maladie sérieuse. On me cacha, lui le premier, la gravité de cette atteinte, qui, du reste, ne menaça jamais sa vie. Le général Oudinot, dans sa bonne amitié, me révéla la vérité.

Je demandai mes chevaux de poste, et me voilà, pour la première fois depuis sept ans, sur la route de ce Paris, où j'allais rentrer dans des conditions fort tristes. Je partis avec Caroline; le jeune ménage de Vesins me suivit dans sa voiture; il descendit chez le marquis et la marquise Oudinot, rue de Bourgogne, où il était désiré, tandis que je fus rejoindre mon mari à l'hôtel de Bruxelles, rue Richelieu.

Je trouvai le malade bien plus changé que je ne m'y attendais, et c'est qu'en effet il avait beaucoup plus souffert que lui ni d'autres ne me l'avaient avoué.

Mon cher mari occupait avant mon arrivée le meilleur appartement de l'hôtel, mais, tout souffrant qu'il était encore, il voulut me le céder et il employa ses premières forces à ce déménagement, qui lui souriait. Bientôt les enfants, les amis abondèrent. Parmi ces derniers, il y en avait beaucoup que je revoyais pour la première fois

34

depuis les immenses événements de 1830. C'étaient des émotions bien vives et bien multipliées.

Le maréchal me dit qu'il avait reçu des témoignages d'intérêt exceptionnels en cette circonstance, et notamment une lettre du prince Louis-Napoléon; je la transcris ici :

« Gottlieb (je crois), 14 février 1838.

« MARÉCHAL,

« J'avais chargé Mme Salvage de vous remercier de la part que vous avez bien voulu prendre aux derniers honneurs rendus à ma mère; je n'avais pas voulu vous importuner moi-même de mes remerciements; mais, comme je viens d'apprendre que, peu de temps après la cérémonie funèbre de Rueil, vous avez été indisposé, je m'empresse de vous exprimer mes regrets. Les hommes qui, comme vous, ont contribué à illustrer l'Empire, sont toujours sûrs d'exciter en moi une vive sympathie; c'est donc avec des sentiments de reconnaissance et de véritable intérêt que je viens aujourd'hui vous exprimer les vœux que je forme pour votre prompt rétablissement.

« Recevez, Monsieur le maréchal, l'assurance de ma haute estime et de mes sentiments distingués.

Signé : NAPOLÉON LOUIS.

D'autre part, la famille régnante avait manifesté au maréchal, pendant sa maladie, d'instantes sollicitudes.

Remontant vers un récent passé, j'ai toujours cru que le duc d'Orléans voyait les dangers se multiplier autour de la branche aînée, avec ce sentiment que, n'ayant aucune possibilité de les détourner, sa dynastie à lui en profiterait sans doute un jour.

Je ne justifie rien dans cette manière de voir. Je dis que, nommé par le roi Charles X régent du royaume, il aurait dû avant tout protéger l'héritage de l'orphelin ; que, disons mieux même, les impossibilités qu'il voyait s'accumuler contre ce futur règne n'auraient pas dû l'arrêter, et qu'en principe il était tenu de remplir son mandat.

Mes enfants, en retrouvant votre père, âgé alors de soixante et onze ans, malade et seul dans un hôtel garni, je pris la ferme résolution de le quitter désormais le moins possible, et cette préoccupation majeure me retint à Paris et m'y ramena chaque fois que le maréchal y revenait lui-même, quelque effort que cela me coutât.

La saison de Bourbonne, indiquée au maréchal, vint faire une diversion à nos tristesses.

Au retour mon mari put reprendre ses habitudes d'activité.

Une deuxième saison fut ordonnée.

Vers ce temps mon fils aîné était entré comme sous-lieutenant au 16e léger. Comme son père, il avait eu pour première garnison Perpignan, et ce fut chose touchante, lorsqu'il obtint sa première permission, d'entendre le père questionner le fils sur des localités qu'un demi-siècle écoulé n'avait pas effacées de sa mémoire.

Charles fut ensuite envoyé à Clermont-Ferrand, où l'attendait une émeute épouvantable contre laquelle le régiment fut obligé de prendre les armes. Après avoir fait son devoir à coups de fusil contre une population française, mon fils en fut si affecté qu'il vint supplier son père de le laisser permuter pour l'Afrique.

« De mon temps, lui dit d'abord le maréchal, on restait à son corps.

— De ton temps, répondit le jeune homme, on se

battait partout. En ce moment, on ne se bat qu'en Afrique. »

Le maréchal sourit, ne s'opposa plus à rien, et Charles entra dans les zouaves.

Brave enfant! quelle réputation il acquit parmi ses camarades!

Ils l'appelèrent « Brave de nuit ».

Ce fut peu après le retour de mes enfants de Vesins parmi nous que s'arrangea le mariage de Caroline avec l'excellent et loyal Joseph Perron, dont le père avait accompli une glorieuse carrière dans les Indes.

Nous confiâmes avec sécurité le sort de notre angélique enfant à cet homme de bien, qui n'a d'autre défaut que celui de ne pas vouloir qu'on lui reconnaisse les qualités dont il est doué..

Aux avantages de son alliance personnelle se joignait celui de l'alliance de toutes ses sœurs avec les noms les plus honorables de France, les Montesquiou, les La Rochefoucauld, les Nansouty, etc., familles avec lesquelles nous étions déjà, mon mari et moi, dans les meilleures relations. Le mariage se fit avec toutes les pompes parisiennes, dans les salons du palais de la Légion d'honneur, dont le maréchal venait d'être nommé grand chancelier, et la cérémonie religieuse fut célébrée à la chapelle de la Chambre des pairs par Mgr de Vesins, qui était venu d'Agen pour donner la bénédiction.

Je m'étais attachée aux maisons d'éducation de Saint-Denis, de la rue Barbette et des Loges. La vue de ces jeunes filles, pour la plupart filles d'officiers et de simples légionnaires, me touchait sensiblement. Je n'avais aucune fonction officielle à remplir, mais de cœur je visitais le plus possible ces établissements bien conduits et si utiles! Nous y étions accueillies, mes filles et moi, avec un affectueux élan. Le maréchal portait un vif intérêt à ces maisons pour lesquelles il rêvait diverses améliorations; mais il ne pénétrait jamais sans être ému dans ce cercle immense de jeunes filles. Tous ces yeux brillants qui le regardaient lui imposaient, nous disait-il, autant qu'une revue de ses grenadiers.

En septembre 1845, le maréchal accepta de voir changer sa charge de grand chancelier de la Légion d'honneur contre celle de gouverneur des Invalides.

Il avait toujours préféré ce poste à tout autre, pour la fin de sa carrière. Il lui allait bien, j'en conviens.

Quant à moi, hélas! j'y vis la dernière étape...

Enrichis d'un beau petit garçon qui naquit à l'hôtel des Invalides au bruit du canon, mes enfants de Vesins retournèrent dans le Midi.

De ce moment la santé du maréchal commença à me préoccuper beaucoup; il en fut ainsi dans le cours de toute l'année 1845 et dans le cours de 1846. Je rappelai à grands cris mes enfants du Midi. Ils arrivèrent en février 1847. On partit pour Jeand'heurs; on y fut réuni. Mais plus de sécurité ni de bonheur!

L'été se passa dans des angoisses indescriptibles; une idée fixe poussait le maréchal vers les Invalides. Il ne voulait pas, disait-il, tarder à se rendre à son poste. Ce fut là qu'il reçut les derniers secours de la religion...

Ici je m'arrête, car, si Dieu m'a donné la force de vivre après la mort de mon mari, il me refuse la volonté d'en donner les détails.

Disons seulement un mot de la statue :

Résultat d'une souscription spontanée, dont sa ville natale prit l'initiative, et à laquelle d'autres contrées apportèrent leur concours, l'œuvre, confiée à l'habile statuaire Jean de Bay, prit de suite une satisfaisante et noble ressemblance. Mais avant le jour de consolation où nous la vîmes s'élever aux yeux des habitants attendris et frémissants (29 septembre 1850), nous eûmes à compter, parmi les pauvres comme parmi les riches, les noms qui se pressaient de tous côtés, et particulièrement dans cette ville de Bar-le-Duc qui fut tant aimée d'Oudinot!!!

Elles sont là, les listes, rangées dans les titres les plus précieux à notre famille!

Neuchâtel, en Suisse, n'oublia pas en cette occasion plus qu'en aucune autre le général dont elle avait fait l'un de ses bourgeois en souvenir de 1806.

Et quelles réponses nous reçûmes de tous les souverains étrangers qui avaient décoré de leurs ordres le duc de Reggio!

Instruits par le fils aîné de la perte que nous venions de faire, ils s'exprimèrent, j'ose le dire, dans des termes exceptionnels. Ces lettres, nous les avons là aussi!

Ce furent, mes chers enfants, des faits que je saisis avec ardeur, et qui contribuèrent à me soutenir, sans doute; mais que seraient ces lueurs éphémères qui viennent éclairer passagèrement un noir horizon, si l'on n'entrevoyait celui qui ne s'obscurcira plus et vous montrera pour toujours, dans un monde meilleur, ceux que vous avez tant aimés sur la terre!!!

CHAPITRE XI

Funérailles d'Oudinot. — Quelques mots sur la duchesse de Reggio. — Sa fin. — Conclusion.

Les derniers soins d'Oudinot, consacrés à l'armée dont il faisait partie depuis soixante ans, furent donnés à l'organisation d'une revue; mais à peine eut-il le loisir de contempler sous les armes ces braves qui avaient promené à sa suite les trois couleurs jusqu'au fond de l'Europe, et qui maintenant blanchissaient autour de leur vieux chef.

Ce corps ciselé de balafres et où la patrie avait puisé, comme en un réservoir généreux, une somme extraordinaire de services, était soutenu seulement par l'âme de fer qui, un soir de bataille, s'était peinte elle-même dans un mot typique, véritable épigraphe appropriée à cette vie de soldat.

L'Empereur félicitait le maréchal de sa bravoure; il ajouta :

« Et pourtant il arrive toujours un moment où l'homme le plus brave a peur au moins une fois en sa vie.

— Sire, répliqua Oudinot, je n'en ai jamais eu le temps. »

Les années faisaient lentement ce que n'avaient pu les balles : le 13 septembre 1847, le vétéran expira dans sa quatre-vingt-unième année, après avoir reçu les secours de la religion.

Cette joie lui fut refusée de voir tous les siens réunis à son chevet pour l'embrasser : il avait livré à la France ses trois fils et son petit-fils (1) qui se battaient alors en Algérie. On les attendit pour célébrer les funérailles ; elles eurent lieu en grande pompe le 5 octobre, dans l'église Saint-Louis des Invalides, à l'ombre des drapeaux ennemis qui semblaient réunis là pour saluer le cercueil.

Ainsi en cette année 1847 quatre enfants du maréchal étaient à la fois devant l'ennemi. On voit par là, et l'on verra mieux encore par les notes biographiques publiées plus loin (2), l'énergie déployée maintes fois, jusqu'à nos jours, par les membres de la famille Oudinot, qui a sacrifié à la patrie deux existences moissonnées dans la fleur de la jeunesse. Si les traditions de courage et de dévouement, vivaces d'ailleurs chez plusieurs descendants des soldats de la Révolution et de l'Empire, se sont en particulier implantées avec

(1) Charles Oudinot, depuis duc de Reggio, père du chef actuel de la famille, qui a épousé Mlle de Castelbajac, fille du général marquis de Castelbajac et de Mlle de La Rochefoucauld.
(2) Voir Appendice III.

force au sein de la maison qui nous occupe, ce n'est peut-être pas seulement le souvenir du maréchal qui leur a fait pousser de multiples et profondes racines. L'aimable et gracieuse compagne qui éclaira de son sourire un peu grave la seconde moitié de la vie d'Oudinot n'est pas étrangère à l'épanouissement de ces caractères déterminés. A des hommes qui comptent parmi leurs proches une femme décidée, ardente, aux résolutions promptes et hardies, comme fut la duchesse de Reggio, la timidité ne pouvait pas sembler permise. Elle offrait un beau modèle, cette jeune mariée de vingt ans qui, sur une nouvelle inquiétante, abandonna la tendresse des siens et le bien-être du séjour familial pour voler au secours de son cher blessé et le disputer à la mort en bravant un interminable voyage au cœur d'un pays ravagé par la guerre, et cela malgré la fatigue, malgré le froid, malgré le danger de tomber aux mains des Cosaques dans la désolation des grands steppes neigeux. Noble conduite, indice d'une âme à la fois aimante et virile !

Les flocons de neige cherchés sous un ciel si lointain avaient laissé comme une auréole au front de la duchesse. Par la suite, lorsqu'elle entrait brillante et parée dans les salons, au début de la Restauration, on devine quel murmure s'élevait sur ses pas et quels mots les assistants se chuchotaient à l'oreille : « C'est elle ! c'est cette jeune femme qui a pris part à la retraite de Russie ! » et toutes les têtes se penchaient pour la voir. Elle jouissait alors d'un petit triomphe si chèrement payé, et elle ressentait plus pleinement la volupté étrange qui parfois nous fait savourer avec complaisance la mémoire de nos plus cruelles épreuves.

Ce lustre contribua apparemment, avec le charme personnel de la duchesse, avec la distinction de sa naissance, avec le retentissement de son nom, à attirer sur elle l'attention du nouveau pouvoir lorsque celui-ci chercha à ramener vers lui les notabilités du régime précédent. Désignée pour un poste élevé, elle en remplit avec tact les délicates fonctions. Son esprit souple démêlait adroitement les fils compliqués de situations souvent difficiles; elle manœuvrait à travers ces personnages de cour sans froisser de susceptibilités, et elle savait trouver finement une attitude pleine de respect, et pour les tendances indépendantes qui sollicitaient son mari, et pour les idées absolues des souverains auxquels elle était attachée par sentiment et par obligation.

Puis lorsque les événements politiques et un long veuvage lui créèrent des loisirs, elle les occupa studieusement à retracer pour ses enfants les différentes phases de son existence accidentée. Le livre qui se trouva ainsi composé, presque sans qu'elle y prît garde, est d'un style exempt de prétention, aisé et naturel. Il atteste une intelligence ouverte, un jugement pondéré, avec un cœur bon et pitoyable aux misères humaines. Malgré un ton généralement contenu, l'émotion perce et se répand dans les passages pathétiques, comme les événements de Russie et la mort du duc de Berry.

Grande est la surprise de ne pas trouver ces *Souvenirs* assaisonnés de traits satiriques contre le prochain, piment ordinaire à ce genre d'ouvrage. Les travers, les ridicules et les faiblesses des hommes échappaient-ils donc à la pénétration de la duchesse de Reggio, et faut-il croire que tant de gens ont passé si longtemps devant ses yeux sans qu'elle levât leur masque et discernât les côtés cachés de leur nature ? Non, certes ; sa finesse a scruté les mobiles inavoués et sa clairvoyance a débrouillé les intrigues mystérieuses. Mais au risque de laisser croire que sa perspicacité n'avait pas toujours été en éveil, elle ne voulut jamais divulguer des secrets qui ne lui appartenaient pas et s'exprima avec réserve sur le compte d'autrui. Qui sait si cette scrupuleuse discrétion n'avait pas été à la Cour sa principale habileté et le ressort de son succès ? Amateurs de scandales, fermez donc ce livre ! Son charme n'est pas fait de méchanceté.

Cette heureuse disposition à la bienveillance se retrouvait dans le salon que la duchesse de Reggio tenait à Bar-le-Duc, pendant les dernières années de sa vie ; salon original, unique, auquel les maîtresses de maison n'ont pas paru depuis très soucieuses de donner un pendant : on n'y médisait pas. Les visiteurs s'y plaisaient néanmoins. L'attrait en venait de la dame aimable et simple qui faisait à tous un accueil cordial,

sans distinction de partis politiques ; qui met
tait chacun à l'aise ; qui savait tant de chose
et les contait joliment, sans malice ; qui avai
conservé les manières élégantes du dix-hui
tième siècle et dont la compagnie était une écol
d'urbanité.

Elle menait là une existence paisible, dans le
pratiques religieuses chères à toute sa vie, a
milieu d'un pays rempli par le nom dont elle s
glorifiait, et pouvant voir chaque jour revivr
publiquement la figure, coulée dans le bronze
de celui qu'elle avait aimé.

Les pauvres la chérissaient et, au mois d
mai 1868, lorsque s'éteignit doucement celle qu
était connue au loin à la ronde pour être conso
lante et charitable, tous pleurèrent « la bonn
duchesse ».

« Je n'ai rien fait pour qu'on le raconte », répon
dait modestement le maréchal Oudinot aux écr
vains qui venaient recueillir de sa bouche de
notes destinées à l'histoire de sa vie : ce qui l'ava
enflammé jadis, c'était donc l'amour de la patri
bien plus que celui de la gloire.

Pourtant elle méritait de ne pas être mise e
oubli cette existence d'un des acteurs les plu
brillants du drame qui déroula pendant vingt-cin
ans la féerie de ses fantastiques tableaux sur de
scènes sans cesse renouvelées et indéfinime
agrandies.

Le récit de tels événements a toujours pa

sionné les imaginations, et la voix de ce passé déjà fuyant, loin de s'affaiblir, s'enfle chaque fois que les figures de ces temps fabuleux se dressent pour nous conter leurs hauts faits. Ils surgissent tout armés du sépulcre, ces vaillants, et nous, comme des enfants qui joueraient avec des épées de géants, ravis de les voir si imposants sous leurs uniformes chamarrés, nous écoutons le bruit de leurs clairons. C'est un rêve; c'est un émerveillement! Eh quoi! ils ont déployé une si grande puissance d'expansion! Eh quoi! leurs troupes volaient d'un élan si impétueux! Il n'y avait pas de montagnes trop abruptes pour leurs escalades, ni de fleuves trop larges ou trop profonds pour leurs enjambées. Forêts épaisses, steppes infranchissables, chaleur dévorante, froid stupéfiant, forteresses blindées, régiments hérissés de baïonnettes, rien n'étonnait leur audace. Plus loin, toujours plus loin ils allaient, assoiffés de gloire, grisés par le succès. Ils ignoraient jusqu'au nom de la peur; la notion de l'impossible s'effaçait devant leur présomption sublime, comme la nuit devant l'aurore, et leurs fanfares chantaient la jeunesse, la confiance, l'enthousiasme.

Et pourtant ces efforts ont été stériles. C'est en vain que tant de sang a été prodigué, que tant d'ossements jonchent les plaines. L'ouragan s'est calmé; après avoir débordé sur le monde, après avoir blanchi de son écume les plus fiers sommets, l'océan est rentré dans son lit; la France a repris son niveau.

Aussi ce qui nous séduit dans ces luttes, ce ne sont pas les résultats pratiques qu'elles devaient engendrer, résultats moins durables que la mousse légère sur la crête des flots. Non ; ce qui nous frappe, c'est l'énormité de l'effort en lui-même, c'est la somme incalculable d'énergie dépensée pour réaliser une conception d'une immensité monstrueuse.

Et si notre curiosité s'avive aujourd'hui, il ne faut voir là ni hasard ni caprice. Cette séduction qu'exerce sur nous l'époque la plus héroïque de notre histoire, c'est l'accompagnement obligé du relèvement de la France à la suite d'une défaillance passagère. Quel spectacle plus réconfortant, en effet, que celui de cette ardeur surhumaine et de cette fermeté inflexible qui soutenaient nos aïeux ? A nos doutes, à nos inquiétudes ils répondent : Zurich, Friedland, Wagram ! Ils nous disent : « Pourquoi donc vous abandonneriez-vous ? Pourquoi donc n'auriez-vous pas, vous aussi, assurance et hardiesse ? Voilà ce que nous avons fait. Voilà ce dont sont capables les hommes de notre race ; voilà ce que, au besoin, vous sauriez faire à votre tour. »

Alors, nous repaissons nos yeux de ces tableaux fortifiants et nous apprenons à cette école sur quelle enclume se forgent les volontés et les courages. Comme dit le poète :

> Nous désirons qu'on ait présent à la mémoire
> Que nos pères étaient des conquérants de gloire,

et nous éprouvons une orgueilleuse et salutaire volupté à répéter :

Nous sommes les petits de ces grands lions-là !

De ces grands lions-là, Oudinot en fut, et l'un des plus terribles. Mais, dans le déchaînement de cette chose atroce qu'est la guerre, il resta, autant que possible, juste et compatissant : il entre autant d'humanité que d'héroïsme dans cette gloire de soldat.

APPENDICE

I

ETATS DE SERVICE

de M. OUDINOT, *Nicolas-Charles, duc de* REGGIO, *né le 25 avril 1767, à Bar-sur-Ornain, département de la Meuse, fils de Nicolas Oudinot et de Marie-Anne Adam, marié en premières noces, le 15 septembre 1789, à Mlle Charlotte Derlin, et en secondes noces, le 19 janvier 1812, à Mlle Marie-Charlotte-Eugénie-Julienne de Coucy.*

CORPS où les services ont eu lieu, et positions diverses.	Grades ou emplois.	Date des nominations ou des cessations d'activité.	Durée des services effectifs Ans.	Mois.	Jours.
Régiment de Médoc (infanterie)...............	Soldat.	2 juin 1784 jusqu'en mai 1787 (1).	2	11	»
3e bataillon de la Meuse..	2e lieutenant-colonel.	6 septembre 1791.	2	2	»
4e demi-brigade (ex-régiment de Picardie).....	Chef de brig. (colon^l).	5 novembre 1793.	»	7	9
Nommé par les Représentants près les armées du Rhin et de la Moselle..	Général de brigade.	14 juin 1794.	1	»	»
Confirmé dans ce grade..	d^o d^o	13 juin 1795.	3	10	»
Employé à l'armée du Danube	Général de division.	12 avril 1799.	»	7	26
Employé à l'armée d'Italie.	d^o d^o	8 décembre 1799.	1	7	16
Inspecteur général d'infanterie	d^o d^o	24 juillet 1801.	»	4	24
Inspecteur général de cavalerie	d^o d^o	18 décembre 1801.	1	8	12
Commandant la 1re division au camp de Bruges.	d^o d^o	30 août 1803.	1	5	5
Commandant en chef des grenadiers de la réserve.	d^o d^o	5 février 1805.	2	10	»
Chargé du commandement en chef de Dantzig....	d^o d^o	en décembre 1807.	1	3	»
Commandant en chef le 2e corps de l'armée d'Allemagne.............	d^o d^o	en mars 1809.	»	4	7

(1) 4 ans et 4 mois d'interruption.

CORPS où les services ont eu lieu, et positions diverses.	Grades ou emplois.		Date des nominations ou des cessations d'activité.	Durée des services effectifs		
				Ans.	Mois.	Jrs.
....	Maréchal de l'Empire.		12 juillet 1809.	»	11	23
Commandant en chef de l'armée du Nord (Hollande)...............	do	do	5 janvier 1810.	1	6	4
Commandant en chef le 2e corps d'observation de l'Elbe............	do	do	9 janvier 1812.	»	2	»
Commandant en chef le 2e corps de la Grande Armée...............	do	do	en mars 1812.	1	2	21
Commandant en chef le 12e corps de la Grande Armée...............	do	do	31 mai 1813.	»	8	8
Commandant en chef le 7e corps de la Grande Armée...............	do	do	8 février 1814.	»	3	12
Commandant en chef le corps royal des grenadiers et chasseurs à pied de France (ex-garde impériale).......	do	de France	20 mai 1814.	»	1	1
Gouverneur de la 3e division militaire..........	do	do	21 juin 1814.	1	2	17
Major général de la garde royale................	do	do	8 septembre 1815.	»	1	»
Commandant en chef la garde nationale du département de la Seine..	do	do	en octobre 1815.	»	3	2
Maintenu gouverneur de la 3e division militaire..	do	do	10 janvier 1816.	»	11	13
Inspecteur général des gardes nationales du département de la Seine.	do	do	23 décembre 1816.	6	1	19
Commandant en chef le 1er corps de l'armée des Pyrénées	do	do	12 février 1823.	7	6	»
Sans fonctions par suite du licenciement de la garde royale..........	do	do	11 août 1830.	8	9	6
Grand chancelier de la Légion d'honneur......	do	do	17 mai 1839.	3	5	4
Gouverneur de l'Hôtel royal des Invalides	do	do	21 octobre 1842.	4	10	23
Decédé à Paris, le.......	do	do	13 septembre 1847.	»	»	»
				58	11	12

APPENDICE.

Extraits de divers bulletins de la Grande Armée

CAMPAGNE D'AUSTERLITZ.

Combat de Wertingen. 3ᵉ bulletin, 18 vendémiaire an XIV (10 octobre 1805). — L'Empereur s'adressant aux grenadiers de la division Oudinot : « Il est impossible de voir une troupe plus belle, plus animée du désir de se mesurer avec l'ennemi, plus remplie d'honneur et de cet enthousiasme militaire qui est le présage des plus grands succès. »

23ᵉ bulletin, 23 brumaire an XIV (14 novembre 1805). — L'Empereur témoigne également sa satisfaction aux grenadiers d'Oudinot, qui, au combat d'Amstetten, ont repoussé de leurs belles et formidables positions les corps russes et autrichiens et ont fait 1,500 prisonniers, dont 600 Russes.

30ᵉ bulletin. Bataille d'Austerlitz, 2 décembre 1805. — L'Empereur et tout son état-major se trouvaient en réserve avec les dix bataillons de sa garde et les dix bataillons de grenadiers du général Oudinot. C'est avec cette réserve que l'Empereur avait le projet de se précipiter partout où il eût été nécessaire; on peut dire que cette réserve valait une armée.

CAMPAGNE DE FRIEDLAND.

24ᵉ bulletin, 21 février 1807. — A Ostrolenka, l'intrépide général Oudinot sur deux lignes commandait la gauche ; il se mit à la tête de la cavalerie, fit une charge qui eut du succès et tailla en pièces l'arrière-garde ennemie.

30ᵉ bulletin, 16 mai 1807. — Du haut des remparts de Dantzig délabrés et à demi démolis, l'ennemi a été témoin de toute l'affaire. Il a été consterné de voir s'évanouir l'espérance qu'il avait d'être secouru. Le général Oudinot a tué de sa propre main trois Russes, etc.

79ᵉ bulletin, 17 juin 1807. Bataille de Friedland. — Friedland fut forcée et ses rues jonchées de morts. Le centre se trouva dans ce moment engagé: l'effort que l'ennemi avait fait sur l'extrémité de la droite de l'armée française ayant échoué, il voulut essayer un semblable effort sur le centre. Il y fut reçu comme on devait l'attendre des braves divisions Oudinot et Verdier.

CAMPAGNE DE WAGRAM.

30ᵉ bulletin, 30 juillet 1809. Bataille de Wagram. — Le village de Wagram a été enlevé le 6, entre dix et onze heures du matin, et la gloire en appartient tout entière au maréchal Oudinot et à son corps.

5ᵉ bulletin, 4 mai 1809. — Le 1ᵉʳ mai, le général Oudinot a fait 1,500 prisonniers au combat de Ried.

10ᵉ bulletin, 23 mai 1809. — L'Empereur a donné le commandement du 2ᵉ corps au comte Oudinot, général éprouvé dans cent combats, où il a montré autant d'intrépidité que de savoir.

CAMPAGNE DE RUSSIE.

Le 24 novembre 1812, le duc de Reggio rencontra la division Lambert à quatre lieues de Borisow, l'attaqua, la battit, lui fit 2,000 prisonniers, lui prit six pièces de canon, 500 voitures de bagages de l'armée de Volhynie et rejeta l'ennemi sur la droite de la Bérésina.

DÉTAIL DES CAMPAGNES

1792
1793
An II
An III
An IV } Armées de la Moselle, du Rhin, d'Angleterre et
An V   d'Italie.
An VI
An VII
An VIII
An IX

An XII } Camp de Bruges.
An XIII }

An XIV)
1806 |
1807   } Grande Armée.
1808   )

1809   Allemagne.
1810   Armée du Nord (Hollande).

1812   )
1813   } Grande Armée.
1814   )

1823   Armée des Pyrénées.

BLESSURES ET ACTIONS D'ÉCLAT

A reçu un coup de feu à la tête, à l'affaire d'Haguenau, frimaire an II.

A eu la jambe cassée à Trèves, où il commandait, thermidor an II (août 1794).

Blessé de cinq coups de sabre dans une attaque de nuit, à Neckerau, vendémiaire an III (octobre 1795).

Blessé d'une balle à la cuisse, de trois coups de sabre sur les bras et d'un sur le col, aux affaires de Neubourg, en fructidor an IV (1796).

Blessé d'une balle à la poitrine aux affaires de Wurenlos, à la gauche du camp retranché de Zurich, 16 prairial an VII (1799).

Blessé d'une balle à l'omoplate aux affaires de Schwitz, 27 thermidor an VII (14 août 1799).

Sabre d'honneur et canon donnés par Bonaparte, Premier consul, après la bataille de Monzembano, en décembre 1800. (Le canon avait été pris aux Autrichiens par le général Oudinot.)

A eu la cuisse traversée d'une balle au combat d'Hollabrünn, 16 novembre 1805.

Blessé d'une balle au bras gauche à la bataille d'Essling, en 1809.

Blessé à la tête à la bataille de Wagram, en 1809.

Blessé d'un biscaïen à l'épaule au combat de Polotsk, 17 août 1812.

Blessé d'une balle au côté à la Bérésina, novembre 1812.
Blessé d'une balle à la poitrine au combat d'Arcis-sur-Aube, 21 mars 1814.

TITRES ET DIGNITÉS

Membre du Corps législatif, élu dans le département de la Meuse, 8 frimaire an XII (1804).
Bourgeois de Neuchâtel, 1806.
Comte de l'Empire, 25 juillet 1808.
Duc de Reggio, 15 août 1809.
Ministre d'État et pair de France, 1er mai 1814.

DÉCORATIONS FRANÇAISES

Chevalier de la Légion d'honneur, 11 décembre 1803.
Grand officier, 14 juin 1804.
Grand-croix, 6 mars 1805.
Chevalier de Saint-Louis, 1er juin 1814.
Commandeur de Saint-Louis, 24 septembre 1814.
Grand-croix de Saint-Louis, 3 mai 1816.
Chevalier de l'ordre du Saint-Esprit, en 1820.

DÉCORATIONS ÉTRANGÈRES

ITALIE. — Chevalier de l'ordre de la Couronne de fer, 1805.
SAXE. — Commandeur de l'ordre militaire de Saint-Henri, 1812.
BAVIÈRE. — Grand-croix de l'ordre militaire de Max.-Joseph, 25 juin 1813.
PAYS-BAS. — Grand-croix de l'ordre militaire de Guillaume, mai 1815.
PRUSSE. — Grand-croix des ordres de l'Aigle rouge et de l'Aigle noir, 1817.
RUSSIE. — Chevalier de 1re classe, grand-croix de l'ordre de Saint-Vladimir, 25 février 1824.
ESPAGNE. — Grand cordon de l'ordre espagnol de Charles III, 27 mai 1824.

II

LETTRES DE CONDOLÉANCE
DU PRÉSIDENT DU CONSEIL ET DES CHEFS D'ÉTAT

La mémoire d'Oudinot fut honorée non seulement par la France, mais aussi par les représentants et les souverains des peuples étrangers qu'il avait administrés ou combattus. Les uns rendaient hommage à un bienfaiteur inespéré; les autres, comme au temps de la chevalerie, s'inclinaient avec respect devant la dépouille d'un adversaire loyal. La famille du défunt reçut des lettres de condoléance en nombre considérable.

LETTRE DE M. GUIZOT,
PRÉSIDENT DU CONSEIL DES MINISTRES

Madame la maréchale,

J'ai besoin de vous exprimer mon regret de n'avoir pu assister ce matin aux obsèques de votre illustre mari.

J'étais absolument obligé de me rendre à Saint-Cloud auprès du Roi, arrivé hier. J'aurais pris un triste plaisir à rendre hommage à la mémoire d'un si glorieux homme de bien, et je serais heureux si je trouvais quelque occasion de vous témoigner, Madame la maréchale, le respect avec lequel

J'ai l'honneur d'être votre très humble et très obéissant serviteur,

GUIZOT.

Mardi, 5 octobre 1847.

Les lettres suivantes sont adressées au général Victor Oudinot :

LETTRE DES MAGISTRATS DE NEUCHATEL

Monsieur le général,

Venant d'apprendre que vous êtes de retour de l'Algérie, nous ne voulons pas tarder plus longtemps à vous témoigner l'affliction et les regrets que nous avons éprouvés à la nouvelle de la mort de M. le maréchal, votre père.

Nos anciens magistrats et toute la population de cette ville n'ont point oublié les bienfaits et la conduite si belle et si honorable de ce brave et digne militaire, pendant qu'il commandait la division de grenadiers et les troupes qui occupèrent, en 1806, le pays de Neuchâtel. C'est en maintenant constamment une sage discipline qu'il a usé du pouvoir remis en ses mains, et, lorsqu'il devait exécuter les ordres qui lui étaient donnés, il a toujours apporté le tempérament d'un esprit de justice et de bienveillante modération. Nos pères ont remercié la Providence de leur avoir envoyé un pareil chef dans des circonstances aussi critiques pour eux, et la tradition rappelle et conservera toujours à Neuchâtel les traits de ce caractère empreint de bonté, de bravoure et de franchise.

Le général Oudinot avait emporté, à son départ de notre pays, les sentiments d'estime et d'amour de tous les Neuchâtelois, et nous sommes heureux de vous rappeler les témoignages réciproques et de bienveillance qu'il a constamment donnés, pendant son séjour au milieu de nous et, dès lors, aux magistrats et habitants de cette ville.

Vous ne devez donc pas douter, Monsieur le général, de la vive part que nous avons prise à votre deuil, et si quelque chose pouvait en adoucir la douleur bien légitime, c'est avec la grâce de Dieu, qui seule peut donner la vraie consolation, la satisfaction bien douce pour vous d'entendre, sans doute de bien des contrées, des regrets et des témoignages aussi sincères que ceux que nous venons d'exprimer : et quel encouragement pour vous et les vôtres, Monsieur le général, que cet héritage d'honneur et de gloire que l'illustre défunt a laissé à ses enfants !

Nous vous prions, Monsieur le général, de bien vouloir transmettre à Mme la duchesse douairière et aux membres de votre noble famille cette faible, mais bien sincère expression de nos sentiments et de nos condoléances, et d'agréer, avec l'hommage de nos vœux pour votre prospérité, l'assurance de notre dévouement et de notre considération très distinguée.

Vos bien affectionnés,

Les quatre ministraux et conseil général de la ville et bourgeoisie de Neuchâtel,

En leur nom,

Le conseiller et secrétaire de la ville,

WAVRE.

A l'Hôtel de ville de Neuchâtel, le 9 octobre 1847.

LETTRE DE CHARLES-ALBERT, ROI DE SARDAIGNE

Monsieur le marquis,

Vous avez rendu justice à mes sentiments en pensant que j'aurais pris la part la plus sensible à la douloureuse perte du maréchal, duc de Reggio : il m'eût été impossible de lui porter plus d'affection, plus de reconnaissance, et de pouvoir l'admirer davantage. Je joins nos profonds regrets aux vôtres, Monsieur le général, et je désire vivement que les circonstances vous puissent faire passer par Turin, et me mettre à même de vous assurer mieux que par écrit de toute mon amitié,

CHARLES-ALBERT.

Turin, le 10 octobre 1847.

LETTRE DE GUILLAUME, ROI DE HOLLANDE

Monsieur le marquis,

J'ai reçu la lettre en date du 28 septembre dernier, par laquelle vous m'annoncez le décès de votre digne et honoré père, le maréchal Oudinot, duc de Reggio.

En vous remerciant de cette communication, je me plais à rendre justice aux talents militaires ainsi qu'à la valeur du défunt, et à partager l'estime générale qui proclame ses nobles qualités. Je désire que ce témoignage contribue à calmer les regrets que cette mort vous cause et qu'il vous donne l'assurance des sentiments distingués avec lesquels je suis, Monsieur le marquis, votre affectionné,

GUILLAUME.

La Haye, le 18 octobre 1847.

LETTRE DE LOUIS, ROI DE BAVIÈRE

Monsieur le marquis, lieutenant général Oudinot,

J'ai reçu la lettre que vous avez bien voulu m'écrire le 28 septembre pour m'annoncer le décès du maréchal, duc de Reggio, votre père. Vous serez bien persuadé, Monsieur le général, de la part que je prends à la perte que vous venez d'éprouver. Cette perte ne trouve pas moins de sympathie dans l'armée bavaroise, qui a si souvent combattu sous les ordres du maréchal, et j'ai toujours conservé le souvenir des sentiments d'estime personnelle que le feu Roi, mon père, lui avait voués et dont il lui avait donné des preuves.

J'ai donc été sensible à l'attention de votre lettre, qui me donne en même temps l'occasion de vous assurer, Monsieur le marquis, des sentiments d'estime avec lesquels je suis votre affectionné,

LOUIS.

Munich, 18 octobre 1847.

LETTRE DE FRÉDÉRIC-GUILLAUME, ROI DE PRUSSE

Monsieur le duc, j'ai toujours porté un attachement véritable au maréchal, duc de Reggio, votre père; la nouvelle de sa mort, que vous avez bien voulu m'annoncer par votre lettre du 28 du mois passé; m'a donc frappé douloureusement. L'intérêt que je prenais à tout ce qui le concernait ne cesse pas avec sa mort, et passe à sa famille. Je sens vivement avec vous, Monsieur, la perte que vous venez de faire. Feu votre père a su se concilier dans ce pays-ci l'estime générale sous les circonstances les plus critiques, et dans un temps d'irritation sans exemple contre le souverain qu'il servait alors. C'est, selon moi, un des plus beaux titres de gloire et qui honore le plus sa mémoire. La conduite du maréchal à Berlin n'a, comme vous le savez, jamais été oubliée par le feu Roi, mon père, et j'ai été l'héritier de ses sentiments. Conservant dans mon cœur ces souvenirs, je vous engage à accepter mes sincères regrets ainsi que l'assurance réitérée de ma parfaite estime et de ma bienveillance. Sur ce, je prie Dieu, Monsieur le duc, qu'il vous tienne dans sa sainte et digne garde.

Votre affectionné,

Signé : FRÉDÉRIC-GUILLAUME.

Sans-Souci, le 30 octobre 1847.

LETTRE DE NICOLAS, EMPEREUR DE RUSSIE

J'ai reçu, général, la lettre que vous m'avez adressée pour me faire part de la mort du vénérable maréchal Oudinot, votre père. La perte d'un homme dont le nom a marqué parmi les premiers dans une époque si fertile en grands capitaines, ne peut qu'être fortement sentie par tous ceux qui rendent hommage aux talents et à la gloire militaires. C'est l'impression qu'à ce titre elle devait produire sur moi. Les belles actions et le loyal caractère du maréchal lui avaient mérité dans le temps l'estime et l'affection de feu mon frère, l'empereur Alexandre, et je sais que les marques d'honneur qu'il en a reçues avaient toujours laissé dans son âme un souvenir reconnaissant. C'est pour moi une raison de plus de le regretter, et de sympathiser avec l'affliction que sa mort vient de causer à son pays et à sa famille.

Je n'ai donc pu qu'être sensible à l'attention que vous avez eue de m'informer de cet événement. J'y vois la preuve que vous considérez les sentiments que votre père portait à mon frère et à moi comme faisant partie de votre héritage. Cette persuasion me fait doublement regretter de n'avoir pu, comme je l'avais espéré, il y a quelque temps, faire votre connaissance personnelle, et je saisis avec plaisir cette occasion de vous le dire, en vous donnant ici l'assurance de ma sincère estime.

Signé : NICOLAS.

Saint-Pétersbourg, le 18 octobre 1847.

III

LES MILITAIRES
DANS LA FAMILLE OUDINOT

La tradition militaire inaugurée par Oudinot s'est conservée dans sa famille; ses descendants ou ses alliés ont formé une nombreuse suite d'officiers.

On a lu plus haut, dans les *Souvenirs* de la duchesse de Reggio, des détails sur Victor et Auguste Oudinot, les deux fils que le maréchal avait eus de son premier mariage.

Victor Oudinot (1791 † 1863) a pris part aux campagnes de Wagram, d'Espagne, de Portugal, de Russie, de Leipzig, de France, d'Algérie en 1835 — c'est cette année-là qu'il obtint le grade de lieutenant général — et enfin d'Italie (1849), où il commandait en chef. Sa protestation contre le coup d'État du 2 décembre fut très énergique.

Après l'expédition de Rome, le général Victor Oudinot reçut du comte de Chambord la lettre suivante :

LETTRE DU COMTE DE CHAMBORD

Au Duc de Reggio.

Mon cousin, comme Français, comme fils aîné de l'Église, je ne pouvais rester étranger au grand fait d'armes que vous venez d'accomplir. Rome rendue à son Souverain légitime, la ville des apôtres ramenée sous l'obéissance de celui qui a hérité de leur mission divine, ce sont là d'illustres souvenirs qui demeureront attachés aux armes françaises. J'ai éprouvé un vif sentiment de joie en voyant nos soldats ajouter cette nouvelle gloire à tant d'autres gloires qui sont notre patrimoine à tous; je ne suis pas moins heureux de penser que c'est vous qui avez rempli cette haute et belle mission, que c'est à vous qu'en appartient l'honneur et en est due la reconnaissance. Votre épée a été digne de celle de votre noble père le guerrier de Zurich, de Friedland et de Wagram. Quoique les portes de la patrie me soient fermées encore et que ma position me prive du bonheur de distribuer les récompenses nationales justement acquises à la valeur et aux services rendus, je sens cependant le besoin de vous donner ici un témoignage de ma satisfaction personnelle auquel je sais que vous attachez du prix.

Je vous renouvelle, mon cousin, l'assurance de toute mon estime et de ma bien sincère et constante affection.

HENRI.

15 septembre 1849.

Rappelons que Auguste Oudinot, deuxième fils du maréchal, trouva une mort glorieuse en Algérie, au combat de la Macta (1835).

Deux filles, nées du premier mariage du maréchal, avaient épousé, l'une le général comte Pajol, l'autre le général comte de Lorencez, qui tous deux firent les guerres de la République et de l'Empire.

Pajol (1772 † 1844), un des plus brillants officiers de cavalerie de son temps, se distingua particulièrement à Hohenlinden, à Eckmühl, en Russie, à Leipzig, à Montereau et pendant la campagne de Waterloo.

Lorencez (1772 † 1827) prit part à la bataille de Wagram, aux campagnes d'Espagne, et fut si grièvement blessé à Bautzen que l'équitation lui demeura depuis interdite.

De son mariage avec Eugénie de Coucy, le maréchal eut deux fils, le colonel Charles Oudinot (10 mars 1819 † 10 décembre 1858), dont il a déjà été parlé, et le général Henry Oudinot (3 février 1822 † 28 juillet 1891), qui prit une part brillante aux principales campagnes de notre temps. L'un et l'autre s'étaient signalés en 1849 sous les ordres de leur frère aîné, le général Oudinot, duc de Reggio, commandant en chef l'expédition dont le résultat fut la restauration du Saint-Siège.

L'esprit militaire s'est perpétué jusqu'aux petits-enfants du maréchal Oudinot. Deux fils du général Pajol ont été, le premier, Charles Pajol (7 août 1812 † 2 avril 1891), général de division, le second, Eugène Pajol (13 novembre 1817 † 18 avril 1885), général de brigade.

Le général de Lorencez a laissé un fils, Charles-Ferdinand (23 mai 1814 † 23 avril 1892), qui est devenu lui-même général de division.

C'est ce dernier qui, en 1862, s'aventura intrépidement au cœur du Mexique avec une poignée d'hommes et dirigea une première attaque contre Puebla.

Le lieutenant Antoine de Lévezou de Vesins, petit-fils du maréchal Oudinot et d'Eugénie de Coucy, fut tué à la bataille de Gravelotte, le 16 août 1870. Gravement atteint, il refusa de quitter le champ de bataille et voulut épuiser ses dernières forces en luttant pour la patrie. Une deuxième blessure le frappa mortellement; il se fit alors tourner de façon à expirer face à l'ennemi. Il était à peine âgé de vingt-cinq ans.

FIN

TABLE DES MATIÈRES

Préface. VII

CHAPITRE PREMIER

Famille d'Oudinot. — Sa naissance. — Son caractère fougueux. — Sa vocation militaire. — Ses débuts. — Il réprime une émeute. — Son ascendant sur ses concitoyens. — Il est nommé commandant du 3e bataillon des volontaires de la Meuse. — La guerre à la frontière du Rhin. — Ses premiers succès. — Colonel à vingt-six ans. — L'attachement de ses hommes pour lui. — Il empêche l'émigration des officiers nobles. — Succès à Haguenau et grave blessure. — Général après l'affaire de Kaiserslautern. — Il a la jambe cassée à la prise de Trèves. — Il reçoit cinq blessures à la seule affaire de Neckerau. — Il charge le bras en écharpe à Ettenheim. — Campagne de Suisse. — Il est nommé général de division. — Arrivée à l'armée de son fils Victor, âgé de huit ans. — Part d'Oudinot à la victoire de Zurich. — Il sauve avec autant d'adresse que de générosité les émigrés de Constance. — Son éloge par Masséna. — Sa fermeté au siège de Gênes. — Il s'empare d'un canon à Monzembano. — Enthousiasme des habitants de Bar-le-Duc pour leur glorieux concitoyen. — Le camp de Boulogne. — Le dévoué serviteur Pils. — Son fils le peintre Isidore Pils. 1

CHAPITRE II

Première campagne d'Autriche. — Oudinot, commandant en chef des grenadiers. — Oudinot à Wertingen. — Son succès à Amstetten. — Sa participation à la prise du pont du Thabor. — Son héroïsme à la sanglante victoire d'Hollabrünn. — Aussi habile comme administrateur que comme soldat, il se fait chérir des Neuchâtelois.

— Leurs témoignages de reconnaissance. — Il est nommé bourgeois de Neuchâtel. — Campagne de Prusse et de Pologne. — Victoire d'Ostrolenka. — Oudinot devant Dantzig. — Nouvelle victoire sur les Russes. — Sa ténacité et ses services à Friedland. — Il fait une chute de cheval à Dantzig. — Il rencontre Mlle de Coucy. — La famille de Coucy. — Ses aventures pendant la Révolution. — Robespierre le jeune. — La chanoinesse de Coucy. — La vie à Vitry-le-François à la fin du dix-huitième siècle. — M. Leclerc, préfet de la Meuse. — Le bain de la princesse Borghèse. — Voyage à Bar-le-Duc. — Mlle de Coucy sans cesse attirée par le nom d'Oudinot. — La comtesse Oudinot. — Achat de la propriété de Jeand'heurs................................. 32

CHAPITRE III

Le congrès d'Erfurt. — Oudinot gouverneur d'Erfurt. — Le Bayard moderne. — Anecdotes. — Le tsar Alexandre. — Le grand-duc Constantin et le roi de Wurtemberg. — Constantin et les grenadiers. — Les inquiétudes d'Alexandre. — Le plumet de Constantin. — La deuxième campagne d'Autriche. — Les combats de Pfaffenhofen, de Ried, d'Ebersberg. — Oudinot occupe Vienne. — Son rôle à Essling. — Il remplace Lannes à la tête du 2ᵉ corps. — L'initiative d'Oudinot à Wagram. — Les éloges de Napoléon. — Oudinot est nommé maréchal et duc de Reggio. — Compliments du Tsar. — Mission d'Oudinot en Hollande. — Sa modération et son humanité. — Ses succès. — Mort de sa première femme. — Le divorce de l'Empereur. — Marie-Louise. — L'annexion de la Hollande. — Pourparlers de mariage entre le duc de Reggio et Mlle de Coucy. — Fiançailles. — Le mariage. — La cérémonie. — Les cadeaux. — Départ pour Bar-le-Duc. — Le père du maréchal. 91

CHAPITRE IV

Les préparatifs de guerre contre la Russie. — Départ du duc et de la duchesse de Reggio pour l'armée. — Arrivée à Munster. — La princesse d'Eckmühl. — Entrée à Berlin. — Le comte de Narbonne. — Revue des troupes françaises à Berlin. — Courtoisie et égards d'Oudinot pour le roi de Prusse. — La guerre devient de plus en plus certaine. — Départ d'Oudinot pour Marienwerder. — Retour de la duchesse à Bar-le-Duc. — Passage du Niémen. — Oudinot commandant en chef du 2ᵉ corps. — Il est vainqueur à

Deweltowo. — Ses opérations sur la Dwina contre Wittgenstein. — Il l'attire adroitement dans une position fâcheuse et le bat sur la Drissa. — Difficultés croissantes de la situation. — Oudinot gravement blessé à Polotsk. — La duchesse avertie vient le rejoindre en Russie. — Les péripéties de ce long voyage. — Augereau. — Premiers symptômes de mécontentement. — Arrivée à Wilna. — Le duc de Bassano. — La comtesse Manuzzi di Belmonte. — Oudinot à peine remis va reprendre son commandement. — Le froid. — La retraite. — Le dévouement de M. Abramowietz.   143

CHAPITRE V

Oudinot manœuvre pour se rendre maître de la Bérézina. — Combat de Borizow. — Le général Corbineau découvre par hasard le gué de Studianka. — Établissement des ponts. — Activité d'Oudinot pour faciliter le passage. — Il est grièvement blessé. — Les détails de la retraite. — Oudinot sur le point d'être pris à Pletchnitzy. — Sa grandeur d'âme et son énergie dans cette circonstance. — Il retrouve la duchesse à Wilna. — L'Empereur quitte l'armée. — Le retour. — Cruelles souffrances. — La nuit du 7 au 8 décembre. — Tous les vivres sont gelés. — Patriotique douleur du maréchal Oudinot en apprenant la perte de son artillerie. — On s'égare en chemin. — Malgré l'évidence, Oudinot ne veut pas croire à la destruction de l'armée. — Le général Rapp à Dantzig. — Traversée de l'Allemagne. — Retour à Bar-le-Duc.................. 209

CHAPITRE VI

Voyage à Paris. — Maladie de la duchesse de Reggio. — Présentation de la duchesse à la cour. — L'Empereur. — Marie-Louise. — Présentation à l'Impératrice mère ; à Joséphine. — La reine Hortense. Retour à Bar-le-Duc. — Le chevalier de Boufflers. — La campagne de 1813. — Rôle important d'Oudinot à la bataille de Bautzen. — Oudinot mis à la tête de l'armée chargée d'opérer contre Berlin. — Ses répugnances pour ce mouvement qu'il juge impraticable. — Il se résigne à accepter par devoir. — Impossibilité de la concentration de ses forces qui amène l'échec de Gross-Beeren. — Les entretiens de l'Empereur à Sainte-Hélène rendent justice à Oudinot sur ce point. — Le rôle d'Oudinot à Dennewitz. — Son énergie à Leipzig. — Il protège la retraite. — Il est atteint du typhus. — On le ramène à Bar en danger de mort. — Premières dispositions pour la campagne de France.................   261

CHAPITRE VII

Campagne de France. — Respect des envahisseurs pour les propriétés d'Oudinot. — Son rôle à la Rothière. — Départ de la duchesse de Reggio. — Victor Oudinot blessé à Craonne. — Proposition désespérée d'Oudinot pour rallier les corps français disséminés au fond de l'Allemagne. — Départ de Marie-Louise. — Capitulation de Paris. — La reine Hortense à Rambouillet. — Péripéties du voyage de la duchesse de Reggio. — L'abdication. — Oudinot reconnaît les Bourbons. — Il est nommé ministre d'État. — Mme de Staël et la comtesse Waleska chez Joséphine. — Visite du Tsar à Oudinot. — Portrait de la duchesse d'Angoulême. — Oudinot pair de France. — Louis XVIII à l'Opéra. — Digne attitude d'Oudinot envers les étrangers. — Il est nommé commandant des grenadiers et chasseurs royaux. — Son esprit de conciliation. — Parodie des émigrés au café Tortoni. — Le Roi servi par les maires à l'Hôtel de ville. — Portrait du duc de Berry. — Oudinot à Metz. — Le duc de Berry dans l'Est. — Son passage à Bar-le-Duc et fêtes en son honneur chez Oudinot. — L'accident de M. Jacqueminot. — Le chevalier de Boufflers.................................... 292

CHAPITRE VIII

Le retour de l'île d'Elbe. — Attitude d'Oudinot. — Il reste fidèle à Louis XVIII, mais ses soldats se donnent à l'Empereur. — Il reçoit l'ordre de rester dans ses terres, puis il est rappelé à Paris. — Échange de lettres avec le maréchal Davout. — Oudinot refuse de servir pendant les Cents-jours. — Après Waterloo il est nommé commandant en chef de la garde nationale. — Retour de Louis XVIII. — Efforts d'Oudinot pour protéger l'armée contre la réaction royaliste. — Sa tentative pour sauver le maréchal Ney. — Sa douleur en apprenant l'exécution. — La duchesse de Reggio dame d'honneur de la duchesse de Berry. — Son départ pour aller au-devant de la princesse. — Passage à Avignon. — Souvenir sur le maréchal Brune. — Portrait de la duchesse de Berry. — La présentation. — Le retour. — Entrevue du duc et de la duchesse de Berry dans la forêt de Fontainebleau. — Cérémonie à Notre-Dame................ 356

CHAPITRE IX

Nouvelle existence de la duchesse de Berry. — Le prince de Condé. — Les fêtes. — Le bal Greffulhe. — Le 13 février 1820. — Assassinat du duc de Berry. — Scènes émouvantes à l'Opéra. — Les derniers moments. — Les circonstances du crime. — Détails sur Louvel. — Son arrestation. — Son procès. — La duchesse de Berry à Saint-Cloud, puis au pavillon de Marsan. — Le deuil. — La grossesse de la duchesse de Berry. — Naissance du comte de Chambord. — Détails sur cette naissance. — Les témoins. — La mort de Napoléon. — Rôle de la duchesse de Reggio auprès de la princesse. — La guerre d'Espagne. — Oudinot, commandant du 1er corps d'armée, fait une campagne toute politique. — Voyage à Dieppe. — Maladie de Louis XVIII, sa mort...................... 403

CHAPITRE X

Passage à Jeand'heurs. — Sacre de Charles X. — La cérémonie. — Nouveau voyage à Dieppe. — Le vicomte d'Arlincourt. — Un mot du ministre Corbières. — Impertinence de l'ambassadeur d'Autriche qui prétend ne pas donner à Oudinot le titre de duc de Reggio. — Impopularité du ministère Villèle. — Revue de la garde nationale. — Manifestations hostiles au pouvoir. — Dissolution de la garde nationale. — Voyage de la duchesse de Berry dans le Midi. — Séjour à Jeand'heurs. — Large hospitalité d'Oudinot. — Voyage en Dauphiné. — L'infant d'Espagne. — Visite à la Grande-Chartreuse. — Détails sur le couvent. — Le roi de Naples. — Symptômes hostiles contre Charles X. — La garde royale passée en revue par Oudinot. — Fête au Palais-Royal en l'honneur de la cour de Naples. — Aveuglement du Roi sur la situation politique. — Le langage de Marmont. — Chute de Charles X. — Lettre de la duchesse de Reggio à la duchesse de Berry. — Réponse de celle-ci. — Le procès de Polignac. — Établissement de la famille Oudinot à Bar-le-Duc. — Arrestation de la duchesse de Berry et offre généreuse de la duchesse de Reggio. — A ce propos, premiers rapports d'Oudinot avec la famille de Louis-Philippe. — Passage du duc d'Orléans à Jeand'heurs. — Mort héroïque du colonel Auguste Oudinot en Algérie. — Profond désespoir du maréchal. — Cérémonie en l'honneur d'Auguste Oudinot à l'endroit où il est tombé. — Deuils de famille. — Mariage de la fille du maréchal Oudinot avec le comte de Vesins. — Maladie d'Oudinot. — Une lettre de Louis-Napoléon. — Charles Oudinot. — Mariage de la deuxième fille du maréchal avec M. Joseph Perron. — Oudinot grand chancelier de la Légion d'honneur. — Oudinot gouverneur des Invalides. — Mort d'Oudinot...................... 449

CHAPITRE XI

Funérailles d'Oudinot. — Quelques mots sur la duchesse de Reggio. — Sa fin. — Conclusion........................... 535

APPENDICE

I. États de service du maréchal Oudinot.................. 545
II. Lettres de condoléance du président du conseil et des chefs d'État 551
III. Les militaires dans la famille Oudinot................. 557

FIN DE LA TABLE DES MATIÈRES

www.ingramcontent.com/pod-product-compliance
Lightning Source LLC
Chambersburg PA
CBHW060503230426
43665CB00013B/1364